Das *neue* Deutschland

Die Zukunft als Chance

Herausgegeben von
Tanja Busse und Tobias Dürr

W0472252

Aufbau-Verlag

ISBN 3-351-02553-X

1. Auflage 2003
© Aufbau-Verlag GmbH, Berlin 2003
Umschlaggestaltung Gold, Fesel/Dieterich
unter Verwendung eines Fotos von Stefan Boness/Ipon
Druck und Binden Clausen & Bosse, Leck
Printed in Germany

www.aufbau-verlag.de

Das *neue* Deutschland

Die Zukunft als Chance

Inhalt

Tanja Busse/Tobias Dürr

Warum der alte Westen vom neuen Osten lernen wird

Deutschland ist nicht mehr so, wie es war. Und es wird auch nicht so bleiben, wie es ist. Der alte Westen steckt in seiner schwersten Krise, der Osten kommt nicht auf die eigenen Beine. Viel zu lange haben die Steuerleute des überlebten Erfolgsmodells altbundesrepublikanischer Bauart überall in Politik, Wirtschaft und Gesellschaft so getan, als wäre das ganze Land nach seiner Vereinigung endlich an sein eigentliches Ziel gelangt. Viel zu lange hat sich der Westen dieses Landes am Triumph seines Gesellschaftsmodells über die große Systemalternative des 20. Jahrhunderts gewärmt. Noch immer schrecken die Menschen im kulturell hegemonialen Westen der Republik vor der Einsicht zurück, dass der welthistorische Umbruch von 1989 auch für sie eine Zäsur bedeutet hat. Doch diese oder solche Selbstzufriedenheit besser wäre trügerisch. Während die Ostdeutschen seit nunmehr fast anderthalb Jahrzehnten den beispiellosen und scheinbar niemals endenden Umbruch sämtlicher Lebensverhältnisse erleben, ist die Zeit im Westen in vieler Hinsicht erst einmal stehen geblieben. Dringend nötige Reformen wurden verschleppt, vergangene Erfolge so naiv wie voraussetzungslos auf die Zukunft hochgerechnet.

Inzwischen haben sich die – zumal im Rückblick – offensichtlich fahrlässigen Versprechen von den »blühenden Landschaften« in Ostdeutschland, von der »Inneren Einheit« der größeren Republik und vom erfolgreich nachholenden und nachahmenden »Aufbau Ost« allesamt als nicht einlösbar erwiesen. Vierzehn Jahre nach der Vereinigung der beiden Deutschlands erscheint die Perspektive der mentalen, sozialen und ökonomischen Einverleibung Ostdeutschlands in die alte Welt der Westdeutschen unwahrscheinlicher denn je. Die meisten Westdeutschen, an den vermeintlich kulturell zurückgebliebenen

Landesteilen im Osten ohnehin nie sehr interessiert, halten die neuen Bundesländer inzwischen nur noch für einen teuren und völlig hoffnungslosen Landstrich an der Peripherie ihrer altbundesrepublikanischen Lebenswelt – und merken dabei nicht, wie sehr deren Voraussetzungen erodieren. Denn die Institutionen und Organisationen, denen die alte Bundesrepublik ihre innere Stabilität verdankte – Parteien, Verbände und traditionsreiche Unternehmen, Gewerkschaften, die großen Kirchen und die vielen Vereine –, sind durchweg in die Defensive gedrängt, verlieren fortgesetzt an Mitgliedern, Umsatz oder gesellschaftlicher Legitimität. Kurzum, auch die Erfolgsgeschichte des wohlgeordneten Gemeinwesens Bundesrepublik West ist an ihr Ende gekommen.

Doch wo etwas zu Ende geht, fängt auch wieder etwas an. Die Wirtschafts- und Strukturkrisen der jüngsten Zeit haben unbestreitbar offengelegt, wie dramatisch der Wandel in Wahrheit ausfallen wird, mit dem das *ganze* Land, *alle* seine Institutionen und eingeübten gesellschaftlichen Arrangements künftig konfrontiert sein dürften. Umso lauter fällt jetzt im Westen der kollektive Katzenjammer aus: Die Zukunft wird ganz anders sein – diese Einsicht wirkt hier nach Jahren des kollektiven Weiter-So wie ein Schock. Jetzt endlich, unsicher und tastend noch, ringt man sich durch zu ersten halbherzigen, doch einstweilen noch ziemlich visionslosen Reformen. Von einem ernüchterten neuen Deutschland nach dem Ende der liebsten Illusionen seiner Bürger in Ost und West handelt daher dieser Band – aber auch von den neuen Chancen und Perspektiven eines gemeinsamen Neubeginns, die überhaupt erst mit und nach dieser Erkenntnis sichtbar werden.

Wenn jedoch die Erzählung vom altbundesrepublikanischen Erfolg hinten und vorn nicht mehr stimmt: Was kommt dann – in beiden deutschen Landesteilen? Nach Antworten auf die Frage, wie es im neuen Deutschland nach dem Ende der Illusionen weitergeht, suchen die Autorinnen und Autoren dieses Buch. Sie interpretieren ostdeutsche Entwicklungen als Indikatoren einer gesamtostwestdeutschen Zukunft.

In vieler Hinsicht, so ihre Hypothese stehen die Umbrucherfahrungen der Ostdeutschen dem Westen der gemeinsamen Republik erst noch bevor. Was deutet darauf hin, dass der Osten beginnt, eigene Prägekraft zu entfalten? Welche sozialen, politischen oder kulturellen Phänomene Ostdeutschlands haben Bedeutung auch für den Westen? Fragen wie diese bringen den Osten auf ganz andere Weise als bisher zurück ins gesamtostwestdeutsche Spiel. Es ist, eben keineswegs belanglos und peripher, was zwischen Rügen und Fichtelberg, zwischen Eisenach und Görlitz gelingt oder scheitert. Ob Ökonomie, Demokratie oder Demografie – auf etlichen Gebieten lassen sich im Osten Probleme (und manchmal auch deren Lösungen) schon heute klar konturiert besichtigen, die der Westen gerade erst in Umrissen wahrzunehmen beginnt. »Die Zeit ist zu Ende, die gekennzeichnet war durch den dramatischen Umbruch des Jahres 1989 und seine Folgen«, sagt der brandenburgische Ministerpräsident Matthias Platzeck. Spannend ist, was jetzt beginnt.

Die Autorinnen und Autoren dieses Bandes sind Wissenschaftler und Publizisten, Journalisten und Praktiker. Sie stammen aus dem alten Westen wie aus dem neuen Osten dieser Republik, unter ihnen sind westdeutsche Ossis ebenso wie ostdeutsche Wessis im *neuen* Deutschland. Mit ihren Analysen, Essays und Reportagen nähern sie sich der gegenwärtigen ostwestdeutschen Wirklichkeit auf höchst unterschiedliche Weise. Allen gemeinsam jedoch ist die Überzeugung, dass die Gegenwart Ostdeutschlands und der Ostdeutschen viel darüber sagt, wie es mit diesem Gemeinwesen insgesamt weitergehen wird. Wer sich für die Zukunft dieser Republik interessiert, wird ihren Osten besonders scharf im Blick behalten müssen. Dieses Buch ist nur der Anfang weiterer Debatten.

Berlin, im August 2003

Uwe Rada

Entdeckungsreise in die Zukunft

Ostdeutschland zwischen altem und neuem Europa

Vielleicht ist Angela Merkel nicht der erste Mensch aus dem Städtchen Templin in der Uckermark, der es bis nach Washington geschafft hat. Der willkommenste war sie mit Sicherheit. Dort angekommen, erläuterte sie dem amerikanischen Verteidigungsminister Donald Rumsfeld, dass der amerikanische Präsident und seine Irakpolitik ihre volle Unterstützung genössen. Und dort ließ sie das erstaunte Publikum auch wissen, dass sie, gewissermaßen qua Geburt, eine Vertreterin des neuen Europa sei. Wir wissen nicht, ob Donald Rumsfeld, der das Wort vom »alten« und »neuen« Europa aus Verärgerung über die deutsch-französische Ablehnung seines Krieges im Irak in Umlauf gesetzt hatte, nach dem Merkel-Auftritt in Triumphgeheul ausbrach. Erinnerungswürdig bleibt jene Selbstbeschreibung der Angela Merkel dennoch. In Washington sprach schließlich nicht nur die Vorsitzende der CDU Deutschlands und Oppositionsführerin im Deutschen Bundestag. Merkels Outing als Vertreterin des »neuen Europa« war auch ein Hinweis auf ihre Herkunft aus einem Ostdeutschland, das noch immer – oder schon wieder – seinen Platz im vereinigten Deutschland sucht. Als »Neueuropäerin«, so lautet die Botschaft der Angela Merkel, könne sie ihren Aktionsradius nicht auf Berlin und Deutschland beschränken, sondern müsse schon bis Washington oder Warschau schweifen.

Donald Rumsfelds Provokation hat Europa und die Europäer gewaltig aufgewühlt und verunsichert, vor allem jene westlich des ehemaligen Eisernen Vorhangs. Der Pentagonchef sprach und die Europäer sprangen. Auf den Friedensdemonstrationen in Paris, Madrid, London und Rom war »Old Europe« von den Transparenten fortan nicht mehr wegzudenken. Der Selbstbezichtigung der Angela Merkel folgte die gegenteilige der

Kriegsgegner, und nirgendwo wurde das Angebot so dankbar angenommen wie in Deutschland. Die Deutschen waren plötzlich wieder stolz. Stolz auf ihren Kanzler, der so standhaft seinen Anti-Bush-Kurs verteidigte. Stolz auf ihr »altes Europa«, dem sie nun all die Dankbarkeit und Zuneigung schenken konnten, die vormals den Amerikanern zukam.

Es war eine grandiose Falle, die Donald Rumsfeld den Europäern stellte – und die tappten erhobenen Hauptes hinein. Selbst der sonst so weitsichtige deutsche Außenminister ließ es sich nicht nehmen, den amerikanischen Verteidigungsminister – ganz diplomatisch – auf die Tradition der »Alteuropäer« in kulturellen Dingen zu verweisen. Richtete sich das nun gegen die Kulturlosigkeit der Amerikaner oder gegen den Irrweg der Osteuropäer? Doch auch Fischers Reflex war noch zu überbieten. Das erledigte der französischen Staatspräsident als »Monsieur Alteuropa« in Person. Jacques Chirac polterte nach der Unterschrift der polnischen, tschechischen und ungarischen Staats- und Regierungschefs unter die Ergebenheitsadresse Tony Blairs und José Maria Aznars an George W. Bush, die osteuropäischen EU-Beitrittskandidaten hätten eine gute Gelegenheit verpasst, den Mund zu halten. An die Adresse von Bulgarien und Rumänien richtete Chirac sogar die Warnung, wer seine Beitrittschancen aufs Spiel setzen wolle, könne nichts Besseres tun als sich hinter dem Rücken der EU mit den Vereinigten Staaten zu solidarisieren. So spricht kein Partner zum anderen, sondern der Vater zum Sohn, auf dass der sich künftig wohlgefällig zeige und dankbar.

Donald Rumsfeld konnte sich die Hände reiben. Auf den Demonstrationen der Friedensbewegung und in den Selbstkennzeichnungen der Politiker war sie plötzlich sichtbar, die neue Spaltung Europas – und die Fischers und Chiracs dieses Kontinents ließen keinen Zweifel daran, entlang welcher Trennlinie sie verlief: im Westen Macht, Geld und Kultur, im Osten wirtschaftliche Abhängigkeit und kulturelle Rückständigkeit. Wurde da etwa plötzlich, durch die Hintertür, das Modell der deutsch-deutschen Vereinigung, die ja letztlich ein Beitritt war, als Modell für die europäische Integration ins Spiel gebracht? War der Hinweis nicht unmissverständlich, dass ja nicht jeder beitreten müsse? Schließlich könnten sich Frankreich und Deutschland auch mit einem Kerneuropa zufrieden geben und anschließend selbst entscheiden, wen sie in ihren exklusiven »alteuropäischen« Club aufzunehmen geruhten.

So arrogant und irritiert manche Hauptstädte Westeuropas auf Donald Rumsfelds Äußerungen reagierten, so freudig erregt taten es die Osteuropäer – vor allem die Polen, die flugs noch vorschlugen, die amerikanischen Stützpunkte in Deutschland doch besser gleich nach Polen zu verlegen. Bereits zuvor hatte Polens Staatspräsident Alexander Kwaśniewski bei einem seiner zahlreichen Besuche in Washington den Kauf von 48 Kampfjets des Typs F-16 zugesichert – für 3,5 Milliarden Dollar, die nun nicht ins »alte Europa« strömen, sondern in die »neue Welt«.

Der Krieg im Irak ist vorbei, der Rauch über Bagdad hat sich verzogen – doch der vergiftete Begriff, den der amerikanische Verteidigungsminister den Europäern geschenkt hat, wirkt weiter. Inzwischen ist klar, dass sich Westeuropäer und Osteuropäer mit ihrem innerkontinentalen Disput keinen Gefallen taten. Das aus »alten« und »neuen« Bestandteilen bestehende Europa ist gespaltener denn je. Der eiserne Vorhang ist weg, doch ein neuer Vorhang wurde zugezogen. Wer sich Donald Rumsfelds Kriterium von Treue gegenüber oder Verrat an Amerika zu eigen macht, weiß heute genau, wo das »neue« Europa liegt und wo das »alte«.

Es gibt aber noch ein anderes – altes und neues – Europa. Das hat weniger mit Amerika und dem Irakkrieg zu tun. Umso mehr dafür mit der Debatte, die zugleich in Deutschland geführt wurde – und erneut umso heftiger tobt, seit der Krieg vorüber ist. Die Rede ist vom Umbau des Sozialstaats, der Modernisierung des »Standorts Deutschland« unter den Vorzeichen der Globalisierung und des Bankrotts der öffentlichen Kassen. Fast zur gleichen Zeit, da Angela Merkel und Gerhard Schröder ihre jeweiligen Bekenntnisse zum »neuen« oder »alten« Europa ablegten, arbeitete die rot-grüne Bundesregierung daran, Errungenschaften dieses alten Europa auf dem Gebiet der Sozial- und Gesundheitspolitik auf dem Weg ins neue, erweiterte Europa zu entsorgen. Dass Angela Merkel als Chefin der CDU in diesem Punkt mit dem Kanzler übereinstimmt, ist nicht weiter überraschend. Doch es ist auch die Bürgerin des uckermärkischen Templin, die ihn in vielen Punkten sogar noch überholt. Gerade als Ostdeutsche repräsentiert Angela Merkel schon längst nicht mehr die altostdeutsche Erfahrung sozialer Gleichheit oder die einstigen Vereinigungsziele der »blühenden Landschaften« und angeglichenen Lebensverhältnissen in Ost und West. Die Zeiten haben sich geändert.

In den vierzehn Jahren seit dem Fall der Mauer nämlich hat sich eine soziale und wirtschaftliche Landschaft herausgebildet, die disparater nicht sein könnte. Während sich in einigen urbanen Regionen wie Dresden und Jena eine innovative Industrie- und Technologielandschaft entwickeln konnte, liegen andere Industrieregionen brach und ländliche Randgebiete wie Angela Merkels Uckermark fallen immer weiter zurück. In großen Teilen der neuen Länder blüht nichts mehr, hier wird nicht mehr der Anschluss an die Lebensverhältnisse Westdeutschlands organisiert, sondern der Rückfall hinter den industriellen Status quo ante erlitten. Anders als an Rhein und Ruhr, schreibt deshalb der Schrumpfungsexperte Wolfgang Kil, findet man in diesen Regionen keine postindustriellen, sondern deindustrialisierte Landschaften vor.

In der kurzen historischen Spanne zwischen dem Fall der Berliner Mauer und der Osterweiterung der Europäischen Union ist zwischen Elbe und Oder eine völlig neuartige Situation entstanden, mit der 1989 keiner gerechnet hätte. Städte wie Schwedt, Görlitz oder Hoyerswerda haben mehr als ein Viertel ihrer Bewohner verloren – in Richtung Westen, wo es noch Arbeit gibt und Zukunft. Und der Aderlass geht weiter. Manche Prognosen besagen, dass 2050 nur noch acht Millionen Menschen in der ehemaligen DDR leben werden. Jeder zweite wäre dann weg, jeder zweite Nachbar also, jeder zweite Mitschüler, jeder zweite Mitmensch in der Straßenbahn, in den man sich verlieben könnte. Was also bleibt von der DDR? Blinde Fensterscheiben, zusammengebrochene Fabriken, anspruchslose Rentner und ein paar Tankstellen, an denen sich die zurückgebliebene Jugend trifft?

Das ist nur die halbe Wahrheit. Vierzehn Jahre nach dem Fall der Mauer ist in Ostdeutschland auch ein gigantisches Labor entstanden, eine wirklich »neue Landschaft«, wie es Wolfgang Kil genannt hat. In Cottbus Sachsendorf-Madlow, der größten Plattenbausiedlung Brandenburgs, ist man dazu übergegangen, die leerstehenden elfstöckigen Häuser nicht mehr nur einfach abzureißen, sondern mit neuen Haustypen und Grundrissen zu experimentieren. So sind in der Theodor-Storm-Straße nach den Plänen des Architekturbüros Zimmermann und Partner fünf dreistöckige Stadtvillen entstanden, auf dem Fundament eines Plattenhochhauses und unter Verwendung der vorhandenen Baumaterialien. Schrumpfung, lautet die Botschaft aus Cottbus, bedeutet nicht nur Verlust, sie kann auch Neues hervorbringen.

Das gleiche gilt für den Leipziger Osten, das vielleicht größte innerstädtische Leerstandsgebiet in den neuen Bundesländern. Hier, und nicht nur in der Großsiedlung Leipzig-Grünau, sollte die »zweite Gründerzeit« Leipzigs beginnen, wie die Stadtväter jenen »Rückbau« euphemistisch genannt haben. Doch der Leipziger Osten ist nicht nur ein Experimentierfeld für die Protagonisten einer »Schrumpfung durch Abriss«. Zwischen Zentrum-Ost und Volkmarsdorf ist auch ein neues Zentrum bürgerschaftlichen Engagements entstanden. Zusammen mit den Anwohnern hat das Leipziger Architekturbüro L21 ein ganz anderes Modell entwickelt als das des flächendeckenden Abrisses. »Kern-Plasma-Modell« nennt der Architekt Stefan Rettich das Umbau- oder Reparatur-Konzept von L21. »Ziel dabei ist es, für schrumpfende Städte neue Bilder der Reduktion und der Langsamkeit zu entwerfen«, sagt Rettich. »Die klassische Vorstellung von Stadt beschränkt sich auf wenige ›Kerne‹: Traditionsinseln mit Geschichte und Patina, die restliche Stadtsubstanz wird als atmendes ›Plasma‹ interpretiert, das im Sinne einer ›urbanen Dreifelderwirtschaft‹ oder einer autark gestaltbaren ›Patchwork-Struktur‹ von den Bewohnern selbst programmiert werden muss.«

Die Laborsituation unter den Vorzeichen der Schrumpfung bringt inzwischen sogar völlig neue Professionen hervor. »Spaziergangsforscher« nennt sich der Leipziger Bertram Weißhaar, der vor allem die Nutzerseite dieses Schrumpfungsprozesses unter die Lupe genommen hat. In der Gestalt eines eigens entwickelten Spaziergang-Leitfadens durch den Leipziger Osten hat Weißhaar seine Erkenntnisse nachvollziehbar gemacht. Deutlich wird so, wie sehr die Frage, ob Ziele und Stationen eines Spaziergangs als lohnenswert empfunden werden, auch von der vor Ort herrschenden Ästhetik abhängt. Als gelernter Landschaftsplaner steht der »Spaziergangsforscher« Weißhaar zugleich für eine neue Synthese von Stadt und Landschaft.

Ob Kern-Plasma, Zentrum-Peripherie oder Stadt-Landschaft: Diesen Experimenten und Suchbewegungen gemeinsam ist der Versuch, aus der Not eine Tugend zu machen, nicht nur das alte zu beerdigen, sondern auch – gewissermaßen aus den Ruinen der alten Gesellschaft – etwas Neues entstehen zu lassen, vielleicht sogar ein Modell für das tatsächlich neue Europa, das ja nicht nur entlang seiner prosperierenden, sondern auch entlang seiner abseits gelegenen Regionen zusammenwächst.

Die Suche jedenfalls hat begonnen, nicht nur sinnlich, auf den Entdeckungsreisen in den Leipziger Osten, oder in den umgebauten Plattensiedlungen von Sachsendorf-Madlow, sondern auch intellektuell. Der Konferenzzirkus, der bislang nur in den prosperierenden urbanen Zentren Halt machte, hat inzwischen auch die ostdeutsche Provinz erreicht. In Hoyerswerda setzt man sich soziologisch und planerisch mit dem Thema Schrumpfung auseinander und begrüßt dabei manchmal sogar Studenten der Hamburger Hochschule der Künste. In Eisenhüttenstadt schlägt das Museum für Alltagskultur einen Bogen von den Utopisten der untergegangenen DDR zu denen einer möglicherweise untergehenden Bundesrepublik. Selbst die Staatsministerin für Kultur hat inzwischen die kulturelle und intellektuelle »Ressource Schrumpfung« entdeckt. Zwei Millionen Euro gibt sie für ein Projekt der Brandenburgischen Technischen Universität Cottbus aus, in dem nicht nur den materiellen, sondern auch den ästhetischen Implikationen dieser neuen Peripherisierung auf die Spur gekommen werden soll.

Allen diesen praktischen wie intellektuellen Entdeckungsreisen liegt die Frage zugrunde, wie es sich lebt am Ende der ersten und mit dem Beginn der zweiten Moderne – und wie es sich leben könnte. Vor allem dort, wo diese Moderne nur in Form neuer Peripherien erfahrbar wird und nicht in Form neuer zukunfsträchtiger Knoten und Zentren. Die liegen woanders, trotz Jena oder Dresden, zum Beispiel in Hamburg, wo mit der Hafen-City die Zeichen nicht auf Schrumpfung stehen, sondern auf rasantes Wachstum.

Das bislang radikalste Zwischenergebnis dieser Entdeckungsreise hat Wolfgang Engler vorgelegt. Warum an den alten Parametern einer Angleichung der Lebensverhältnisse festhalten, fragt der Berliner Soziologe, warum nicht Ostdeutschland tatsächlich hinter den Status quo ante fallen lassen? »Friede den Landschaften« lautet Englers Schlachtruf, der sich auch gegen die Bemühungen von Wolfgang Thierse richtet, Ostdeutschland um jeden Preis vor dem endgültigen »Kippen« zu bewahren. Ostdeutschland als riesiger Landschafts- und Nationalpark, mit den verbliebenen Bewohnern als staatlich alimentierte *rangers* – selten ist die Vergangenheit als Zukunft so konsequent weitergedacht worden wie bei Engler.

Doch auch dabei handelt es sich, das zeigen die Reaktionen auf Englers Intervention, nur um einen Suchprozess. Wo dieser Suchprozess hinführen, ob er Ostdeutschland zu neuer Aufmerksamkeit verhelfen wird oder nur das Begleitprogramm für den Fall ins deutsche Mezzogiorno ist – das weiß noch niemand. Eines allerdings zeichnet sich ab. Die Suche nach dem neuen Europa findet nicht zwischen Rhein und Elbe, zwischen Flensburg und Garmisch-Partenkirchen statt, sondern in Städten wie Schwedt, Hoyerswerda oder Leipzig. Deshalb ist es keine Selbstüberschätzung oder Überheblichkeit, wenn Engler die Ostdeutschen als neue Avantgarde begreift. Das trifft in gewissem Maße sogar für Angela Merkel zu, die erste Templinerin, die bis ins Pentagon vorgelassen wurde.

Ganz neue Erfahrungen werden auch im deutsch-polnischen Grenzgebiet gemacht, in Städten wie Görlitz, Guben und Frankfurt an der Oder. Das tatsächlich neue Europa, das derzeit im Entstehen begriffen ist, ist nicht nur ein Europa der zunehmenden Peripherisierung und der Amerikanisierung seiner Sozialsysteme. Der Suchprozess bei der Entdeckungsreise in die Zukunft ist auch ein kultureller Suchprozess, eine Neuaufnahme der Selbstbilder und der Fremdbilder, eine Grenzerfahrung am Beginn des 21. Jahrhunderts. Geradezu Faszinierendes ist am östlichsten Rand Deutschlands in Gang gekommen. In der Begegnung zwischen Deutschen und Polen wurden seit dem Fall der Mauer jahrzehntealte Stereotype auf den Prüfstand gestellt. Hier wurde im Zeitraffer vollzogen, wofür Westdeutsche und Franzosen oder Westdeutsche und Niederländer volle fünf Jahrzehnte brauchten. An der 465 Kilometer langen deutsch-polnischen Grenze zeigt sich die Zukunft des neuen Europas schon heute.

Zum Beispiel in Görlitz und Zgorzelec. Wie die anderen Doppelstädte an Oder und Neiße, wie Frankfurt und Słubice oder Guben und Gubin, waren auch Görlitz und Zgorzelec bis zur Teilung im Jahre 1945 eine deutsche Stadt. Die Westverschiebung der polnischen Grenzen, die in den Konferenzen von Jalta, Teheran und Potsdam beschlossen wurde, schnitt die östlich der Neiße gelegene polnische Stadt Zgorzelec fortan vom deutschen Görlitz am westlichen Neißeufer ab.

Geteilt sind beide Städte noch heute – obwohl die Grenze seit 1991 offen ist und die Bewohner beider Städte nur einen Personalausweis brauchen, um auf die andere Seite zu gelangen. Geteilt sind Görlitz und Zgorzelec, weil es hier zwei Stadtverwaltungen gibt, zwei Sprachen und sogar zwei Bevölkerungen, die es erst 1945 in beide Städte zog. Während die heutigen Görlitzer vor allem Vertriebene aus den ehemals deutschen Städten und Dörfern in Schlesien oder deren Kinder sind, stammen die meisten Bewohner des heutigen Zgorzelec aus den nach 1945 an die Sowjetunion gefallenen Gebieten Ostpolens, den so genannten »Kresy«, die heute zur Ukraine oder zu Litauen gehören.

Geteilt sind Görlitz und Zgorzelec aber auch in ihren Stadtbildern. Wer das Zentrum von Zgorzelec in Richtung Osten verlässt, stößt am Stadtrand auf ein Einkaufszentrum, wie es gigantischer kaum sein könnte. Es ist ein *Hipermarket* der deutschen Kette *real*, der hier auf die grüne Wiese gesetzt wurde. »To tak jak w Ameryce«, sagen die Taxifahrer stolz: »Das ist wie in Amerika«. Wie in Amerika sind auch die Löhne der Kassiererinnen. Sie verdienen 200 Euro im Monat. Ein paar Kilometer weiter südlich, im Braunkohlebergwerk von Turów, beträgt der Durchschnittslohn dagegen 750 Euro – so viel, dass bereits mancher Deutsche hier schwarzarbeitet.

Ganz und gar nicht amerikanisch geht es dagegen im Zentrum von Görlitz zu. Rund um den Untermarkt strahlen die Bauten aus der Renaissance mit ihren Bogengängen wieder in altem Glanz. Görlitz, die ehemalige Perle Niederschlesiens, zu DDR-Zeiten noch von der Sprengung bedroht, gehört heute zu den schönsten Städten Deutschlands und hat sogar gute Chancen, 2010 zur Kulturhauptstadt Europas zu werden. Doch die Schönheit ist trügerisch. Wer hinter die Fassaden am Görlitzer Untermarkt schaut, erkennt schnell, dass die meisten Geschäfte und Wohnungen leer stehen. Görlitz ist, wie viele andere Städte Ostdeutschlands, eine »sterbende Stadt«. 20000 der ehemals 80000 Einwohner sind seit der Wende in den Westen gegangen. Allein in der Görlitzer Altstadt sind 5000 Wohnungen ohne Bewohner. Nur Schönheit, so lautet die Botschaft des Görlitzer Untermarktes, macht noch keine Zukunft.

Zukunft, lautet demgegenüber die Botschaft von Zgorzelec, braucht keine Schönheit. Tausende Polen sind in den letzten Jahren hierhergezogen, sodass die ehemalige Görlitzer Vorstadt mit 40000 Einwohnern fast die Einwohnerzahl der deutschen Seite erreicht hat. Kommt am Görlitzer Untermarkt zuweilen der Eindruck auf, man befinde sich in einer Geisterstadt, so herrscht auf den Straßen von Zgorzelec ein beinahe südländisch anmutendes Treiben. Fast scheint es, als hätte Donald Rumsfeld Recht, als wäre das herausgeputzte Görlitz ein Symbol des vornehm untergehenden »alten« Europa, während sich in Zgorzelec das »neue« Europa zeigt, der amerikanische Traum vom schnellen Geld – oder zumindest die Hoffnung auf diesen Traum.

Doch Amerika spielt in Görlitz und Zgorzelec keine Rolle. Anders als zwischen Warschau und Berlin herrscht an der Neiße keine Sprachlosigkeit, sondern *business as usual*. Und das heißt hier vor allem Zusammenarbeit. Die beiden Städte haben auf den Gebieten von Kultur, Stadtentwicklung, Wirtschaft, Sport, Gesundheit und Jugend gemeinsame Kommissionen eingesetzt. Auch um die Aufgabe, europäische Kulturhauptstadt zu werden, bewerben sie sich zusammen. Der Zgorzelecer Bürgermeister Mirosław Fiedorowicz bringt den europäischen Geist der geteilten Stadt auf den Punkt: »Wenn unsere Kinder auf den Görlitzer Untermarkt gehen, sind sie auf die historischen Gebäude genauso stolz wie die Görlitzer. Das historische Erbe von Görlitz, fühlen sie, ist auch das ihre.«

Hier zeigen sich Konturen einer neuen europäischen Kultur. Das kulturelle Erbe entlang der deutsch-polnischen Grenze wird inzwischen von beiden Seiten als ein gemeinsames Erbe begriffen. Polnische Schüler machen sich in Stettin und Breslau auf die Suche nach der Geschichte ehemals deutscher Städte, die sie nun auch als ihre Geschichte begreifen. Nicht als deutsche, aber als schlesische oder als pommersche Geschichte. Polnische Schriftsteller wie Paweł Huelle oder Stefan Chwin wiederum beschreiben die Inbesitznahme der deutschen Städte durch die Neusiedler, diese Pioniere der späten vierziger und der fünfziger Jahre des vergangenen Jahrhunderts. Und sie beschreiben zugleich die Begegnungen der Nachfahren dieser Pioniere mit den Nachfahren der ehemaligen deutschen Bewohner. Es sind Begegnungen, in denen die Neugier aufeinander die Fremdheit besiegt.

Zu diesem gemeinsamen europäischen Erbe gehören aber

nicht nur die geteilten Städte an Oder und Neiße, die nun wieder zusammenwachsen, zu ihm gehört auch die gemeinsame Kulturlandschaft. Da ist zum Beispiel der Nationalpark Unteres Odertal, der längst ein »Internationalpark« geworden ist, in dem deutsche wie polnische Ornithologen zu Hause sind. Da sind die prachtvollen und ausladenden Parkanlagen von Fürst Pückler in Bad Muskau und Łęknica, die längst wieder als ein Ensemble erfahrbar sind. Und da ist nicht zuletzt die Oder selbst, ein Fluss, der einst die Grenze markierte und nun beide Länder miteinander verbindet. Das historische Erbe, sagt der Soziologe Jerzy Kaczmarek von der Adam-Mickiewicz-Universität in Poznań, ist der Anknüpfungspunkt für eine gemeinsame Identität der Bewohner im Grenzgebiet, einer Identität, die sich beide, Polen und Deutsche, erst erwerben mussten. Das allerdings macht es ihnen auch leicht, dieses Erbe nun zu teilen. Nicht nur für die Polen ist der Görlitzer Untermarkt eine neue »kleine Heimat« geworden, sondern auch für die Deutschen, die 1945 nach Görlitz kamen.

Das Grenzgebiet ist also beides, europäisches Labor und europäische Peripherie zugleich. Im Grenzgebiet entstehen nicht nur neue Formen der deutsch-polnischen Zusammenarbeit, hier lässt sich auch erfahren, wie es sich lebt in einer Region, die wie Görlitz und auch zahlreiche polnische Landkreise von Abwanderung und Schrumpfung betroffen ist. In einem Europa also, dessen Topografie nicht nur von »alt« und »neu« im Sinne Donald Rumsfelds gekennzeichnet ist, nicht nur von neuen Gewinnern und Verlierern, sondern auch von neuen Zentren und neuen Peripherien.

Es ist kein leichter Weg in dieses neue Europa. Genau das sah der Osteuropahistoriker Karl Schlögel voraus, als er den Westen warnte, dass ihm bevorstehe, was der Osten längst bewältigt habe. Im neuen Europa, so Schlögel, komme es darauf an, »sich auf die Risiken der Zwischenzeit einzulassen, in der ein alter Zustand unhaltbar geworden ist, ein neuer sich aber noch nicht verfestigt hat; im Provisorium leben zu können, ohne dass dies als Weltuntergang empfunden würde; nicht in Panik und Hysterie zu verfallen, wenn die Selbstverständlichkeiten einer Lebensform aufhören, selbstverständlich zu sein«. Dass dies vor allem den Ostdeutschen nicht leicht fällt, liegt auf der Hand. Während die Privatisierung der Wirtschaft in Polen in einem Crashkurs ohne jegliche sozialstaatliche Beihilfe vonstatten ging, ist die Geschichte der ostdeutschen Transformation eine Geschichte der Milliardentransfers aus dem Westen. Das habe, sagt die Poznaner Politologin Anna Powieska-Wolff, dazu geführt, dass die Polen zwar arm, aber mit größerer Souveränität aus dem Transformationsprozess hervorgegangen sind. Dagegen besäßen die Ostdeutschen den höheren Lebensstandard, hätten aber mit einem Verlust an Selbstachtung zu kämpfen. In das gleiche Horn bläst der Soziologe Ulf Matthiesen, der sich am Institut für Regionalentwicklung und Strukturplanung in Erkner bei Berlin mit den Grenzregionen und ihren sozialen Milieus beschäftigt. Die soziale Abfederung des Transformationsprozesses, so Matthiesen, habe die Bereitschaft der Ostdeutschen zur Innovation eher vermindert, der kapitalistische Schockkurs in Polen hingegen Flexibilität und Innovationskraft befördert: »Der Zusammenprall zweier stark unterschiedlicher Transformationspfade stellt für die Alltagskulturen der Grenzräume und Grenzstädte eine enorme zusätzliche Belastung dar.«

Sollte das Experiment eines neuen Europa also schon an seinen Bewohnern scheitern? Es gibt auch Gegenbeispiele. Diese zeigen, dass die Grenzmilieus nicht überall – *sponsored by Sozialhilfe* – den alten Zeiten hinterhertrauern, sondern, wenn auch notgedrungen, innovativ sein können. So wie in Görlitz. Als der Zgorzelecer Investitionsbürgermeister vor einiger Zeit wieder etwas knapp bei Kasse war und bei seinen Kollegen in Görlitz nachfragte, ob sie nicht etwas spenden könnten, was man dann auf einer Tombola versteigern könnte, erinnerte man sich an einen alten Hubschrauber, den in Görlitz keiner mehr brauchte. Den bot man den Zgorzelecern an, und alle freuten sich. Doch dann fiel beiden Seiten ein, dass sie ja nicht nur die Neiße trennte, sondern auch eine Außengrenze der Europäischen Union. Alle Nachfragen bei offiziellen Stellen brachten das gleiche Ergebnis: Es sei rechtlich so gut wie unmöglich, den Hubschrauber auf die polnische Seite zu fliegen. Möglich wurde es erst, als eines Tages einfach alle gleichzeitig die Augen zudrückten: der deutsche BGS, die Görlitzer Polizei, der Zoll, die polnischen Behörden. Der Hubschrauber landete in Zgorzelec und verhalf dem Investitionsbürgermeister zu etwas mehr Geld für seine Wirtschaftsförderung.

Diese fast wie ein Märchen anmutende Begebenheit zeigt, wie kreativ nicht nur polnische, sondern auch deutsche Grenzmilieus sein können, wenn es um konkrete Strategien der Problemlösung geht. Und sie zeigt, dass auch auf deutscher Seite nicht mehr nur der Buchstaben des Gesetzes zählt, sondern auch Improvisation, das berühmte *muddling through*, jenes Durchwurschteln also, ohne das außerhalb der wirtschaftlich prosperierenden Zentren gar nichts mehr ginge. Und die Menschen haben die Botschaft begriffen. In Görlitz und Zgorzelec jedenfalls ist die Zustimmung zur Osterweiterung deutlich höher als im jeweiligen Landesdurchschnitt. Der Görlitzer Oberbürgermeister lehnt sogar die in Brüssel ausgehandelten Übergangsfristen für eine Liberalisierung der Arbeitsmärkte ab. Stattdessen lautet die Devise: Grenze auf, und zwar sofort. Dann könnten nämlich wohlhabende Polen in die leerstehenden Wohnungen auf der deutsche Seite ziehen und die Deutschen endlich legal im Bergbau und in den Kraftwerken von Turów arbeiten. Beispiele wie diese zeigen: Das neue Europa verläuft nicht nach Plan, es wächst vielmehr im praktischen Handeln seiner Akteure.

Es kann sein, dass Angela Merkel, die erste Templinerin, die es bis nach Washington und ins Pentagon gebracht hat, lieber nach Amerika reist als an die deutsch-polnische Grenze. Es kann auch sein, dass sie vom Erfindungsgeist der Bewohner dort noch nichts gehört hat. Würde sie sich allerdings einmal auf den Weg machen, bekäme sie den praktischen Unterbau ihrer eher intuitiven Erkenntnis vorgeführt, dass das neue Europa mehr ist als das Bekenntnis zu den Vereinigten Staaten von Amerika. Und auch mehr als ein Rudiment kommunistischer Vergangenheit, die man, wenn auch auf verschiedenen Wegen, abgeschüttelt hat. Würde sich Angela Merkel tatsächlich einlassen auf diese faszinierende Entdeckungsreise in die Zukunft, so würde sie feststellen, dass in den ostdeutschen Grenzregionen, aber auch in Städten wie Schwedt, Hoyerswerda, Cottbus oder Leipzig nicht nur das Alte verschwindet, sondern tatsächlich etwas Neues entsteht. Dass die Ostdeutschen nicht nur reihenweise in den Westen abwandern oder verlorengegangenen Erfahrungen von sozialer Gleichheit nachtrauern, sondern auch gelernt haben, mit der Ungleichheit umzugehen. Dass sie in vielem tatsächlich eine Avantgarde sind, Vorreiter in einem gesellschaftlichen und kulturellen Umbauprozess, der schon bald auch die peripheren Lagen zwischen Rhein und Elbe, Flensburg und Garmisch-Partenkirchen erreichen wird.

Es ist diese Mittellage zwischen der alten Bundesrepublik und Polen, dem alten Westeuropa und dem vormaligen Ostblock, die das an den Rand gedrängte Ostdeutschland wieder ins Zentrum rückt, wenn auch vorerst nur ins Zentrum der forschenden Neugier und des experimentellen Suchens. Doch ist nicht Suchen die Voraussetzung dafür, etwas Neues zu finden? Und gilt dies nicht auch in der deutsch-polnischen Grenzregion, diesem wirtschaftlichen, sozialen und kulturellen Labor zwischen dem »Nicht mehr« und dem »Noch nicht«? An jenem Ort also, an dem man schon heute gezwungen ist, sich, wie es Karl Schlögel sagt, »auf die Risiken der Zwischenzeit einzulassen, in der ein alter Zustand unhaltbar geworden ist, ein neuer sich aber noch nicht verfestigt hat«?

Dieser Suchprozess muss weitergehen. Dafür ist es allerdings wichtig, nicht in die von Donald Rumsfeld gestellte Falle zu tappen. Wir müssen uns auf das *tatsächlich* neue Europa einlassen, das derzeit in Ostdeutschland und seinen Grenzregionen entsteht. Denn nur dann wird aus Europa weiter und wieder eine Erfolgsgeschichte – eine Erfolgsgeschichte, an der die Ostdeutschen wesentlich größeren und aktiven Anteil hätten als am Prozess der deutsch-deutschen Einigung.

Wolfgang Engler

Der nächste Schritt – ein neues Projekt für Deutschland

I.

Zieht man die jüngste deutsche Jugendstudie gründlich in Betracht, dann vermittelt unsere Gesellschaft einen beunruhigend immobilen Eindruck. Die Quellen, aus denen sie ihre Dynamik schöpfen könnte und früher geschöpft hat, sind nahe am Versiegen oder gänzlich ausgetrocknet.

Auftrieb von unten findet kaum noch statt. Der überwiegende Teil derer, die in Elternhäuser und soziale Milieus mit unterdurchschnittlichen Bildungs- und Berufschancen hineingeboren werden, verbleibt auch dort, mit der Folge, dass sich die Nachkommen der gehobenen Mittel- und Oberschicht ernsthafter Konkurrenz von unten kaum zu erwehren haben; auch sie treten das Erbe ihre kollektiven Eltern an.

Von Generationsspannung, einem latenten oder gar offenen Generationskonflikt ist gegenwärtig nichts zu spüren. Die Jugendlichen und jungen Erwachsenen orientieren sich in ihrer übergroßen Mehrheit an den Wert- und Zielvorstellungen der schon erwachsen Gewordenen, wollen so werden wie sie und auch ihre Kinder in deren Geist erziehen. Bruchstellen dieses Einverständnisses zeigen sich allenfalls in der Unterschicht, speziell in Ostdeutschland. Nur signalisieren sie keinen prinzipiellen Widerspruch, sondern die Unzufriedenheit mit Älteren, die das Vorbild nicht abgeben, dem man nacheifern möchte. Ein alternativer Weltentwurf, der die Erwachsenengesellschaft herausfordern würde, zeichnet sich nirgends ab.

Woran es derzeit am schmerzlichsten fehlt, ist ein Phantasie und Intellekt belebendes Projekt; eine mobilisierende Vorstellung dessen, was sein soll, einschließlich einer Verständigung über den Weg, der dorthin führt, das heißt zumindest: über den nächsten Schritt. Der Mangel ist um so spürbarer, als die Nachkriegsgeschichte beider Deutschlands Energie und Schubkraft gerade aus der Ablösung solcher kollektiven Projekte zog.

Die alte Bundesrepublik entwickelte sich unter der Ägide von wenigstens drei großen Projekten. Die fünfziger Jahre standen im Zeichen von »Wirtschaftswunder« und Westbindung, die späten sechziger und siebziger unter der Doppellosung von substanzieller Demokratisierung (»Mehr Demokratie wagen«) und Aussöhnung mit dem Osten, die achtziger Jahre gebaren die Vision eines umfassenden, auch, ja gerade das Verhältnis zur Natur einschließenden grünen Zukunftsmodells. Das erste Projekt war ein Angebot von oben, das zweite lebte vom Zusammenspiel von Teilen der politischen Klasse und sozialer Bewegung, das dritte ging aus der Gesellschaft selbst hervor; sie alle waren gesellschaftlich mehrheitsfähig oder wurden es alsbald. Dabei verschoben sich die programmatischen Akzente und praktischen Angriffspunkte von der Wirtschaft auf die Politik und schließlich auf die Kultur im umfassenden Sinne des Wortes.

Auch die DDR vollzog einen Dreischritt. Dem antifaschistischen Neubeginn der späten vierziger und fünfziger Jahre folgte in den frühen sechziger Jahren der Aufbruch in eine »sozialistische Moderne« sowie, nach deren Scheitern, der sozialistische Wohlfahrtsstaat, die berühmte »Einheit von Wirtschafts- und Sozialpolitik« der siebziger und achtziger Jahre. Anders als im Westen Deutschlands lag die Initiative durchgehend in den Händen der Regierenden; fanden die ersten beiden Projekte noch die Unterstützung engagierter Minderheiten, zehrte das dritte von der Duldung durch eine zunehmend skeptische Bürgerschaft; speziell die Jugend resignierte, hielt sich abseits oder wanderte aus. Der westdeutschen Entwicklung dagegen analog war die Verschiebung der Akzente, nur dass hier auf ein dezidiert politisches Projekt ein primär ökonomisches folgte, das seinerseits von einem sozialen abgelöst wurde.

Ein viertes Projekt ist der DDR nur insofern zuzuordnen, als es ihre Grenze markierte. Es gehörte ganz der Gesellschaft und resümierte sich in dem Verlangen nach einem radikal demokratisierten Sozialismus, einem »Dritten Weg«, auf dem sich der Adressat dieser Intervention verlor.

Aber auch das neu in Existenz tretende Staatswesen hatte dafür keine Verwendung. Statt dessen lancierte das regierende Personal ein Projekt höchst fragwürdigen Charakters (das bislang letzte) – die »blühenden Landschaften«. Dank dieser Verheißung hielt es sich noch zwei Amtsperioden an der Macht, hinterließ (aus unterschiedlichen Gründen) West- wie Ostdeutsche jedoch derart ernüchtert, dass sich einstweilen niemand mehr mit einem neuen Unternehmen hervorwagt. Der stets aufs Neue beschworene »Ruck« verkümmerte im politischen Alltag zu der Resthoffnung, in die gute alte Vergangenheit einer (post)industriellen Arbeitsgesellschaft mit Erwerbschancen für annähernd jede und jeden irgendwann und irgendwie zurückzukehren.

Niemand glaubt im Ernst an diese Scheinvision, und die Abkehr vor allem junger Menschen vom politischen Engagement hat neben der Selbstaufgabe eines Staates, der globale ökonomische Prozesse nur noch begleiten, aber nicht mehr effektiv beeinflussen zu können glaubt, in der durchsichtigen Schalheit dieses Versprechens ihren hauptsächlichen Grund.

II.

Worin könnte nun ein neues Projekt bestehen, worin bestünde für eine der industriell fortgeschrittensten und reichsten Nationen wie Deutschland der nächste Schritt?

Die Antwort auf diese Frage fällt vielleicht leichter, wenn man sich zunächst ein Negativbeispiel vor Augen führt – die Vereinigten Staaten von Amerika. Das Angebot, das die Führungsgruppen dieses Landes ihrer Bevölkerung unterbreiten, besteht grob gesagt darin, sämtliche zu Gebote stehenden

Mittel einzusetzen, um die Welt endgültig unter ihre Herrschaft zu bringen, Entwicklungsressourcen zu kontrollieren, wenn möglich zu monopolisieren und aus diesem Fonds auch jene schöpfen zu lassen (obschon in bescheidenem Maße), die daheim zu den Unterprivilegierten zählen. Die Bevölkerung der Vereinigten Staaten im Ganzen wird eingeladen, sich als eine Art Weltoberschicht zu konstituieren.

Das Projekt ist nicht neu; auch in der abendländischen Geschichte reicht es weit in die Vergangenheit zurück. Die Kulturblüte des antiken Athen, die Machtstellung Roms zur Zeit der späten Republik und des frühen Kaiserreichs verdankten sich neben eigenen Anstrengungen und Innovationen in beachtlichem Maße der Herrschaft über und gegebenenfalls auch der Ausplünderung von Bündnispartnern und politisch Schutzbefohlenen. Im imperialen Europa des späten neunzehnten, frühen zwanzigsten Jahrhunderts träumten Regierende und Regierte denselben Traum im nämlichen hegemonialen Dekor; die einen träumten von Weltherrschaft, die anderen von Teilhabe an der Beute.

Das Neue der gegenwärtigen Situation besteht darin, dass es nun erstmals eine Macht gibt, die über alle ökonomischen, wissenschaftlich-technischen und nicht zuletzt militärischen Möglichkeiten verfügt, den Traum Wirklichkeit werden zu lassen. Kein anderer Staat, keine andere Nation kann sich vermessen, damit zu konkurrieren, dasselbe Ziel zu verfolgen.

Natürlich auch Deutschland nicht.

Um mit dem US-amerikanischen Vorhaben überhaupt in Wettbewerb treten zu können, ist zweierlei erforderlich: größere Bezugseinheiten und andere Einsätze. Die erste Forderung ruft ganz generell nach einem europäischen Projekt, die zweite nach dessen Konkretisierung. Europa bleibt so lange eine Floskel, solange es seine Zukunftsinteressen nicht im Einklang mit seinen bitteren historischen Lektionen und seiner Abkunft aus Aufklärung und Französischer Revolution definiert.

Außenpolitisch gibt es dafür seit kurzem bemerkenswerte und höchst erfreuliche Vorboten. Dagegen steht die Formulierung eines sozialen und kulturellen Projekts, das den Kontinent nach innen einen, seine Teil- und Untergruppen mit tatkräftiger Leidenschaft erfüllen könnte, weithin aus. Die auf zwischenstaatliche Kooperation und friedliche Konfliktlösung gerichtete Außenpolitik wenigstens einiger großer europäischer Staaten liegt in heillosem Streit mit einer ganz und gar nicht koordinierten Sozial- und Wirtschaftspolitik, die die großen gesellschaftlichen Akteure gegeneinander aufbringt und die Kräfte verzehrt.

Wie wäre es, wenn die selben Regierungen, die dem globalen Alleinvertretungsanspruch der Vereinigten Staaten ebenso überraschend wie bislang entschlossen entgegentraten, zusammenkämen, geistigen Rat einholten und der europäischen Öffentlichkeit nach eingehender Unterredung etwa folgendes verkündeten:

III.

Wir sind uns wohl bewusst, dass Europa vor einer historischen Weggabelung steht. Zwar verfügen wir über gemeinsame Institutionen vor allem politischer und rechtlicher Art und in weiten Teilen auch schon über eine einheitliche Währung, haben wir erst kürzlich Verträge unterzeichnet, die deren Geltungsbereich beträchtlich erweitern, doch soll der Alten Welt die Zukunft beschieden sein, die wir uns für sie erhoffen, dann bedarf es weit mehr als gemeinsamer Parlamente, Gerichtshöfe und Märkte. Unabdingbar ist eine nachträgliche Gründungsurkunde der Osterweiterung, eine politische Verfassung des Kontinents, und wie sich inzwischen herumgesprochen haben dürfte, liegt ein entsprechender Entwurf seit kurzem vor. Ohne uns in Einzelheiten zu ergehen, halten wir es angesichts der Weltlage für erforderlich, der öffentlichen Diskussion über die Voraussetzungen und Ziele einer europäischen Konstitution einen neuen Anstoß zu geben.

Unlängst, anlässlich des Irak-Krieges, wurden wir Zeuge

einer historischen Zäsur, deren langfristige Folgen momentan noch gar nicht abzuschätzen sind. Von Großbritannien unterstützt, entschlossen sich die Vereinigten Staaten zu einem Waffengang, der weder durch Beschlüsse der Vereinten Nationen gedeckt noch in ein tragfähiges Konzept der Entwicklung der gesamten Region nach dem Krieg eingebettet war. Und obwohl wir unsere Partner wiederholt und eindringlich zu Weitsicht und Zurückhaltung aufforderten, schoben sie alle mahnenden Worte beiseite und handelten auf eigene Faust. Sie ignorierten nicht nur den Willen der Völkergemeinschaft, sondern auch Geist und Buchstaben der Allianz, in der wir über viele Jahrzehnte hinweg Seite an Seite standen.

Wir sprechen das so deutlich aus, weil wir glauben, dass Meinungsverschiedenheiten in essenziellen Fragen gerade unter engen Verbündeten nach deutlichen Worten verlangen, und weil wir den Eindruck gewonnen haben, dass wesentliche Errungenschaften der Nachkriegsordung auf dem Spiel stehen. Wer hätte 1989 schon vorhergesehen, dass die Auflösung des Ostblocks, die wir alle begrüßten, so bald in eine Entwicklung einmünden würde, die, zu Ende gedacht, auch unser Bündnis untergräbt. Wir wünschen eine solche Wendung der Dinge nicht, müssen uns als verantwortliche Politiker aber darauf einstellen.

Das wirft die Frage nach den Interessen auf, die wir Europäer gemeinsam zu vertreten haben. Nun hängen Interessen nicht in der Luft, sondern eng mit der Macht zusammen, ihnen Gehör und Respekt zu verschaffen. Aber, wie wir schon sagten: Macht ist nicht das Letzte, wenn es um die Begründung kollektiver Strebungen geht, zumal dann nicht, wenn man es an Macht und Einfluss in der Welt mit anderen nicht aufnehmen kann. Dann hängt alles davon ab, dem Interesse ein geistiges, kulturelles Fundament zu verleihen; ein Fundament, auf dem es gedeihen, kräftig und für andere anziehend werden kann. Europa benötigt ein Projekt, und das heißt nicht nur eine Idee oder einen Plan, sondern ein Vorhaben, das von seiner Verwirklichung nicht getrennt werden kann.

Ein Projekt ist schon deshalb nichts rein Ideelles oder gar Ausgedachtes, weil es seine Überzeugungskraft nur im Anschluss an die Geschichte, an kollektive Gewohnheiten und Vermögen gewinnt, die die Menschen ermutigen, mit Zuversicht und Unternehmungsgeist erfüllen.

So weit wir sehen, sind es zwei Prinzipien, die einem europäischen Projekt geschichtliche Anschlussfähigkeit und kulturelle Erdung sichern: Souveränitätsverzicht und fraglose Anerkennung.

Souveränitätsverzicht nach innen und außen ist das wohl bedeutsamste Vermächtnis unseres leidgeprüften Kontinents, seine sicherste Bürgschaft für die Zukunft. In erbitterten und verlustreichen Auseinandersetzungen mussten Einzelne, Gruppen und ganze Überlebenseinheiten lernen, ihre ungezügelten Leidenschaften und Machtansprüche zu zivilisieren, konfliktdämpfende Instanzen zwischen und über sich zu akzeptieren. Im Inneren schloss man Frieden mit dem Staat, den man seinerseits wachsender gesellschaftlicher Kontrolle unterwarf, zunächst im Westen, nach 1989 auch im Osten Europas, und was man in der ersten Hälfte des zwanzigsten Jahrhunderts für unmöglich gehalten hatte, trat in der zweiten ein: Auch der Verkehr zwischen den Nationen gehorchte mehr und mehr überstaatlichen Regularien, Verbindlichkeiten, Rechtsordnungen, wobei der jüngste und kräftigste Schub in diese Richtung wiederum mit dem Aufbruch in Ost-Mitteleuropa zusammenfiel.

Fraglose Anerkennung, das zweite große Zukunftsversprechen des »alten Europa«, umschreibt das gewohnheitsmäßige und verbriefte Recht eines jeden auf ein menschenwürdiges Dasein, und zwar einzig aus dem Grund, dass der- oder diejenige *ist*; hineingeboren in eine Welt, die sich für das Geschick ihrer Bürger verantwortlich fühlt.

Wir erlauben uns, in diesem Zusammenhang aus der Französischen Verfassung vom 24. Juni 1793 zu zitieren. Dort heißt es im Artikel 21:

»Die öffentliche Unterstützung der Bedürftigen ist eine

heilige Schuld. Die Gesellschaft übernimmt den Unterhalt der in Not geratenen Bürger, indem sie ihnen Arbeit gibt oder denjenigen, welche arbeitsunfähig sind, die Mittel für ihr Dasein sichert.«

Auch wir betrachten diesen Grundsatz als unantastbar. Ob es uns gelingt, die öffentliche Wohlfahrt in den nächsten Jahren merklich zu befördern, können wir heute nicht sagen; Rückschläge auf diesem Gebiet, die uns der Vergangenheit näher als der Zukunft bringen, werden wir nicht hinnehmen. Auch wollen wir uns nach Kräften bemühen, die sozial-moralischen Standards unseres Gemeinwesens in eine noch zu schaffende europäische Sozialcharta einzubringen. Denn nur im Inneren entspannte und auf Ausgleich bedachte Nationen garantieren Friedfertigkeit auch nach außen.

Wählt Europa den durch diese beiden Prinzipien eingezäunten Pfad, dann bewegt es sich im Einklang mit seiner geschichtlichen Erfahrung und in eine Richtung, die ihre Anziehungskraft auf andere nicht verfehlen dürfte. Es wird der einzig verbliebenen Weltmacht militärisch nicht die Stirn bieten können und insofern verletzlich bleiben, aber auch verführerisch, weil es der Welt ein alternatives Angebot unterbreitet.

Weicht Europa von diesem Pfad ab, lässt es sich verführen, statt selbst verführerisch zu sein, wird sich seinem machtpolitischen Bedeutungsverlust der kulturelle nur allzu bald hinzugesellen.

IV.

So könnten europäische Regierungen sprechen.

So sprechen sie nicht, noch nicht, weder die der Nachbarn noch unsere eigene.

Gerade Deutschland ist, politisch gesehen, ein eklatanter Widerspruch, der neues und altes Denken unvermittelt aufeinanderprallen lässt. Außenpolitisch hält man es mit dem Recht und mit jenen, die seiner bedürfen, innenpolitisch setzt man die Schwachen unter Druck und unterwirft das Recht sozialem Rückschritt.

Dabei hätte gerade die deutsche Regierung Anlass, die fiktive Botschaft der Politiker an die europäische Öffentlichkeit um eine ganze Passage zu erweitern.

Seit den frühen siebziger Jahren, so könnte sie beginnen, sehen sich die Regierenden in Deutschland mit Massenarbeitslosigkeit konfrontiert. 1975 überstieg deren Zahl erstmals die Millionengrenze, ein Jahrzehnt darauf waren schon mehr als zwei Millionen Menschen arbeitslos, und am Ende der achtziger Jahre waren es deren drei. Die frühen neunziger Jahre verzeichneten vier, die mittneunziger Jahre gar fünf Millionen Menschen ohne Arbeit, und nach einer kurzen Erholung am Ende des Jahrzehnts nähern wir uns diesem Scheitelpunkt erneut.

Nun gehört es zum parlamentarischen Geschäft, dass Regierung und Opposition einen derart kritischen Prozess gegensätzlich auslegen. Für die Opposition war die jeweilige Regierung der Hauptschuldige an der anschwellenden Reservearmee; die politisch Verantwortlichen verwiesen auf übergeordnete äußere Faktoren: auf Rohstoffkrisen (1973 und 1983), auf die abflauende Weltkonjunktur (Ende der achtziger Jahre), auf die Folgen der Wiedervereinigung (permanent seit 1990) sowie nochmals auf globalen konjunkturellen Abschwung (verstärkt seit 2001). So verständlich diese divergierenden Schuldzuweisungen auch sein mögen, so oberflächlich erscheinen sie uns, wenn man auf den gesamten Zeitraum blickt und zugleich über die deutschen Grenzen hinaus.

Einerseits wechselten in dieser Periode Regierungs- und Oppositionsparteien mehrfach die Plätze, und kaum war der Tausch vollzogen, machten sich beide Seiten die Sicht des vormaligen Gegners zu Eigen und ließen die Argumente, die sie noch kürzlich für beziehungsweise gegen schuldhaftes Regierungshandeln ins Feld geführt hatten, stillschweigend auf sich beruhen. Allein das gibt zu denken.

Andererseits bemühten sich während desselben Zeitraums

Regierungen anderer europäischer und außereuropäischer Industrienationen um eine durchgreifende Lösung des Problems; auch dort sorgten Wahlen für wiederholte Positionswechsel, ohne dass das Thema von der politischen Tagesordnung verschwand.

Was der deutschen Arbeitsgesellschaft seit den frühen siebziger Jahren widerfuhr, ereilte in der einen oder anderen Weise auch die anderen großen Volkswirtschaften. Seither kamen die unterschiedlichsten ökonomischen Rezepte innerhalb der vielfältigsten politischen Konstellationen zum Einsatz, vom Neoliberalismus bis zum Neokeynesianismus, sodass man davon ausgehen kann, dass das volkswirtschaftlich derzeit Einsichtige auch praktisch versucht wurde. Natürlich gab und gibt es nationale und regionale Varianten des kritischen Prozesses, aber im Großen Ganzen setzte er sich über alle Bemühungen hinweg, seiner endgültig Herr zu werden. Für dieses Ergebnis in erster Linie wirtschafts- und finanzpolitische Mißgriffe der Regierenden verantwortlich zu machen, greift viel zu kurz.

Vielmehr spricht alles für tieferliegende Gründe und dafür, dass die Rollenverteilung im System der parlamentarischen Demokratie die Akteure geradezu systematisch daran hindert, zu ihnen vorzudringen. Außer höchst wünschenswerten Effekten wie Wettbewerb und rechtzeitiger Regeneration zeitigt sie nämlich einen Selbstblendungseffek. Das Verfallsdatum von Erkenntnissen, die man gerade dadurch gewinnt, dass man regiert beziehungsweise opponiert, fällt unglücklicherweise exakt mit dem Machtwechsel zusammen und verweist partielle Einsichten in den Gesamtprozess, die man bis gestern für die ganze Wahrheit hielt, ins Reich der unerlaubten, weil nunmehr schädlichen Gedanken.

Zwar lebt es sich mit dieser Verdrängung recht bequem, doch in der Sache wird dadurch nichts bewirkt, wie das Phänomen der Massenarbeitslosigkeit zur Genüge zeigt. Eingeschliffenen Beschwichtigungs- wie Skandalisierungsritualen gegenüber gleichermaßen resistent, nimmt es nur immer bedrohlichere Ausmaße an. Mit der Politik halbierter Wahrheiten zu brechen bedeutet für die Regierenden, auch fortan in Betracht zu ziehen, was sie als »Oppositionelle« wussten.

Und damit fangen wir jetzt an.

Wir räumen unumwunden Versäumnisse und Fehlentscheidungen ein, die eine anhaltende wirtschaftliche Belebung in unserem Land behinderten und noch behindern: Unsere Mitwirkung an Vorschriften, Verfahren und Gesetzen, die die persönliche Initiative lähmen; unsere Mitschuld am Verzug einer zeitgemäßen Forschungs- und Bildungspolitik; das allzu lange Festhalten an einer Fiskalpolitik, die der Geldwertstabilität einseitig Vorrang vor der Stimulierung privater und öffentlicher Nachfrage einräumte; die verbissene Verteidigung arbeitsrechtlicher Bestimmungen auch dort, wo sie der Begründung auskömmlicher Arbeitsverhältnisse entgegenstehen; in all diesen Fällen wollen wir schnell und konsequent für Abhilfe sorgen.

Nur dürfen wir dabei nicht der umgekehrten Blindheit anheimfallen und vergessen, was wir während früherer Amtsperioden widerstrebend lernen mussten – dass die gesamtwirtschaftliche, technisch-technologische Entwicklung langfristig in eine andere Richtung als die mehrheitlich angestrebte weist, ohne jede Beschönigung gesagt: in die entgegengesetzte.

Wir versprechen, nichts unversucht zu lassen, um Menschen, die aus der Arbeitswelt verstoßen wurden, neue Erwerbschancen zu eröffnen; eine Rückkehr zur Arbeitsgesellschaft im eigentlichen Sinne des Wortes, das heißt zur Vollbeschäftigung, können und wollen wir dagegen nicht versprechen.

V.

Noch eine ungehaltene Politikerrede. Leider.

Denn mag die Formulierung einer europäischen Außenpolitik auch dort besser aufgehoben sein, wo die Eliten auf einen längeren und im ganzen glücklicheren Umgang mit politischer Souveränität zurückblicken – man denke etwa an Frankreich –: Für die Formulierung der innen-, besonders der sozial-

und wirtschaftspolitischen Prinzipien eines geeinten Europa sind deutsche Regierungen geradezu prädestiniert. Sie können dabei aus einer wegweisenden Erfahrung schöpfen – die der Ostdeutschen seit 1990.

Gemeinhin spricht man dieser Erfahrung den nach vorn, in die Zukunft gerichteten Charakter gerade ab und wähnt die Ostdeutschen seit der Wiedervereinigung auf ausgetretenen Pfaden. In dieser Perspektive hat es auch mit der Massen- und Dauerarbeitslosigkeit in Ostdeutschland keine besondere Bewandtnis. Dabei genügt es, eine einzige Frage aufzuwerfen, um das Außergewöhnliche des ostdeutschen Falls zu verstehen: Warum gelang es trotz aller Anstrengungen und begünstigenden Umstände nicht, das Ausmaß dieser Arbeitslosigkeit zu mindern, warum bewegt es sich gegenwärtig sogar auf höherem Niveau als in den Jahren unmittelbar nach dem Umbruch?

Vor dem Hintergrund des rabiaten Deindustrialisierungsprozesses der Nachwendezeit wirkt die Rede von begünstigenden Umständen auf den ersten Blick befremdlich. Aber sie existieren, und drei Faktoren verdienen in diesem Zusammenhang ausdrückliche Erwähnung: tarifpolitische Flexibilisierung, Transfer, Abwanderung.

Die außer- und das bedeutet in der Regel: untertarifliche Entlohnung, die in der ostdeutschen Wirtschaft nach 1990 zum Normalfall wurde, bewirkte kein Jobwunder; langfristig gefährdet die Politik der billigen Arbeit Beschäftigungsverhältnisse sogar eher, als dass sie sie sichert. Je niedriger Löhne und Gehälter, desto geringer ist der Rationalisierungsdruck, der Anreiz zur Technisierung und Automatisierung der Fertigungsprozesse, was die Wettbewerbsfähigkeit namentlich jener Unternehmen schwächt, die international agieren. Sie sollten sich Ostdeutschland diesbezüglich nicht zum Vorbild nehmen. Die Unternehmerklage über zu hohe *Lohnnebenkosten* unterschlägt nur allzu gern deren Kehrseite – vergleichsweise geringe und weiter sinkende *Lohnstückkosten*; das Geheimnis des deutschen Exporterfolgs seit Jahrzehnten.

Auch der Finanztransfer ins Beitrittsgebiet trieb keine Beschäftigungsblüte hervor, obwohl sich dessen Gesamtsumme bereits Ende der neunziger Jahre auf mehr als eine Billion Mark belief; seit der Verabschiedung des Solidarpakts II fließt diesem Strom eine neue, kräftige Ader zu. Das Geld hat Wirkung gezeigt. Verkehrswege und Kommunikationsnetze wurden erneuert, Stadtteile und ganze Städte restauriert und die damit Betrauten auch vorübergehend mit Arbeit versorgt; dauerhaften Aufschwung vermochte es der Erwerbstätigkeit nicht zu verleihen.

Floss das Geld von West nach Ost, so strömten die Menschen wie schon zu DDR-Zeiten in die Gegenrichtung. Per Saldo verlor Ostdeutschland seit dem Spätherbst 1989 weit über eine Million Menschen, und auch dieser Prozess setzte sich in den darauffolgenden Jahren fort. Immer weniger Ostdeutsche drängen auf den Lehrstellen- und Arbeitsmarkt, partizipieren dadurch an pro Kopf steigenden Kompensationen, ohne dass sich diese Märkte sichtlich entspannen, ohne dass sich die Wiederkehr der Arbeitsgesellschaft auch nur erahnen lässt.

Warum ist das so?

Um hier klarer zu sehen, muss man Struktur in das soziale Drama bringen. Eine populäre Schrift Lenins paraphrasierend, kann man von drei Quellen und drei Bestandteilen ostdeutscher Arbeitslosigkeit sprechen.

Da ist zunächst das Erbe der DDR, einer politischen Organisation, die keine rationale Wirtschaftsweise aufkommen ließ und die Verantwortung dafür trägt, dass die in den ökonomischen Wettbewerb entlassenen ostdeutschen Unternehmen der Herausforderung mehrheitlich nicht gewachsen waren, weder im innerdeutschen Maßstab noch im globalen. Dieser Ausmusterungsprozess rekrutierte das erste große Kontingent ostdeutscher Arbeitsloser.

Als nächstes kommen politische Weichenstellungen in Betracht, die das Dilemma verstärkten, in erster Linie die so gut wie übergangslose Einführung der D-Mark ins ostdeutsche Wirtschaftsgebiet. Die dadurch bedingte vierhundertprozentige Aufwertung der bisherigen Binnenwährung führte zum umgehenden Kollaps fast der gesamten exportorientierten DDR-Wirtschaft. Aus den Hinterbliebenen dieses Zusammenbruchs formte sich das zweite große Kontingent ostdeutscher Arbeitsloser.

Beide Bestimmungsgründe liefern eine Erklärung dafür, warum das Heer der Arbeitslosen im Osten Deutschlands so atemberaubend schnell anschwoll.

Um darüber hinaus zu begreifen, warum es in der Folgezeit nicht wenigstens um ein Geringes schrumpfte, muss man sich der dritten Quelle ostdeutscher Massenarbeitslosigkeit zuwenden, das Kontingent bestimmen, das ausschließlich ihr zuzurechnen ist.

Zwei Exempel liefern näheren Aufschluss.

Das erste bringt ein historisches Datum nochmals ins Spiel, das indirekt schon genannt wurde: den 1. Juli 1990, den Tag, an dem die Wirtschafts- und Währungsunion vollzogen wurde und die bundesdeutsche Währung in der Noch-DDR Einzug hielt. Binnen vierundzwanzig Stunden verschwand das vertraute ostdeutsche Warenangebot aus den Regalen der Geschäfte, um vornehmlich westdeutscher Ware zu weichen. Die Zahl derer, die dadurch ihre Arbeit verloren, wird sich statistisch kaum jemals exakt fixieren lassen, aber geringe Einbildungskraft genügt, um an all jene zu denken, die die nun moralisch verschlissenen Produkte erzeugten, vertrieben, verkauften und, gegebenenfalls, instandsetzten.

Nur verloren sie ihre Arbeit nicht aufgrund wirtschaftlicher Ineffizienz, sondern gerade aus dem gegenteiligen Grund – weil die westdeutsche Wirtschaft logistisch auf der Höhe und leistungsfähig genug war, um sechzehn Millionen Ostdeutsche beinahe über Nacht mit allem Notwendigen und Überflüssigen zu versorgen.

Das zweite Exempel weist denselben gedanklichen Weg.

Überall dort, wo sich ostdeutscher Gewerbefleiß nach dem Aderlass noch in größerem Maßstab behauptete oder neu entfaltete, geschah dies auf Grundlage des höchst möglichen technisch-technologischen und arbeitsorganisatorischen Standards. Erschließungsaufwendungen und Investitionssummen von oftmals mehreren Milliarden D-Mark waren dann gerade ausreichend, um einige Hundert, ausnahmsweise auch einmal wenige Tausend Menschen dauerhaft mit Arbeit zu versorgen, und zwar an Standorten, an denen vormals Zehntausende Beschäftigung und Auskommen gefunden hatten.

Hier, in der exponentiell gewachsenen Arbeitsproduktivität, findet man die letzte Antwort auf die Frage, weshalb es zu keinem Abschmelzen der industriellen Reservearmee in Ostdeutschland kam.

VI.

Die Ostdeutschen *wurden* in großer Zahl arbeitslos, weil sie aus einer Gesellschaft kamen, deren Wirtschaftsweise zu den verschwenderischsten und abenteuerlichsten der Weltgeschichte gerechnet werden muss; sie *blieben* arbeitslos, weil sie einer Gesellschaft beitraten, deren Wirtschaftsweise, für sich genommen, das heißt ohne auf die sozialen Kosten zu sehen, den bisherigen historischen Gipfel an Effizienz und Produktivität repräsentiert.

Gerade weil sich die Reindustrialisierung Ostdeutschlands höchst punktuell vollzog, auf den Trümmern eines beispiellosen Zerstörungswerks, geben sich Logik und Fluchtpunkt der gegenwärtigen technologischen Revolution hier ein ideales Stelldichein, zeigen sie sich gleichsam unverstellt und nackt, in ihrer ganzen imposanten Brutalität.

Die Erfahrungen, die die Ostdeutschen als Konsumenten wie als (potentielle) Produzenten seit 1990 mit der neuen Arbeitsweise sammelten, verlangt gebieterisch nach einer anderen Wahrnehmung der Arbeitslosigkeit; nach einer Wahrnehmung, die Jeremy Rifkin in diese Worte faßt:

»Die alte Logik, dass technologische Fortschritte und Steigerungen der Produktivität zwar alte Jobs vernichten, aber ebenso viele neue schaffen, trifft nicht länger zu ... Zur Mitte des 21. Jahrhunderts wird die Wirtschaft die technischen Notwendigkeiten und die organisatorische Kapazität besitzen, Güter und einfache Dienste für eine wachsende Bevölkerung mit einem Bruchteil der jetzt dort arbeitenden Beschäftigten bereitstellen zu können.«

Was die gegenwärtige Lage der Ostdeutschen zum Politikum macht, ist die Tatsache, dass sie zu Teilen, obschon mehrheitlich gegen ihren Willen, in dieser Zukunft bereits angekommen sind; man könnte auch sagen: in sie vertrieben wurden.

Um dieses Gefühl, Vertriebene, Ausgestoßene zu sein, in Selbstbewusstsein zu verwandeln, um sich als das begreifen zu können, was sie objektiv sind: Pioniere der Zukunftsgesellschaft, ist mehr vonnöten als ein glückliches Naturell und ein guter Wille – nötig ist die Trägerschaft durch ein Projekt.

Aber vielleicht ist der Konjunktiv irreführend, kommt man der Sache gerade dadurch näher, dass man beides – Projekt und Träger – zunächst sorgsam auseinanderhält. Und dafür sprechen die deutschen Gegebenheiten.

Beginnen wir also mit dem, *worum* es geht, mit dem Projekt eines menschlich erträglichen und erfüllten Ausstiegs aus der Arbeitsgesellschaft.

Erträglich gestaltet sich der Ausstieg, wenn er frei von existenziellen Ängsten verläuft. Die zugehörige Vorkehr hört auf verschiedene Namen, auf »Grundeinkommen« oder »Bürgergeld«, wobei es stets um dasselbe geht: um Ansprüche auf ein in materieller Hinsicht menschenwürdiges Leben, deren einzige Begründung darin liegt, dass man in eine Gesellschaft hineingeboren wurde, wofür man ohnehin nichts kann.

Solange der Verlust der Arbeit fast zwangsläufig zum Verlust des eigenständigen Daseins und darüber hinaus zu moralischer Ächtung führt, bewegen wir uns, gemessen an den Möglichkeiten industriell entwickelter Nationen, noch innerhalb des »geistigen Tierreichs«.

Die Ratifizierung dieses Anspruchs jedoch einmal vorausgesetzt, erhebt sich eine zweite, gleich wesentliche Frage: Wie gelangt ein äußerlich erträgliches Leben zu Inhalten und Zielen, die es für sich und andere auch wirklich mit Leben erfüllen?

Obwohl seit Dekaden flüchtig, hat die Arbeitsgesellschaft innerlich dermaßen Besitz von den Menschen ergriffen, dass vielen die Vorstellung eines lebenswerten – und das heißt im Kern aktiven – Lebens ohne regelmäßige oder gar ohne jegliche (Erwerbs-)Arbeit nicht geheuer ist. Und in der Tat: Solange sich menschliche Aktivität durch und über Arbeit definiert, so lange lauert hinter dem Verlust der Arbeit das bloße Nichts.

Da war Aristoteles ganz anderer Meinung. Zwar sprach er für eine längst vergangene historische und soziale Formation, doch erhellt seine »Triologie menschlicher Aktivitätsformen« die kulturellen Nöte des Übergangs zur Postarbeitsgesellschaft wie kaum ein anderes Denkmodell.

Das erste und umfänglichste Aktivitätsfeld, schreibt er in seiner »Nikomachischen Ethik«, umfasst die unterschiedlichsten Arten des *Hervorbringens*. Hervorbringen ist ein praktisches Können, das sich am Gegenstand bewährt und etwas sachlich von ihm Unterschiedenes, sinnlich Greifbares, hinterlässt.

Auf der nächsten Ebene siedelt Aristoteles das *Handeln* an. Es ist ein soziales Können, das sich im Verein mit anderen, Gleichgestellten oder Gleichgesinnten bewährt und auf die ethische Selbstvervollkommnung des Menschen zielt. »Das Hervorbringen hat ein Endziel außerhalb seiner selbst, beim Handeln aber kann dies nicht so sein, denn wertvolles Handeln ist selbst Endziel.«

Die dritte Ebene gehört der *Tätigkeit*, dem geistigen Können, das sich an (philosophischen) Problemen schult, seine höchste Ausformung im interessanten Umgang mit sich selbst findet, in der intellektuellen Autarkie, und daher anderer Menschen nicht notwendigerweise bedarf. Der Weise, der von seiner Muße gehaltvoll Gebrauch macht – das ist Aristoteles' Idealvorstellung des aktiven Menschen: »Vielleicht gelingt es noch besser, wenn er Freunde hat, die mitwirken, aber gleichwohl wäre er der Unabhängigste.«

Das Zeitbedingte, Vergängliche an dieser Klassifikation ist offenkundig: der Steigerungslauf der Aktivitäten zur Vergeistigung hin, zu weltabgewandter intellektueller Schau und Einkehr; die Geringschätzung des Hervorbringens – Domäne der Unfreien, der »sprechenden Werkzeuge«; die Fokussierung des Handelns auf die persönliche Perfektionierung bei gleichzeitiger Degradierung seiner sozialen Dimension, der gemeinschaftlichen Sorge um das öffentliche Wohl, die noch zwei Generationen zuvor, zu Perikles' Regierungszeiten, in höchstem Ansehen stand.

Am bleibenden Erkenntniswert des Konzepts ändert das nichts. Das neue kulturelle Modell, das wir entwickeln und einüben müssen, um auch habituell über die Grenzen der Arbeitsgesellschaft hinauszugelangen, könnte gar nicht besser beschrieben werden als in den Begriffen des großen Philosophen.

Wer vom Hervorbringen abgeschnitten wird, für den hängt alles an der Möglichkeit, auch jenseits dieser Sphäre ein erfülltes Dasein führen zu können – als Handelnder gemeinsam mit anderen, als Tätiger mit und für sich selbst. Die Handlungs- und Tätigkeitsimpulse von Menschen zu bewahren, ja zu stärken, die zum Hervorbringen nicht mehr benötigt werden –, das ist die alles Wesentliche einschließende Kurzfassung der neuen sozialen Weltformel.

Genau darin, im Entflechten der Praxisformen auf eine Weise, dass vom Erwerb freigesetzte Menschen handelnde und tätige Personen bleiben, vielleicht jetzt sogar in höherem Grade werden, besteht der nächste Schritt, den unsere Gemeinwesen gehen müssen, sollen nicht Millionen von Menschen in Selbstzweifel und Apathie verharren.

VII.

Und die Trägerschaft für dieses Projekt – wie steht es damit?

Sofern die Frage nach dem *Mit wem?* auf politische Träger zielt, auf die Unterstützung durch die Regierenden, im weiteren durch die politischen Parteien, die großen Verbände und Organisationen, die publizistische Öffentlichkeit, bedarf sie keiner umständlichen Erörterung. Man weiß, wie es hierzulande damit steht.

Alles geschieht, um die Fiktion von Arbeitsgesellschaft und Vollbeschäftigung ein letztes Mal zu beglaubigen, vorzugsweise dadurch, dass die sozial Ausgemusterten in eine Lage versetzt werden, mit der niemand tauschen möchte. Das Unterfangen lohnt die Worte nicht, die es widerlegen könnten; es widerlegt sich selbst, von Tag zu Tag mehr. Hier hat die Zukunft keinen Anwalt.

Im Unterboden der Gesellschaft dagegen gärt es, und dieser Gärprozess hat längst begonnen, die Ausläufer des staatlichen Institutionengeflechts mit Unruhe und Neuerergeist zu erfüllen.

Ein einziges Beispiel mag das verdeutlichen.

Unter Sozialarbeitern und Sozialpädagogen hat sich, der Not der wirtschaftlichen Verhältnisse folgend, der Begriff der »zweiten Schwelle« eingebürgert. Er bezeichnet die biographische Passage, die von der Schulzeit in die Lehre beziehungsweise von der abgeschlossenen Lehre in den Beruf führt – oder eben gerade nicht. Um möglichst vielen Jugendlichen oder jungen Erwachsenen über die Schwelle zu helfen, wurden in jüngster Zeit verstärkt Betreuungs- und Förderprogramme aufgelegt und Mitarbeiter angeworben, die sich dieser Aufgabe im Auftrag der Arbeitsämter annehmen sollen.

Nur, was tun, wenn Stellenangebot und -nachfrage ein groteskes Missverhältnis bilden, wenn der den einzelnen Bewerbern zuteil gewordene Aufwand sachlich und zeitlich in keiner vertretbaren Relation zur Erfolgsrate steht, wenn man, mit anderen Worten, diese Aufgabe im Osten Deutschlands übernimmt, womöglich gar in den vom Fortschritt verlassenen Regionen?

Dann steht man vor der Wahl, einen beide Seiten deprimierenden Dienst nach Vorschrift zu absolvieren – noch ein Computerkurs für den Kandidaten, noch ein Seminar für Vorstellungsgespräche für die Stellenaspirantin – oder einen neuen Weg einzuschlagen.

Und so geschieht es heute bereits vielfach in Ostdeutschland.

Hart an der Grenze zur Legalität, sie im Zweifelsfall eher überschreitend als vor ihr zurückschreckend, investieren Arbeitsvermittler ein Mehrfaches der vom Amt entgoltenen Zeit in junge Menschen, deren Vertrauen sie genau dadurch gewinnen, dass sie sich aufopfern; peinigen sie ihre Sorgenkinder bewusst nicht mit Maßnahmen, die mit hoher Gewissheit in die verhasste Untätigkeit zurückführen; werfen sie vielmehr die einzigen Fragen auf, die unter diesen Umständen Wachheit und Interesse wecken: Welche produktiven Bedürfnisse verspüren Sie in sich, welche Vermögen würden Sie gern entwickeln, auf welchem Gebiet möchten Sie sich einmal ausprobieren? Und damit es nicht bei einer rhetorischen Übung bleibt, suchen sie nach Mitstreitern (und finden sie auch oft genug), die ihre Klienten behutsam in das gewünschte Tätigkeitsfeld einführen.

Dieses Vorgehen durchbricht den Bannkreis der Verwertung und ordnet sich einer anderen Logik zu – der der *Fähigkeiten*, die es vor der Verkümmerung zu bewahren oder überhaupt erst zu entdecken gilt, wenn ein Leben, in dem sich Arbeit absehbar nicht einstellt, dennoch gelingen soll. Führen erhaltene oder neu erworbene Kompetenzen in die Arbeitswelt zurück – um so besser, wird dieses Ziel verfehlt, ist für das Selbstbewusstsein und die Selbständigkeit der Betreffenden dennoch viel getan; das Meiste, ist man versucht zu sagen.

»Wir bewerten unsere Arbeit vor allem nach inhaltlichen Aspekten«, heißt es in einem Erfahrungsbericht, und weiter: »Auch wenn von Fall zu Fall am Ende zahlreicher Gespräche nicht die Vermittlung in eine Ausbildung oder Arbeit steht, so haben wir doch ›vermittelt‹: Du bist wichtig! Du bist nicht allein verantwortlich für deine Situation! Finde deinen Weg! Dann findest du auch Partner! Die schönste Bestätigung für das, was wir tun, ist es, wenn der Jugendliche sagen kann: Ich habe es geschafft. Es war nicht einfach. Schön, dass Sie da waren.«

Sobald man dieser informellen Praxis erlaubt, sich aus der Deckung hervorzuwagen, hinter der sie sich gegenwärtig noch verschanzen muss, immer in der Gefahr, von oben zwangsnormalisiert zu werden, ist der nächste Schritt vollzogen – der erste befreite zugleich über den engen Horizont der Arbeitsgesellschaft hinaus.

VIII.

Notwendigerweise realitätsfern, bedürften Projekte und Utopien der praktischen Vermittlung, um nicht als realitätsfremd abgetan zu werden. Um in der Gegenwart Resonanz zu finden, müssen sie den akuten gesellschaftlichen Reformdruck aufnehmen und in die von ihnen antizipierten Bahnen lenken.

Die abschließende Skizze einer leistungsstarken, dabei sozial und psychisch entspannten Arbeitsgesellschaft soll diesen Zweck erfüllen. Sie orientiert sich an skandinavischen Erfahrungen, speziell am (geringfügig idealisierten) dänischen Modell.

Klagen über zu hohe Lohnnebenkosten finden dort kaum Widerhall. Kranken- und Rentenversicherung werden aus allgemeinen Steuern bestritten und schlagen in den Geschäftsbilanzen daher nicht zu Buche. In die Arbeitslosenversicherung speisen alle Beschäftigten einen einheitlichen, nicht allzu hohen Beitrag ein. Einfach und durchaus unternehmerfreundlich gestaltet sich auch die Besteuerung der Geschäftserträge. Der steuerliche Höchstsatz liegt bei dreißig Prozent, Ausnahmen und Sonderregelungen halten sich in überschaubarem Rahmen. Die Transparenz des Verfahrens reduziert den bürokratischen Aufwand auf beiden Seiten der Steuerfront auf ein Minimum, und dasselbe gilt für die entsprechenden Kosten. In ihrer Eigenschaft als Gehaltsempfänger bekommen die Unternehmer dagegen die ganze Härte einer Steuerprogression zu spüren, die die Menschen ihrer jeweiligen Belastbarkeit gemäß zur Finanzierung öffentlicher Güter heranzieht.

Verschlankt und rationalisiert wurde auch der Sozialstaat.

Arbeitslose über fünfundzwanzig Jahre erhalten für ein Jahr neunzig Prozent der letzten Nettobezüge; finden sie in diesem Zeitraum keine neue Stelle, unterstehen sie der Arbeitspflicht. Dank dieser ebenso klaren wie unumstößlichen Regelungen entfällt der Zwang zur Offenlegung der persönlichen, vor allem der materiellen Lebensumstände, die demütigende Verrechnung künftiger Lebenschancen mit gegenwärtigen sowie wie amtliche Inanspruchnahme von Verwandten für den Unterhalt sozial Gestrauchelter; institutionalisierte Risikoprävention ersetzt den leidigen »Beziehungsclinch«.

Betriebsleiter sehen sich im Entlassungsfall weder mit der Ausarbeitung von Sozialplänen konfrontiert noch vor moralische Hürden gestellt. Wer die Arbeit vorübergehend verliert, verliert weder Sicherheit noch Perspektive; wer neu eingestellt wird, trägt kein kostspieliges Sozialpaket mit auf dem Rücken. Kurze Kündigungsfristen sind gesellschaftlich akzeptiert, Einstellungsbarrieren weitgehend abgeschliffen.

Die sozialen Garantien ermutigen die Beschäftigten zu periodischem Arbeitsurlaub, um sich weiterzubilden, was wiederum anderen befristete Erwerbsmöglichkeiten eröffnet, während derer sie ihre Kenntnisse und ihre Fähigkeiten aktualisieren können; ein weiterer Beweis für die These, dass nur Menschen, die ihrer gesellschaftlichen Stellung sicher sind, Freiheiten verantwortungsvoll wahrzunehmen wissen.

Die Kombination von unternehmerischer Flexibilität und persönlicher Sicherheit funktioniert auf der Grundlage hoher Bruttolöhne, die die immense individuelle Steuerlast auffangen sowie auf der von Wahl zu Wahl erneuerten Entscheidung für ein im Gleichheitsideal verankertes System der Daseinsvorsorge.

Das Beispiel unseres nördlichen Nachbarn demonstriert überzeugend, dass die Grenzen des volkswirtschaftlichen Sachverstands spürbar erweitert werden können, wenn die vielleicht kostbarste Ressource des gesellschaftlichen Zusammenhalts – der spontane Gemeinsinn der Menschen – nicht fahrlässig vergeudet wird.

Mag sein, dass kleine Nationen diesen Gemeinsinn leichter mobilisieren können als größere und komplexere Einheiten. Der gewohnheitsmäßige »Sozialdemokratismus« der Mehrheiten ist jedoch auch in diesen lebendig und jederzeit politisch abrufbar; man muss es nur wollen.

Das dänische Modell im Grundzug nachzuahmen setzt neben diesem Willen die Existenz einer funktionsfähigen Ökonomie voraus. Die westdeutsche Teilgesellschaft erfüllt diese Bedingung, die ostdeutsche erkennbar nicht, und deshalb bleibt *dieser* nächste Schritt den alten Bundesländern vorbehalten. Aber auch die neuen Länder zögen Nutzen aus dem Aufbruch. Würde Deutschland nämlich nach diesen Maßgaben reformiert statt nach den Vorstellungen des einheimischen, liberal-konservativen Machtkartells, könnten die Wachstumsgewinne des Westens auch dem ostdeutschen Experiment mit postarbeitsgesellschaftlichen Lebensweisen zugute kommen. Die Gegenreform segelte nicht länger unter der Flagge von Reformen, und diese selbst würden ihrem Namen wieder gerecht, ja mehr als das – sie wären mit der Utopie im Bund.

Matthias Platzeck

Warum der Westen genauer in Richtung Osten schauen sollte

Bei der Modernisierung Deutschlands sitzen Ost und West im selben Boot. Die Ostdeutschen können dabei weit mehr sein als Kostgänger und Nachahmer des Westens.

Jäh haben Sorgen und Selbstzweifel in diesen Monaten eine erfolgsgewöhnte Gesellschaft ergriffen. Die Bundesrepublik steckt in ihrer tiefsten Krise – das ist die Erkenntnis, die vor allem den Westdeutschen plötzlich mit erschreckender Klarheit gekommen ist. Aber nicht nur ihnen. Über den »kranken Mann Europas« berichtet konsterniert die internationale Presse – und meint damit ausgerechnet das große wiedervereinigte Deutschland in der Mitte unseres Kontinents. Das tut weh. Für den westlichen Teil unserer Republik sind solche Zuschreibungen allemal ungewohnt. Doch die Lage ist tatsächlich ernst. Die Arbeitslosenquote steigt weiter, die Konjunktur kommt nicht auf die Beine. Die sozialen Sicherungssysteme der Bundesrepublik, so heißt es summarisch, seien zu teuer, zu ineffizient, jedenfalls untauglich für bevorstehende Belastungen. Die Zukunft von gesetzlicher Alterssicherung und solidarischem Gesundheitswesen steht in Frage, das deutsche Bildungswesen hält im internationalen Wettbewerb angeblich kaum noch mit. Der zerrüttete Zustand der öffentlichen Haushalte gibt überall Anlass zu tiefer Besorgnis.

Zugleich streiten sich Abend für Abend in den Talkshows Politiker und Prominente wie die Kesselflicker über geeignete Wege aus dem Kladderadatsch. Dramatische Diagnosen und apokalyptische Prophezeiungen irrlichtern durch die Studios. Für die einen steht das ganze »System« kurz vor dem Ruin – als ginge es um die Demokratie von Weimar im Herbst 1932. Andere wiederum sagen der Bundesrepublik bereits ein ähnliches Ende voraus, wie es 1989 die marode DDR erlebte.

Schon haben leichtfertige Jungjournalisten von Massenprotesten vor dem Berliner Kanzleramt schwadroniert. Und ein emeritierter Berliner Historiker mit vormals großem Namen gebärdet sich als Sprachrohr des mutmaßlich mächtigen Volkszorns: »Bürger, auf die Barrikaden!«

Bizarr genug. Nur: Wer hört eigentlich solche Signale? Und von wem kommen sie? Aufschlussreich ist, dass das schrille Krisenspektakel, das in den vergangenen Monaten Fernsehen und überregionale Feuilletons der Republik beherrscht hat, fast ganz auf Teilnehmer aus Ostdeutschland verzichtet. Kaum jemand aus den neuen Bundesländern beteiligt sich an all den hitzigen Debatten um den angeblich bevorstehenden (oder womöglich doch noch abwendbaren) Untergang der Berliner Republik. Wie abwegig sämtliche Krisendiagnosen sind, die Parallelen zwischen dem gegenwärtigen Zustand der deutschen Republik und den Zuständen in der DDR sehen – das erkennen gerade diejenigen in Deutschland mit besonders scharfem Blick, die noch sehr genau wissen, was es heißt, Bürger in einem tatsächlich sterbenskranken Gemeinwesen zu sein. Dass sich die Bundesrepublik bei allen aktuellen Schwierigkeiten auf fundamentale Weise von der staatssozialistischen DDR unterscheidet, versteht buchstäblich jeder, der in seinem Leben in beiden deutschen Staaten gelebt hat. Wer hingegen, wie es Arnulf Baring getan hat, die heutige Bundesrepublik allen Ernstes als »DDR light« charakterisiert, der kann im Grunde weder von der einen noch von der anderen Gesellschaftsordnung sehr viel verstanden haben. Jeder, der nacheinander DDR und Bundesrepublik von innen erlebt hat, weiß es kraft eigener Erfahrung einfach besser. Es ist nicht zuletzt die Fähigkeit zum erfahrungsgesättigten Vergleich, die den Ostdeutschen ein abgewogenes Urteilen möglich macht.

Damit sollen aktuelle Defekte und strukturelle Probleme des bundesrepublikanischen Modells überhaupt nicht geleugnet werden. Aber der deutsche Osten ist nun einmal eine Region, die besonders harte Jahrzehnte hinter sich hat. Gemessen an seiner schwierigen Vorgeschichte im 20. Jahrhundert, gemessen auch an seinen gegenwärtigen Problemen, kommen die in diesen Monaten hervorbrechenden Sorgen und Ängste des Westens vielen Ostdeutschen zuweilen immer noch wie Luxusprobleme vor: »Solche Probleme hätten wir gern!« Denn bekanntlich bündelt sich in den Landschaften zwischen Sassnitz und Plauen, Wernigerode und Cottbus sämtliche wirtschaftliche und soziale Not noch weitaus dramatischer als im Westen der Republik.

Zu bestreiten ist ebenfalls nicht, dass der Westen ohne die seit 1990 geschulterte Finanzlast der deutschen Wiedervereinigung heute in vieler Hinsicht günstiger dastünde. Die solidarische Herstellung der deutschen Einheit war und ist nicht kostenlos zu haben. Der Ruin der DDR hat tiefe Wunden hinterlassen, die nur nach und nach verheilen können: Flächendeckende Deindustrialisierung und hohe strukturelle Erwerbslosigkeit, ökologische Altlasten und vorsintflutliche Infrastruktur, massenhafte Abwanderung und normative Desorientierung – das sind nur einige der Hypotheken dieser Vergangenheit, die den ostdeutschen Bundesländern bis heute schwer zu schaffen machen. Zu ihrer Linderung und Beseitigung haben die Bundesbürger seit 1990 enorme finanzielle Anstrengungen auf sich genommen: vier Prozent ihres Sozialprodukts, jahrein und jahraus. Sie werden diese Belastungen auch noch in den kommenden Jahren solidarisch schultern müssen. Es kann nicht verwundern, dass sich die Begeisterung darüber im Westen gerade angesichts der jetzt gewachsenen eigenen wirtschaftlichen Schwierigkeiten in engen Grenzen hält.

Das macht die ostwestdeutsche Lage asymmetrischer und schwieriger, als sie es ohnehin längst war. Denn die neuen Nöte, Selbstzweifel und Abstiegsängste, die den – im Vergleich noch immer starken – Westen plagen, bleiben Ostdeutschen verständlicherweise fremd. Sie müssen ihnen fremd bleiben, denn es handelt sich um die Sorgen einer jahrzehntelang erfolgreichen Gesellschaft, deren kollektive Erfahrungen und historische Prägungen die Ostdeutschen ganz einfach nicht teilen. Noch für viele Jahre auf die Hilfe des Westens angewiesen, bleibt dem Osten also, wie es scheint, auf absehbare Zeit gar nichts anderes übrig, als stumm und demütig darauf zu hoffen, dass sich Lage und Laune im Westen bald wieder aufhellen werden – sicherlich nicht die beste Perspektive für ein einträchtiges Verhältnis beider Landesteile.

Wie der Westen in die Jahre kam

Aber muss es eigentlich so kommen? Sind Ostdeutsche tatsächlich allein zum Zuschauen und Abwarten verurteilt? Werden sie wirklich in einer »Duldungsstarre« verharren, wie sie der Erfurter Politikwissenschaftler Alexander Thumfart diagnostiziert? Oder erwächst nicht umgekehrt aus der kaum mehr zu leugnenden Struktur- und Identitätskrise des Westens zugleich auch eine Chance für neue Gemeinsamkeiten zwischen Ost- und Westdeutschland? Könnten nicht gerade angesichts dieser ungewohnten Konstellation ostdeutsche Erfahrungen aus dem schwierigen Umbruchprozess der vergangenen Jahre dem Westen zugute kommen? Zugespitzt gefragt also: Könnte nicht der Westen erstmals von den Erfahrungen des Ostens lernen – gerade jetzt und zu seinem eigenen Nutzen?

Natürlich ist die Vorstellung reichlich ungewohnt. Vom Osten lernen? Ausgerechnet! Was denn wohl, bitte schön? Und wieso überhaupt? Nicht wenigen Westdeutschen wird dieser Gedanke von vornherein abwegig und anmaßend, geradezu größenwahnsinnig vorkommen. Denn kein Zweifel, es bleibt ja richtig: Die deutsche Einheit war ein Ergebnis ökonomischer Überlegenheit des Westens. Nicht zuletzt das tägliche Maßnehmen an der alten Bundesrepublik hatte die Ostdeutschen vor 1989 immer stärker an den Zuständen in der DDR verzweifeln lassen und das Ende der Republik beschleunigt. Und was wohl konnte später Helmut Kohl mit seinem Versprechen »blühender Landschaften« für Ostdeutschland gemeint haben, wenn nicht die vorgeblich mühelose Angleichung ostdeutscher Lebensverhältnisse an »westdeutschen Standard«? Genau so verstanden die Ostdeutschen den »Kanzler der Einheit«, genau so hatte der sein leichtfertiges Wort zweifellos auch gemeint. Nicht zuletzt die Verbitterung darüber, dass sich die Wirklichkeit in den folgenden Jahren einfach nicht nach Kohls Verkündung richten wollte, trug diesem 1998 seine ruhmlose Abwahl ein.

Aber spätestens bis zu dieser Zeit begriffen die Menschen in Ostdeutschland zugleich auch, dass die Bonner Republik in Wirklichkeit gar nicht über die ausreichenden Mittel und Ressourcen verfügte, um die neuen Bundesländer zügig und schmerzlos auf »Westniveau« zu hieven. Längst nicht alle Westdeutschen hielten, was sie lautstark und großspurig angekündigt hatten. Allzu oft erwiesen sich auch die in der BRD etablierten Institutionen und Verfahren als viel zu schwerfällig, um den Bedürfnissen einer Gesellschaft im kompletten Umbruch gerecht zu werden: Der Westen war selbst in die Jahre gekommen. Und er war ein bisschen zu bequem geworden, um noch in jeder Hinsicht leuchtendes Vorbild zu sein. Die ostdeutschen Regionen, das zeichnete sich nun immer klarer ab, würden unter äußerst schwierigen Bedingungen ihre eigenen Ziele definieren, ihre eigenen Wege finden müssen. Und sie würden dadurch auf absehbare Zeit ihre eigene Prägung, ihren eigenen Charakter behalten. Die Enttäuschung über das Ausbleiben der »inneren Einheit« wandelte sich in nüchternen Realismus und eine erste Ahnung davon, dass das westdeutsche Erfolgsmodell an seine Grenzen gestoßen sein könnte.

Das zu erkennen war gerade für Ostdeutsche zunächst überraschend, manchmal schmerzhaft – schließlich aber auch befreiend. Es war ein lehrreicher Erkenntnisprozess, den die Mehrheit der Deutschen im Westen unserer Republik vermutlich noch vor sich hat. Äußerst hellsichtig bringt Hans-Ulrich Wehler dieses zentrale Problem des Westens auf den Punkt. Die Mentalität der Westdeutschen, so erklärt der angesehene Bielefelder Historiker, sei eine »erfolgsverwöhnte Mentalität«, geprägt von den ökonomischen, sozialen und politischen Erfolgen der Bundesrepublik in den vergangenen Jahrzehnten. »Geht es jetzt, wahrscheinlich unabwendbar, um tiefgreifende Veränderungen, sperrt sich diese Erfolgsmentalität gegen solche Eingriffe, da sie offenbar schmerzhaft sind«, schreibt Wehler. »So verwandelt sich die Selbstsicherheit der Erfolgreichen in eine Bürde, die Umstellung und Innovation verhindert.«

Wehler hat Recht, wie wir in diesen Monaten erleben – und in den vor uns liegenden Jahren sicherlich noch viel intensiver erleben werden. Mentalitäten wandeln sich nun einmal nicht über Nacht. Und natürlich es ist noch weitaus schwieriger, eine über Jahrzehnte selbstgewiss gewordene Gesellschaft von der Notwendigkeit des Aufbruchs zu überzeugen als eine, die – wie die ostdeutsche 1989 – bereits schon einmal einen kompletten Neuanfang machen musste. Zwar wächst seit einiger Zeit auch in der westdeutschen Bevölkerung die Einsicht in die Notwendigkeit, in Politik, Wirtschaft und Sozialstaat neue Wege einzuschlagen. Doch vorerst bleibt diese Einsicht vielfach noch abstrakt. Gewohnheit und Erfolgsmentalität sind mächtige Gegenkräfte. Die verständliche Neigung, unangenehme Einsichten beiseite zu schieben, wird jedoch zum sehr realen Risiko, wenn es darum geht, unerschrocken und experimentierfreudig nach besseren Lösungen zu suchen.

Genau hier kann der besondere ostdeutsche Beitrag zum jetzt bevorstehenden gesamtdeutschen Reformprozess liegen. Die Ostdeutschen blicken, anders als ihre Landsleute im Westen, nicht zurück auf goldene Jahrzehnte ständig wachsenden Wohlstands. Sie hatten nicht die Gelegenheit, jenes fast überbordende Selbstbewusstsein der Erfolgreichen auszuprägen, das die Westdeutschen bis heute kennzeichnet. Die Ostdeutschen haben ihr Gesellschaftssystem komplett zusammenbrechen sehen. So etwas prägt. Die im Westen verblasste historische Erfahrung, dass buchstäblich alles auch ganz anders kommen kann, hat sich Ostdeutschen tief eingebrannt. Und eben darin liegt heute ihr Vorsprung vor jenen, die so viel Wandel und Umbruch in den letzten Jahrzehnten nicht erlebt haben. Das ermöglicht eine Haltung der Unverkrampftheit, die experimentelle Veränderung und mutige Erneuerung überhaupt erst möglich macht. Und genau diese Haltung brauchen wir jetzt in Deutschland.

Die Nachwendezeit ist zu Ende

Wer in Ostdeutschland lebt, egal ob als Einheimischer oder Zugereister aus dem Westen, der hat in den Jahren seit 1990 ungeheure Veränderungen aller Lebensumstände zu verarbeiten gehabt. Nur die wenigsten Menschen in Ostdeutschland können von heute aus auf geradlinige Berufswege im vergangenen Jahrzehnt zurückblicken. Kaum jemand hier hat nicht zugleich auch im privaten Leben schwere Krisen und heftige Brüche erlebt. »Wendestress« ist der Zustand treffend genannt worden, in dem sich Ostdeutsche über Jahre hinweg permanent befanden. Inzwischen aber sind die weitaus meisten im Alltag der neuen Bundesrepublik angekommen. Noch immer ist klar, woher man kommt, aber nur noch eine geringe Minderheit der Ostdeutschen sehnt sich heute noch zurück in irgendeine nostalgisch verklärte Vergangenheit. Zugleich ist in Ostdeutschland inzwischen eine junge Generation herangewachsen, die mit der Zeit vor 1989 höchstens noch vage Kindheitserinnerungen verbindet – und zuweilen nicht einmal mehr das.

Die Zeit läuft weiter. Vor mehr als 13 Jahren, als die morsche DDR unter dem entschlossenen Protest ihrer Bürger zusammenbrach, waren viele der Erstwähler der jüngsten Bundestagswahl noch nicht einmal eingeschult. »Wir sind die ersten Wessis aus Ostdeutschland, und an Sprache, Verhalten und Aussehen ist unsere Herkunft nicht mehr zu erkennen«, schreibt die 1976 geborene Leipziger Autorin Jana Hensel in ihrem Erfolgsbuch »Zonenkinder«. Ihre Generation trauert nicht mehr um das verklärte Vergangene, sie ergreift energisch und pragmatisch ihre Chancen in der Gegenwart. Aber auch für die meisten Älteren ist das Leben in der neuen Republik längst nicht mehr fremd oder gar bedrohlich. Sie sind Ostdeutsche mit Westmentalität. Das war kein leichter Weg, doch die Fremdheit des Anfangs, die Unsicherheit der frühen Jahre – das alles liegt heute hinter ihnen. Die Nachwendezeit ist ein für allemal zu Ende.

Inzwischen wissen immer mehr Ostdeutsche, dass sie mithalten können. Und paradoxerweise sind es gerade die Erfahrungen und Lehren der Jahre des fortwährenden Umbruchs, die dabei ihr kostbarstes Vermögen darstellen. Der Wert dieses Vermögens für die Zukunft der gesamten Republik lässt sich kaum überschätzen – wir müssen es allerdings intelligent nutzen. Zu improvisieren, findig zu sein, zusammenzuarbeiten, gemeinsam irgendwie das Beste aus schwierigen Verhältnissen zu machen – das alles lernten Ostdeutsche notgedrungen bereits in der DDR sehr gründlich. Doch noch viel wichtiger waren die Jahre danach. Seit 1989 haben die Bürger Ostdeutschlands – und zwar Eingeborene wie Zugereiste gleichermaßen – lernen müssen, flexibel mit schnellem und umfassendem Wandel zurechtzukommen. Sie mussten lernen, dass Veränderung der Normalfall ist, Stillstand die Ausnahme. Sie mussten lernen, unerwartete Rückschläge einzustecken und sich trotzdem wieder aufzurappeln. Sie mussten lernen, dass sich die meisten Problemlösungen als vorläufig erweisen, weil jede Zeit ihre eigenen Antworten braucht.

Aber das Jahr 1989 markierte bei Licht besehen nicht nur den Untergang der DDR. Mit der Vereinigung der beiden deutschen Staaten kam zwangsläufig auch die alte Bundesrepublik an ihr Ende. Zu viele Westdeutsche haben sich das zu lange nicht wirklich klargemacht. Erst angesichts der aktuellen Krisenstimmung entdecken sie heute erschrocken das Ausmaß des jahrelang aufgeschobenen Reformbedarfs in ihrem eigenen Gemeinwesen. Umso mehr aber käme es jetzt darauf an, die ostdeutschen Erfahrungen bei der Anpassung westdeutscher Strukturen an eine Gesellschaft im Umbruch produktiv in gesellschaftliche Reformenprozesse in der ganzen Republik einzubeziehen. Dabei geht es schon längst nicht mehr um rückwärts gewandte »Ostalgie«, um vermeintlich bewahrenswerte Details der DDR, um irgendwelche Ampelmännchen oder grüne Pfeile. Es geht um nicht weniger als um die zeitgemäße Gestaltung von Gegenwart und Zukunft dieser Republik.

Blickt man auf die gesellschaftspolitische Wirklichkeit in Deutschland, dann zeigt sich sehr schnell, wie sehr ostdeutsche Einstellungen und konkrete Erfahrungen auf einzelnen Gebieten bereits heute den sozialen und kulturellen Wandel der gesamten Republik prägen. Die Veränderung des Familienbildes ist dafür ein gutes Beispiel. In der DDR war die Vereinbarkeit von Familie und Beruf selbstverständlich und unverzichtbar. Voraussetzung dafür war allerdings ein dichtes Netz staatlich garantierter Kinderbetreuung. Im alten Westen kannte man vor 1989 nichts Vergleichbares. Heute hingegen besteht überall in Deutschland der Rechtsanspruch auf einen Kindergartenplatz für alle Kinder zwischen drei und sechs Jahren, inzwischen investiert die Bundesregierung Milliarden in den Aufbau neuer Ganztagsschulen. Ostdeutschen ist in der Regel nicht einmal bewusst, wie gründlich ihr gesellschaftliches Leitbild der Vereinbarkeit von Familie und Beruf innerhalb weniger Jahre auch in den Westen ausgestrahlt hat. Und weder Ost- noch Westdeutsche führen sich vor Augen, dass es zu diesem kulturellen Umbruch im Westen ohne Impuls und Druck aus dem Osten in so kurzer Zeit schwerlich gekommen wäre. Doch kein Zweifel, genau das ist geschehen: Die Modernisierung des Familienbildes in ganz Deutschland ging nicht zuletzt vom Osten aus.

Auch im Hinblick auf die gesellschaftliche Bewältigung des demografischen Wandels erweist sich der Osten – wenn auch gewiss wider Willen – als Vorreiter. In vielen Regionen Ostdeutschlands verändert die anhaltende Abwanderung in dramatischer Weise das Zusammenleben. Städte, Dörfer, Betriebe, Schulen – buchstäblich alles schrumpft. Das zwingt die Politik bereits heute zu Maßnahmen, mit denen sich Westdeutschland im Gefolge des demografischen Umbruchs der kommenden Jahrzehnte ebenfalls wird auseinandersetzen müssen. Schon jetzt werden im Osten wichtige Erfahrungen damit gewonnen, wie etwa angesichts drastisch zurückgehender Einwohnerzahlen die Verslumung ganzer Stadtteile verhindert, ja sogar die Lebensqualität dort gesteigert werden kann. Politik in Ostdeutschland bedeutet heute, Lösungen für Gemeinwesen zu verwirklichen, die schon in wenigen Jahren sozial und demografisch dramatisch anders zusammengesetzt sein werden. Im Osten hat die Strukturanpassung längst begonnen, dem Westen steht sie unweigerlich bevor.

Die Krise als gemeinsame Sache

Aber es sind eben beileibe nicht nur ganz praktische Erfahrungsbestände auf einzelnen Politikfeldern, die der Osten dem Westen anzubieten hat. Es geht um mehr. Was viele Ostdeutsche als aufmerksame Neuankömmlinge heute zu einer fruchtbaren gesamtdeutschen Reformdebatte beitragen könnten, das ist vor allem ihr in der täglichen Auseinandersetzung geschärfter Blick auf die Probleme und Unzulänglichkeiten der gesamtdeutschen Wirklichkeit in Wirtschaft, Politik und Gesellschaft. Den neu geschaffenen Strukturen stehen Ostdeutsche pragmatisch gegenüber, ihre Liebe gilt nicht den Institutionen an sich, sondern allenfalls deren Nutzen. Dazu bewirkte der Elitenumbruch im Osten eine gewisse Traditionslosigkeit der Politik, die hier weniger als im Westen in etablierten Netzwerken von Verhandlungspartnern festgezurrt ist. Dies alles befördert Modernisierungsprozesse. Ostdeutsche stellen schneller zur Disposition, was ihren westdeutschen Landsleuten noch allzu selbstverständlich, allzu unhinterfragbar vorkommt.

Doch ein ostwestdeutsches Gespräch unter Gleichberechtigten führt unsere Gesellschaft noch immer viel zu wenig. In den großen gesellschaftlichen Debatten der vereinigten Republik bleiben die Westdeutschen bis heute weitgehend unter sich. Ostdeutsche haben sich in den vergangenen Jahren nur selten und zögerlich eingemischt. Das ist verständlich. Der feuilletonistische Streit um Martin Walsers Nationalgefühl ist nun einmal nicht ihr dringlichstes Thema, auch nicht der Disput um die geschichtspolitische Bedeutung des Jahres 1968. Wenn Ostdeutsche überhaupt öffentlich ihre Stimme erhoben haben, dann in der Regel als fordernde Interessenvertreter in eigener, also im engen Sinne ostdeutscher Sache. Was den spät hinzugekommenen Ostdeutschen bislang oft fehlte, waren die Bereitschaft, das Interesse und das Selbstbewusstsein, sich als gleichberechtigte Teilnehmer in die Diskussionen zur Zukunft der gesamten deutschen Republik einzumischen – das übrigens auch deshalb, weil ostdeutsche Kritiker eingeübter westdeutscher Verhältnisse in der Vergangenheit schnell in den Verdacht der Undankbarkeit gerieten.

Niemand kann wollen, dass es dabei bleibt. Heute muss sich der Westen in kritischer wirtschaftlicher Lage dringend selbst ändern und merkt, wie schwer ihm das fällt. Objektiv wachsen damit die Gemeinsamkeiten zwischen Ost und West, was wiederum das Fundament für ein neuartiges, erwachsenes, nicht bloß auf ostdeutsches Nach- und Aufholen fixiertes Verhältnis zwischen den beiden Landesteilen sein könnte. Allerdings werden die besonderen Erfahrungen und die »Umbruchkompetenz« der Ostdeutschen dem bevorstehenden Modernisierungsprozess in Deutschland nur in dem Maße zugute kommen, wie Ost und West die Herausforderung der Krise auch als gemeinsame Sache begreifen. Während die Ostdeutschen lernen müssen, aus aufgeklärtem Interesse am Gelingen des gemeinsamen Ganzen laut und vernehmlich die eigene Stimme zu erheben, sollte auf westdeutscher Seite unbedingt die Bereitschaft wachsen, ostdeutsche Transformations- und Krisenerfahrungen auf ihre Relevanz für die Erneuerung der gemeinsamen Republik abzuklopfen. Profitieren würden beide Seiten – und dabei entdecken, wie ähnlich sie in vieler Hinsicht eben doch sind.

Lernen sollten wir dabei auch aus den Fehlern, die beim Aufbau Ost gemacht worden sind. Verunsicherte Menschen, die sich vor dem Verlust ihrer Wurzeln, ihrer Identität und Heimat fürchten, sind für Zumutungen nicht zu gewinnen. Erneuerung mag noch so notwendig sein – gelingen wird sie immer nur dort, wo sie auch diejenigen mitnimmt, die sich vor dem Wandel fürchten und am liebsten alles so belassen würden, wie es ist – oder wie es angeblich einmal war. Erfolgreiche Reformpolitik in schwierigen Zeiten ist deshalb immer auch eine Frage eines realistischen Menschenbildes. Die Mühsal des Wandels muss das glaubwürdige Versprechen einer lebenswerten Zukunft enthalten. Sonst läuft jeder Aufruf zu »Aufbruch« oder »Ruck« ins Leere, weil er den Menschen Angst und Schrecken einjagt, wo Mut und Hoffnung nötig wären.

Und dennoch: Von der Fähigkeit, neue Probleme zu erkennen, strukturelle Fehlentwicklungen auch gegen Widerstände unerschrocken zu bekämpfen, werden in den kommenden Jahren Legitimität und Erfolg demokratischer Politik in Deutschland abhängen. Das ist nicht bloß eine theoretische Erkenntnis ohne praktischen Wert. Im Land Brandenburg etwa wird sich in den kommenden Jahren sehr konkret zeigen, ob wir politisch im Stande sind, die Menschen von den notwendigen Veränderungen für die Zukunft unseres Gemeinwesens zu überzeugen. Auch dieses Bundesland hat trotz der bereits hinter sich gebrachten Umwälzungen noch eine Menge an schmerzhaften Einschnitten vor sich. Denn sonst bestünde die reale Gefahr, dass Brandenburg im Sandwich zwischen zu hohen Ausgaben, steigenden Zinslasten und schwindenden Steuereinnahmen seine staatliche Eigenständigkeit einbüßen könnte.

Zugleich kämpft Brandenburg in besonders hohem Maß mit einer zusätzlichen schweren Bürde. Die schrumpfenden Städte und die grassierende Landflucht, die widrigen wirtschaftliche Verhältnisse und die drohende Überalterung der Bevölkerung: Für diese massiven strukturellen Probleme lassen sich eben nicht im Wege des *benchmarking* irgendwo anders fertige Lösungen abgucken – ganz einfach deshalb nicht, weil diese Herausforderungen bislang noch nirgendwo befriedigend gelöst wurden. Wir sind tatsächlich Pioniere in beispielloser Konstellation. Ob sich das Land Brandenburg angesichts dieser neuartigen Verhältnisse behauptet – das wird deshalb ein wichtiger Testfall für die Richtigkeit der These vom Erfahrungsvorsprung Ost sein. Vor Ostdeutschland liegen weitere schwere Jahre des

Um- und Rückbaus. Wir werden unsere geballte »Umbruchkompetenz« aktivieren müssen, um sie erfolgreich zu bewältigen. Und nur wenn uns das gelingt, wird sich die Krise am Ende tatsächlich als Chance erwiesen haben.

Es ist klar: Die Formulierung von der »Krise als Chance« wird in schwierigen Zeiten immer wieder gern hervorgekramt. In den meisten Fällen handelt es sich dabei um nicht viel mehr als eine gut gemeinte Durchhalteparole, um das sprichwörtliche Pfeifen im Walde. Und tatsächlich können wir auch im Hinblick auf die unvollendete »innere Einheit« der Deutschen keinesfalls sicher sein, dass ausgerechnet besonders schwierige Situationen größeren gesellschaftlichen Zusammenhalt hervorbringen werden. Mindestens ebenso wahrscheinlich im Fall großer Belastungen ist der Zerfall der Gesellschaft in Subgruppen, die miteinander heftig um knappe Ressourcen konkurrieren. Gerade weil diese Entwicklung auf keinen Fall eintreten darf, hängt viel davon ab, ob Osten und Westen in Deutschland begreifen, dass sie in der Tat in einem einzigen gemeinsamen Boot sitzen. Diese Erkenntnis wird umso leichter fallen, je klarer für alle Beteiligten erkennbar wird, dass die Ostdeutschen im Prozess der Modernisierung unserer Republik weit mehr sein können als Kostgänger und Nachahmer des Westens.

»Die Ostdeutschen als Avantgarde« – so hat der Berliner Soziologe Wolfgang Engler sehr pointiert sein jüngstes Buch betitelt. Ein großes Wort vielleicht, aber es weist in die richtige Richtung. Denn es bedeutet ja nicht nur, dass Ostdeutsche ihren westdeutschen Landsleuten wichtige Erfahrungen voraus haben, die auf den Westen erst noch zukommen. Es bedeutet aus der Nähe betrachtet zugleich eine Selbstverpflichtung: Avantgarde kann eben nur sein, wer die eigenen Angelegenheiten so gut und erfolgreich regelt, dass darin Vorbild und Ansporn auch für andere liegen. Eben diesen Maßstab müssen Ostdeutsche auch für sich gelten lassen. Dann wird es künftig immer mehr auf sie ankommen – in dieser Republik und für diese Republik.

Tobias Dürr

Die große Transformation

Von der weiten, baumlosen Ebene fuhr der Wind ungehindert in die Stadt. Jedes Kind konnte hier die Richtung des Windes nach dem vorherrschenden Geruch bestimmen: Chemie oder Malzkaffee oder Braunkohle. Über allem diese Dunstglocke, Industrieabgase, die sich schwer atmen. Die Himmelsrichtungen bestimmte man hier nach den Schornsteinsilhouetten der großen Chemiebetriebe, die wie Festungen im Vorfeld der Stadt lagen. Das alles ist noch nicht alt, keine hundert Jahre. Nicht mal das zerstreute, durch Dreck und Ruß gefilterte Licht über dieser Landschaft ist alt: Ein, zwei Generationen vielleicht.

Christa Wolf, Der geteilte Himmel (1963)

Die eine Lehre, die wir ... ziehen, ist die Notwendigkeit ständigen Erprobens. Keine Wunder. Kein Perfektionismus. Keine Endzeit. Wir müssen einen skeptischen Glauben entwickeln, das Dogma meiden, gut zuhören und beobachten, versuchen, Ziele klarzustellen und zu bestimmen. Nur so können wir die richtigen Mittel wählen.

David Landes, Wohlstand und Armut der Nationen: Warum die einen reich und die anderen arm sind (1998)

Die Verlorenen von Zschornewitz

Sehr still liegt Zschornewitz da an diesem grauen Vormittag. An der Imbissbude vor der Discountkaufhalle bekämpfen drei mittelalte Männer in Trainingshosen und Halbschuhen die zähe Zeit mit Dosenbier. Nur ein paar Autos stehen auf der struppigen Freifläche, die zwischen der mächtigen Abraumhalde und dem verlassenen »Clubhaus der Bergarbeiter« als Parkplatz dient. Ein Rentnerpaar verstaut seine Einkäufe im Kofferraum. Aus einem startenden Opel Corsa sind einige wummernde Technobeats zu hören. Matt blicken die drei Männer dem Kleinwagen hinterher. Als er um die Ecke verschwunden ist, liegt alles so reglos da wie zuvor.

Beschaulich ging es auch früher schon zu im sachsen-anhaltinischen Zschornewitz, aber das liegt so lange zurück, dass sich kein heute lebender Mensch daran erinnern kann. Noch in den ersten Jahren des 20. Jahrhunderts war der Ort bloß ein verträumtes Heidedorf von 250 Einwohnern, fernab aller Verkehrsrouten irgendwo im weiten Land zwischen Wittenberg, Bitterfeld und Dessau in der preußischen Provinz Sachsen. Wie ihre Vorfahren seit Jahrhunderten ernährten sich die Zschornewitzer vom Ackerbau, von der Viehzucht, von der Arbeit im Forst. Dann bricht das grundstürzende Jahr 1915 an – und mit einem Schlag wird alles anders in Zschornewitz. Innerhalb von neun Monaten lässt die AEG hier das größte und modernste Braunkohlekraftwerk der Welt aus dem Boden stampfen. Aus 15 je 100 Meter hohen Schornsteinen quillt nun Tag und Nacht der schwarze Aschenrauch, und über dem Ort hängen die Regenwolken von 21 mächtigen Kühltürmen. So wichtig war das Kraftwerk, dass sich 1920 während des Generalstreiks gegen den Kapp-Putsch von hier aus die Berliner S-Bahn lahm legen ließ. Fast 1200 Einwohner hat Zschornewitz schon 1915, über 5200 werden es bis 1958 geworden sein. »Die Menschen, die sich durch dieses Werk hier ansiedelten, sind aus den verschiedensten Teilen Deutschlands gekommen«, schreibt ein Lokalhistoriker in den zwanziger Jahren. »Nichts wissen sie von den alten Bräuchen und von den alten Flurnamen der Zschornewitzer. Und doch ist Zschornewitz ihre Heimat geworden … Ihr Heimatgefühl äußert sich in einem berechtigten Stolze auf ihr Zschornewitz, auf dessen Flur sich das über die Grenzen des Vaterlandes in Fachkreisen gut bekannte Großkraftwerk befindet.«

Eine vollständig neue Lage war eingetreten. Das alte Heidedorf gab es nicht mehr, auch die Erinnerung an die alte Zeit verblasste. Während des »kurzen 20. Jahrhunderts« (Eric Hobsbawm) gehörte Zschornewitz ganz und gar der Industrie.

Es ist der Pulsschlag des Kraftwerks, der nun viele Jahrzehnte lang Lebensweise und Mentalität der Menschen prägen wird. Für die Arbeiter und ihre Familien entsteht bis 1922 gleich vor den Werkstoren die »Kolonie«, eine architektonisch ambitionierte Gartenstadt mit Siedlungshäusern und Grünanlagen, Kleintierställen und Nutzgärten. Von Anfang an verursacht der Kühlregen des Kraftwerkes Hausschwamm, dauernd sind irgendwelche Reparaturen nötig. Doch die Bewohner helfen sich mit Improvisation über die Runden, bessern aus, reparieren, stehen füreinander ein. Auch das prägt die proletarische Identität der neuen Zschornewitzer, von der vorindustriellen Welt wissen sie bald nicht mehr viel. Für die politische Integration der neuen Gesellschaft am Ort sorgen die sozialistischen Arbeitervereine, noch bei der Reichstagswahl im März 1933 entscheiden sich fast zwei Drittel der Wähler von Zschornewitz für SPD oder KPD.

Seinen Höhepunkt erreicht der extensiv betriebene Großindustrialismus in den Jahrzehnten der DDR. Nichts als die Braunkohle Mitteldeutschlands besitzt der sozialistische deutsche Staat, um seinen Energiebedarf zu decken. Immer größere Leistungen werden den Zschornewitzer Arbeitern abverlangt. Der Verschleiß an Menschen, Kraftwerk und Kolonie nimmt fortwährend dramatischere Formen an, den »Winterkampf« bestehen die Kraftwerker nur noch mit größter Mühe. Auf den Kohlezügen gefriert die nasse Braunkohle und lässt sich nicht entladen. Technisch ist das Kraftwerk veraltet, die Arbeitsbedingungen sind noch in den späten achtziger Jahren des 20. Jahrhunderts nicht besser als zur Zeit des Kaiserreichs, und die Bausubstanz der Koloniehäuser droht völlig zu zerbröseln. Auf allen Seiten umschlossen von ausgekohlten Tagebauflächen, liegt der Ort unter immerwährendem Staub- und Ascheregen. »Zschornewitz wurde erneut eine Legende«, schreibt Herlind Reiß in ihrem Buch »Kraftwerk und Kolonie Zschornewitz«, »nur bezog sie dieses Mal ihren Ruhm nicht aus technischen Innovationen, sondern aus der Kreativität und Belastbarkeit menschlicher Arbeit.«

Irgendwie halten die Zschornewitzer all die Jahre lang durch in ihrem Versuch, dem immer widrigeren Leben in der verseuchten und geschundenen mitteldeutschen Industrieprovinz ein Minimum an Zufriedenheit abzugewinnen. Kollektives Selbstbewusstsein verschafft ihnen immerhin die Gewissheit, gebraucht zu werden. Unter den ökonomischen Bedingungen der sozialistischen Zentralverwaltungswirtschaft stimmt das sogar. Die Energiewerker der Braunkohleprovinz verdienen gut und werden von der offiziellen Rhetorik gehätschelt. »Ich bin Bergmann, wer ist mehr«, heißt die Beschwörungsformel, mit der man in der DDR die Misere des Alltags zu überspielen versucht. Denn in Wirklichkeit sind die Kraft- und Kohlewerker in ihrer verpesteten Region verraten und verloren. Was ihnen bleibt, sind die Feste und Trinkgelage im »Klub der Bergarbeiter«.

So geht es weiter, bis es nicht mehr weitergeht. Nach der Revolution von 1989 halten sich die ausgepowerten Zschornewitzer einen Augenblick lang für Gewinner. Strom brauchen die Leute sowieso, glauben sie. Das stimmt zwar. Trotzdem kommt es ganz anders, und wie acht Jahrzehnte zuvor schon einmal könnte der Umbruch nicht radikaler sein. Schon 1992 wird das mächtige Kraftwerk endgültig abgeschaltet. Beendet ist damit auf einen Schlag die gesamte Zschornewitzer Industriegeschichte. Nur die Menschen sind noch da, die das industrielle 20. Jahrhundert hervorgebracht hat. Zum ersten Mal seit vielen Jahrzehnten strahlt der Himmel über Zschornewitz wieder blau, doch Arbeit für viele wird es hier nie mehr geben. Nur ein paar »Fremdfirmen« (wie die Leute sagen) werkeln jetzt noch auf dem riesigen Werksgelände. Was nun passiert, kommt deshalb überraschend. Ausgerechnet jetzt, da man die Menschen nicht mehr braucht, entdecken Architekten und Raumplaner die Zschornewitzer »Kolonie« als bedrohte städtebauliche Kostbarkeit. Unter dem Motto »Verwandlungen« wird die Werkskolonie Zschornewitz zu einem Projekt der Weltausstellung »Expo 2000« gemacht. All die Jahrzehnte haben die Zschornewitzer Arbeiter mit ihren Familien in brikettschwarzen Häusern gelebt. Immer weiter war hier alles vermodert und verkeimt. Und keine Obrigkeit hatte sich je darum gekümmert. Jetzt sollen die plötzlich Überflüssigen wenigstens schöner wohnen.

Das Ergebnis des Sanierungsvorhabens ist tatsächlich sehenswert. Als beispiellos sorgfältig herausgeputzte Insel properster Wohnqualität steht die Siedlung heute fremd und erhaben inmitten der namenlosen Ödnis überall ringsum. Ein ästhetischer Gewinn ist das allemal. Die Architekten und Bauherren aus den großen Städten haben sich sogar bemüht, auf die Wünsche der Mieter einzugehen. Aber irgendetwas ist trotzdem schiefgegangen. Gerade erst aus sämtlichen Bezügen ihrer Arbeitswelt gefallen, hingen die Bewohner – paradoxerweise, aber im Grunde kaum verblüffend – umso mehr an ihrer maroden Lebenswelt. Gerade so wie sie in langen Jahren gelebten Lebens geworden war, hatten die Menschen ihre Kolonie geliebt. Bei aller Unvollkommenheit war sie doch Heimat und ein vertrauter Rückzugsraum gewesen.

Den Planern hingegen ging es um das städtebauliche Kleinod: »Die über Jahre ›wild‹ selbst errichteten Anbauten und Garagen wurden abgerissen«, schreiben sie forsch in ihrer Broschüre. Von den Bewohnern der Kolonie erwartete man kurzerhand das »Abschiednehmen von lieb gewonnenen Einrichtungen, die unter Mühen und auf eigene Kosten selbst geschaffen worden waren«. Asymmetrisch standen sich hier ästhetischer Anspruch und lebensweltlicher Eigensinn gegenüber, weshalb die gut gemeinte Sanierung ihrer Siedlung für manche Zschornewitzer vor allem eine symbolische Enteignung bedeutete. Etliche sind weggezogen, die Jüngeren sowieso. Die geblieben sind, wissen die objektiven Vorzüge der neuen Wohnqualität ihrer Häuser durchaus zu schätzen. Doch weil diese Modernisierung den Umbruch aller Lebensverhältnisse zusätzlich verschärft hat, bedeutet sie für die Menschen hier zugleich weitere Entfremdung. »Früher wusstest du, du hast Arbeit, da konntest du am nächsten Morgen wieder hingehen«, sagt eine Frührentnerin aus der Kolonie.

Heute weiß sie nicht mehr, wohin sie sich wenden soll. Die alte Arbeitsgesellschaft, das Zeitalter von Bergbau und großer Industrie – das alles ist in Zschornewitz ein für allemal vorüber und Geschichte, zum Guten wie zum Schlechten. »Die schmucke Siedlung zeigt nunmehr ein idyllisches Gesicht«, haben die Siedlungssanierer in ihrer Broschüre aufgeschrieben. »Der Betrachter könnte meinen, der Kreis zum alten Heidedorf Zschornewitz schließe sich hier wieder.«

Das ist so gut gemeint wie gedankenlos. Denn jenen Kreis, der sich nun angeblich schließt, gibt es nicht. Nicht in Zschornewitz und auch nicht anderswo. Die großen Industrien kamen spät an in der mitteldeutschen Region, dafür aber umso gewaltiger. Zumeist erst nach 1900 ließen sie sich nieder, wo vorher nur Feld und Wald gewesen war, in Bitterfeld, Wolfen oder Schkopau, in Leuna und im Geiseltal bei Merseburg. Braunkohle und Chemie, Schwermaschinen und Rüstung waren die großen industriellen Erfolgsgeschichten des 20. Jahrhunderts. Sie fraßen und vergifteten das Land, gaben aber zugleich Hunderttausenden von Menschen Arbeit, die von überall herbeiströmten, um an dem Boom der Region teilzuhaben. Jetzt sind die alten Industrien gestorben, die Landschaften umgepflügt und ausgekohlt, die Werkshallen und Kesselhäuser abgerissen. Nur die Menschen sind übrig geblieben, die in der inzwischen untergegangenen Welt lebten. Viele haben nichts mehr zu tun, und ihre Gemeinschaften sind zerfallen. »Sie, die sich nicht mehr beeilen müssen, beginnen auch nichts mehr und gleiten allmählich ab aus einer geregelten Existenz ins Ungebundene und Leere«, schrieben Marie Jahoda und Paul Lazarsfeld in der Depression der frühen dreißiger Jahre des vorigen Jahrhunderts über die Einwohner des österreichischen Arbeiterdorfes Marienthal. Den Übriggebliebenen von Zschornewitz, Wolfen-Nord oder Bitterfeld geht es heute nichts anders. Und für jene von Dortmund-Eving, Köln-Chorweiler oder Hamburg-Wilhelmsburg gilt dasselbe.

Dass Deutschland sich dringend ändern, erneuern, anpassen müsse, ist seit einiger Zeit die gängige Münze des Krisen- und Reformdiskurses in Deutschland. Ehemalige Bundeskanzler der westdeutschen Republik verfassen aufrüttelnde Leitartikel in Hamburger Wochenzeitungen, um die Botschaft unter die Leute zu bringen, und sonntagabends im Ersatzparlament »Christiansen« geht es seit Jahren in endlosschleifenhafter Monotonie um dieses einzige Thema. Alles muss anders – und zwar sofort! Auch in der Politik bläst man inzwischen zum entschlossenen Aufbruch. Und das durchaus zu Recht. Denn es stimmt ja: Das Land ist, so wie es ist, in keiner guten Verfassung. Und doch muss vielen Menschen in Deutschland die gesamte Ruckrhetorik der wirtschaftlichen und politischen Eliten ziemlich absurd und weltfremd vorkommen. Hat sich das Land, hat sich ihr Leben denn nicht längst zutiefst geändert? Haben sie sich etwa nicht bewegt? Wurde nicht bereits in den vergangenen Jahren in rasender Geschwindigkeit das Unterste nach oben gekehrt und das Oberste nach unten? Und sind gerade deshalb nicht jetzt alle Bedingungen dafür verschwunden, untergraben und abgeschafft, dass es überhaupt wieder aufwärts gehen kann? Wie soll man aufbrechen, wo die Fabriken und die Arbeit ersatzlos beseitigt sind? Normal ist, wenn der Schornstein raucht. Aber ein Schornstein, der nicht mehr steht, kann auch nicht mehr rauchen. So sehen es die Leute, so reden sie in Zschornewitz und anderswo.

Die Zukunft wird anders sein. Doch im neuen Jahrhundert sind die Menschen des 20. Jahrhunderts noch da – und mit ihnen die Erwartungen und Hoffnungen des 20. Jahrhunderts, mit ihnen die alten Vorstellungen von »Normalität«. Genau das ist das Problem – nicht nur in Zschornewitz, nicht nur im mitteldeutschen Industrierevier, auch nicht nur in Ostdeutschland. Das Beispiel Zschornewitz veranschaulicht nur auf besonders dramatische Weise die Transformation, inmitten welcher sich Deutschland heute insgesamt befindet. In weniger als einem Jahrhundert hat Zschornewitz den historischen Rundweg von der provinziellen Abgeschiedenheit ins Zentrum der großindustriellen Moderne und zurück ins völlige Abseits zurückgelegt. Anderswo setzte die Industrialisierung früher ein, keineswegs überall in Deutschland ist die industrielle Ära heute schon ein abgeschlossenes historisches Kapitel. Und doch wird es höchste Zeit, den Industrialismus als geschichtliches Phänomen zu erkennen. Was geworden ist, kann auch wieder vergehen. »Das alles ist noch nicht alt, keine hundert Jahre«, schrieb Christa Wolf 1963 über die Wirklichkeit des mitteldeutschen Industriereviers – und relativierte damit bereits deren vermeintliche Normalität. »Nicht mal das zerstreute, durch Dreck und Ruß gefilterte Licht über dieser Landschaft ist alt: Ein, zwei Generationen vielleicht.« Genau genommen hieß das damals schon: Alles könnte auch wieder anders sein.

Da sind wir angekommen – nur ein, zwei Generationen später. Und das hat Folgen. Die alltägliche Sehnsucht ganz normaler Menschen nach der verlorenen Normalität ihrer ganz persönlichen Lebenswelt ist das eine. Sie ist verständlich durch und durch. Etwas ganz anderes ist es, wenn sich die gesellschaftlichen Eliten des alten Westens an Vorstellungen festklammern, die durch die Wirklichkeit nicht mehr gedeckt sind. Genau das aber geschieht im neuen Deutschland der Gegenwart. An Reform- und Ruckrhetorik fehlt es uns wahrlich nicht. Doch in merkwürdiger, der angemessenen Zeitdiagnose ganz abträglicher Weise werden dabei im Grunde zumeist noch immer die Kategorien des westdeutschen »Wirtschaftswunders« zwischen Mitte der fünfziger und Mitte der siebziger Jahre des vorigen Jahrhunderts zum Maßstab der wirtschaftlichen und sozialpolitischen Entwicklung des neuen, ganzen Deutschland erhoben. So wie es war, soll es wieder werden. Letztlich nur zwei sehr knappe Jahrzehnte der Vollbeschäftigung und der wirtschaftlichen Expansion in Westdeutschland zwischen der epochemachenden Rentenreform von 1957 und dem Ölpreisschock von 1973 werden damit in retrospektiver

Verallgemeinerung zum paradigmatischen Zeitalter ökonomischer, gesellschaftlicher und politischer »Normalität« in der wiedervereinigten Republik erhoben.

Genau darin besteht der Fehler. Im Grunde ist er ganz unverständlich. Gerade vor dem Hintergrund der wechselvollen deutschen Geschichtserfahrung in den vergangenen zwei Jahrhunderten erscheint es als verblüffend unhistorisches Kuriosum, einen bestimmten geschichtlichen Zeitabschnitt mit seinen ganz spezifischen Erfolgsbedingungen gleichsam absolut zu setzen. In der zweiten Hälfte des 19. Jahrhunderts hatte Deutschland die ungeheuren Verwerfungen auf dem Weg von einer ländlichen Agrargesellschaft zu Hochindustrialisierung und Urbanisierung erlebt. Kaum etwas blieb in diesem rasenden Transformationsprozess, wie es zuvor – in relativer Kontinuität – über Jahrhunderte gewesen war. Dann, in der ersten Hälfte des 20. Jahrhunderts, durchlief die deutsche Gesellschaft in rascher Abfolge Perioden von Krieg und Inflation, von Depression und Diktatur, von Zerstörung und Vertreibung, von Besetzung, staatlicher Teilung und, im Osten, erneuter Diktatur. Überhaupt nur mit dem Ende des Zweiten Weltkrieges (und auch dann nur im westlichen Teil Deutschlands) erwuchs nach 1945 erstmals eine politische und ökonomische Konstellation, in der »Wirtschaftswunder« und soziale Marktwirtschaft, beständig hohe Wachstumsraten und reale Einkommenszuwächse, funktionierender Generationenvertrag, Vollbeschäftigung und fortgesetzter Ausbau des Sozialstaates zu zentralen Merkmalen gesellschaftlicher Wirklichkeit werden konnten.

Doch der »kurze Traum immerwährender Prosperität« (Burkart Lutz) war schnell wieder ausgeträumt. Schon 1975 überschritt die Arbeitslosenzahl in der westdeutschen Republik erstmals die Millionengrenze. »Seit Mitte der siebziger Jahre kommen ... die Grenzen des sozialstaatlichen Projekts zu Bewusstsein – ohne dass bis jetzt eine klare Alternative erkennbar wäre«, stellte der Sozialphilosoph Jürgen Habermas schon 1985 nüchtern fest. Eben daran hat sich in Deutschland nahezu zwei Jahrzehnte, etliche Rezessionen und eine (ostdeutsche) demokratische Revolution später nicht allzu viel geändert. Seit mittlerweile nahezu dreißig Jahren ist die Kategorie der »Krise« ständiger Bezugspunkt aller wirtschafts- und sozialpolitischen Debatten in Deutschland. Dabei haben die politischen Akteure unter den Bedingungen des volksparteilichen Wettbewerbs in allen diesen Jahren niemals angemessen verarbeitet, dass es sich bei dieser Krise nicht um eine konjunkturelle, sondern um eine tiefgreifende *strukturelle* Auszehrung des sozialstaatlich-industriellen Arrangements unserer Republik handelte. Heute ist diese Einsicht unabweisbarer denn je – an einer »klaren Alternative« fehlt es noch immer.

Der dramatische demografische Wandel und die fundamentale Transformation der klassischen industriegesellschaftlichen Arbeitsgesellschaft unter den Bedingungen von Rationalisierung, wissensintensiver Wirtschaft und globalem Standortwettbewerb – das alles hat die Bedingungen irreversibel ausgehebelt, von deren Existenz das industriell fundamentierte deutsche Sozialmodell existentiell abhing. So wie es war, wird es nicht wieder. Doch aus dem Umbruch in Richtung einer »postindustriellen Gesellschaft« haben seit den siebziger Jahren weder sozialdemokratisch noch christdemokratisch dominierte Regierungen grundsätzliche Konsequenzen gezogen. Wo schon längst die Frage nach den Ursachen der fortwährenden Krise hätte gestellt werden müssen, beschränkten sich Therapieversuche regelmäßig auf die Behandlung von Symptomen.

Inzwischen ist die Luft spürbar dünner geworden. Die Kapazität selbst der erfolgreichsten politischen, ökonomischen und sozialstaatlichen Systeme, Probleme zu bewältigen, ist nicht unendlich. Wo die Gefahrengrenze verläuft, lässt sich im Voraus nur schwer bestimmen. Dennoch deutet inzwischen eine Vielzahl von Indikatoren darauf hin, dass die Zeit für weitere bloß inkrementelle Notreparaturen an den bestehenden Systemen in Deutschland an ihr Ende kommt. Erstmals scheint bei allen wesentlichen politischen Akteuren die Bereitschaft zu wachsen, wirkliche Strukturreformen durchzusetzen, um veränderten Bedingungen Rechnung zu tragen. »Bei einer so schnellen Veränderung der ökonomischen Basis unserer Gesellschaft in Europa ist die Notwendigkeit zu reformieren ein permanenter Prozess« – mit solchen Sätzen antwortet Gerhard Schröder seit einiger Zeit auf die Frage, wie es weitergehen soll in Deutschland. »Die staatlichen Systeme müssen schneller überprüft werden als jemals zuvor in der Geschichte.«

Genau so ist es wohl. Angesichts der nunmehr in beiden großen Parteien der Republik um sich greifenden Einsicht, dass strukturelle Reformen unausweichlich sind, besteht erstmals seit vielen Jahren auch die Chance, einen grundlegenden Prozess der zukunftsgerichteten Erneuerung unseres Gemeinwesens in Gang zu bekommen und in Gang zu halten. Tatsächlich wäre angesichts der düsteren demografischen und wirtschaftlichen Perspektiven Deutschlands jedes weitere Zögern fahrlässig und hoch riskant. Bei fortgesetzter ökonomischer Stagnation sowie im Lichte des rasant voranschreitenden Alterns unserer Gesellschaft ist das Risiko beträchtlich, die vielleicht letzte einigermaßen geeignete politische Gelegenheit zum geordneten Aufbruch zu verpassen. Alte Gesellschaften sind strukturkonservative Gesellschaften, und strukturkonservative Gesellschaften neigen nicht zu kühnen Exkursionen ins Ungewisse. Das Zeitfenster für eine systematische und umsichtige Politik der Erneuerung unserer Republik schließt sich umso mehr, je dringlicher diese Erneuerung wird.

Freilich fangen mit dem Start in den gründlichen Umbau unseres Gemeinwesens die Probleme in vieler Hinsicht überhaupt erst an. Proportional nämlich zu der Erkenntnis, dass unsere Gesellschaft mit den Antworten und Gewissheiten der Vergangenheit zukünftig nicht mehr gedeihen wird, wächst die Ungewissheit darüber, was denn eigentlich an die Stelle des offensichtlich nicht mehr tauglichen Alten treten könnte und sollte. Mutmaßlich bewährte Vorstellungen, Erwartungen und Paradigmen ermöglichen keine hinreichende Orientierungssicherheit mehr. Das war in der Ära der großen Transformation von der Agrar- zur Industriegesellschaft so; es ist heute, angesichts des Abschieds von der industrialistisch geprägten »Kolonnengesellschaft« nicht anders.

In welcher Gesellschaft wollen wir leben?

Wo das Alte erst einmal grundsätzlich in Frage steht, eine neue Stabilität aber noch nicht erlangt ist, wächst der gesellschaftliche Bedarf an »Sinn« und neuen Zielperspektiven. Das Stammpublikum der überkommenen politischen Formationen löst sich auf, die großen alten Deutungssysteme verlieren ihre Strahlkraft, immer weniger Bürger halten an den überkommenen Einsichten fest, vormals ohne Grummeln und Vorbehalt akzeptierte Institutionen und Verfahren werden in Zweifel gezogen. Wenn denn aber der Wandel schon unausweichlich ist, wenn er zudem Einschnitte und den Abschied von Annehmlichkeiten bedeutet, dann wollen die Menschen zumindest wissen und verstehen können, was eigentlich im Gange ist – und wohin die Reise geht. Und sie werden nicht unbedingt denjenigen politischen Anführern folgen, die ihnen bloß nüchtern darlegen, warum der unbequeme Wandel unausweichlich ist. Vielmehr werden sie sich an jene halten, die darüber hinaus auch eine erstrebenswerte und dabei zugleich erreichbar erscheinende Zielvision anzubieten haben. Beides zusammen, die zutreffende Analyse des Umbruchs wie die einleuchtende und glaubwürdige Benennung »lebbarer« Perspektiven, macht die zeitgemäße Aufgabe demokratischer Politik für unser Land aus. Wo diese Aufgabe in unübersichtlichen Zeiten der Veränderung sachlich und symbolisch nicht angemessen gelöst wird, wächst die Gefahr, dass sich populistische »Billiganbieter« dubioser Instantlösungen erfolgreich des öffentlichen Raums bemächtigen. Erscheinen die Verhältnisse trostlos und neue Ziele nicht greifbar, dann wächst bald die nostalgische Sehnsucht nach der Rückkehr in die gute alte Zeit.

Freiheitliche Demokratie und anhaltender Wohlstand sind keineswegs selbstverständliche Gegebenheiten, sondern in längerer historischer Perspektive im Grunde durchaus unwahrscheinliche Errungenschaften. Langfristiger Abstieg und relatives Scheitern dieser Republik sind denkbare Zukunftsszenarien – so viel wenigstens ist heute zunehmend unumstritten. Der fortschreitende wirtschaftliche und politische Niedergang Großbritanniens seit dem letzten Viertel des 19. Jahrhunderts ist das vielleicht aufschlussreichste Beispiel einer verschleppten Erneuerung, die schließlich nur noch mittels einer erbarmungslosen Radikalkur (mit beträchtlichen gesellschaftlichen Verwerfungen bis heute) nachgeholt werden konnte.

Die Zukunft ist also offen, so oder so – und lebenswert wird sie nicht von selbst. Wie attraktiv oder armselig sie sein wird und für wen, das hängt davon ab, welchen Weg das deutsche Gemeinwesen von hier und heute aus einschlägt. Genau deshalb aber sind historische Perioden des Übergangs wie die gegenwärtige immer Phasen besonders heftiger ideenpolitischer Konflikte zwischen konkurrierenden Vorstellungen davon gewesen, wie eine »Gute Gesellschaft« der Zukunft aussehen könnte – und wie sie aussehen sollte. *Ideas do matter* – auf Deutungen kommt es an: Wer die Meinungsführerschaft darüber erlangt, wie die ablaufenden Prozesse des Wandels zu interpretieren sind, der hält auch am ehesten den Schlüssel dafür in der Hand, ihren Verlauf politisch zu beeinflussen und politisch handelnd zu prägen.

Einstweilen aber ist die große Debatte darüber, in welcher Gesellschaft die Deutschen im 21. Jahrhundert leben wollen, noch nicht im Ernst angebrochen. In der deutschen Sozialdemokratie herrschte in der ersten Hälfte des Jahres 2003 tiefe Uneinigkeit selbst über die ersten vorläufigen Reparaturmaßnahmen der so genannten *Agenda 2010*, was jeden übergeordneten Diskurs bis auf weiteres verhinderte. Die Unionsparteien beschränkten sich derweil auf wohlfeile (durch konkrete Forderungen mitunter sogleich widerlegte) Lippenbekenntnisse zu Wandel und Erneuerung. Der traditionsreichen deutsche Gewerkschaftsbewegung wiederum schien jeder zukunftsbezogene, inklusive Begriff von Reform und Fortschritt abhanden gekommen. Die mediale Klasse schließlich begleitet das weithin stellungskriegartig und engstirnig betriebene Gezänk seit Jahr und Tag mit viel unernstem Zynismus – entsprechend ratlos und missmutig sehen die besorgten Bürger aus der Distanz dem sterilen Treiben der politischen *talking heads* auf ihren Bildschirmen zu.

Viel deutet insgesamt darauf hin, dass die Akteure in der anbrechenden Auseinandersetzung um die Zukunft der deutschen Gesellschaft im 21. Jahrhundert auf die neue Dimension des Konfliktgegenstandes noch nicht wirklich eingestellt sind. Wie sollten sie auch? Die Erosion der Voraussetzungen gesamtgesellschaftlichen Erfolgs verläuft graduell, niemand kann im voraus jenen »Tipping Point« (Malcolm Gladwell) benennen, von dem aus sich die Dinge unkontrollierbar und selbsttätig in unabsehbare Richtung entwickeln könnten. Dafür, dass es in Deutschland irgendwann einmal wieder um anderes gehen könnte als um die bloße Fortschreibung des Bestehenden, haben die gesellschaftlichen Eliten der Republik in Jahrzehnten stetiger Entwicklung (jedenfalls in Westdeutschland) ganz einfach noch nicht den richtigen Ton, die richtige Sprache, die richtigen Sensoren entwickelt.

Dabei ist die Sache eigentlich ganz einfach. Längst liegt ja offen zutage, dass es in Zukunft politisch darauf ankommen muss, immer mehr Menschen mit immer mehr Fertigkeiten und Kenntnissen auszustatten, damit sie im 21. Jahrhundert mithalten und ihr Leben nach eigenen Vorstellungen leben können. Die Wahrheit ist nicht neu und im Grunde ziemlich trivial: Mehr als jemals zuvor werden Wissen und die Fähigkeit, immer wieder neues Wissen zu erwerben, zu den Schlüsselressourcen sozialer und ökonomischer Selbstbehauptung. Wer wenig kann, wird in der wissensintensiven Wirtschaft kaum noch Chancen haben, wirtschaftlich gut über die Runden zu kommen. Dasselbe gilt für menschliche Gemeinschaften. Wo Menschen vergleichsweise weniger wissen und können als anderswo, ob in einzelnen Stadtvierteln, Städten, in Regionen oder ganzen Staaten, da wird es immer schwieriger werden, Wohlstand und soziale Sicherheit für viele zu sichern. Dass immer mehr Menschen immer bessere Bildungs- und damit Lebenschancen erhalten, liegt damit zugleich im Interesse der Einzelnen wie im Interesse der Gesellschaft, in der sie leben. Alle Kraft und allen Einsatz darauf zu verwenden, dass immer mehr Kinder und Jugendliche in Deutschland immer bessere Startchancen haben und Erwachsene die Möglichkeit zu lebenslanger Weiterqualifikation, ist deshalb der wichtigste Schlüssel für fast alles weitere, für die wirtschaftliche Prosperität Deutschlands wie für das gute Leben seiner Menschen. So weit sind wir zwar noch lange nicht, weder im Westen noch im Osten. Doch immerhin, der Paradigmenwechsel hat begonnen. Nicht mehr die Zuteilung schwindender Wohlstandsbestände wird in Zukunft den Wesenskern der Politik ausmachen, sondern die Befähigung von immer mehr Menschen zur Teilhabe am Leben ihrer Gesellschaft.

Und was wird aus Zschornewitz? Was aus den vielen Menschen in den strukturell abgehängten Industrieprovinzen und Vorstädten im Osten wie im Westen dieser Republik? Was überhaupt aus den Überlebenden des industriellen 20. Jahrhunderts? Welche neuen Chancen und Perspektiven bietet der Wandel all den wider den eigenen Willen Ausgemusterten der großen Transformation? Die realistische Antwort lautet: Nicht viele. Sie sind tatsächlich die Übriggebliebenen einer untergegangenen Lebens- und Arbeitswelt aus Kohle und Stahl und Rauch und Dreck wie überall in Europa, von Manchester bis Kattowitz, von Lüttich bis Kiruna und von Duisburg bis Turin. Aber es gibt eine deutsche Besonderheit. Mindestens ebenso sehr nämlich sind die Verlorenen von Zschornewitz und anderswo zugleich die Opfer jener vergangenheitsfixierten Politik der letzten anderthalb Jahrzehnte, die weltvergessen auf die illusorische Fortsetzung der westdeutschen Erfolgsstory im neuen Gesamtdeutschland setzte, statt die volle Dimension jener ökonomischen und gesellschaftlichen Umbrüche zur Kenntnis zu nehmen, die in Wahrheit auch den alten Westen bereits ereilten.

So stand den ungeheuren Zumutungen des Umbruchs von Anfang an kein neues Versprechen an der Seite.

Unterdessen geht die große Transformation weiter. Die Rückkehr ins wohlige »Modell Deutschland« westdeutscher Provenienz wird es im Westen nicht mehr geben, der Osten wird in jenem untergegangenen gelobten Land niemals ankommen. Wer in Zukunft noch einmal Wachstum, Wohlstand für viele und eine sozial integrierte Gesellschaft erlangen will, wird völlig andere Wege einschlagen müssen als jene, die das heute verblichene Wirtschaftswunderland einst so erfolgreich machten. Die »Zukunft des Erfolgs« (Robert Reich) sieht anders aus als dessen Vergangenheit. Die westdeutsche Vergangenheit als Modell und Vorbild für die wiedervereinigte Zukunft – das jedenfalls konnte von Anfang an nicht gut gehen. Nicht zuletzt deshalb stehen heute überall in Ostdeutschland (und nicht nur dort) mittelalte Menschen tatenlos vor Imbissbuden. Ihr auf der Würde und dem Wert eigener Leistung gründender Stolz ist längst verschwunden, und die verlorenen Jahre bringt niemand zurück. Zu viel Zeit ist vergangen, zu viele Veränderungen sind geschehen, an denen sich zu viele Menschen nicht aktiv beteiligen konnten, als dass sich noch einmal von vorne anfangen ließe. Die Nachwendezeit ist vorbei, aber sie hat Tatsachen geschaffen. Menschen auf Dauer die »sozialen Grundlagen der Selbstachtung« (John Rawls) entzogen zu haben – darin besteht der bleibende Verrat, den das vereinigte Deutschland an allzu vielen seiner neuen Bürger begangen hat. Für sie alle wohnt dem 21. Jahrhundert heute schlechterdings kein Versprechen mehr inne. Persönlich zuschreiben lässt sich die Schuld daran gewiss nicht. Konstatiert werden muss sie dennoch, denn geschehen ist jener Verrat zweifellos. Es sind Menschenleben und Lebenschancen, Hoffnungen und Träume, die in diesen Jahren zerbröselt sind. Das ist nicht ohne Tragik, und reparieren lässt es sich auch nicht mehr.

Wenigstens jetzt die richtigen Lehren aus dem Desaster zu ziehen, darin besteht die große politische Aufgabe im neuen

Deutschland nach dem Ende der Nachwendezeit. Für die Ausgemusterten des industriellen 20. Jahrhunderts hat es echte Chancen zum neuen Einstieg nicht mehr gegeben. Das ist beklagenswert, aber heute unglücklicherweise nicht mehr zu ändern. Gerade deshalb aber kommt es nun darauf an, dass nicht auch noch Nachfahren der Herausgefallenen in Zukunft die Folgen dieser Fehlentwicklung zu tragen haben werden. Kein Zweifel, dass über Zschornewitz im 21. Jahrhundert keine schmutzige Dunstglocke mehr liegt, ist ein ungeheurer Fortschritt. Ob ehemalige Zschornewitzer Kohlewerker ihn aber auch als Fortschritt *begreifen* und nicht als Verlust auf der ganzen Linie, hängt nicht zuletzt davon ab, ob zumindest ihre Kinder und Enkelkinder neue Chancen haben werden, ihr Leben aus eigener Kraft und ausgestattet mit dem Wissen des 21. Jahrhunderts zu gestalten. Die Gefahr, dass es anders kommt, ist nicht gering. Prozesse der sozialen Exklusion, die sich von Generation zu Generation verstärken, könnten sich in Deutschland zum gefährlichen gesellschaftlichen Großtrend der kommenden Jahrzehnte verdichten – den Schaden hätten alle gemeinsam. Erfolgreich und lebenswert kann diese Republik im 21. Jahrhundert deshalb nur als Ort der Teilhabe für immer mehr Menschen werden. Das neue Deutschland wird ein Land neuer Lebenschancen sein; die einzige erkennbare Alternative heißt chronischer Niedergang.

Thomas Kralinski

Leere oder Lehre?

Wie die Bevölkerungsentwicklung im Osten Land und Menschen prägt. Und verändern wird.

Das Leben ist ein Fluss, hören wir, das Normalste der Welt: Menschen ziehen an einen anderen Ort, Menschen finden eine neue Heimat. Was aber ist, wenn innerhalb von nur 13 oder 14 Jahren jeder Vierte oder Fünfte wegzieht? Ist das dann auch noch normal? Tiefe Furchen graben sich in die Stirn aller Statistiker, sobald die Rede auf die Bevölkerungsentwicklung in Deutschland kommt. Wird die Bundesrepublik in 30 Jahren weniger als 75 Millionen Einwohnern haben? Das ist ein mögliches Szenario. Noch viel tiefer aber werden die Sorgenfalten der Demografen, wenn es um die Lage im Osten geht.

Flucht

Das Drama nahm seinen Lauf mit dem Fall der Mauer. Mit ihm kam die Mobilität nach Ostdeutschland – und die Menschen begannen, von dort wegzuziehen. Per Saldo gingen zwischen 1989 und 2002 mehr als 1,3 Millionen Menschen in den Westen, auf der Suche nach Arbeit, nach Bildung, nach neuem Lebensglück. Dieser große Treck gen Westen ist seit der Wende nie wieder zum Stillstand gekommen. Zwar flaute der erste große Wanderungsschub Mitte der 1990er Jahre ab, doch seit 1997 wächst in den neuen Ländern nicht nur die Arbeitslosigkeit wieder, sondern erneut auch der negative Wanderungssaldo.

Allerdings hat sich etwas verändert: Die Abwanderung betrifft das Land nicht mehr gleichmäßig wie in den ersten Jahren nach 1989. Inzwischen verlassen vor allem gut ausgebildete junge Leute den Osten in Scharen. Der Anteil der

Abiturienten unter den Abwanderern ist doppelt so hoch wie in der »normalen« erwachsenen Bevölkerung, bei den Frauen sogar dreimal so hoch. Und bei den Hochschulabsolventen sieht es nicht anders aus. Knapp 11 Prozent der Erwachsenen besitzen ein Diplom, unter den Fortziehern dagegen sind es etwa 20 Prozent.

Einwohnerzahl der DDR, der alten und neuen Länder 1950–2010

	DDR/neue Länder		alte Länder	
	in Mio.	1989 = 100	in Mio.	1989 = 100
1950	18,4	111	50,0	81
1961	17,1	103	56,2	91
1970	17,1	103	60,7	98
1980	16,7	101	61,5	99
1989	16,6	100	62,1	100
2000	15,1	91	67,0	108
2010	14,7	89	66,2	107

Quelle: Statistische Bundes- und Landesämter, eigene Berechnungen

Der Osten blutet intellektuell aus – und unterscheidet sich damit heute nicht sehr von der Situation vor dem Mauerbau. Wer Karriere machen will, ob in Wirtschaft oder Kultur, in Wissenschaft oder Politik, der geht in den Westen. Vor allem die Frauen verlassen das Land und suchen sich Jobs im Westen. Es ist schon paradox: Der Osten hat mit seinem großflächig ausgebauten Kinderbetreuungsnetz einen Standortvorteil, um den ihn viele »West-Frauen« beneiden. Kommen auf hundert Kleinkinder in Sachsen-Anhalt 48 Krippenplätze, in Sachsen immerhin noch 24, so sind es in Bayern oder Schleswig-Holstein nur ein bis zwei. Ein Erbe der DDR, die hohe »Erwerbsneigung der Frauen«, kommt so in erster Linie dem Westen zugute. Die Frauen könnten im Osten zwar ihre Kinder betreuen lassen – einen Job finden sie hier nicht.

Die dritte Strukturveränderung der Abwanderung betrifft das Verhältnis von Stadt und Land. Den großen Städten ist es in den vergangenen Jahren gelungen, die Abwanderung abzubremsen. Litten sie bis Mitte der neunziger Jahre unter den Prozessen der Suburbanisierung und Westwanderung, kehrt dort nun langsam wieder Leben ein. Leipzig und Dresden gewinnen Einwohner, insbesondere junge Leute zieht es in die Großstädte. Das ist ein Hoffnungsschimmer, der aber nicht darüber hinwegtäuschen sollte, dass zwischen den Ballungszentren in Ost und West weiterhin große Abstände im Hinblick auf Arbeitsplätze, Arbeitslosigkeit und Attraktivität bestehen.

Wanderungssalden in den Regionen Sachsens

	Großstädte*		periphere Regionen*	
	alle	18–25jährige	alle	18–25jährige
1990	– 25	– 64	– 28	– 43
1995	– 6	+ 12	+ 1	– 3
2000	– 1	+ 24	– 11	– 51
2002	+ 3	+ 40	– 10	– 43

* Relativer Wanderungssaldo pro 1 000
Quelle: Statistisches Landesamt, eigene Berechnungen

In einem lichtlosen Tunnel ohne Hoffnung stecken dagegen die peripheren Regionen des Ostens fest. In den vergangenen Jahren verließen aus der Altersgruppe der 18 bis 25-Jährigen jährlich etwa fünf Prozent die Lausitz oder das Erzgebirge, die Prignitz oder die Uckermark. Innerhalb weniger Jahre werden diese Regionen ein Viertel bis ein Drittel der jungen Generation verlieren. Im Straßenbild lässt sich das schon heute deutlich beobachten: Es sind schlicht keine jungen Menschen mehr da. Der ländliche Raum des Ostens wird langsam zum Altersheim, zumal in den letzten Jahren neben der Zahl der Fortgezogenen auch jene der Pendler angestiegen ist. Ein Heer von 130 000 Sachsen – jeder 13. Erwerbstätige – pendelt Woche für Woche, Monat für Monat in die alten Länder – und entlastet damit den einheimischen Arbeitsmarkt. Der Fahrplan der Bahn verrät, dass das Pendeln in den vergangenen Jahren wieder zugenommen hat. Die Nachtzüge von Sonntag auf Montag waren Mitte der 1990er Jahre verschwunden – jetzt tauchen sie wieder in den Fahrplänen auf. Oft ist das Pendeln über Hunderte von Kilometern nur eine Vorstufe zur endgültigen Abwanderung. Für überholt gehaltene Familien- und Arbeitsstrukturen – der Mann als Ernährer – häufen sich wieder. Das Familienoberhaupt fängt an zu pendeln, zieht später ganz an den Arbeitsort und holt dann seine Familie nach.

Die massive und plötzliche Mobilität ist für die Ostdeutschen ungewohnt. In den letzten Jahren sind mehr als eine Million Menschen allein aus Sachsen fortgezogen. Bei einer Gesamtbevölkerung von gut vier Millionen ist das fast jeder Vierte. Aus einer immobilen Gesellschaft ist gleichsam über Nacht eine hypermobile geworden. Nach der Wende war der Fortzug meist noch mit Hoffnung verknüpft – auf neue Arbeit, das große Geld oder die langersehnte Freiheit. Die Ostdeutschen machten sich an ihre ganz persönliche *pursuit of happiness*. Doch diese Suche nach dem Glück ist mittlerweile der Ernüchterung gewichen. Viele, die eigentlich zurückkommen wollten, sind im Westen geblieben. Nicht immer, weil es ihnen dort so gut gefällt, sondern häufig, weil Glück und Lebenschancen um ihre alte Heimat noch immer einen weiten Bogen machen. Kleine Kolonien von Ostdeutschen machen sich im Westen breit – Kolonien, in denen sie sich ab und zu ein bisschen »Heimat« gönnen. So führte die neue Zeit auch zu Absurditäten: Ein kleiner sächsischer Internetversandhandel hat sich auf die wieder aufgetauchten Ostprodukte spezialisiert – und macht sein größtes Geschäft prompt im Westen. Im April 2003 taugte die Eröffnung des ersten Ostprodukteshops in München sogar zum Aufmacher einer Tageszeitung.

Der Frage des Fortzugs macht den Leuten zu schaffen. Nach den Anfangsjahren hat der Möbelwagen, der von Ost nach West fährt, die Aura von Aufbruch und Euphorie verloren. Familien werden auseinander gerissen, manche Ehe zerbricht. Langsam kommt bei den Menschen an: Dieses Land sucht noch immer nach dem Glück. Oder, viel profaner, nach Jobs. Viel stärker als früher ist heute der Fortzug mit ökonomischer Notwendigkeit verknüpft – und mit einer gewissen Hoffnungslosigkeit.

Lohn und Job müssen stimmen.

Befragung unter abgewanderten Sachsen:

Voraussetzung für Rückkehr	
Arbeitsplatz	51%
Verdienst	31%
Lebens- und Zukunftsperspektiven	4%
Gründe für Nicht-Rückkehr	
bessere Verdienstmöglichkeiten	42%
bessere Arbeitsbedingungen	10%
bessere Lebens- und Zukunftsperspektiven	22%
familiäre Gebundenheit	14%

Quelle: Sächsische Wanderungsanalyse des Statistischen Landesamtes, 2003

Wenn sich Chancen ergeben, wollen viele wieder zurück. Eigentlich. Schon kurz nach der Entscheidung über den Bau des neuen BMW-Werks in Leipzig hatten sich 60.000 Menschen für die 5.500 neuen Jobs beworben – darunter nicht wenige, die aus dem Westen wieder zurück in den Osten wollen. Doch die Hürden für die Rückkehrer haben sich in den letzten Jahren höher aufgetürmt. Eine erste Untersuchung über die Fortgezogenen hat mit der Hoffnung aufgeräumt, die Menschen würden von allein zurückkommen, wenn es nur Arbeit gäbe. Unter den jungen Abiturienten will nur noch jeder Zehnte, unter den jungen Hochschulabsolventen nur noch jeder Fünfte zurückkehren. Dabei spielen neben dem Job vor allem angemessene Löhne eine immer wichtigere Rolle. Doch die Lohnangleichung steht für den Osten bei realistischer Betrachtung erst am Sankt-Nimmerleins-Tag bevor. Eine Umfrage in den boomenden Zweigen der ostdeutschen Industrie ergab, dass ganze 24 Prozent der Unternehmen die Lohnangleichung bis 2010 erwarten, aber 43 Prozent die Angleichung nicht in absehbarer Zeit sehen. Dabei würden die Geschäftsführer durchaus gern mehr zahlen – nur fehlt den ostdeutschen Betrieben schlicht die Kraft, höhere Löhne zu erwirtschaften. So aber wird der Zyklus aus niedrigen Löhnen und niedriger Wirtschaftskraft zum Fluch des Ostens. Motivation und Verzichtbereitschaft sinken. Weil deshalb die guten Leute gehen, fällt es den Unternehmen im Osten immer schwerer, hoch Qualifizierte an ihre Unternehmen zu binden.

Abwanderung aus peripheren Regionen hat es in Deutschland immer gegeben – doch seit dem Zweiten Weltkrieg nie mehr in so großem Maße und in so kurzer Zeit. Die Abwanderung im Osten ist zugleich Ergebnis und Ursache ökonomischer und sozialer Veränderungen. Die Ostdeutschen sortieren sich inzwischen stärker nach Gewinnern und Verlierern im Wendeprozess. Die Generation der heute 50- bis 60-Jährigen hat in den vergangenen Jahren nicht nur (meist mehrfach) den Job gewechselt oder verloren. Diese Jahrgänge sind es auch, die heute die Stimmung in den neuen Ländern dominieren. Wer Anfang der neunziger Jahre nicht gleich gegangen ist, hat seitdem versucht, sich irgendwie durchzuschlagen. Wer Pech hatte, geriet in die Endlosschleife aus Arbeitslosigkeit, ABM und Weiterbildung. Vorhandene Jobs entsprachen häufig nicht der Qualifikation der Arbeitsuchenden – und entsprechend niedrig fielen die Löhne aus. Das Ergebnis werden in einigen Jahren auch deutlich niedrigere Renten sein. Während die Generation der westdeutschen Babyboomer eine Alterskohorte im wirtschaftlichen Wohlstand bildet, sind ihre Altersgenossen im Osten eine »tragische« Generation.

Die Erfahrungen und Mentalitäten dieser Elterngeneration werden jedoch heute auf die Jungen übertragen. Für die heute 20- bis 40-Jährigen Ostdeutschen kam die Wende meist gerade (noch) zum richtigen Zeitpunkt. Sie sind die Wendegewinner, auch wenn es viele unter ihnen sehr schwer hatten, als die Betriebe zuerst die Jungen und die Alten entließen. Andererseits haben die Jungen in den letzten Jahren von ihren Eltern gelernt, dass man im Osten kaum Karriere machen kann, dass materieller und sozialer Aufstieg innerhalb enger Grenzen verlaufen. Deshalb meiden die Jungen industrielle Ausbildungen und ziehen in den Westen, sobald sich die Chance oder Notwendigkeit dazu ergibt. So ist die Abwanderung das Ergebnis vieler Erfahrungen und Mentalitäten der Nachwendejahre – und verlängert diese zugleich in die Zukunft.

Verweigerung

Der Fortzug der Leute ist aber nicht das einzige Problem – langfristig noch nicht einmal das wichtigste. Der Fall der Mauer und die damit verbundenen Umbrüche haben die Menschen so stark verunsichert, dass sie zu eigenen Kindern nicht mehr den Mut besitzen – mit enormen Folgen. Die Geburtenrate sank mit der Wende quasi über Nacht um mehr als die Hälfte. Aus der Bevölkerungspyramide wird ein Pilz, die Nachfahren gehen aus. Wurden kurz vor der Wende in Sachsen noch 56000 Babys pro Jahr geboren, waren es 1994 nur noch 23000. Ostdeutschland hatte die geringste Geburtenrate der Welt, nur im Vatikan wurden noch weniger Kinder geboren. Seitdem stiegen die Geburtenzahlen zwar wieder auf etwa 30000, bleiben aber weit unter dem Niveau der Vorwendezeit.

Kinderwunsch: verschoben und vergessen.

	Zahl der Geburten	Kinder pro Frau	Durchschnittsalter der Mütter
1985	65000	1,9	25
1990	50000	1,5	26
1994	23000	0,8	28
2000	33000	1,3	29
2002	30000	1,2	29

Angaben für Sachsen; Quelle: Statistisches Landesamt, eigene Berechnungen

Bisher gingen die Statistiker davon aus, dass die »Geburtsverweigerung« der Frauen bald wieder ein Ende haben werde und die Frauen, wie im Westen, im Durchschnitt 1,4 Kinder bekommen würden. Doch davon kann keine Rede sein, seit 2000 sinken die Geburtenzahlen erneut. Wenn die Anzahl der neu geborenen Kinder etwas über die Seelenlage der Nation, über das Zukunftsvertrauen der Menschen sagt, dann sieht es schlecht aus in Ostdeutschland. Bis vor kurzem hieß es beschwichtigend, viele Frauen würden ihre Kinderwünsche einfach nur »nach hinten« verschieben – doch bald wird sich nichts mehr verschieben lassen. Abgesehen davon tut die Abwanderung ihr Übriges. Denn mit den jungen Frauen, die die neuen Länder verlassen haben, gingen natürlich auch die noch ungeborenen oder gerade erst geborenen Kinder. Mittlerweile stellen viele Gemeinden fest, dass ihre Schulplanungen von der Wirklichkeit überholt wurden und die Zahl der Schulanfänger bis zu 20 Prozent unter den aus den Geburtenzahlen errechneten Werten liegt. Die Familien sind in der Zwischenzeit fortgezogen. Die Folge wird eine besonders schnell alternde Gesellschaft sein, eine Gesellschaft, in der Kinder immer seltener werden. Zumal sich die niedrigen Geburtenzahlen ihrerseits fortpflanzen und durch die Bevölkerungspyramide arbeiten werden.

Geburtenrückgang und Abwanderung verstärken sich nun wechselseitig – und das besonders drastisch in der ostdeutschen Provinz. Die kleinen Orte sterben einfach aus. Zuerst machte der Konsum dicht, dann hielt kein Zug mehr. Erst ging die Post, später wurden auch die Briefkästen abgeschraubt, und das wöchentliche Dorfkino gibt es schon längst nicht mehr. Auch Kneipen oder Klubs existieren kaum noch, Kitas und Schulen wurden in den vergangenen Jahren geschlossen. Nach den Sparkassenfilialen stehen nun sogar die Geldautomaten auf der Streichliste. Die beiden erfolgreichsten Volksbegehren in Ostdeutschland hatten nicht von ungefähr klassische Zentrum-Peripherie-Konflikte zum Anlass: Im Jahr 2001 ging es um den Erhalt regionaler Sparkassen, im Jahr 2003 wiederum wurden mehrere Hunderttausend Unterschriften gesammelt, um kleine Schulen zu erhalten und den verbliebenen Kindern wohnortnahe Bildung zu ermöglichen.

Das Aufbegehren der Provinz könnte sich fortsetzen. Die Menschen abseits der Großstädte fühlen sich Schritt für Schritt abgehängt. Neue Lösungen sind gefragt. Wie sollen die Gemeinden von morgen aussehen, wenn die verbleibende Bevölkerung zum »alten Eisen« gehört? Wo sollen sich die Menschen treffen? Wie kann den verbleibenden Familien, Kindern gar, ein lebenswertes Umfeld geboten werden?

Umbau

Nach der politischen, wirtschaftlichen und sozialen Transformation ist der Osten Deutschlands nun unweigerlich auf dem Weg in die vierte, die demografische Transformation. Nolens volens wird er zum »Experimentierfeld« im Hinblick auf die demografische Zukunft vieler europäischer Länder. Denn auch anderswo werden die Bevölkerungszahlen in den kommenden Jahrzehnten zurückgehen. Nirgendwo aber wird der Einbruch so groß sein wie zwischen Ostsee und Thüringer Wald, zwischen Harz und Oderbruch. Nehmen wir Sachsen als Beispiel: Lebten 1980 noch 5,2 Millionen Menschen im Freistaat, waren es schon zehn Jahre später schon nur noch 4,8 Millionen. Auf 4,3 Millionen sank die Bevölkerungszahl zwischen Plauen und Görlitz bis 2003, und für 2020 werden gerade noch 3,7 Millionen prognostiziert. Allein zwischen dem Fall der Mauer und 2003 nahm die Zahl der Sachsen um 10 Prozent ab, und es gibt etliche Orte im Osten, in denen der Rückgang noch viel heftiger ausfiel. Städte wie Schwedt in Brandenburg, Sangerhausen in Sachsen-Anhalt oder Stralsund in Mecklenburg-Vorpommern haben in den vergangenen Jahren rund ein Drittel ihrer Einwohner verloren.

Welche Zukunft haben die Kommunen unter solchen Bedingungen – und mit ihnen die Bürger, die in ihnen (noch) leben?

Wie sieht Hoffnung für Menschen aus, wenn jeder dritte Nachbar verschwindet? Wenn die Kinder immer weniger Freunde haben, mit denen sie spielen können? Wo ist der Ausweg aus der Abwärtsspirale? Noch tun sich die Kommunen schwer mit der Erkenntnis, dass interkommunale Zusammenarbeit das Gebot der Stunde ist. Dass Multifunktionalität die Voraussetzung für öffentliches Leben im ländlichen Raum darstellt. Dass eine Schule genauso auch Kindergarten, Hort, Bibliothek und Kulturhaus sein kann. »Fortschritt« ist eben nicht immer nur »Aufbau« und »Ausbau«. Ganz praktisch, aber sehr grundsätzlich wird der Wachstumsbegriff neu definiert. Dabei stellt sich heraus, dass Umbau viel komplizierter ist als Neubau. Deshalb fällt es so schwer, Handlungs- und Denkstrukturen so schnell umzustellen sind, wie es nötig wäre. Die ostdeutschen Kommunen müssen einen Crashkurs hinbekommen und binnen kürzester Zeit schon wieder neu lernen, mit sich völlig verändernden Rahmenbedingungen umzugehen. Paradoxerweise müssen dabei sogar Fehler korrigiert werden, die erst ein paar Jahre alt sind. So wurden viele Abwasser- oder Kläranlagen Anfang der 1990er Jahre schlicht überdimensioniert. Doch solche Anlagen funktionieren rein physikalisch nur bei einer Mindestdurchlaufmenge – schrumpft die Bevölkerung, könnten deshalb sogar neue Anlagen nötig sein.

Es hat ein paar Jahre gedauert, bis die ersten Orte lernten, den Umbau zu gestalten. Oft heißt das Abriss – oder neudeutsch »Rückbau«. Die berüchtigten Plattenbauten weichen zuerst. Für manchen schließt sich dabei der Kreis. Der brandenburgische Bauminister hat in der DDR den Aufbau der Retortenstadt Schwedt geplant, in den neunziger Jahren war er für die Modernisierung der Platten zuständig, jetzt reißt er sie ab. Eine Karriere der besonderen Art. Dabei entstehen auch kreative Lösungen. Die Wohnblöcke wurden wie Legosteine zusammengesetzt – und genauso kann man sie auch wieder auseinander nehmen. In Dresden hat man deshalb einfach drei Stockwerke gekappt und so aus einem Block eine Reihenhaussiedlung gemacht. Das Know-how der Ostdeutschen über das Plattenrecycling ist mittlerweile sogar international gefragt, denn der RGW (oder Comecon, wie man im Westen sagte) hatte auch die sozialistischen Wohnformen vereinheitlicht. So interessieren sich jetzt die Wohnungsgesellschaften aus dem Moskauer Süden für die Plattensanierung im Berliner Osten. Bruderhilfe neuen Typs.

Auch viele der Gemeinden im Umfeld der großen Städte mit ihren uniformen Reihen- und Einfamilienhäusern werden in den nächsten Jahren das Schrumpfen lernen müssen. Die Landung auf dem Boden der Tatsachen wird für die *suburbs* am härtesten sein, denn sie sind erst nach der Wende massiv gewachsen.

Labor

Die neue Selbstfindung der Städte und Gemeinden findet unter größter finanzieller Anspannung statt. Angesichts der schwächelnden ostdeutschen Wirtschaft liegen die Steuereinnahmen der Kommunen weit unter denen der Städte und Gemeinden in Westdeutschland. Neue Formen wechselseitiger Zusammenarbeit werden nötig sein. Die Kommunen verfügen zumeist über eine große Zahl an leerstehenden Gebäuden und Brachflächen. Nicht absehbar ist derzeit, wie der nach wie vor große Renovierungsbedarf verwirklicht werden soll – und für wen. Dass Häuser einfach in sich zusammenfallen, dass sich alte Straßen absenken, ist vielerorts keine Seltenheit mehr. Die Stadt Leipzig ist nun in die Offensive gegangen: Sie lässt baufällige Häuser gleich ganz abreißen und errichtet an ihrer Stelle kleine Parks und Spielplätze.

Doch auch andere Modelle sind denkbar. Während die Gemeinden ein Interesse am Erhalt ihrer Bausubstanz, an möglichst geringem Leerstand und florierenden Unternehmen haben, müssen die Betriebe zusehen, wie sie ihre Arbeitskräfte entlohnen und halten können. Schon bald werden die ostdeutschen Unternehmen erkennbar an Fachkräftemangel leiden – aber kaum in der Lage sein, Arbeitskräfte mit höheren Löhnen zu locken. Hier könnten neue Kooperationsformen zwischen Kommunen und Unternehmen helfen. Sinnvoll wäre es etwa, Grundstücke, Wohnungen und Häuser von den Kommunen über die Unternehmen an Arbeitnehmer auszureichen. Der Land-für-Lohn-Deal könnte als Lohn- und Rentenergänzung fungieren, die Unternehmen entlasten und gleichzeitig die Arbeitnehmer an Ort und Betrieb binden. Und womöglich sogar örtliche Bautätigkeit auslösen.

Erste Gemeinden gehen Schritte in diese Richtung. So hat eine Gemeinde im Spreetal ein Gelände mit dem Ziel ausgeschrieben, ein innovatives und nachhaltiges Unternehmenskonzept zu fördern. Und das kleine Ostritz an der Grenze zu Polen hat nach dem Verschwinden von mehreren tausend Arbeitsplätzen in der Umgebung – nicht zuletzt im Braunkohletagebau – sein Heil in der kompletten Umstellung der Energieversorgung gesucht. Als energieökologische Modellstadt versorgt sich der Ort nun vollkommen aus erneuerbaren Energien und speist mittlerweile sogar in die Netze ein. Diese neuen Wege wären ohne den Druck der Umbrüche in den letzten Jahren binnen so kurzer Zeit nicht denkbar gewesen.

Einige Experten sehen die Zukunft der neuen Länder bereits im Rentnerparadies, dem »Florida Deutschlands« – nur ohne Sonne. Auch hier gibt es bereits erste Ansätze. Wenn die vielen Rentner der Zukunft kurze und nicht allzu ferne Reisen unternehmen, sind für den Tourismus neue Nischen zu entdecken. Auch der öffentliche Verkehr, stark bedroht durch Bevölkerungsrückgang, Deindustrialisierung und Individualverkehr, braucht neue Grundlagen. Bereits heute sind in einigen ostdeutschen Orten ganze Buslinien auf öffentliche Taxis umgestellt, die Mobilität vor allem für ältere Menschen sichern. Überhaupt wird die Versorgung der vielen alten Menschen eine spannende Herausforderung. Der deutsche Osten wird hier eine Vorreiterrolle einnehmen, gewollt oder nicht. Man wird hier experimentieren, wie Ärzte in der Peripherie zu halten sind und wie Fahrdienste organisiert werden könnten, um älteren Mitbürgern das Einkaufen zu ermöglichen. Neue Möglichkeiten für die alternde Generation wird das Internet bringen. Das mag heute noch wie ein Widerspruch in sich klingen – für viele Menschen könnte aber gerade hier der Schlüssel dazu liegen, länger in ihrer ländlichen Heimat zu bleiben. Allerdings müssen das Einkaufen, die Anmeldung beim Arzt oder die Bestellung von Dienstleistungen über das Internet erst einmal erlernt werden.

Erstaunlich wenig wird im deutschen Osten die Zuwanderung als eine ernst zu nehmende Option gesehen – und das trotz der Nähe zu den neuen EU-Nachbarn. Zum einen, weil man weiß, dass beispielsweise Tschechien ganz ähnliche bevölkerungsstrukturelle Probleme hat wie die neuen Länder. Zum anderen setzt sich immer mehr die Vermutung durch, dass es Zuwanderer gleich in den »richtigen Westen« ziehen würde. Was sollten sie auch in Altmark, Lausitz und Uckermark? Allenfalls die boomenden Großstadtregionen im Osten werden genug Anziehungskraft entwickeln können.

Da im Osten eine erstaunliche Gleichzeitigkeit von akutem Fachkräftemangel und hoher Arbeitslosigkeit herrscht, würde Zuwanderung die Ostdeutschen vor besondere Integrationsleistungen stellen. Arbeitskräfte werden auf genau den Gebieten benötigt, auf denen in den letzten Jahren bereits erhebliche Anpassungsleistungen erbracht wurden – was meist nur ein anderes Wort für Arbeitslosigkeit ist. Gerade die Arbeiter, die die in der Industrie benötigten Fähigkeiten nicht oder nicht mehr haben, würden sich bei starker Zuwanderung endgültig im Abseits sehen.

Deshalb kommen Öffnungsversuche nur mühsam in Gang, am weitesten fortgeschritten sind sie im Grenzgebiet an der Oder. Dort, wo alte Städte wie Görlitz oder Frankfurt 1945 auseinander gerissen wurden, versucht man vorsichtig, neue Brücken zu bauen. Der Druck gegen solche Grenz-Öffnungen kommt dort meist aus den Milieus der Arbeiter und Kleinbürger; latente Unzufriedenheit und eruptive Ausländerfeindlichkeit sind die Folgen. Doch ganz langsam bröckelt der Widerstand, die Menschen fangen an zu lernen. In Görlitz stammt der Umsatz in den Geschäften mittlerweile zu einem Drittel aus Polen. Und das örtliche Theater stünde ohne die Besucher von jenseits der Neiße – für die man nun polnische Obertitel und komplette polnische Inszenierungen anbietet – längst auf der Schließungsliste.

Öffnung

Gebraucht wird ein neuer Pakt zwischen Zentrum und Peripherie. Zur Zeit sieht es so aus, als hätten die großen Städte zusammen mit ihren gerade erst entstandenen Vororten noch eine Weile relative Ruhe vor dem demografischen Wandel. Zuerst werden Alterung, Jugendlosigkeit und Bevölkerungsrückgang die peripheren Gebiete des Ostens mit voller Härte treffen. Wie lässt sich eine solche Gesellschaft steuern? Was wird aus der Demokratie mit ihren vielfältigen Institutionen? Wird die Entvölkerung gleichzeitig zu einer Verschlankung und Vereinfachung gesellschaftlicher und staatlicher Strukturen führen? Erste Überlegungen dieser Art sind ab und an zu hören, wenngleich vor allem in der Hoffnung, dadurch schnelleres wirtschaftliches Wachstums zu ermöglichen. Dabei könnte die Verkleinerung unserer Institutionen eine Notwendigkeit werden, um sie überhaupt funktionstüchtig zu halten. Die Parteien im Osten machen bereits erste Erfahrungen mit der Personalknappheit. Auslese um gutes Personal findet dort kaum noch statt – vielerorts ist man froh, überhaupt Kandidaten für öffentliche Ämter zu haben. Die Qualität politischer Führung und gesellschaftlicher Steuerung wird auf eine neue Probe gestellt. Die drei »großen« Parteien der neuen Länder versuchen es meist mit der Öffnung hin zu Experten und bieten Quereinsteigern schnelle Aufstiegschancen an. Zwar wurde dies – auch in der alten Bundesrepublik – schon oft angekündigt, doch bei der Ankündigung ist es dort ebenso oft geblieben. Für die Demokratie in Ostdeutschland könnte dies jedoch künftig der Weg sein, ihr eigenes Überleben überhaupt zu sichern. Und irgendwann wird dann auch der Westen von den ostdeutschen Erfahrungen lernen müssen.

Angesichts der zurückgehenden Steuerungskapazitäten könnte aber auch eine »Direkt-Demokratisierung« ins Haus stehen. Sie kann helfen, Verständnis bei den Bürgern zu wecken, Kreativität zu mobilisieren, lokale Autonomie und Handlungsspielräume wiederzubeleben, die Menschen beim neuen Umbau mitzunehmen und zu aktivieren. Familien- und Kinderfreundlichkeit sowie die Möglichkeit zu altersgerechtem Leben werden eine größere Rolle spielen, als dies bisher der Fall ist. Das kann die Stunde der Kommunen werden, die den Veränderungsdruck zuerst auffangen müssen.

Noch gibt es viel mehr Fragen als Antworten. Aber schon heute existieren zahllose kleine Projekte und Initiativen, die neue Wege aufzeigen. Die bundesdeutsche Öffentlichkeit tut gut daran, sich solche Initiativen genau anzuschauen und sie zu unterstützen. Über 90 Prozent der Sachsen sehen die Abwanderung der jungen Menschen als das drängendste Problem überhaupt an – damit hat dieses Thema sogar die Arbeitsmarkt- und Wirtschaftsfragen von ihrem Spitzenplatz verdrängt. Der Westen hat diese Entwicklung bislang eher ignoriert. Die vierte, die demografische Transformation bietet ihm die Chance neuer Erkenntnis – auch im eigenen Interesse. Bisher wurden die Transformations- und Anpassungsleistungen der Ostdeutschen nur wenig gewürdigt. Doch der alternde Westen steht selbst vor enormen Umbrüchen. Er täte gut daran, den Bevölkerungsveränderungen im Osten und den Reaktionen darauf die Beachtung zu schenken, die sie verdienen. Denn hier lernt die Zukunft von ganz Deutschland laufen.

Tanja Busse

Geht ab hier in Dorf

Schrumpfen lernen im ehemaligen sozialistischen Musterdorf

»Heute morgen waren wir schon arbeiten«, sagt der Junge auf dem Bonanzarad, »um drei Uhr im Stall, wie sich dat gehört.« Zwei Stunden vor Sonnenaufgang im Melkstand stehen, das gehört sich so für Jungs vom Land, und das ist irgendwie leichter hinzubekommen, als zwei Stunden nach Sonnenaufgang den Schulbus nicht zu verpassen. Denn Kühe melken und Radlader fahren ist richtige Arbeit. Und das zählt in Mestlin.

Danach haben die Schlepperfahrer die beiden Zwölfjährigen mit auf den Acker genommen, »auf den Aggä«, wie sie sagen, zum Mist streuen, und jetzt, kurz vor Mittag, stehen die beiden Jungs fachmännisch wie Tiefbau-Arbeiter am Rande einer Baugrube und begutachten von ihren erdverklebten Rädern aus, wie die Elektriker Kabel unter der Dorfstraße verlegen. »Gleich gehen wir noch zum Fußball, und danach ist Fackelumzug«, sagt einer der beiden. »Joa, dat geht schon ab hier in Dorf.«

Trecker und Acker und ein Fußballfeld: Für Zwölfjährige ist Mestlin ein ziemlich guter Ort. Doch die Kleinen wissen längst, dass die Großen das anders sehen. »Jetzt sind ja die Zehnten raus aus der Schule, und ganz viele von denen haben sich Motorräder gekauft und sind nach Hamburg.«

Mestlin liegt in Mecklenburg, östlich von Schwerin, wo das Land schön und leer ist, wo man vielleicht gerne Urlaub macht, wenn man Seen mag und brütende Kraniche und sanfte Hügel, aber wo man nicht so gerne wohnen möchte, wenn man Kneipen und Kinos und Menschen braucht und vor allem, wenn man Arbeit sucht. Fast vier Jahrzehnte lang war Mestlin ein ganz besonderer Ort: ein sozialistisches Musterdorf, gebaut, um die Überlegenheit des Sozialismus auch auf dem

Land zu beweisen. »Der Aufbau unseres Musterdorfes fördert die Entwicklung des kulturellen Lebens auf dem Lande und festigt das Bündnis Stadt und Land«, so hieß die Losung der Grundsteinlegung. Heute ist Mestlin vielleicht nur noch besonders beispielhaft, weil man hier so gut sehen kann, wie es ist, wenn sich das Leben langsam zurückzieht.

»Mestlin wird bald ein Rentnerdorf sein«, sagt der Bürgermeister Uwe Schultze. »Mit fünfzig gehört man bald zu den Jüngsten. Wir hoffen immer, dass junge Leute hierbleiben, aber die meisten gehen dorthin, wo es Arbeit gibt: nach Lüneburg oder eben nach Hamburg. Und dann pendeln sie, und nach ein paar Monaten ziehen sie dort hin und kommen nicht mehr zurück, höchstens mal zu Besuch.« Wie seine eigenen Kinder.

Die Tochter arbeitet in Celle, der ältere Sohn in Winsen an der Luhe, nur der jüngere hat seine Gesellenprüfung als Maler in der Kreisstadt Parchim abgeschlossen. »Gut, dass das geklappt hat«, sagt Schultze. »Nach der Winterkündigung hat er Glück gehabt, dass sie ihn im Mai wieder eingestellt haben.« Doch nun sei sein Sohn »auf dem Sprung nach Hamburg«, wo er sowieso längst arbeitet: Die Parchimer Firma hat, wie viele in der Gegend, hauptsächlich im Westen Aufträge. Für die Angestellten heißt das, jahrelang um fünf Uhr aufstehen, um sechs in den Firmenbulli steigen und zwei Stunden zur Arbeit fahren – wenn man gut durchkommt.

Gebrochenes Fundament

Mestlin hat 1200 Einwohner, jeder Vierte ist arbeitslos, jede fünfte Wohnung steht leer, und wie viele Leute in den letzten Jahren weggezogen sind, hat der Bürgermeister schon gar nicht mehr gezählt. Die weiterführenden Schulen sind mit den Schulen des Nachbarorts zusammengelegt worden, jetzt müssen die Mestliner Haupt- und Realschüler nach Dobbertin gefahren werden und Dobbertiner Grundschüler nach Mestlin. Und weil die Busse auch noch über die vielen kleinen

Dörfer fahren, sind manche Kinder erst eine halbe Stunde unterwegs und dann noch viel zu früh in der Schule. Das nächste Gymnasium liegt 20 Kilometer weit entfernt. Auch die Mädchenmannschaft des Mestliner Fußballvereins, die sogar mal Nordostdeutscher Vizemeister war, ist aufgelöst, weil man zu fünft nicht zum Spiel antreten darf.

Was in Mestlin passiert, steht vielen anderen ost- und westdeutschen Orten noch bevor. In den kommenden Jahrzehnten wird die deutsche Bevölkerung immer weiter abnehmen und dabei immer älter werden. Nach den Prognosen des Statistischen Bundesamtes vom Juni 2003 werden im Jahr 2050 nur noch 75 Millionen Menschen in Deutschland leben, siebeneinhalb Millionen weniger als heute, und ein Drittel von ihnen wird 60 Jahre oder älter sein. Im Osten wird das schneller gehen als im Westen, vor allem in Mecklenburg-Vorpommern, wo schon immer weniger Menschen gelebt haben als im Rest des Landes und wo heute der Exodus der Jungen besonders hoch ist. Doch es scheint, als wolle niemand wahrhaben, was das für Konsequenzen haben wird.

Der Sozialwissenschaftler und Politikberater Meinhard Miegel warnt in seinem Buch »Die deformierte Gesellschaft« davor, die bevorstehende Veränderung der Bevölkerungsstruktur weiter zu verharmlosen, weil sie unser gesamtes gesellschaftliches Leben verändern werde. »Während die Politik auf offener Bühne hingebungsvoll über Nebensächlichkeiten streitet und die Bürger teils gelangweilt, teils angewidert, alles in allem aber recht behaglich von den Rängen aus zuschauen, birst das Fundament«, polemisiert Miegel.[1]

In Mestlin ist das Fundament schon gebrochen. Deshalb kann man sich dort heute ansehen, wie es in vielen Dörfern und Kleinstädten auch im Westen Deutschlands in wenigen Jahrzehnten aussehen könnte. Und wie man damit umgehen soll.

Dabei ist diese diese Situation für Mestlin eigentlich nichts Neues. Das Dorf war, bevor die DDR es zum sozialistischen Vorzeigeort aufmotzte, ein armes Tagelöhnerkaff ohne fließendes Wasser, elektrischen Strom und befestigte Straßen.

1833 waren zwölf Mestliner Bauern als Erbpächter auf Höfe in die Nachbargemarkung Ruest umgesiedelt worden. Aus Ruest wurde ein Bauerndorf, und in Mestlin blieben die Tagelöhner, die für den Gutsbesitzer oder dessen Pächter schufteten – ohne Hoffnung, jemals eigenes Land zu besitzen, und ohne irgendwelche Aufstiegschancen. Von 1853 bis 1908 emigrierte beinahe jeder dritte Mecklenburger, und neunzig Prozent dieser Emigranten kamen vom Land.[2]

Die Architektur hat die Herrschaftsverhältnisse von damals zementiert, in Mestlin und vielen anderen Dörfern im Nordosten, im Land der Junker, der Großgrundbesitzer, die meist mehr an billiger und williger Arbeitskraft interessiert waren als an der Bildung ihrer Tagelöhner: In diesen Dörfern steht wie eh und je ein großes Gutshaus am Ende einer Straße mit mickrigen Häuschen, die sich vor dem herrschaftlichen Anwesen ducken und so niedrig sind, dass man die Dachrinne berühren kann. Doch Anfang der fünfziger Jahre kam Mestlin diese Rückständigkeit zugute: Eben weil der Ort völlig verarmt und unterentwickelt war, entschied die Regierung Mecklenburgs, aus Mestlin eines der sozialistischen Beispieldörfer zu machen. Im Juli 1952 hatte die II. Parteikonferenz der SED den »planmäßigen Aufbau des Sozialismus in der Deutschen Demokratischen Republik« beschlossen. Und während die Bauern aus Ruest vor der drohenden Kollektivierung ihrer Äcker in den Westen flohen, gründeten die Mestliner Landarbeiter die LPG »Neues Leben«. Von 1953 bis 1962 wurde neben dem alten Mestlin ein neues gebaut: Auf dem Gutsherrenacker wurde der Marx-Engels-Platz angelegt, dort und an der Ernst-Thälmann-Straße ließen die Genossen Kinderkrippen, Schulen, Geschäfte, Gaststätten, Wohnungen, ein medizinisches Ambulatorium und ein riesiges Kulturhaus bauen, das in manchen Jahren 50000 Besucher hatte. Es war eine goldene Zeit für die mickrige Landarbeitersiedlung.

Vierzehn Jahre nach der Wende bläst kalter Wind über den Platz hinweg, ohne auf ein Hindernis zu stoßen. Das Kulturhaus und die Hälfte der Läden stehen leer, und alle Gebäude haben noch ihre alte graugelbbraune Farbe. Er sieht aus, als wäre die DDR hier stehen geblieben wie eine vergessene Uhr. Seit Mestlin nicht länger als politisches Demonstrationsobjekt der Wohltaten des Sozialismus auf dem Land gebraucht wird, sind die Gebäude dem kleinen Dorf zu groß geworden. Uwe Schultze erzählt die Anekdote von einem ungläubigen Wessi, der seine Post an den Bürgermeister von Mestlin, Marx-Engel-Platz, adressiert habe: »Weil er sich nicht vorstellen konnte, dass Marx und Engels heute noch so geballt an einem Ort auftreten.«

Doch der Platz trägt seinen alten Namen zu Recht. Alles ist geblieben wie zu DDR-Zeiten, sogar das Konsum-Schild hängt noch über dem Schaufenster. »Wir haben immer überlegt: Lassen wir es oder nehmen wir es ab«, sagt Uwe Schultze wie immer, wenn Besuch aus dem Westen gekommen ist und er das Gefühl hat, sich rechtfertigen zu müssen. »Aber es sind ja Dinge, die beweisen, was in der Vergangenheit mal gewesen ist.«

Viel ändern dürfte man eh nichts, denn das Ensemble von Kulturhaus, Schule, Ladenzeile und Gemeindebüro steht unter Denkmalschutz, eine ehrenvolle, aber teure Verpflichtung für die Gemeinde. Hinter den geschützten Fassaden improvisieren die Bewohner, wie sich die alten Räume mit neuem Leben füllen lassen. Im ehemaligen Konsum sitzen drei Damen am Kaffeetisch. »Das ist jetzt unsere Begegnungsstätte«, sagt Uwe Schultze. »Nach der Wende wurden hier weiter Lebensmittel verkauft, bis ein Edeka-Markt am Ortseingang eröffnet wurde. Und dann haben die Leute natürlich da eingekauft, weil der die günstigeren Preise hatte.«

Den Textilwarenladen nebenan hatte ein Elektriker gepachtet, der in Konkurs gegangen ist. »Ein Nachmieter findet sich nicht«, sagt Schultze, »weil sich Gewerbebetriebe hier nicht ansiedeln.« Wenn überhaupt jemand ein Gewerbe anmelde, dann sei das ein Ein-Mann-Betrieb: »Die haben nur Arbeit für sich selbst, und nach einer Weile geben sie auf. Ich-AG heißt das wohl.« Und auch vom ehemaligen VEB Gebäudewirtschaft kann Schultze nur die übliche ostdeutsche Niedergangsgeschichte erzählen: Nach der Wende Transformation in ein Unternehmen nach bundesdeutschem Recht, Konkurs, mehrere Zwangsversteigerungen ohne Käufer. Heute haben Holunderbüsche das Gelände erobert. Die zwölf Arbeiter, die zuletzt hier gearbeitet haben, sind alle im Westen.

Vom Marx-Engels-Platz führt die Ernst-Thälmann-Straße in das »neue Dorf« mit zweistöckigen Mietshäusern aus den fünfziger und sechziger Jahren. Auch diese Häuser haben noch ihre graubraune Originalfarbe, nur das letzte am Dorfrand ist frisch gestrichen. »Von der Farbe her ein schönes Gelb«, sagt der Bürgermeister, »das ist so ein Sonnenstrahl Richtung Parchim, der soll die Leute anlocken, doch wieder herzuziehen.« Dabei lächelt er, als mache es ihm nichts aus zu wissen, wie unrealistisch seine Hoffnung ist. Etwa fünfzig Wohnungen im Dorf stehen leer, und die Wohnungsgesellschaft kann nicht einmal die Mieten senken. Die Betriebs- und Unterhaltungskosten für die vielen leeren Wohnungen belasten das Konto, und auf den kurz vor der Wende ausgebauten Dachgeschosswohnungen lastet ein Kredit von drei Millionen Euro. Solange der nicht abbezahlt ist, kann die Gemeinde keine Fördermittel für den Abriß der Wohnungen, den die Behörden Rückbau nennen, beantragen. Schultze sagt, das werde sich nicht mehr ändern, die Älteren, die sterben, vergäben ihre Wohnungen an niemanden mehr. Und im gleichen Atemzug zeigt er ohne jede Resignation, beinahe mit Stolz die verwaisten neuen Spielgeräte auf dem Rasen vor den Mietshäusern. »Eine Prämie von 1000 Euro haben wir bekommen, als Auszeichnung für die kinder- und jugendfreundlichste Gemeinde im Kreis Parchim, gestiftet von einem Golfressort.«

Hinter den Mietshäusern liegt eine kleine Siedlung mit

Neubauten aus der Nachwendezeit. Hier wohnen die, die noch Arbeit haben, in penibel gepflegten Gärten. Neben einem der Häuser weht die mecklenburgische Landesfahne. Hier sei man sehr heimatverbunden, sagt Schultze, und es klingt wie Lob. Zu DDR-Zeiten sollte hier ein Baugebiet mit zweihundert Wohneinheiten entstehen. »Das hat sich alles zerschlagen, weil das Gelände an eine Baugesellschaft verkauft werden sollte, die die Grundstückspreise danach frei bestimmen wollte.«

So bleibt der Rest Feld, ein langer flacher Rübenacker, der bis zum Horizont reicht. Dort drehen sich die Windräder des Nachbardorfes, über die sich die Mestliner immer wieder beschweren. 14 Windräder stehen da, und ganze Windparks sollten noch neu gebaut werden. Dagegen haben sich die Mestliner in einer Bürgerinitiative zusammengeschlossen. Natürlich würden die Windräder der Gemeinde jede Menge Geld bringen, »alle möglichen Verträge mit Euros, Euros, Euros«, aber man müsse überlegen, was das Wichtigste für die Menschen sei. Und weil die Gemeindevertretung beschlossen habe, Mestlin im Rahmen der Agenda 21 mit den Nachbargemeinden zu vernetzen und den Tourismus auszubauen, habe man sich gegen die Windkraft entschlossen, sowohl in der eigenen Gemeinde als auch im Nachbarort. Die Mestliner haben gute Chancen, die geplanten Windkraftanlagen zu verhindern, weil in der Nähe Kraniche brüten. Doch was den Tourismus angeht, dürfte Mestlin schlechte Karten haben: Viele der Nachbarorte haben Seen und Campingplätze, und Mestlin nicht.

Neue Heimat im Kleingarten

Am anderen Ende des Ortes liegen die Kleingärten wie eine bunte freundliche Insel mit Kohlköpfen und Hundehütten, Gartenteichen und Shetlandponies. Im Schaukasten am Eingang hängen Fotos vom letzten Kleingärtnertreffen, und Michael-Günther Bölsche, der ehemalige stellvertretende Kulturhausleiter, ist auf vielen der Bilder, meist lachend, zu sehen.

Beim Rundgang durch Mestlin wollte Schultze ihn unbedingt dabei haben, die Präsentation von Mestlin ist ihre gemeinsame Aufgabe. Bölsche, vor 52 Jahren in Stralsund geboren, ist seiner Frau nach Mestlin gefolgt, und nun kümmert er sich um das kleine Dorf, dessen großes Kulturprogramm er bis vor 14 Jahren organisierte, als wäre es sein eigener Garten.

Über den Mestliner Kleingärtnerverein könnte er vermutlich Stunden reden, mit einer Fröhlichkeit, die glauben macht, dieser Kleingarten sei seine Heimat, und mehr brauche es nicht im Leben. Bölsche zeigt, wie wunderbar er seinen Schrebergarten um ein Stück vergrößert hat: hier der Erholungsteil mit Park und Teich, dort die Gemüseecke. Hier der Porree auf dem Feld, da die Gurken im Gewächshaus. »Man kann sagen, was man will: Das Selbstgezogene schmeckt doch ein bisschen anders«, sagt er und meint wohl besser, nach Mecklenburger Erde vielleicht, nach etwas, das aus dem Boden herauswächst und nicht von weit her gekommen ist.

Uwe Schultze hält eine kleine Bürgermeister-Lobesrede auf die guten Platzierungen der Mestliner bei den Kleingärtner-Wettbewerben des Kreises. Alle zwei Jahre untersucht eine Bewertungskommission die Qualität der Gartenanlage: wie sauber und gepflegt die Gärten sind, wie sich die Lauben ins Gesamtbild einfügen, ob sich der Verein um die leer stehenden Gärten kümmert und vor allem, wie aktiv die Mitglieder sind.

»Einmal im Jahr haben wir ein tolles Kinderfest im Gemeinschaftsgarten«, sagt Bölsche. »,Manchmal sind allerdings mehr Erwachsene als Kinder da.« Für die Erwachsenen sei der Garten ein wichtiger Treffpunkt, ergänzt Schultze. Das Gemeinschaftliche, das gesellschaftliche Leben werde hier hochgehalten. »Früher hat es für solches Engagement einen Aktivist gegeben, aber die Zeiten sind ja nun vorbei.« Das klingt ein bisschen so, als knüpfe alles, was heute gut läuft, an eine bessere Vergangenheit an. Mal scheint das eher ironisch gemeint zu sein, etwa wenn Schultze den DDR-Orden für vorbildliche Arbeit spaßeshalber noch einmal verleihen möchte, mal hört es sich durchaus ernst gemeint an, wie bei Bölsche, wenn er von der Namensgebung für die kleinen Wege zwischen den Schrebergärten erzählt: »Die hatten früher nur Nummern, das hat uns nicht mehr gefallen, und da haben wir gesagt, wir suchen uns mal Namen. Bloß welche? Amsel, Drossel, Fink und Star, das hat uns gefallen, denn das alte Frühlingslied kennt jeder. Und damit die Gärtner am letzten Weg sich als Stare nicht überheblich fühlen, haben wir die Wege nach Amsel, Drossel, Fink und Meise benannt.« Einen Star sollte es nicht geben in der postsozialistischen Kleingärtnergesellschaft, zwischen Weißkohl, Möhrenbeeten und bunten Windrädern.

Zu DDR-Zeiten hatten die kleinen Gärten eine andere Funktion. Damals waren sie weniger sozialer Treffpunkt als Ort des wirtschaftlichen Nebenerwerbs, die »eiserne Reserve des Konsums und der HO«. Heute unterliegen die Blumen- und Gemüsebeete von Mestlin den Bestimmungen des Bundeskleingartengesetzes, das erwerbsmäßige Nutzung verbietet und den Anteil von Gemüsebeeten an der gesamten Fläche genau festschreibt. Nach den neuen Gesetzen müssen Kleingärten primär der Erholung dienen.

Noch etwas hält die Mestliner zusammen in schwierigen Zeiten: der Status als Storchendorf. Michael-Günther Bölsche, der sich als Reporter und Fotograf der Schweriner Volkszeitung durchschlägt, seit er seine Arbeit im Kulturhaus verloren hat, fühlt sich besonders verantwortlich für die Störche des Dorfes. Am Ortseingang hat er Schilder aufgestellt, »Storchendorf Mestlin« steht darauf. »Wenn im Frühjahr die ersten Paare zurückkommen, klingelt bei mir das Telefon: Du, die Störche sind da, das müsste mal in die Zeitung!« Und dann erzählt Bölsche noch die Geschichte vom Storch, der auf dem Fußballplatz gelandet ist, mitten in der Partie, als wolle er mitspielen. »Kollege Adebar kam an und guckte, was ist da los, und setzte sich oben aufs Tor, auf die Stange, und das Spiel musste unterbrochen werden.«

Jeder kleine Ort im Osten wie im Westen hat solche kollektiven Geschichten, doch vermutlich haben sie da, wo die

Häuser und Straßen so verlassen wirken wie in Mestlin, eine größere Bedeutung für ihre Bewohner. Der Storch auf dem Fußballplatz macht Mestlin zu etwas Besonderem, wenn auch nur in den Augen seiner Bewohner.

Vielleicht lieben die Mestliner ihre Störche deshalb so sehr, weil die immer wieder auf die Dächer der Gemeinde zurückkehren und nicht irgendwo im Westen bleiben. Die fünf Storchenpaare sind Mestliner in jedem Sinne und qua Geburt, und die Rede darüber, in welchem Nest zuerst ein Jungvogel geschlüpft ist, begründet eine gemeinsam erlebte Geschichte.

Im Verein ist Dorf am schönsten

Je kleiner und unbedeutender ein Dorf ist, desto öfter sagen seine Bewohner, wie schön und unverwechselbar es bei ihnen sei, meist ohne Begründung, als wäre das so offensichtlich, dass es keiner Erklärung bedarf. Für die Bewohner eines schrumpfenden Ortes wie Mestlin aber sind Bedeutung stiftende kollektive Erlebnisse wichtig zur Bestätigung der Dorfidentität. So macht die Fußballnationalspielerin Stefanie Weichelt Mestlin ein bisschen größer und wichtiger in der Welt: Weichelt, die 2003 mit dem FFC Frankfurt Deutsche Meisterin und Pokalsiegerin geworden ist, hat als kleines Mädchen für Mestlin gespielt und war Torschützenkönigin in der Jungenmannschaft. Danach wechselte sie zu Turbine Potsdam, und wenn unwissende Fußballreporter sie heute als »Potsdamer Eigengewächs« vorstellen, geht den Mestlinern der Hut hoch. »Ab und zu steht sie in der Sport-Bild«, erzählt Schultze, »dann bin ich ganz stolz, obwohl sie ja aus Marnitz kommt und gar keine Mestlinerin in dem Sinn ist.«

Die Gemeinschaft des Dorfes mildert den wirtschaftlichen Niedergang und den kulturellen Bedeutungsverlust des ehemaligen sozialistischen Musterdorfes. Sie trägt diejenigen mit, die in einem Großstadtwohnblock vergleichbarer Größe vielleicht vereinsamt wären, aber sie ist auch ohne Alternative.

Schultze nennt »die Förderung des Gemeinschaftlichen« als Hauptziel seiner Politik. Er wolle für diejenigen, die hiergeblieben sind, das Leben so angenehm wie möglich gestalten. Der Jahreskulturplan hat beinahe für jeden Tag einen Eintrag: wöchentlich Frauengymnastik, Tischtennis, Volleyball, Treffen im Jugendclub und einmal im Jahr Sportfest, Feier der Freiwilligen Feuerwehr, Sommerfest, Kindertag, Erntefest, Familienangeltag und Flurbegehung der Landwirtschaftlichen Produktivgenossenschaft, begleitet von den Jagdhornbläsern.

In den Jahren nach der Wende seien alle Aktivitäten bis auf die Freiwillige Feuerwehr eingeschlafen, und als Schultze 1994 Bürgermeister wurde, hat er sich bemüht, die alten Vereine wieder zum Leben zu erwecken. »Es wird ja immer gesagt, dass die Beziehungen zwischen den Menschen zu DDR-Zeiten herzlicher und freundlicher waren, aber man kann vieles bewahren und wieder in Gang bringen.« Dabei scheint es egal, ob das tatsächlich so war, kritische Nachforschungen könnten dem Gefühl einer großen besseren Vergangenheit als Vorbild für die Gegenwart nur schaden. So begründet Schulze auch seine Politik der Vereinsförderung (1500 bis 2000 Euro aus der Stadtkasse bekommt jeder Verein pro Jahr). Er zielt gerade nicht auf den Unterschied der Freiwilligkeit und Selbstverantwortung der Vereine von heute im Unterschied zu den straffen und hierarchischen Organisationen in der sozialistischen Zeit, sondern auf historische Kontinuität: Damals waren wir eine Gemeinschaft, also wollen wir das heute auch sein. Und das ist vielleicht keine schlechte Idee, denn es scheint Leuten wie Schultze und Bölsche damit zu gelingen, ein anderes großes Thema neben die Sorgen über die wirtschaftliche Misere zu stellen.

Das Kulturhaus

Auch die Zukunft des riesigen Kulturhauses ist so ein Thema. Man muss es besichtigen, um zu verstehen, was es für das Selbstbewusstsein der Mestliner bedeutet haben muss, als es noch keine halbe Ruine war. »Sie müssen ein bisschen Fantasie haben«, sagt Bölsche, als er die Tür aufschließt. »Wo jetzt die Sperrholzwand ist, war früher ein wahnsinnig herrliches Foyer mit einer breiten Treppe, und wenn da bei Hochzeiten das Brautpaar runter kam mit einem schönen Schleier dahinten dran, das war 'ne Wucht, ne. Also, wenn Sie sich diese Wände hier wegdenken: Das war schon was!« Das »herrliche Foyer« ist heute ein düsterer kalter Raum mit notdürftig eingezogenen Zwischenwänden. Doch wenn Bölsche hereinkommt, sieht er für einen kurzen Moment den Glanz früherer Tage. »Fast alle Musikgruppen, die es in der DDR gab, sind hier aufgetreten, Elektra, Karat und wie sie alle heißen. Hier pulsierte das Leben! Und wenn man jetzt hier reinkommt, kann einem nur das Herz bluten. Es ist chancenlos.«

Das Kulturhaus war Mittelpunkt des Dorfes und kulturelles Zentrum für die ganze Gegend. Hier wurden Namensgebung, Einschulung und Jugendweihe gefeiert, es gab Brigadeabende, Vorträge zum Thema: »Kennst du die Sowjetunion?«, Kino, Boxkämpfe, plattdeutsches Theater und tschechische Blasmusik. Hier probten Bands, Kinder lernten Filme zu entwickeln, und Damen trafen sich zur Handarbeit. Nach der Wende, als klar wurde, dass eine kleine Gemeinde allein so ein Gebäude nicht unterhalten kann und niemand sonst sich dafür verantwortlich fühlte, verkaufte der damalige Mestliner PDS-Bürgermeister das Kulturhaus an einen Hamburger Diskothekenbetreiber. Der gestaltete den elfenbeinfarbenen Theatersaal nach eigenen Vorstellungen, malte die Wände schwarz an, schüttete Sand und Kies aufs Parkett, um eine Beachparty zu feiern.

Der Hamburger hatte das Haus mit dem Versprechen gekauft, dass die Mestliner an jedem Besucher seiner Diskoabende eine Mark verdienen würden. Doch als das Geschäft nicht mehr lief, machte er sich aus dem Staub und hinterließ ein zerstörtes Gebäude mit geplündertem Kinosaal, einem übermalten Gemälde von Vera Kopetz und aufgequollenem Parkett, und die Gemeinde musste vor Gericht ziehen, um das Kulturhaus zurückzubekommen. Auf diese Lektion über die Raubtierhaftigkeit des Kapitalismus waren die Mestliner nicht vorbereitet. »Wir sind schuld daran, obwohl wir es nicht direkt gemacht haben«, meint Bölsche, aber wer hätte das damals wissen können?

Nun gehört das Haus wieder der Gemeinde, der Förderverein hat den kleineren der beiden Festsäle so instand gesetzt, dass darin wieder gefeiert werden kann. Im November 2000 wurde das Dach saniert, dazu haben Gemeinde und Förderverein eine Million Euro zusammengetragen, 100000 vom Landesamt für Denkmalpflege Mecklenburg-Vorpommern, 75000 vom Innenministerium des Landes, 33000 vom Arbeitsamt Schwerin, 20000 vom Landkreis Schwerin, und 50000 hat die Gemeinde selbst aufgebracht. Mestlin bekommt als ländlicher Zentralort eine Extrazuweisung von 100000 Euro. Deshalb, sagt Schultze, habe er ein bisschen mehr Spielraum bei der Geldverteilung als viele Nachbarorte vergleichbarer Größe.

Michael-Günther Bölsche hat zu all dem eine fünfzigseitige Chronik verfasst mit dem Titel: »Wo früher viel Licht war, ist heute viel Schatten.« Und das Dorf hat eine Mission: Das Kulturhaus – und damit Mestlin – soll seine alte Bedeutung wieder erlangen, oder zumindest nicht länger leer stehen. Gemeindevertretung und Förderverein ratschlagen, wie so ein riesiges Gebäude mitten in einem einsamen Dorf zu nutzen sein könnte. Als letzter Vorschlag kam die Konzeption eines Museums der DDR und ihrer sozialistischen Musterdörfer ins Gespräch. Schultze bemüht sich, einen Investor für das Kulturhaus zu finden, zuletzt hat er 11000 Euro Fördermittel aus dem Leader-plus-Programm der Europäischen Union aufgetrieben, um ein professionelles Konzept für eine mögliche Nutzung erarbeiten zu lassen. Wann immer er davon spricht, klingt er sehr zuversichtlich – und schwankt doch. »Das Schlimmste am Pessimismus ist, dass man den nicht zeigen darf, aber innerlich fühlt man ihn doch«, sagt er. Schnell kontert Bölsche: »Aber wir warten doch auf die großen Geldgeber, irgendwo in den weiten Landen, das Dach des Kulturhauses ist schließlich nagelneu«, und muss ein bisschen lachen. Und Schultze legt noch einen drauf: »Wir hoffen immer, dass Michael Schumacher unsere Internetseite entdeckt und sich sagt, Mensch, der armen Gemeinde, denen stelle ich mal einen Wochenlohn zur Verfügung. Dann wären wir auch alle für Ferrari.«[3]

Vor einem Jahr ist Schultze bei einem agrarwissenschaftlichen Kolloquium anläßlich des 50. Jahrestages der Gründung der Landwirtschaftlichen Produktionsgenossenschaften im mecklenburgischen Tellow hinter das Rednerpult gestürmt, hat von seinem Dorf und dem Kulturhaus erzählt, das dringend einen Investor brauche, und in die Runde gerufen, ob nicht jemand eine Idee habe für seine kleine Stadt mit dem viel zu großen denkmalgeschützten Kulturhaus. Natürlich hatte niemand dort eine Idee und vor allem kein Geld, doch immerhin wird die Tellower Rede in einem Jahrbuch für Forschungen zur Geschichte der Arbeiterbewegung erscheinen.

Letzte Hoffnung Landwirtschaft

Die einzigen, die an Mestlin glauben, ohne auf wundersame Rettungen hoffen zu müssen, sind die Mitarbeiter der Landwirtschaftlichen Produktivgenossenschaft, die 1500 Hektar Land bewirtschaften, so viel wie zwanzig bis dreißig Bauern in Westdeutschland, und 850 Rinder und 350 Milchkühe halten. Die Schweinemast hat der Betrieb nach der Wende aufgegeben. »Wir hatten nur kleine Ställe, das wäre zu arbeitsaufwendig gewesen«, sagt Helmut Koschnik, der Chef der Milchviehanlage. »Das ist unser Dilemma: Alles, was Arbeit bringen könnte, ist zu teuer.« Die landwirtschaftlichen Betriebe stehen unter enormem Preisdruck, und die Vorsitzenden der Genossenschaften haben schnell gelernt, dass sie die riesigen Strukturen der sozialistischen Landwirtschaft am besten mit neuen Maschinen und großen Traktoren nutzen können – und eben ohne die vielen Leute, die früher auf den LPGs gearbeitet haben. Immerhin läuft der Betrieb. »Wir sind stolz darauf, dass wir alles in eigener Hand haben«, sagt Koschnik. »Ich bin seit 1969 hier und kann mit Fug und Recht sagen, dass wir das hinbekommen, solange wir den Betrieb in eigener Hand haben.« Und dann erzählt er, was alle Mitarbeiter eines LPG-Nachfolgeunternehmens in Ostdeutschland erzählen, wenn es um das Verhältnis zu Westdeutschland geht: »Ich will ja nicht schimpfen, aber am Anfang, nach der Wende, kamen ja gleich so genannte Berater aus den alten Bundesländern, die uns gesagt haben, solche Größenordnungen, wie wir sie bewirtschaften, das kann gar nicht funktionieren.« Das waren die Auswüchse des ideologischen Streits bäuerlicher Familienbetrieb versus Agrargenossenschaft, den die sinkenden Preise auf dem europäischen Agrarmarkt längst beendet haben: Überleben werden große Betriebe, die viel Arbeit mit möglichst wenig menschlicher Arbeitskraft erledigen, egal in welcher Rechtsform. Koschnik und seine Kollegen sind stolz darauf, dass sie dazugehören.

Es ist wohl kein Zufall, dass ihr Betrieb nach der Wende beinahe seinen alten Namen behalten hat und nun Produktivgenossenschaft statt Produktionsgenossenschaft heißt. Viele LPGs haben bei der Umwandlung nach bundesdeutschem Recht an der Betriebsform der Genossenschaft festgehalten.

Das hatte oft pragmatische Gründe: Die Leiter der Genossenschaften waren darauf angewiesen, dass die landbesitzenden Mitglieder ihnen auch weiterhin ihr Land verpachteten, und dazu waren die meisten eher bereit, wenn der Pächter ihre eigene Genossenschaft war und kein neues Unternehmen. Aber das Überleben der Genossenschaften hatte auch große psychologische Wirkung: Wer stolz sein wollte auf das Erbe der DDR und vor allem auf seine Arbeitsleistung zu DDR-Zeiten, der fand hier Bestätigung: Die Landwirtschaft ist der einzige Betriebszweig, der nach der Wende noch überwiegend in ostdeutscher Hand ist. Und weil ein landwirtschaftliches Studium für Leiter großer Betriebe zu DDR-Zeiten die Regel war, haben die ostdeutschen Betriebe Vorteile gegenüber vielen westdeutschen Landwirten, deren Standardausbildung allein eine landwirtschaftliche Lehre ist.

So ist die Landwirtschaft, wie schon zu Gutsbesitzerzeiten,

der einzige einträgliche Wirtschaftszweig in Mestlin. Und die einzige Branche in Ostdeutschland, die mit dem Westen mithalten kann, wenn sie ihm nicht sogar überlegen ist. Etwas, worauf man stolz sein kann, wenn sonst nicht viel geblieben ist. Doch der sehnsüchtige Blick zurück in die große Vergangenheit ist eine Sache der Alten. Die Kinder interessiert das nicht mehr.

Die Fußballerin Kristin Lorenz war drei, als die Wende kam, und von dem, was vorher war, weiß sie nicht viel, außer dass ihr Großvater viele Medaillen hatte und dass es damals in Mestlin ein Leichtathletikzentrum gab. Seit ihre Fußballmannschaft aufgelöst wurde, fährt ihr alter Mestliner Trainer Manfred Ziebarth mit ihr und zwei, drei anderen Mädchen über die Landstraße nach Spornitz, zur nächstgelegenen Frauenfußballmannschaft. Beim SV Grün-Weiß Mestlin hat Ziebarth viel erreicht, seine Mädchenmannschaften haben Bezirks- und Landesmeisterschaften und ein Turnier in Dänemark gewonnen. Im Internet hat Bölsche alle diese Erfolge aufgelistet, auch den Preis für beispielhafte Jugendarbeit im Landkreis Parchim. Ganz unten auf der Seite, unter den vielen Listen von Turniererfolgen, hat er hinzugefügt: »Leider sind die wirtschaftlichen Bedingungen in Mestlin wenig geeignet, jungen Mädchen eine Perspektive zu bieten. Aus diesem Grunde lösen sich Manfred Ziebarths Mädchenmannschaften mit dem Eintritt in das Lehrlingsalter langsam auf…«[4]

Von einem sozialistischen Musterdorf hat Kristin Lorenz noch nie etwas gehört, und sie hat sich auch nie gefragt, warum so ein großes leeres Haus mitten in ihrem Dorf steht. Sie ist daran gewöhnt, dass ihr Vater montags nach Hamburg zur Arbeit fährt und erst freitags zurückkommt. Sie selbst aber möchte hier bleiben, die Stadt mag sie nicht, nur für ein Medizinstudium würde sie Mestlin verlassen. »Irgendein Arzt hat mal gesagt, dass die Landärzte in Mecklenburg-Vorpommern so ziemlich alle aussterben.« Vielleicht wird sie gebraucht.

Rüdiger Soldt

Die wahren Wendegewinner

Warum die »innere Einheit« nur im Westen funktioniert

Ignorierte Integration

Die Geschichte der deutschen Vereinigung ist bislang zumeist aus der Opferperspektive geschrieben worden. Die Trostlosigkeit der postsozialistischen Gesellschaft bot hinreichend Illustrationsmaterial, um zu zeigen, dass sich die »innere Einheit« nicht herstellen ließ. Die Deklassierungserfahrung der Ostdeutschen war dabei oft der einzige Gradmesser. Mitte der neunziger Jahre verzweifelten Politiker und Publizisten geradezu am Begriff der »inneren Einheit«. Einige hätten ihn am liebsten wieder aus ihrem Wortschatz gestrichen. Begründet wurde das mit der Furcht vor einer neuen verqueren deutschen Gemeinschaftsideologie. Anders als zum Beispiel Peter Bender dies tut, der nur von »Inseln der inneren Einheit«[1] spricht, soll hier etwas optimistischer argumentiert werden, da der Eindruck, durch das Land gehe ein tiefer politisch-kultureller Riss, in den neunziger Jahren sehr stark geprägt war von der Existenz der PDS, die sich immer wieder neu als Botschafterin des ostdeutschen Sonderbewusstseins zu legitimieren versuchte. Der »trotzige Ossi« ist nicht nur, aber auch ein Konstrukt der Westdeutschen, die gern die Brille des Anthropologen aufsetzen, wenn sie über die Menschen in den ostdeutschen Bundesländern sprechen. Hierdurch und aufgrund der (nicht immer positiven) Erfahrungen mit dem Westen, darauf ist mehrfach hingewiesen worden, wurde die DDR als »Symbol der Identitätskonstruktion« im Laufe der neunziger Jahre für viele ehemalige Bürger wieder wichtiger.[2]

Wie die Integration der Ostdeutschen in die altbundesrepublikanische Gesellschaft gelang, interessierte zumeist nur in den frühen neunziger Jahren, wenn sie an der Lebenswelt West scheiterten – oder einfacher, weil ein S-Bahnschaffner oder eine Krankenschwester aus Dessau, die nun in Bad Homburg oder Sindelfingen arbeiteten, noch Exoten waren.[3] Viele in den Westen übergesiedelte frühere DDR-Bürger berichteten, dass ihnen die Westdeutschen ab Mitte der neunziger Jahre fast ohne Vorurteile am Arbeitsplatz begegnet seien; allenfalls der Dialekt oder die schlechten Englischkenntnisse hätten ihre Herkunft noch verraten. Entgegen der Behauptung, die Ostdeutschen, erfahren mit sich schnell wandelnden Lebensverhältnissen und gar einem Systemumbruch, seien die besseren Improvisierer, bereitete ihnen das selbstständige Arbeiten im Westen Probleme.[4]

Die Wahrnehmung des Westens und der Prozess der Verwestlichung stellt sich für jene, die in Ostdeutschland blieben, und jene, die ihr Glück in der alten Bundesrepublik suchten, sehr unterschiedlich dar. Im Osten existieren bis heute die Reste einer proletaroid-paternalistischen Gesellschaft fort. Der Einfluss der in der DDR sozialisierten Eltern auf ihre Kinder, auch wenn sie beim Fall der Mauer vielleicht gerade erst das Fahrradfahren gelernt hatten, blieb größer als bei denen, die versuchten, sich im Westen eine Existenz aufzubauen. Dominierte im Osten auch nach der Wende das »gesellschaftsweite Kleinbürgertum«, sahen sich die in den Westen abgewanderten Studenten oder Abiturienten einer mobilen Wettbewerbsgesellschaft ausgesetzt, in der sie nur ankommen konnten, wenn sie sich schnell anpassten. Der alten Bundesrepublik ist die Integration von deutschsprachigen Neubürgern schon einmal und in viel größerem Umfang gelungen: nach dem Krieg, als sich viele Flüchtlinge aus Schlesien und Ostpreußen, dem Sudetenland und Pommern in Köln, Kiel oder Kassel niederließen. Auch jene 7,6 Millionen Menschen, die damals in die Bundesrepublik zogen, waren oft besonders leistungsbereit und aufstiegsmotiviert, weil sie in der neuen Gesellschaft »ankommen« mussten.

Das Dilemma der Dagebliebenen bleibt den Ostdeutschen

im Westen erspart: Sie gehören anders als Angehörige ihrer Generation und ihre Eltern, die in Dresden oder Rostock geblieben sind, schnell zu der »statushöheren Gruppe«, also den Westdeutschen. Ihr Streben nach Selbstwert wird erfüllt, ihr Status verbessert sich, sie verdienen besser, das Beharren auf einer Ostidentität wäre nur hinderlich. Die innere Mauer, schreibt Max Kaase, sei vor allem seitens der Ostdeutschen errichtet worden, um trotz des Verlusts oder der Abwertung ihrer beruflichen Position und entgegen dem Zwang, sich in einem fremden Institutionensystem zurechtfinden zu müssen, Selbstachtung und Identität zurückzugewinnen.[5]

Für die aus dem Osten Abgewanderten, die jung und gebildet genug waren, ist eher die Überidentifikation mit dem Westen typisch. Die Ostdeutschen, die etwa zwischen 1966 und 1974 geboren sind, also der gleichen Alterskohorte angehören wie Florian Illies' »Generation Golf«, haben sich aus »Ostidentität« nicht viel gemacht: Sie sind mit Nutella-Werbung groß geworden, und sie würden nie auf die Idee kommen, heute noch Nudossi, Vita-Cola oder »Rondo Melange« zu kaufen. Jana Hensel, die ähnlich wie Illies versucht hat, die Generation der heute 30-Jährigen phänomenologisch zu fassen und die westdeutsche »Generation Golf« um die ostdeutschen »Zonenkinder« zu ergänzen, beschreibt ihre Altersgenossen so: »Wir sind die ersten Wessis aus Ostdeutschland, und an Sprache, Verhalten und Aussehen ist unsere Herkunft nicht mehr zu erkennen. Unsere Anpassung verlief erfolgreich, und wir wünschten, wir könnten dies ebenfalls von unseren Eltern und Familien behaupten. Es erschreckt uns, dass wir in unserer Heimat nur kurz zu Gast gewesen sind.«[6] Die nur unvollständige Sozialisation in der DDR ist sicher eine Voraussetzung für eine erfolgreiche Integration dieser Generation in die altbundesrepublikanische Gesellschaft. Das Gefühl vieler Ostdeutscher, Bürger zweiter Klasse zu sein, stellte sich bei den früh in den Westen gezogenen jungen Ostdeutschen gar nicht erst ein. Wer der Idee eines unüberwindbaren, gleichsam genetisch programmierten ostdeutschen Sonderbewusstseins anhängt, von dem in mancher Analyse von Anfang der neunziger Jahre die Rede ist, wird in den hier beschriebenen Beispielen für die gelungene Integration freilich eher den Belege für »Überanpassung« und »Assimilierung« sehen.

Gelernte Superwessis

»Ich bin also im Westen groß geworden. Jeden Tag um 18 Uhr schaltete ich die Sesamstraße ein und später abwechselnd die gerade angesagten Vorabendserien von ›Hart aber herzlich‹ bis zu ›Ein Colt für alle Fälle‹. Ich kannte niemanden, der die Puhdys gut fand oder Pankow«, schreibt die in Ostberlin gebliebene Journalistin Jana Simon.[7] Die Orientierung an den Konsumgewohnheiten des Westens und die Nutzung des Fernsehens waren für alle, die 1989 jünger als zwanzig Jahre waren, gute Voraussetzungen, um mit der neuen Ordnung klarzukommen. Vor allem das Fernsehen hatte eine hermetische Sozialisation nach den Vorstellungen des SED-Regimes verhindert, der Westen war längst Leitbild, bevor Günter Schabowski die Reisefreiheit verkündete. Die Abiturienten oder Studenten der Jahre 1989 und 1990 gehörten einer Generation an, die für den Osten sprechen wollte, aber nicht mehr östlich dachte.[8] Sie waren darauf vorbereitet, der Warenästhetik und der Distinktion der Konsumgesellschaft eine größere Rolle in ihrer Selbstfindung zu geben. Der Welthunger war groß, und die Leistungsorientierung der Jugendlichen im Osten war nach Erkenntnissen der Shell-Studie erwartungsgemäß größer als bei den Altersgenossen im Westen.[9]

Die Juristin

Als die Mauer fiel, war Annette Mertens[10] 14 Jahre alt, an die DDR hat sie nur noch eine Kindheitserinnerung. »Ich kann mich erinnern, wie es sich gelebt hat, dass ich mit der Adidas-

Turnhose aus dem Westen nach Hause geschickt wurde.« Die Familie hatte Westkontakte, für sie und ihre Geschwister waren das die »Schokoladen-Tanten«. Ihr Vater war Mitglied der SED, arbeitete als Lebensmittelchemiker und war das, was man einen kritischen Mitläufer nennen könnte. Annette begann 1994 in Dresden Jura zu studieren, wechselte 1997 an die Universität Freiburg; heute arbeitet sie in einer Frankfurter Anwaltskanzlei. Ostdeutsche zu sein heißt für sie heute kaum mehr, als sich mit einer Region zu identifizieren, der man durch Kindheit und Jugend besonders verbunden ist. »Ich verfolge, was in Sachsen passiert, bin betroffen, wenn es im Osten nicht vorangeht«, sagt sie. Das Wehleidige der Ostdeutschen fällt ihr auf den Wecker, Dresden ist für Annette Mertens aber noch immer eine attraktive Stadt, in die sie – wenn es dort gleichwertige Jobs gäbe – auch zurückgehen würde. Zu ihren Klassenkameraden hat sie kaum noch Kontakt. »Uns trennen Äonen, es gab ein großes Schweigen zwischen denen, die aus der Region fortgegangen sind, und denen, die geblieben sind«, berichtet sie über ein Klassentreffen. Die Dagebliebenen hätten vieles konserviert, die Folgen der von der SED gewollten »Austrocknung des Bürgertums« machten sich im Osten noch stark bemerkbar. Es fällt ihr schwer, Charaktereigenschaften oder Verhaltensweisen zu nennen, die typisch für ihre ostdeutsche Kindheit sein könnten. Womöglich sei sie im Vergleich zu ihren westdeutschen Anwaltskolleginnen »konsensorientierter und konsumkritischer«, sagt Annette Mertens. »Armani, Perlenketten und Prada, das sind in dem gediegenen Frankfurter Juristenmilieu, in dem ich mich bewege, wichtige Statussymbole, für Ostdeutsche zählen sie weniger.«

In ihrer Kanzlei ist sie nicht die einzige Ostdeutsche, die nach oder während des Studiums die Berufskarriere in den alten Bundesländern begonnen hat. Wenn es etwas Gemeinsames gebe, das sie verbinde, sagt sie, dann die geringe Fähigkeit zur Selbstdarstellung, tendenziell ließen sich die Ostdeutschen auch eher fremdsteuern. »Was uns hier im Westen erfolgreich macht, ist, darauf konditioniert zu sein, die Dinge so zu machen, wie sie verlangt sind. Wir sind eher der Typ hungriger Aufsteiger.«

Der Agrarökonom

Lorenz Hausmann, Kandidat der SED und FDJ-Mitglied, war im letzten Studienjahr, als in Ungarn die Grenze geöffnet wurde. Er studierte Agrarökonomie. Das Thema seiner Abschlussarbeit hatte schon mit der neuen Zeit zu tun, er untersuchte die Bedeutung ostdeutscher Erzeugergemeinschaften. Seine Zukunft und seine Berufsaussichten in der noch existierenden DDR waren ihm zu unsicher. Eigentlich wünschte er sich die Fortexistenz einer unabhängigen reformierten und demokratischen DDR. »Für mich war damals klar, dass sich der Staat eine neue Form sucht und dann reformiert wird, es dann zwei eigenständige Staaten geben könnte«, sagt Hausmann. Den »Gedanken der Wiedervereinigung« habe es nicht gegeben, so sei er erzogen worden. Dennoch orientierte er sich schnell an den neuen westlichen Standards für seine Lebensplanung. Noch vor dem Tag, an dem die staatliche Einheit besiegelt wurde, schaute sich der Berufsanfänger in Niedersachsen nach einem Arbeitsplatz um. Er wollte neu anfangen. »Ich bin mit dem Trabi nach Braunschweig gefahren und habe in einem Forschungsinstitut für Landwirtschaft gefragt, ob es Arbeit für mich gibt«, sagt Hausmann. Andere seien ins Ausland gegangen, er habe den Westen gewählt, der für ihn damals Ausland gewesen sei. »Es ging um die Zukunftssicherung, wo immer die auch sein würde.« Vom Geruch her sei die alte Bundesrepublik Ausland gewesen. Anfang 1991 wurde er Mitarbeiter des Instituts, »Westerfahrung«, wie er das heute nennt, hatte er damals nicht. »Ich war die studentischen Gemeinschaften gewohnt, im Westen hatte jeder sein eigenes Arbeitszimmer.« Hausmann betont die gruppenspezifische Loyalität des Arbeitskollektivs. Das »gegenseitige Helfen«, wie er es aus der DDR-Mangelwirtschaft gekannt habe, sei im Westen nicht üblich gewesen. Jeder Wissenschaftler habe in seinem Kämmerlein »seine Front« aufgebaut. Als er Mitte der neunziger Jahre nach Frankfurt am Main ging, um dort für eine Fachzeitschrift zu arbeiten, sei es eher zu einem »Geben und Nehmen« gekommen. Das Wissen über den Osten sei dort unterentwickelt gewesen, man habe seine Kenntnisse gut gebrauchen können. »Die wussten überhaupt nichts vom Osten, und für mich waren das die ersten großen Erfolgserlebnisse.« Hinzu sei ein persönlicher materieller Aufschwung gekommen, er habe in der ersten Hälfte der neunziger Jahre wie andere Experten von der ostdeutschen Sonderkonjunktur profitiert. »Die Fragen, ob wir im Osten auch Sekt getrunken haben, hörte ich zu dieser Zeit kaum mehr.« Hausmann, der mit seiner Familie in Hessen lebt, sieht sich voll integriert. Auch wenn es für ihn in Mecklenburg-Vorpommern, wo er geboren ist und wo seine Eltern noch heute leben, einen vergleichbaren Arbeitsplatz gäbe, würde er dorthin nicht zurückkehren. Seit Mitte der neunziger Jahre hat sich die wirtschaftliche Lage in Mecklenburg-Vorpommern verschlechtert. Die Menschen dort haben sich verändert. »Von den jungen Leuten treffe ich niemanden mehr, die sind zumeist auch im Westen, die Älteren ziehen sich zurück.« Auch das Interesse der ehemaligen Nachbarn und Freunde an seinen Erfahrungen und seinem Leben im Westen sei nicht mehr vorhanden. »Wer dageblieben ist, steckt in einer tiefen Depression, deshalb hat man sich auseinandergelebt.« Hausmann, der heute sagt, er sei ein treuer Wähler der CDU, sieht seine gelungene Integration in den Westen als Beispiel für einen kleinen Schritt auf dem Weg zur inneren Einheit.

Den Besitz- und Leistungsindividualismus, der ihm in den ersten Jahren so fremd war, hat er heute verinnerlicht. Jeder müsse sich um sich selbst kümmern, auf gegenseitige Hilfe komme es nun weniger an. »Der mitleidige Blick auf den Osten, der uns früher so arrogant vorkam, den habe ich heute vielleicht auch, wenn ich in meine frühere Heimat komme.«

Der Bankkaufmann

Tobias Loos zählte schon vor dem Jahr 1989 zu denen, die immer in den Westen wollten. Er wurde 1972 geboren; im Frühjahr 1990 machte er in Dresden Abitur. Das Angebot von Verwandten aus dem Westen, nach Bremen zu kommen und eine Lehre zu beginnen, nahm er sofort an. Vor dem Fall der Mauer engagierte er sich politisch in der Kirche, manchmal fühlte er sich von der Stasi überwacht. »Anpassungsprobleme hatte ich im Westen nicht, als ich zu unseren Verwandten kam, mein Blick auf das westliche Gesellschaftssystem war ziemlich unkritisch«, sagt Loos heute. Er habe im Osten immer »in Richtung Westen gelebt«. Der Reichtum seiner Gastgeber, einer wohlhabenden Unternehmerfamilie, habe ihn sehr beeindruckt. »Ich dachte, wenn man sich vernünftig anstrengt, dann schafft man auch was.« Loos ist nicht enttäuscht worden, im Westen hat er »keine negativen Erfahrungen« gemacht, wenngleich er heute der Meinung ist, dass man auch in diesem System »nicht immer alles zu jeder Zeit sagen darf«. Der 30 Jahre alte Bankkaufmann ist heute Abteilungsleiter bei einer Bank und lebt mit seiner Freundin, die er noch aus Dresden kennt, in Kronberg im Taunus. »Als ich nach Bremen kam, war ich im Land meiner Träume. Wenn ich Heimweh hatte, dann nicht nach dem Osten, sondern nach Dresden.« Seine Herkunft spiele am Arbeitsplatz heute keine Rolle mehr; ein Chef aus dem Westen habe mal gesagt, bei den Ostdeutschen sei die »Söldnermentalität« nicht so ausgeprägt, weil sie nicht für 100 Euro mehr im Monat den Job wechseln würden. Loos glaubt, dass das nicht ganz falsch ist. Auch wenn er die DDR politisch völlig ablehnte, gibt es doch auch Dinge, die er heute – im Vergleich mit den westlichen Bundesländern – sympathisch findet: Die DDR sei auf ihre kommunistische Weise »wertkonservativ« gewesen, eine antiautoritäre Achtundsechziger-Revolte habe es nicht gegeben, Leistung sei wichtig gewesen, und den Schuldirektor habe man geachtet. Seiner Geburtsstadt fühlt sich Loos weiter verbunden: »Selbst wenn ich in Kauf nehmen müsste, 20 Prozent weniger zu verdienen, würde ich nach Dresden zurückgehen.« Das Problem sei nur, dass es in Dresden keine Jobs gebe.

Land ohne junge Mitte

Wer im Westen lebt und sich wohlfühlt, einen Arbeitsplatz besitzt und Karriere gemacht hat, fehlt im Osten. Noch immer ist die ostdeutsche Gesellschaft »ohne junge Mitte«. Solange es dort keinen »selbsttragenden Wirtschaftsaufschwung« gibt, wird das wohl auch so bleiben. Gerade die junge Aufsteigergeneration wandert in den Westen ab. Seit der Wiedervereinigung mussten die ostdeutschen Bundesländer den Verlust von einer guten Million ihrer Bürger verkraften, etwa 60 Prozent der Abwanderer sind jünger als 30 Jahre. Nach einer Berechnung des Statistischen Bundesamtes werden im Jahr 2050 in Ostdeutschland nur noch 10 Millionen Menschen leben, nur etwa 30 Prozent werden dann zwischen 15 und 45 Jahre alt sein.[11]

Diese Prognose wird gestützt durch eine Studie, in der die Motive für Abwanderungen detailliert untersucht worden sind.[12] Am stärksten ist die Neigung zur Abwanderung bei denen, die mit gutem Grund auf einen Berufseinstieg oder eine erfolgreichere Berufskarriere hoffen können. Sie sind zwischen 21 und 25 Jahre alt. 44 Prozent der Sachsen im Alter von 21 bis 35 Jahren, die das Bundesland verließen, hatten die Fachhochschul- oder Hochschulreife. Im Zeitraum zwischen 1990 und 2001 haben 1,04 Millionen Sachsen ihrer Heimat den Rücken gekehrt, 831 000 Menschen zogen während dieses Zeitraums in den Freistaat Sachsen.[13] Arbeitslose, die in den wirtschaftlich prosperierenden Ländern Bayern, Baden-Württemberg, aber auch Nordrhein-Westfalen eine Stelle gefunden haben, erhalten vom Arbeitsamt Umzugsbeihilfen. Schon heute klagen ostdeutsche Unternehmer über einen Fachkräftemangel, der in den nächsten Jahren noch deutlicher zu Tage treten dürfte.

Dieser Prozess ist vermutlich nicht mehr umkehrbar: Je besser die Ausbildung der in den Westen Abgewanderten, desto geringer ist die Neigung, in den Osten zurückzukehren. Die gesellschaftspolitischen Konsequenzen sind fatal: Der Osten verliert seine (künftige) Elite, und weil auch Frauen im gebärfähigen Alter fortziehen, werden die demografischen Probleme künftig noch größer. Nur Brandenburg verzeichnet einen geringen Zuwachs an Einwohnern, was sich allerdings allein mit der Abwanderung vieler Berliner in das brandenburgische Umland erklären lässt. Etwa ein Drittel der Fortgezogenen würde nicht zurückkehren, weil sie den im Westen erreichten höheren Verdienst nicht einbüßen wollen. Die besseren Verdienstmöglichkeiten sind der wichtigste Grund, dauerhaft im Westen zu bleiben. Daran wird sich in den nächsten Jahren wenig ändern. Der Osten verliert junge Leistungsträger, die dem Westen – anders als zum Beispiel der Soziologe Wolfgang Engler dies erwartet – als »ostdeutsche Avantgarde« wenig Impulse geben, weil sie sich selbst nicht als solche verstehen.[14] Der Preis für den Erfolg Ostdeutscher im Westen ist eben auch ihre Überassimilierung und die weitgehende Affirmation der herrschenden Verhältnisse.

Noch eine andere, gesellschaftspolitisch relevante Nebenfolge ergibt sich aus der gelungenen Integration junger Ostdeutscher im Westen und dem damit in Verbindung stehenden Abwanderungsprozess: Das Wiedererstarken eines Bürgertums oder einer bürgerlichen Mittelschicht in Ostdeutschland wird dauerhaft erschwert. Die Schwächung des wirtschaftsbürgerlichen Milieus, die zu den wichtigsten gesellschaftspolitischen Zielen der SED gehörte,[15] wird sich daher nicht so schnell rückgängig machen lassen.

Die Zonenkinder, im Jargon der achtziger Jahre könnte man auch von Ossi-Yuppies sprechen, die es im Westen geschafft haben, waren durch das West-Fernsehen sozialisiert, wussten Levi's- und Mustang-Jeans vielleicht besser zu unterscheiden als ihre konsumkritischeren Altersgenossen aus dem Westen. Und wenn es Wendegewinner gibt, dann sind sie es.

Wolfgang Schroeder

Leipzig und BMW: Standortwettbewerb durch Clusterbildung

»BMW kommt – Leipzig jubelt«: Eine Stadt setzt sich durch

Im Frühjahr 2003 wurde die sächsische Handelsmetropole Leipzig, einst Heldenstadt der DDR-Bürgerbewegung, zum deutschen Bewerber für die Olympischen Spiele 2012 gekürt. Dieser Sieg über die selbstgewissen westdeutschen Konkurrenten lässt die Frage fast schon als zweitrangig erscheinen, ob die 500000 Einwohner zählende Stadt im Jahr 2005 tatsächlich den Zuschlag erhalten wird. Sicherlich werden dann im Fall einer Niederlage viele sagen: Hätte man in der Vorausscheidung Hamburg gewählt und keinen politischen Deal zugunsten des Ostens gemacht, dann wären die Spiele nach Deutschland vergeben worden. Aber zum einen wird nicht zu klären sein, welche Rolle das politische Moment bei der deutschen Vorauswahl spielte. Zum anderen wäre auch nicht beweisbar, dass eine westdeutsche Stadt bessere Chancen gehabt hätte. Und schließlich: Leipzig und den Leipzigern könnte das alles ziemlich egal sein, denn die Stadt hat durch ihre Präsentation nicht nur die Juroren beeindruckt, sondern mit ihrem demonstrativen Selbstbewusstsein sogar einen Augenblick lang das chronische Kollektivbewusstsein der Ostdeutschen weggeblasen, »Bürger zweiter Klasse« zu sein.

Dabei war die erfolgreiche Olympia-Bewerbung gar nicht Leipzigs erster Triumph über die Westkonkurrenz. Die Geburtsstunde eines neuen ostdeutschen Selbstbewusstseins kann auf den 18. Juli 2001 datiert werden. An diesem Tag ereilte die Leipziger aus der Münchener Zentrale der Bayerischen Motorenwerke die Nachricht, ihre Stadt sei unter 250 in- und ausländischen Bewerbern als Standort eines neuen

BMW-Werkes ausgewählt worden. Diese Entscheidung sorgte in ganz Europa für Aufsehen, denn die neue Produktionsstätte wird das erste deutsche BMW-Werk außerhalb Bayerns sein. Leipzig hatte sich sowohl gegen bayerische und weitere westeuropäische Konkurrenten durchgesetzt als auch gegen Bewerber im Osten Europas.

Der BMW-Konzern will in Leipzig rund 1,2 Milliarden Euro investieren. Ab 2005 werden in dem neuen Werk, das die 3er-Reihe von BMW in Serie produzieren soll, etwa 5 500 Arbeitsplätze entstehen können. Einschließlich der Zulieferer werden es fast doppelt so viele sein. Dass der »Sieg« von Leipzig nicht so ganz in das übliche Bild vom wettbewerbsschwachen Ostdeutschland passt, das sich in den vergangenen Jahren immer mehr verfestigt hat, zeigt ein Blick auf die Zickzack-Wahrnehmungen der Medien in der vergangenen Dekade.

Waren anfänglich überzogen positive Erwartungen auf Ostdeutschland projiziert worden (»blühende Landschaften«), so wendete sich bereits ab etwa 1993 das Blatt. Seither dominieren die *bad news*: Firmenpleiten und zurückgehendes Wachstum, extrem hohe Arbeitslosigkeit und die Abwanderung der Jungen, der Kreativen, der Beweglichen. Aus dem »Aufbau Ost« wurde der »Absturz Ost«. Die Medien haben die stagnativen Tendenzen keineswegs dramatisiert: Seit 1997 ist der gesamtwirtschaftliche Aufholprozess gestoppt. Bei nahezu allen Indikatoren, die maßgeblich sind, um die Innovationsfähigkeit zu steigern, schneidet Ostdeutschland schlechter ab als die alten Bundesländer. Die ostdeutsche Wirtschaft ist eine Dependenzökonomie, gekennzeichnet durch eine geringe Industriedichte (nur 59 Prozent des Westwertes), kleine Betriebsgrößen mit geringen Forschungskapazitäten, unzureichenden Ausbildungsaktivitäten und nur wenigen räumlich und sektoral spezialisierten Innovations- und Produktionsstrukturen. Seit Mitte der neunziger Jahre sind die ostdeutschen Investitionen zurückgegangen. Gleichzeitig hat die Abwanderung ständig zugenommen: Zwischen 1995 und 2000 stieg die Zahl der jährlichen Umzüge von Ost nach West von 166 000 auf etwa 215 000, während die Zahl der Umzüge in die Gegenrichtung drastisch zurückging. Die Rede vom deutschen Mezzogiorno, der freilich nicht im Süden, sondern im Osten liegt, vom Notstandsgebiet Ost, vergleichbar den britischen Midlands, machte die Runde. Viele meinten, die Vereinigung sei »ökonomisch misslungen«. Als Wolfgang Thierse den Osten im Januar 2001 »auf der Kippe« stehen sah, bekam das Bild vom Notstand sogar einen gleichsam regierungsamtlichen Stempel.

Vor dem Hintergrund solcher Warn- und Niedergangsszenarien eröffnete die Entscheidung von BMW für den Standort Leipzig einen neuen Hoffnungsdiskurs. Bundeskanzler Schröder bewertete die Entscheidung für Leipzig sogleich als »klares Zukunftssignal für Ostdeutschland«. Doch welche Bedeutung hat diese wirtschaftliche Neuansiedlung für den Osten wirklich? Und zu welchen Strategien greifen die ostdeutschen Akteure, um ihre Städte und Regionen als attraktive Standorte zu präsentieren und den Aufbau Ost voranzubringen? Da es im Fall von BMW und Leipzig um eine konkrete Investitionsentscheidung von außen geht, drängt sich die Frage auf, ob die Investitionen ausländischer und westdeutscher Konzerne allein auf günstige ostdeutsche Kostenstrukturen zurückzuführen sind – etwa auf geringere Löhne und Grundstückspreise als im Westen. Gäben ausschließlich diese Faktoren den Ausschlag, so wären womöglich nicht irgendwelche ostdeutsche Stärken qualitativer Art ausschlaggebend, sondern vor allem eine – vielleicht sogar nur vorübergehende – kostenbedingte Gelegenheitsstruktur. Man könnte es sogar noch weiter zuspitzen: Eine solche, an niedrigeren Kosten ausgerichtete Strategie könnte passives »Erlösungsverhalten« stützen und auf diese Weise verhindern, dass sich eigene ostdeutsche Initiativen und Kräfte entwickeln. Damit würden exogene Energien die endogenen Kräfte der Selbsthilfe langfristig untergraben – ein Szenario, das alles andere als erstrebenswert erscheint.

Aber kein Zweifel, die Reaktionen auf die Entscheidung von BMW und die damit einhergehenden Erwartungen sind bemerkenswert. Denn es war gerade nicht eine Firma der neuesten New Economy oder ein großes Unternehmen der mutmaßlich zukunftsweisenden Dienstleistungswirtschaft, das hier als Hoffnungsträger des Ostens in Erscheinung trat. Stattdessen ging ein Konzern der Old Economy an den Start, der mit seinen Investitionen zum einen für ein traditionelles Verständnis von solider Qualität durch fachliche Arbeit steht: Ausgerechnet die Autoindustrie soll dafür sorgen, dass Ostdeutschland kein Mezzogiorno wird, sondern Anschluss an wichtige Trends halten kann. Zugleich hat das Signal von Leipzig eine gesamtdeutsche Dimension. Seit längerem galt es als ausgemachte Sache, dass es im verarbeitenden Gewerbe der Bundesrepublik keine nennenswerten Ansiedlungen mehr geben werde. Trotzdem hat sich Leipzig durchgesetzt. Schon dieser Umstand gibt dazu Anlass, die Frage nach den ostdeutschen Stärken und Schwächen neu zu stellen. Müssen die gängigen Vorstellungen über Ostdeutschland neu justiert werden?

Leipzig war in den neunziger Jahren trotz aller Prestigeprojekte wie Flughafen, Bahnhof oder Messe eine dahinsiechende Stadt. Von ehemals 120000 Industriearbeitsplätzen im Jahr 1990 existierten 2001 noch ganze 12000. Das größte »Unternehmen« war in dieser Zeit der »Betrieb für Beschäftigungsförderung«, für den zeitweise bis zu 8000 Menschen tätig waren. Zwischen 1995 und 2001 stieg die Arbeitslosigkeit in Leipzig von 12,9 auf 19,1 Prozent an. Das Leipziger Arbeitsamt ist nach dem Berliner und dem Hamburger das drittgrößte der Republik. Statt Aufbruchgeist dominierte in all diesen Jahren die pure Untergangsstimmung. Kann die neue Aktivität von BMW angesichts der katastrophalen Deindustrialisierung der neunziger Jahre sowie angesichts von derzeit etwa 70000 Arbeitssuchenden und einer Arbeitslosenquote von fast 20 Prozent überhaupt mehr sein als der berühmte Tropfen auf den heißen Stein? Um eine prozentual ähnliche Industriedichte wie in Westdeutschland zu erreichen, fehlen in Ostdeutschland etwa 600000 Arbeitsplätze – dafür wären 110 neue BMW-Werke der Leipziger Größe nötig. Handelt es sich bei diesem Projekt also nicht einfach um die Fortsetzung jener »Kathedralen-Strategie«, die seit der

Wende praktiziert wird? Wird nicht wieder irgendwo auf der grünen Wiese ein hochmodernes Werk gebaut – und alle Welt sieht dies als Zeichen dafür, dass es vorangeht mit dem Aufbau Ost? Am Ende würde sich dann erneut die – ebenfalls schon bekannte – Enttäuschung darüber ausbreiten, dass der Betrieb der »Kathedrale« nur wenige Menschen erfordert, dass das Werk letztlich doch wieder nur eine verlängerte Werkbank ist und dass Folgeansiedlungen kaum ins Gewicht fallen. Wie sehr, wenn überhaupt, unterscheidet sich also der Fall Leipzig von anderen Investitionsentscheidungen in Ostdeutschland? Wie ist die Standortwahl zustande gekommen, und welche Rückschlüsse lassen sich daraus auf die ökonomische und politische Entwicklung Ostdeutschlands ziehen?

Das neue Gesicht des Ostens: Regional und sektoral aufgefächert

Osten ist nicht gleich Osten, das eine und einheitliche Ostdeutschland gibt es nicht. Es bestehen Unterschiede zwischen den Branchen und den Bundesländern, noch viel größere zwischen den Regionen. Für besonders entwickelte Vernetzungen zwischen Betrieben, Branchen, Hochschulen und öffentlichen Einrichtungen, die sich zu einem einheitlichen Ganzen verbinden lassen, hat sich der Begriff »Cluster« eingebürgert. Davon gibt es in Ostdeutschland einige. Sie haben über den Osten hinaus Ausstrahlungskraft erreicht und gelten als Hoffnungsträger für das deutsche Modell insgesamt. Besonders erfolgreich sind die sächsischen Wachstumscluster in Dresden und Leipzig sowie das thüringische in Jena.

Die ostdeutsche Automobilindustrie

»Mit der Entscheidung für Leipzig kehren die Bayerischen Motorenwerke zu ihren Wurzeln im Osten zurück«, schrieb die »Sächsische Zeitung«, als die Münchener Konzernzentrale ihren Entschluss bekannt gegeben hatte. Dass sich in Sachsen eine Reihe von leistungsstarken Clustern herausbilden, verweist in der Tat auf lange historische Linien. Hier im industriellen Schwerpunkt Ostdeutschlands existierte vor 1945 neben dem Ruhrgebiet das zweite Zentrum der deutschen Metallindustrie. An diese Tradition knüpften die westdeutschen Autokonzerne an, als sie sich seit 1990 an den Standorten der ostdeutschen Automobilindustrie in Chemnitz und Eisenach, Ludwigsfelde und Zwickau niederließen. Es folgten in jüngster Zeit prestigeträchtige Luxusklassenprojekte: VW in Dresden (»Gläserne Manufaktur«), Porsche (Geländewagen »Cayenne«) und eben BMW in Leipzig. Mit 6700 Beschäftigen und einer jährlichen Produktion von rund 240000 Golfs und Passats ist das VW-Werk in Zwickau-Mosel das mit Abstand bedeutendste Unternehmen in den neuen Ländern.

Für den Aufbau der Automobilproduktion war das Fehlen regionaler Produktionsnetzwerke teilweise hinderlich. Jedoch lockten keinesfalls nur historische Traditionen die Konzerne an, sondern auch die Nähe zum regionalen Markt, geringere Lohnkosten, hoch motivierte und gut ausgebildete Arbeitskräfte – und vor allem üppige Subventionen. Zum Teil sind diese in der Vergangenheit so hoch ausgefallen, dass die EU einschritt, um Wettbewerbsverzerrungen zu vermeiden. Im Fall von VW führte dies 1996 sogar zu einem Streit, der vor dem Europäischen Gerichtshof ausgetragen wurde. Einzig Porsche verzichtete seinerzeit demonstrativ auf öffentliche Mittel: »Luxus und Stütze passt nicht zusammen«, erklärte das Unternehmen seine Zurückhaltung werbewirksam.

BMW in Ostdeutschland

Der *global player* BMW besitzt 14 Produktionsstätten in fünf Staaten. Der Neubau in Leipzig wird für das Unternehmen das erste Automobilwerk in Deutschland außerhalb Bayerns nach 1945 sein. Das Jahr der Standortentscheidung war das bis dato erfolgreichste Jahr in der Geschichte der BMW Group. Entgegen dem allgemeinen Trend konnten die Münchner in den vergangenen Jahren auch die Zahl ihrer Mitarbeiter stetig erhöhen. Mittlerweile beschäftigt BMW etwa 103000 Arbeitnehmer. Am 13. Juli 2000 verschickte man eine Pressemitteilung, in der die formellen Kriterien für den Standortwettbewerb benannt wurden: »Neben einer ausreichenden Grundstücksgröße von mehr als zwei Quadratkilometern, einer guten verkehrtechnischen Anbindung (Autobahn, Eisenbahn, Flughafen), qualifiziertem und qualifizierbarem Personal, der Anbindung an den BMW Werkverbund, der Attraktivität des lokalen Marktes und dem Gesamtkostenaspekt sind auch die politischen Rahmenbedingungen von entscheidender Bedeutung.«

Manche sagen, BMW habe sich schon sehr früh auf Leipzig festgelegt. Trifft dies zu, dann ging es bei diesem Wettbewerb nicht nur darum, möglichst optimale Investitionsbedingungen zu erstreiten. Das gesamte Verfahren wäre dann eine Inszenierung für Leipzig gewesen, um den Wettbewerbssieger zugleich auch noch symbolisch aufzuwerten. Schließlich bedeutet es einen Unterschied, ob sich BMW ohne weitere Erklärung für Leipzig entscheidet oder ob ein gleichsam öffentlicher Wettbewerb ausgerufen wird, in dem sich diese Stadt effektvoll gegen renommierte deutsche und ausländische Konkurrenz durchsetzt.

Der im Frühjahr 2000 gestartete Standortwettbewerb wurde binnen eines Jahres abgeschlossen. Von den 250 Bewerbern kamen am Ende fünf in die engere Auswahl: Arras in Frankreich, Kolín in Tschechien, dazu Augsburg, Schwerin und eben Leipzig. In allen Städten wurden besondere Anstrengungen unternommen, um in diesem »Schönheitswettbewerb« gut auszusehen. In den Stadtverwaltungen wurden besondere Stäbe für die Standortansiedlung gebildet, deren Arbeit (mindestens) die weitere Professionalisierung und Effektivierung der jeweiligen kommunalen Verwaltungen nach sich zog. In Schwerin gewann der Leiter der für die BMW-Ansiedlung verantwortlichen Stelle durch sein Engagement ein so eindrucksvolles Image als »Macher«, dass er anschließend zum Oberbürgermeister der Stadt gewählt wurde. Flankiert wurden die städtischen Aktivitäten durch mediale Inszenierungen der örtlichen Presse. Manchmal traten sogar (wie etwa in Schwerin) unterstützende »Bürgerkomitees« auf den Plan. Aufgrund der großen industrie- und arbeitsmarktpolitischen Bedeutung des Projektes war es naheliegend, dass sich auch die nationalen und regionalen Regierungen für den Deal interessierten. Längere Zeit sah es so aus, als würde sich die Bundesregierung für Schwerin engagieren. Stark genährt wurde diese Wahrnehmung im Mai 2001 durch das Abstimmungsverhalten von Mecklenburg-Vorpommern im Bundesrat, wo der Ministerpräsident Ringsdorf entgegen der Absprache innerhalb seiner rot-roten Koalition für die Rentenreform von Minister Riester votierte, was in Leipzig mit einiger Bestürzung verfolgt wurde. Auch ausländische Regierungen suchten sich mit eigenen Gegengeschäften Vorteile zu sichern.

Warum Leipzig?

Die Frage nach den Gründen, die für Leipzig sprachen, lässt sich letztlich zwar nicht zweifelsfrei beantworten. Als erstes aber ist sicherlich auf die Subventionspolitik zu verweisen, die Ostdeutschland noch bis zur Erweiterung der Europäischen Union eine außerordentlich günstige Kostensituation gewährt. BMW beantragte für den Bau des Leipziger Werkes eine Beihilfe von 419 Millionen Euro. Obwohl es sich bei dem bayerischen Autohersteller um ein äußerst erfolgreiches Unternehmen handelt und die europäische Automobilindustrie hohe Überkapazitäten verzeichnet, entschied die EU-Kommission nach achtmonatiger Prüfung, dass 363 Millionen Euro an Subventionen zu gewähren seien. Das entspricht einem Anteil von mehr als 30 Prozent der geplanten Investitionssumme. Möglich war dies, weil Leipzig in der EU zum so genannten Fördergebiet I zählt, in dem das Bruttoinlandsprodukt je Einwohner unter 75 Prozent des europäischen Durchschnitts liegen muss. Als dieser Indikator im Jahr 2000 festgelegt wurde, lag

Ostdeutschland bei etwa 70 Prozent. Bei dieser Regelung wird es bis 2006 bleiben. Dann werden nicht nur die westeuropäischen Fördergebiete neu festgelegt, sondern es kommen auch die osteuropäischen Länder hinzu. Damit wird Ostdeutschland seine privilegierte Förderungswürdigkeit verlieren. Für die Region Leipzig prognostiziert die EU-Kommission schon für 2004 ein Niveau von etwa 82 Prozent.

Nach geltendem EU-Recht können staatliche Zuschüsse auch dazu eingesetzt werden, Entscheidungen zugunsten eines Nicht-EU-Standortes zu verhindern. Wenn also ein Investor nachweisen kann, dass ein Standort außerhalb der EU attraktiver wäre, kompensiert die EU einen Teil der Differenz. In dieser Frage spielte einer der entscheidenden Konkurrenten von Leipzig eine wichtige Rolle: die tschechische Stadt Kolín. Toyota konnte als außereuropäischer Konzern nicht auf vergleichbare Subventionen zurückgreifen und hat sich deshalb im Schlepptau des BMW-Wettbewerbs für Kolín als neuen Produktionsstandort entschieden. Wer die bessere Entscheidung getroffen hat, ist einstweilen offen. Denn ob die von der EU gewährten Subventionen die hohen Investitionen auf Dauer sichern werden, ist fraglich. Wenn der Geldregen aufhört und das Werk abgeschrieben ist, können Konzerne wie BMW ihre Fabrikanlagen leicht anderswo errichten.

Die Verantwortlichen in der Leipziger Stadtverwaltung haben das Problem erkannt und deshalb begonnen, eine längerfristige wirtschaftliche Sicherungsstrategie zu entwickeln, die versucht, aus Fehlern der Vergangenheit zu lernen. Statt das eine alles entscheidende Großprojekt zu suchen oder nach dem »Gießkannenprinzip« alle erdenklichen Projekte zu fördern, entschied sich die Stadtverwaltung für eine gezielte »Clusterstrategie«, wie sie seit Ende der neunziger Jahre auch in Bundes- und Länderprogrammen für einen effizienteren Aufbau Ost empfohlen wird. Es geht darum, vernetzte Produktionsstrukturen zu entwickeln, ohne die eine längerfristige industrielle Standortsicherung kaum möglich sein wird. Konzentrieren will sich Leipzig dabei auf die Felder Automobil- und Zulieferindustrie, Medien und Kommunikationstechnik, Gesundheit und Biotechnologie, Energie- und Umwelttechnik sowie auf verschiedene Querschnittstechnologien. Auf diese Weise sollen die so genannten endogenen Faktoren gefördert, also die vorhandenen »Stärken gestärkt« werden, um die Re-Industrialisierung hin zu einem starken Technologiestandort einzuleiten.

Ein Element dieser Clusterstrategie ist das Konzept »Autoregio Leipzig«. Mit einer konzertierten Aktion von Stadt, Kommunen und Landkreisen des Umlandes soll die Ansiedlung weiterer Firmen forciert und vereinfacht werden. Die Unternehmen haben es nur noch mit einer einzigen zentralen Anlaufstelle für all diese regionalen Instanzen zu tun. Damit wird zugleich unterstrichen, dass die Bemühungen nicht nur der Stadt Leipzig gelten, sondern auch deren Hinterland. Diese Strategie zielt besonders auf die Zulieferbranche, die als Wachstums- wie als zukünftiger Beschäftigungsmotor identifiziert worden ist. Denn in dem Maße, wie die Autokonzerne ihre Fertigungstiefe verringern, also den Anteil der in ihren Werken selbst hergestellten Bauteile, gewinnen die Zulieferer an ökonomischer Bedeutung.

Zu diesem Ergebnis kommt auch die Studie zur »Zukunft der Automobilindustrie«, die von der Stadt Leipzig initiiert und gemeinsam mit dem Verband der Automobilindustrie (VDA) veröffentlicht wurde. In den »Leipziger Thesen« vom Frühjahr 2002 heißt es: »Mit den Ansiedlungen von BMW, DaimlerChrysler, Opel, Porsche und VW in Sachsen und Thüringen sind wichtige Voraussetzungen zur Ansiedlung der zukunftsträchtigen Zulieferindustrie in den neuen Ländern geschaffen worden. Automobilhersteller-Werke wirken wie ›Gravitationsfelder‹, die eine Ansiedlung von Zulieferern nach sich ziehen. Es macht daher sehr viel Sinn, sich verstärkt um die Ansiedlung weiterer Automobilhersteller zu bemühen.« Ob die zunehmenden Investitionen der westeuropäischen Automobilzulieferer nach Osteuropa aufgehalten werden und die eigene Region selbst etwas von diesem Kuchen abbekommen können, hängt nach dieser Auffassung besonders von der

Qualität der industriellen Cluster ab. Angesichts des jetzigen Standes der Dinge scheint die VDA-Studie die Chancen allerdings überzubewerten.

Da die ausgeschütteten Subventionen genau so nach Ostdeutschland geflossen wären, falls sich BMW für Schwerin entschieden hätte, muss nach weiteren Faktoren Ausschau gehalten werden, die den Zuschlag für Leipzig erklären können. Dazu gehört sicherlich die Verkehrslage: Das neue Leipziger Werk liegt direkt an einer sechsspurigen Autobahn, gleich neben dem neuen Flughafen Leipzig/Halle, fünf Kilometer westlich vom Autobahnkreuz Schkeuditz, fünf Kilometer östlich vom Leipziger Hauptbahnhof, dem größten Kopfbahnhof Europas, der nach aufwendigen Sanierungsmaßnahmen einer der beeindruckendsten Bahnhöfe überhaupt geworden ist und durch einen eine Milliarde teuren zweigleisigen Tunnel an das Hochgeschwindigkeitsnetz der Bahn angeschlossen werden soll. Schließlich machte die größere Nähe zur bayerischen Unternehmenszentrale Leipzig attraktiver für BMW als Schwerin. Dass Ansiedlungen sich in Ostdeutschland bereits aufgrund der bloßen Grundstückspreise rechnen, zeigt der Vergleich mit Augsburg. Während der Preis je Quadratmeter in Leipzig etwa 25 D-Mark betrug, verlangten die Augsburger rund die fünffache Summe – was BMW etwa 500 Millionen D-Mark teurer gekommen wäre.

Leipzig konnte aber nicht nur auf harte Kostenvorteile verweisen, sondern – womöglich sogar ausschlaggebend – auch auf eine Reihe weicher, kultureller Faktoren. Zu diesen Stärken gehört neben den inszenierten Traditionen der kulturellen Infrastruktur (Gewandhausorchester, Universität, Mädlerpassage, Auerbachs Keller et cetera) auch das urbane Flair lebenswerter Wohnquartiere, die mit 12 000 Gründerzeithäusern eine im europäischen Vergleich in dieser Ballung einzigartige Kulisse darstellen. Mit dem Slogan der »Leipziger Freiheit« wirbt die Stadt für diese Vorzüge. Entsprechend lautet die Botschaft an die westdeutschen Führungskräfte, die von München nach Leipzig kommen sollen: »Hier gibt es Lebensqualität«, auch an diesem Ort könnt ihr leben und arbeiten! Dass dies alles bereits lange vor der Ansiedlung von BMW als soziales und kulturelles Kapital erkannt und vermarktet wurde, belegt ein Programm der Stadt Leipzig, mit dem schon 1999 eine »neue Gründerzeit« angestoßen werden sollte.

Auch das schnelle, flexible und kooperative Agieren der kommunalen Behörden sprach für Leipzig. In nur sechs Monaten konnte ein eigens eingerichtetes 20-köpfiges Team der Stadtverwaltung sämtliche Genehmigungsfragen klären. Deshalb lobte beispielsweise ein BMW-Manager in einem Zeitungsinterview: »Wir haben eine Frage gestellt und hatten in einer Stunde die Antwort per Fax auf dem Tisch.« Gewürdigt wurde bei BMW auch die zurückhaltende Kommunikation der Leipziger in der Öffentlichkeit. Während viele Konkurrenten einen öffentlichen Wahlkampf für ihren Standort geführt hätten, habe sich in Leipzig eine effiziente »Koalition des Stillschweigens« gebildet.

Komplettiert wurde die geschickte Leipziger Gesamtstrategie dadurch, dass einzelne Personen wie der Wirtschaftsdezernent Detlef Schubert, aber vor allem Oberbürgermeister Wolfgang Tiefensee als Väter des Erfolges präsentiert werden konnten. Der 1955 geborene ostdeutsche Katholik Tiefensee, gelernter Nachrichtentechniker und diplomierter Informatiker, engagierte sich während der friedlichen Revolution bei »Demokratie jetzt«, trat 1995 in die SPD ein und wurde 1998 zum Bürgermeister gewählt. Mit dem BMW-Coup präsentierte er sich zugleich als neuer ostdeutscher Hoffnungsträger, der durchaus noch Größeres vor sich haben könnte. Tatsächlich bot ihm Kanzler Schröder im Herbst 2002 den Posten des Verkehrsministers in seiner zweiten Regierung an.

Eine wichtige Rolle spielte auch die IG Metall. Die zwischen der Metallgewerkschaft und der Geschäftsleitung von BMW ausgehandelte flexible Arbeitszeitregelung, um eine an der Nachfrage orientierte, gleichsam »atmende« Fabrik zu schaffen, wurde als ein entscheidender Pluspunkt öffentlich herausgestellt. Bislang galt das Werk Regensburg mit seiner wöchentlichen Maschinenlaufzeit von 99 Stunden als Vorbild für Arbeitszeitflexibilisierung im BMW-Konzern. Dort arbeiten mehr als 6000 Beschäftigte im Zweischichtbetrieb: neun Stunden am Tag und im Schnitt nur noch vier Tage in der Woche. Die Maschinen hingegen laufen an sechs Tagen. Mit dem neuen Leipziger Modell ist es möglich, die Maschinenlaufzeit noch deutlicher an die Kundennachfrage anzupassen, so dass die Arbeitszeit zwischen 60 und 140 Stunden pro Woche schwanken kann. Zusätzlich sind bis zu 30 zuschlagsfreie Samstagsspätschichten möglich. Mit diesem Arbeitszeitmodell, das sich im Rahmen des Flächentarifvertrages der sächsischen Metallindustrie bewegt, rechnet sich BMW einen Produktivitätszuwachs von etwa 20 Prozent aus.

Außenstehende Beobachter, die sich am gängigen Bild störrischer und unbeweglicher Arbeitnehmervertretungen orientierten, waren beeindruckt von der Flexibilität der Gewerkschaft. Das Beispiel von Leipzig und BMW hat wieder einmal gezeigt, dass mit den Akteuren des »Modells Deutschland« und mit Hilfe der tradierten Instrumente höchst flexible und produktivitätsfördernde Projekte möglich sind, wenn die Akteure einander respektieren. Zugleich zeigt dieses Arbeitzeitregime aber auch, dass der unerbittliche Kampf um die effizientesten Formen der Arbeitsorganisation in der europäischen Automobilindustrie in eine neue Phase getreten ist.

Wofür steht dieses Projekt?

Die Ansiedlung von BMW in Leipzig war kein Zufall, und sie ist anderswo nicht ohne weiteres wiederholbar. Zu diesem Fazit kommt, wer sich die Gesamtheit der ausschlaggebenden Faktoren vergegenwärtigt. In Leipzig bestehen besonders gute Voraussetzungen für die Produktion von Automobilen der Luxusklasse. Mittelfristig wird BMW der einzige wirklich große Betrieb in der sächsischen Metropole sein und zugleich versuchen, das Image der Stadt mitzuprägen. Mit der Ansiedlung von BMW gewinnt Leipzig neue Arbeitsplätze, wird wahrscheinlich mehr Steuern einnehmen und mittelfristig weitere Firmen an die Pleiße locken können. Allerdings wird sich die trostlose Lage auf dem Arbeitsmarkt dadurch nur geringfügig verbessern. Auch eine konsolidierte wirtschaftliche Basis ist damit noch lange nicht in greifbare Nähe gerückt. Und es wird unter den Beschäftigten zukünftig auch wieder mehr Statusdifferenzen geben, weil es nun nicht mehr nur darauf ankommt, ob einer überhaupt Arbeit hat oder nicht, sondern auch darauf, wo und zu welchen Konditionen. Wer bei BMW arbeitet, wird zu den Privilegierten gehören – bei den anderen könnte die Verbitterung wachsen.

Doch wer weiß: Vielleicht zieht Erfolg neuen Erfolg an. Der Leipziger Sieg im Standortwettbewerb ist zwar zunächst einmal vor allem ein Imageerfolg. Ihm könnten jedoch weitere attraktive Projekte folgen, die ohne diesen Coup nie zustande gekommen wären. Mit der öffentlichen Inszenierung von qualitäts- und kostenorientierter Standortpolitik hat Leipzig signalisiert, wie durch das effiziente Zusammenspiel von harten und weichen Faktoren – wenigstens vorübergehend – auch in Ostdeutschland das westdeutsche Modell erfolgreich fortgesetzt werden kann. Dabei spielen die endogenen Stärken, sofern sie situations- und erwartungsgerecht kommuniziert werden können, eine wichtige vertrauensbildende Begleitmusik. Aus diesen Zutaten ließe sich eine Politik der Hoffnung und der Anreize für Ostdeutschland entwickeln.

Die weichen Standortfaktoren fallen jedoch nur dann ins Gewicht, wenn die ökonomische Perspektive überzeugend ist. Nach der EU-Osterweiterung ist ein so umfangreiches subventionspolitisches »Dopingprogramm«, wie es BMW und Leipzig zuteil wurde, schwerlich noch einmal vorstellbar. Deshalb ist auch die Interpretation möglich, dass diese Standortentscheidung die vorhandenen endogenen Kräfte mittelfristig sogar schwächen könnte. Klar ist, dass Subventionen und Investitionen in diesem Umfang in Zukunft die absolute Ausnahme sein werden. Das heißt aber, dass das Warten auf die Erlösung von außen in die Sackgasse führt und keinesfalls mehr den Aufbau Ost bestimmen darf.

»Leipzig wird eine andere Stadt« – so hat der Leipziger Wirtschaftsdezernent Detlef Schubert die Chancen gedeutet, die sich mit BMW bieten. Mit der »Clusterstrategie«, die auf einer Beteiligung vieler Kräfte in Stadt und Hinterland aufbaut, um das deutsche Qualitätsmodell voranzubringen, scheint man in Leipzig tatsächlich einen Leitbildwandel voranzutreiben. Man verabschiedet sich nämlich von einer rein quantitativen Beschäftigungsstrategie, wie sie noch im »Betrieb für Beschäftigungsförderung« zum Ausdruck kam. Stattdessen geht man zu einer marktorientierten Qualitätsstrategie über. Der »Betrieb für Beschäftigungsförderung« war nicht nur die größte Beschäftigungsgesellschaft Ostdeutschlands nach dem Ende des Staatssozialismus. Er führte in den neunziger Jahren die arbeiterliche Gesellschaft der DDR mit den Mitteln der bundesdeutschen Arbeitsmarktförderung fort, war in ökonomischer Perspektive gleichsam eine DDR im Kleinformat und durchlief im Zeitraffer deren Schicksal bis hin zum kriminell-skandalhaften Ende. Zu keiner Zeit besaß dieses Projekt die Chance, selbsttragende Aktivität zu entwickeln. Zwar steht BMW für die marktwirtschaftliche Zukunft Ostdeutschlands, dennoch gibt es Parallelen zwischen beiden Projekten: Auch die Ansiedlung von BMW hängt maßgeblich vom Zufluss staatlicher Mittel ab, auch in diesem Fall können Subventionen im negativen Sinne strukturprägend wirken. Doch besteht immerhin die Chance, dass sich das hergestellte Produkt auf dem Markt bewährt und bald der schützenden und fördernden Hände des Staates entbehren kann. Gelingt es BMW, sich vom Staat zu emanzipieren und in der Region zu verankern, so wäre das ein wichtiges Signal – nicht nur für Ostdeutschland.

Dieses Projekt ist weder für Ostdeutschland noch für Leipzig verallgemeinerbar. Immerhin aber geht von ihm ein wichtiger Impuls aus, der genutzt werden kann, um andere Projekte und Strategien auszuprobieren und die vorhandenen endogenen Kräfte weiter zu entwickeln Dafür bilden die gewählte

Clusterstrategie und die vorhandenen Fördergelder einen guten Handlungsrahmen. Es kann jedoch in Ostdeutschland zukünftig nicht darum gehen, weitere große Betriebe anzuwerben und ausschließlich auf Hochtechnologie zu setzen. Benötigt wird eine längerfristige Strategie, denn strukturschwache Regionen »gesunden« nur sehr langsam. Wahrscheinlich ist deshalb weder Westdeutschland noch der Mezzogiorno der geeignete Maßstab für die Entwicklung Ostdeutschlands, sondern eher die norditalienische Region Emilia-Romagna. Auch dort dominieren kleinere Betriebe, die aber durch intelligente Produkte und Vernetzungen zu einer außerordentlichen Leistungsfähigkeit gefunden haben.

Die ostdeutsche Region zwischen West- und Osteuropa bietet für solch eine Entwicklung Chancen, die noch gar nicht richtig ausgelotet sind. Dabei wird es auf die Freisetzung eigener Kräfte ankommen. Allein von außen wird die Erlösung nicht kommen. Und im Übrigen: Selbst gedopte Akteure müssen ein hinreichend hohes Trainingsniveau aufweisen, um siegen zu können. Auf jeden Fall hat der Diskurs über das modernere Deutschland durch die Ansiedlung von BMW in Leipzig neue Nahrung erhalten. Vielleicht wird es hier gelingen, neue Formen der Clusterstrategie zu verwirklichen, die zu einer eigenständigen, nicht bloß nachahmenden Profilbildung beitragen können. Klar ist, dass die Veränderung der öffentlichen Förderstrategien im Schatten der EU-Osterweiterung zu weiterer und tatsächlich neuer Aktivität zwingt. Aus dieser Perspektive ist der Fall BMW vermutlich der letzte Seufzer der bedrängten Kreatur, die nach Konvergenz mit Westdeutschland lechzt. Aber wie die erfolgreiche Bewerbung um die Olympischen Spiele gezeigt hat, stecken in Ostdeutschland viele schlummernde Eigenreserven, die weiterhin beharrlich aufgespürt werden müssen. Soll dies gelingen, ist allerdings nicht nur purer Optimismus geboten – den braucht es auch. Doch paaren muss sich die Hoffnung auf bessere Zeiten mit konstruktiver Skepsis und einem guten Schuss Frustrationstoleranz. Dann ist die ostdeutsche Zukunft im guten Sinne offen.

Alexander Thumfart

Ostdeutschland als Gegenwart einer gemeinsamen Zukunft

Ein Laborversuch

Konsumismus – Kommunismus und ein Film

In Wolfgang Beckers Erfolgsfilm »Good bye, Lenin!« gibt es eine symbolisch hoch verdichtete Szene, in der man den Hauptakteur Alex Kerner, gespielt von Daniel Brühl, verzweifelt in einem Container nach einem leeren Glas original DDR-»Spreewald-Gurken« suchen sieht. Ein Rentner aus der Nachbarschaft kommentiert diese »Wühlaktion« vor einem Ost-Berliner Plattenbau mit der gleichermaßen wütenden wie resignativen Bemerkung, dass »sie« uns ganz offensichtlich schon »so weit gebracht« hätten, in, so darf man ergänzen, den Abfalltonnen die Brosamen des Westens zu suchen.

Hier spricht sich eine Differenz aus, die, so meine ich, der Film selbst insgesamt dementiert. Ist nämlich die Opposition von »uns« und »ihnen« überhaupt noch sinnvoll bei einem Film, der – von einem West-Regisseur mit Ost-Schauspielern gedreht – das Ereignis des Mauerfalls umdreht und am Ende ganz bewusst auf eine eindeutige Auflösung verzichtet? Entsteht in diesem fast schon chaplinesken und im Stile der »verkehrten Welt« gehaltenen fiktionalen »Rückblick« auf den Fall der Mauer nicht vielmehr ein Raum, in dem die zwar weiterhin unterschiedlichen Perspektiven auf die Zeit zwischen Mauerfall und offizieller Vereinigung Revue passieren, gerade dadurch aber auf eben jene gemeinsam erfahrene Geschichte verweisen?

Sicher, damals gab es jene, die die Konsumwelt des Westens als imperialistische Besetzung ansahen, und jene, die die DDR als westdeutsches Spekulationsgebiet betrachteten, das in jeglicher Hinsicht »platt« gemacht werden müsste. Wenn man dies aber im Kino nochmals vorgeführt bekommt, dann schleicht sich doch eher der Eindruck ein, dass wir hier und jetzt doch *alle gemeinsam* auf jene Spaltungen zurückblicken, die uns damals unseren Blick auf die Situation rasterten.

Die filmisch inszenierte Re-Vision und damit Reflexion erzeugt eine Distanz, die ermöglicht, hinter die Differenzen von »uns« und »ihnen« zurückzugehen und sie nicht nur etwas gelassener, sondern vor allem als Teil einer gesamtdeutschen Erfahrung zu betrachten. Wir waren und wir sind uns nicht einig und auch nicht ganz »grün« – aber das ist es eben, was *unsere* Geschichte der letzten 14 Jahre ausmacht.[1] Und vielleicht können wir jetzt sogar etwas darüber lachen. So wird im Lichtspiel die harte (und von mir riskant zugespitzte) Dichotomie von Kommunismus oder Konsumismus in einer kollektiven Erinnerungsgeschichte verortet und durch Gelächter entschärft.[2]

So legt dieser Film nahe, im Rückblick so etwas wie eine mentale Integration zu vollziehen. Dabei drängt sich der Blick auf eine mögliche gemeinsame politisch-soziale und institutionell-kulturelle Zukunft nahezu unweigerlich auf. Nun sind Prognosen immer riskant und stehen im Ruch der Scharlatanerie. Hatte doch bereits Immanuel Kant ironisch bemerkt, nur jener solle sich als Prophet versuchen, der auch in der Lage sei, die Ereignisse herbeizuführen, die er voraussagt. Da ist sicher was dran. Andererseits gehört die Prognose spätestens seit Machiavelli zur Politik und zur Politikwissenschaft.

So versuche ich, anhand einiger politischer und sozialer Phänomene in Ostdeutschland wahrscheinliche Entwicklungen für die Bundesrepublik Deutschland insgesamt zu explorieren. Das bedeutet nicht, die neuen Bundesländer mit den alten Bundesländern zu identifizieren, es heißt vielmehr, dass sie in einigen Bereichen gesamtdeutsche Entwicklungen vorwegnehmen, die wir mittlerweile auch im spezifischen Kontext Westdeutschlands feststellen können – oder dass sich im Osten exemplarisch Tendenzen verdichten, die für das gemeinsame Deutschland erkennbar sind. Aus dem »Experiment Vereinigung«[3]

scheint so in einigen Fällen eine Art »Labor der Zukunft« entstanden zu sein. Etwas zugespitzt bedeutet das dann: Was vom »Osten« übrig blieb, ist die Gegenwart der gemeinsamen Zukunft.

Damit ist auch schon gesagt, worum es mir *nicht* geht: weder um eine nostalgische Rettung von Beständen der DDR-Geschichte noch um eine Konzentration auf mehr oder weniger personale »skills«. Denn weder die zirkulierende Rede von den Bastlerexistenzen und der Chaos-Kompetenz der DDR-Bürgerinnen und -Bürger noch der Ausspruch »Wir haben bereits erlebt, was euch noch bevorsteht« scheint mir sozialwissenschaftlich informiert zu sein. Die (ja durchaus vorhandene) Chaos-Kompetenz war gerade in jenen Rahmen eingebettet, der die Orientierung auf »Ordnungssicherheit«[4] bediente und so garantierte, dass alle wussten, was offiziell und was »im Schatten« »abgeht«.[5] Und der Zusammenbruch eines politisch-sozialen Systems kann nicht ernsthaft die Meßlatte und der Lackmus-Test einer erstrebenswerten Zukunft sein.

So werde ich mich auf drei Bereiche konzentrieren: den modernen Wähler, die Arbeitsbeziehungen und das Feld der *uncivility*. Ein bisschen Polemik und Provokation werden sich in der Behandlung nicht ganz vermeiden lassen.

Der moderne Wähler

Seit der ersten gesamtdeutschen Wahl erleben die etablierten Parteien auf Bundes- wie Landesebene eine Überraschung nach der anderen.[6] Das gilt speziell für die neuen Bundesländer. Bei den Bundestagswahlen 1990 hatte die SPD gehofft, an die sozialdemokratische Tradition in Thüringen und Sachsen anschließen zu können, und wurde herb enttäuscht. Parallel kam die (mit den liberalen Blockparteien vereinte) FDP aus den Siegesfeiern gar nicht mehr heraus, wurde kurz darauf aber in den diversen Landtagswahlen nahezu gnadenlos abgestraft. Die Grünen gelangten 1990 nur dank Bündnis 90 in den Bundestag, verloren dann aber als Bündnis-Grüne kontinuierlich an Unterstützung und Bedeutung. Die PDS steigerte sich auf Landesebene von Wahl zu Wahl und konnte schließlich (trotz oder wegen der von der SPD projektierten Umarmungsstrategie) bei der Bundestagswahl 1998 mit 21,6 Prozent der Zweitstimmen in Ostdeutschland ihr Potential gegenüber 1990 fast verdoppeln. Demgegenüber rutschte die CDU in Ostdeutschland von 41,8 (1990) auf 27,3 Prozent (1998),[7] konnte aber in Sachsen ihre absolute Vormachtstellung weiter ausbauen und erzwang im angeblich so »roten« Brandenburg eine Koalition mit der SPD. Gleichzeitig waren es aber jenes koalitionäre Brandenburg und das für die SPD kurz vorher verlorene Sachsen-Anhalt (und dort vor allem die Frauen), die den Grundstein legten für den knappen Wahlsieg der bisherigen rot-grünen Koalition bei den Bundestagswahlen 2002 (nun 39,8 Prozent in Ostdeutschland), während den Bündnis-Grünen im Osten nur eine minimale Steigerung um 0,6 Prozent gelang. Die FDP hingegen schaffte in den neuen Bundesländern eine Verdoppelung ihres Zweitstimmenanteils, während nun ausgerechnet die – mittlerweile in zwei Ländern mit regierende – PDS deutlich hinter ihr Ergebnis von 1994 zurückfiel (1994: 19,8; 2002: 16,8).[8] Diese »ups and downs« in der Wählerunterstützung manifestieren sich in einer weiteren erstaunlichen Zahl: Während es bei den insgesamt 110 Wahlen auf Bundes- und Landesebene in der alten Bundesrepublik von 1949 bis 1987 zu nur sieben Regierungs- beziehungsweise Koalitionswechseln kam, führten die 40 Wahlen auf beiden Ebenen im Zeitraum von 1987 bis 1998 zu insgesamt 18 Regierungs- und Koalitionswechseln – Tendenz steigend.[9]

Kein Zweifel: Die Ursachen für diese deutlich gestiegene Volatilität der Wählerinnen und Wähler in Deutschland sind so vielfältig wie umstritten. Veränderungen in der Gesellschaftsstruktur, die Aufweichung der Stadt-Land-Trennung, die deutliche Ausweitung des Angestellten-Sektors zu Lasten des Segments der Arbeiter, die Auflösung traditioneller Milieus, die Lockerung ideologischer Bindungen, der (post-) post-materielle Wertewandel, Kohorten- und Geschlechtereffekte und die programmatische Annäherung parteipolitischer Positionen sind nur ein paar der Gründe, die in der Wahlforschung mal mehr, mal weniger für dieses seit Ende der achtziger Jahre feststellbare Phänomen des Wechselwählers namhaft gemacht werden.[10] Trotz aller Differenzen ist man sich jedoch weitgehend über zwei Dinge einig: erstens, dass sich durch diese Faktoren insgesamt der Typus des rationalen, modernen Wählers herausgebildet hat, der bei jeder Wahl neu nach veränderlichen Kriterien und persönlichem Vorteil kurzfristig entscheidet, wen er zu wählen gedenkt; und zweitens, dass sich dieser Typus sehr viel deutlicher in Ost- als in Westdeutschland findet. Die Ostdeutschen sind in dieser Hinsicht die »moderneren Wähler«.[11]

Die Konsequenzen daraus sind mindestens zweifach. So können sich die Parteien immer weniger darauf verlassen, dass ihre Wählerschaft bis zur nächsten Wahl stabil bleibt. Und so haben sie immer größere Probleme damit, unter dem Zeitdruck der Mediendemokratie Themen zu setzen. Die Wähler werden für die Parteien immer unberechenbarer. Denn in Ostdeutschland existieren kaum traditionelle Parteibindungen, und die Wählerinnen und Wähler der verschiedenen Parteien in den neuen Bundesländern haben miteinander sehr viel mehr gemeinsam als mit Wählerinnen und Wählern derselben Partei in Westdeutschland.[12] So fühlt sich die ostdeutsche Bevölkerung in einem großen Umfang von den aus Westdeutschland importierten Parteien inhaltlich kaum repräsentiert. Wir müssen daher ein ziemlich deutliches Repräsentationsdefizit zwischen ostdeutschen Wählern und westdeutsch dominierten Parteien konstatieren, das vielleicht sogar inzwischen die PDS erfasst hat. Dieses Repräsentationsdefizit gemahnt in gewisser Weise an die Situation unter dem »Demokratischen Block der Parteien und Massenorganisationen« der DDR und die dadurch in der Bevölkerung hervorgerufene

Haltung der Duldungsstarre und des »Über-sich-ergehen-Lassens«.[13] Kommen also die Parteien heute immer weniger an die Wähler heran und sind sie in zunehmendem Maße auf »fortuna« angewiesen, so fühlen sich Teile der Wahlberechtigten immer weniger vertreten und erdulden diesen Zustand eher, als dass sie ihn in einem diffusen, aber wohlwollenden generellen »support« unterstützten.[14]

Der in den neuen Bundesländern weit fortgeschrittene Typus des rationalen Wählers scheint damit eine in Deutschland insgesamt erkennbare Tendenz zu sein. Wer frei wählen kann, aber zugleich den Eindruck hat, alle Alternativen sind nahezu gleich weit entfernt und gleich-gültig, wird die Sinnhaftigkeit der Wahl irgendwann bezweifeln.[15] Zwar sollte man keinesfalls dramatisieren und immer in Rechnung stellen, dass die Steigerung von Optionen auch einen Zugewinn an demokratischer Mündigkeit bedeuten kann. Man sollte aber ebenfalls nicht ignorieren, dass aus Mündigkeit schnell auch Müdigkeit werden kann. Zweifellos wird der rationale moderne Wähler der Zukunft für »kurzfristige Einflüsse empfänglich«[16] sein und seine Wahlentscheidung ändern, wenn »die Regierungen nicht den Leistungserwartungen ... entsprechen«.[17] Darüber hinaus wird sich in ihm aber auch eine Form der strukturellen Entfremdung manifestieren, die mit einem guten Schuss Hilflosigkeit und Achselzucken gepaart ist. Es wundert deshalb vielleicht auch nicht, dass in mehr als der Hälfte der 18 *items*, welche die Forschungsgruppe Wahlen vor der Bundestagswahl 2002 bezüglich der unterstellten oder vermuteten Problemlösungskompetenz der beiden großen Volksparteien abgefragt hat, relativ die meisten der Bundesbürger und -bürgerinnen mit »keine/weiß nicht« geantwortet haben.[18] Für viel rationale Orientierungssicherheit spricht das nicht gerade.

Zwar ist nicht ausgemacht, welche Konsequenzen das im Einzelnen für die Legitimität, Stabilität und Integrität des politischen Systems zeitigen wird. Klar scheint jedoch, dass sich die intermediären Institutionen in Zukunft bundesweit immer mehr vom Wähler entfernen werden, der dem »Parteiensystem-

Ballon« von unten zuschaut und gerade noch erkennen kann, dass man ihm freundlich zuwinkt. Das mag dann vielleicht noch einen gewissen Unterhaltungswert besitzen, von besonderer Relevanz ist es jedoch nicht mehr.

Die Beziehungen in der Arbeitswelt: Re-Verbetrieblichung und »Wir-AGs«

Die Gewerkschaften sind in der Krise und verlieren an wirtschaftspolitischer Steuerungskompetenz – nicht nur in der Bundesrepublik Deutschland, sondern anscheinend in vielen Ländern der nördlichen Hemisphäre.[19] Sie werden in die Zange genommen von politischen und ökonomischen Globalisierungsbewegungen, supranationalen Organisationen und dem planmäßigen Handeln von Regierungen – um vom Mitgliederschwund erst gar nicht zu reden. Diese Situation gleicht den ostdeutschen Transitionsereignissen. Dabei scheinen unterschiedliche Strukturen aus unterschiedlichen Gründen sehr ähnliche Resultate und Konsequenzen zu produzieren: Die Transition hat für die Arbeitswelt in den neuen Bundesländern eine Konstellation geschaffen, die sich in einer Art Parallelaktion in einem differenten westdeutschen Kontext als wahrscheinliche gemeinsame Zukunft ganz ähnlich abzeichnet.

Der ostdeutsche FDGB war ein ausgesprochen betriebszentrierter Gewerkschaftsbund. Innerhalb der Strukturen einer »arbeiterlichen Gesellschaft« (Engler) regelten die Gewerkschaften für ihre 9,6 Millionen Mitglieder (1988) vor Ort und im Betrieb neben arbeitstechnischen und ausbildungsrechtlichen Fragen etwa auch die Auszahlung von Renten, von Kuren und Heilmitteln, von Zuschüssen und Wochengeldern, sie organisierten Kinderbetreuungen, Erholungseinrichtungen und vielfältige kulturelle Angebote.[20] Trotz einer vielleicht »missmutigen Loyalität« der Arbeiterinnen und Arbeiter dem FDGB insgesamt gegenüber werteten gerade diese an den Betrieb gebundenen Leistungen den FDGB in den Augen der Belegschaften beträchtlich auf.

Im Gefolge der Wende war es unter den westdeutschen Tarifpartnern und der Regierung Helmut Kohl Konsens, die bewährten Strukturen korporatistischer Politikgestaltung nach Ostdeutschland zu übertragen. Unter der (deutlich utopischen) Erwartung »blühender Landschaften« sollte staatlich autorisierte Tarifautonomie den Übergang in die Marktwirtschaft einvernehmlich steuern und sozial verträglich gestalten, zur gesellschaftlichen Akzeptanz und arbeitspolitischen Pazifizierung beitragen sowie insgesamt zu einer schnellen Anpassung der Ost- an die Westlöhne führen. Diesem Ziel arbeitete allerdings das konkrete Handeln der korporatisch vernetzten Eliten letztlich entgegen.

Denn in den Unternehmensverbänden dominierten die westdeutschen Eliten. Sie schufen damit eine massive Repräsentationslücke für ostdeutsche Verbandsvertreter und Interessen. Und die Einkaufs- und Wirtschaftsstrategien der großen West-Unternehmen, speziell bei Gesamt-Metall, waren mit dafür verantwortlich, dass ostdeutsche Firmen und Betriebe in diesem Sektor kaum Absatzmärkte fanden und in massive ökonomische Schwierigkeiten gerieten.[21] So traten ostdeutsche Betriebe und Unternehmen aus den jeweiligen Interessenverbänden wieder aus oder erst gar nicht ein. Deshalb wurden in kaum einem Bereich die vorgeschriebenen Tariflöhne gezahlt. So waren 1995 nur 36 Prozent aller ostdeutschen Industriebetriebe Mitglied in einem tariffähigen Arbeitgeberverband, 1998 nur noch 30 bis 32 Prozent, und speziell von den ostdeutschen Neugründungen zahlten über 80 Prozent zum Teil erheblich unter dem Tariflohn.[22] Die nahezu ausschließliche Konzentration der westdeutschen Entscheidungseliten auf die tripartistische Systemintegration hatte die Mitgliederintegration in Ostdeutschland dermaßen beschädigt, dass die ursprünglichen Ziele hinter dem Horizont verschwanden.[23] Doch das ist nur die eine Seite.

Im Jahre 1990 besaßen die Gewerkschaften zunächst eine hohe Zahl an Mitgliedern auch in Ostdeutschland. Aus diversen Gründen – Arbeitslosigkeit, Vorruhestand, Enttäuschung – verloren die Gewerkschaften bereits bis 1993/94 allerdings zwei Fünftel ihrer Mitglieder, in Thüringen sogar die Hälfte. Gleichwohl blieb der Organisierungsgrad relativ hoch, und die Betriebsratswahlen erbrachten insgesamt gute Ergebnisse. Trotz dieser eher positiven Entwicklung lassen sich an Fallstudien deutliche Tendenzen aufzeigen, die dieses lichte Bild mehr als trüben.

Seit etwa 1991/92 hatte sich auf regionaler Ebene (etwa in Sachsen-Anhalt, Thüringen und Sachsen) ein lokaler Korporatismus aufgebaut, der in enger Kooperation von Unternehmensleitungen, Landes- und Regionalpolitikern sowie Gewerkschaftern die Stärkung regionaler ökonomischer Verhältnisse (inklusive der Verhinderung von Streiks) intendierte. Anfangs erfolgreich, gerieten allerdings speziell die Gewerkschaften ab etwa Mitte 1993 unter doppelten Druck. Durch die Kündigung von Flächentarifverträgen seitens der Arbeitgeber und den Nicht-Beitritt von Unternehmen verloren sie an Einfluss und wurden andererseits dazu genötigt, die Interessen ihrer arbeitenden Mitglieder stärker zu betonen als die Forderungen der arbeitslosen Mitglieder. Zeichnete sich damit ein Scheitern der geplanten wirtschaftlichen Entwicklung durch Netzwerkbildung ab, reagierten die gewerkschaftlich gebundenen Betriebsräte auf eigenartige Weise. Statt nämlich überregionale und überbetriebliche Interessen der Arbeiter einer Branche zu vertreten, arbeiteten sie ausgesprochen häufig eng mit dem betrieblich-lokalen Management zusammen, um vor Ort zu retten, was ihrer Meinung nach noch zu retten war. Betriebliches Arbeitnehmerhandeln entkoppelte sich von gesamtgewerkschaftlichem Handeln und der Systemlogik intermediärer Interessenvertretung. Das reaktivierte eine Handlungsorientierung, die bereits in den DDR-Betrieben gängig gewesen war: betriebspatriotischen Eigennutz zu Lasten anderer Betriebe.[24] Wir haben damit auf Seiten der Gewerkschaften eine ganz ähnliche Situation wie bei den Unternehmensverbänden. Eine anfänglich unvermeidbare Konzentration der

Funktionselite torpedierte schließlich die Mitgliederintegration und damit die Verpflichtungsfähigkeit gegenüber lokalen Betriebsräten und Mitgliedern.[25]

Diesem Handeln von Betriebsräten korrespondierte eine auch weiterhin dominante Haltung ostdeutscher Führungskräfte. Deren autoritär-patriarchalischer Führungsstil verstetigt das gewohnte hohe Maß an betrieblich basiertem Zusammenhalt und prämiert die (auch weiterhin) am Wohl des »eigenen« Betriebes ausgerichtete Handlungsweise der Angestellten. So stützen auch in einer neuen Umwelt tradierte Orientierungen »oben« wie »unten« den betriebszentrierten Eigennutz. Die wechselseitig aufeinander abgestimmten Erwartungen führten dazu, dass »sich in den ostdeutschen Industriebetrieben – trotz hoher Arbeitslosigkeit, niedriger Löhne und brüchiger Tarifverträge – eine weitgehend konsensorientierte Managementkultur etabliert« hat, die in aller Regeln nicht mit Widerstand und Protest rechnen muss.[26]

Gerade durch die Ähnlichkeit der Situation von verbandsflüchtigen Arbeitgebern und gewerkschaftsdistanzierten Arbeitnehmervertretern werden also *unterhalb* der letztlich gescheiterten Transponierung makro-korporatistischer Integrationsstrukturen spezifische Formen lokaler Eliten-Kooperation reaktiviert und freigesetzt, die an in der DDR eingeübte Muster anknüpften. Das ist sozusagen die andere Seite der Medaille. Man könnte diese Form der Integration als betrieblich-regionalen Situationskorporatismus bezeichnen, der zwar flexibel und auch situationsangemessen agiert, aber keine dauerhaften und verlässlichen Strukturen ausbildet und zudem eng und abschottend ausgerichtet ist, wie er auch dezidiert auf gemeinsamen kognitiven Landkarten aufruht. Das jedoch hat weitreichende Folgen.

Die Löhne und Gehälter der Beschäftigten mögen sich zwar teilweise an Tarifvereinbarungen orientieren, sie sind im Grunde aber Gegenstand betrieblicher Vereinbarungen, die trotz einer möglichen paternalistischen Verantwortungshaltung seitens des Managements letztlich den ökonomischen

Bedingungen des Betriebes im lokalen Situationskorporatismus unterliegen, also nach unten offen sind. Löhne und Gehälter werden so in sich vertikal wie horizontal hoch differenziert und in Sparten aufgeteilt und bleiben zudem permanent änderbar – auf Dauer also unsicher. Zugleich werden die Arbeitsbeziehungen flexibilisiert, und das nicht nur hinsichtlich der Arbeitszeiten und der Bezahlung, sondern auch hinsichtlich der Zeiten von Beschäftigung und Nicht-Beschäftigung.[27] Der »flexible Mensch« wie ihn Richard Sennett am Beispiel der Hightech-Branche in den USA beschreibt, existiert als Teil sozialer (und nicht nur hoch-technologischer) Wirklichkeit auch in den neuen Bundesländern. Die Selbstvorwürfe und Selbstanklagen werden jedoch durch das »familiär-kollegiale« Klima im Betrieb aufgefangen, das jenes »in-and-out, out-and-in-again« freundschaftlich verbrämt. Eingebunden in eine kollektive Gewohnheitsstruktur und von dieser – statt von übergreifenden und rechtlich verbindlichen Vertretungsstrukturen – (noch) legitimiert und stabilisiert, agieren die Betriebe als variabel bestückte »Wir-AGs«. Zwar sitzen in diesem Kollektiv wieder alle in einem Boot – doch die einen dürfen ab und zu mitrudern, während die anderen auf dem Sonnendeck liegen.

Es lag daher völlig in der Logik dieser Geschichte, dass sich der Ministerpräsident von Sachsen-Anhalt, Wolfgang Böhmer, im Januar 2003 bei den Arbeitnehmern mit den (vielleicht etwas unglücklich formulierten, aber umso unmissverständlicheren) Worten bedankt, sie hätten »mit ihren Arbeitgebern Schicksalsgemeinschaften gegründet und durch persönlichen Verzicht auf mehr Geld das Überleben ihrer Betriebe gesichert«.[28]

An dieser Betriebszentrierung hat auch der Streik in der ostdeutschen Metallindustrie im Juni 2003 nichts geändert. Im Gegenteil dürfte er die Verbetrieblichung und den tarifpolitischen Relevanzverlust der Gewerkschaften in Ostdeutschland noch beschleunigt haben. Man sieht dies nicht nur daran, dass die IG Metall selbst intern gespalten war, ob dieser Streik für die 35-Studen-Woche wirklich den Interessen der Beschäftigten diente, sondern vor allem an der mehr als zögerlichen Unterstützung durch die Belegschaften vor Ort. Diese befürchteten, dass die gewerkschaftlich angestrebte einheitliche Regelung die – wenn auch nur – relative Arbeitsplatzsicherheit lädieren werde, die die flexible Regelungsstruktur je Betrieb immerhin gebracht hat, und vermuteten zudem, die westdeutsch dominierte IG Metall versuche nur, auf ihre Kosten Stärke zu demonstrieren. Offensichtlich ist es der IG Metall und ihrem Streikführer Hasso Düvel in den letzten Jahren nicht gelungen, ein kontextsensibles Verständnis historisch gewachsener und gerade auch durch das Gewerkschaftshandeln wiederbelebter Handlungsmuster zu gewinnen.

Diese Entwicklung einer regionalisierten Betriebszentrierung in Ostdeutschland hat sich durch den Streik in der ostdeutschen Metallindustrie im Juni 2003 nicht geändert. Im Gegenteil, er dürfte die Verbetrieblichung und den tarifpolitischen Relevanzverlust der Gewerkschaften in Ostdeutschland beschleunigt haben. Sie scheint sich als eine Paralleltendenz zur verbandlich konzentrierten Industriepolitik in Westdeutschland zu vollziehen. So stellen wir etwa in Nordrhein-Westfalen und Baden-Württemberg spezifische Formen regionaler Netzwerkbildung zwischen kommunal-regionalen Institutionen, Kammern, Universitäten und Verbänden fest, die eine Makro-Steuerung der Arbeitsbeziehungen durch den traditionellen Korporatismus unterlaufen.[29]

1993 traten in Nordrhein-Westfalen kommunale Nahverkehrsunternehmen aus dem kommunalen Arbeitgeberverband aus. Sie reagierten damit auf eine durch europäisches Recht angekündigte Deregulierung des öffentlichen Nahverkehrs und setzten zugleich eine Entwicklung in Gang, die das Tarifvertragssystem des öffentlichen Dienstes immer mehr aushöhlte. Zwar ist dieses Tarifsystem kein klassischer Flächentarifvertrag, sondern eine landesbezirkliche Form arbeitsrechtlicher Regulierung, zugleich kam aber dem Handeln der beteiligten Gewerkschaften ÖTV (ver.di) und GdED (transnet) eine Pilotfunktion für das gesamte Bundesgebiet zu.

Beide Gewerkschaften und besonders die GdED erklärten sich damit einverstanden, ein zweites und gegenüber den bisherigen Vereinbarungen deutlich abgesenktes Lohnniveau zu akzeptieren, um zum einen die Wettbewerbssituation privater und halböffentlicher Nahverkehrsunternehmer zu stärken, zum anderen zumindest für das bisherige Personal eine Arbeitsplatz- und Entlohnungssicherheit zu garantieren. Seit April 2002 existiert in Nordrhein-Westfalen nun, wenn auch befristet, ein Spartentarifvertrag, der eine Trennung in zwei Lohnniveaus festschreibt. Durch das Scheitern des Tariftreuegesetzes im Bundesrat (April 2002) konnte diese Regelung jedoch nicht für den gesamten öffentlichen Nahverkehr verbindlich gemacht werden, so dass sich nun drei verschiedene und in gewisser Weise dezentralisierte Niveaus von Arbeitsverträgen ausmachen lassen: neben den zwei gewerkschaftlich mitbestimmten noch die in rein privaten Nahverkehrsunternehmen.

Ähnliches vollzog sich in der kommunalen Ver- und Entsorgung. Auch hier führte die vom Bundestag beschlossene Liberalisierung des Energiemarktes zu Pilottarifverträgen, in denen die Gewerkschaften auf tradierte Besonderheiten (Kündigungsschutz, familienbezogene Einkommensbestandteile) verzichteten und zudem »flexiblere Arbeitszeiten und eine Leistungsorientierung im Entgeltsystem akzeptierten«.[30]

Das zweite Beispiel bezieht sich auf die Krise des Flächentarifvertrages in der Metall- und Elektroindustrie. Im Zuge der letztlich gescheiterten Bündnisse für Arbeit hatte die IG Metall wider besseres makroökonomisches Wissen (und eigener Programmatik) einer wettbewerbsorientierten und arbeitgeberfreundlichen Tarifpolitik zugestimmt, aber gehofft, dadurch zum einen Austritte aus den Unternehmensverbänden zumindest in Grenzen zu halten, und zum anderen das korporatistische System so weit wie möglich zu retten. Beides ist ihr im intendierten Umfange nicht gelungen. Sie hat dafür im Gegenzug die interne wie externe Aushöhlung des Flächentarifvertrages hingenommen beziehungsweise sogar selber mit herbeigeführt und damit die generelle »Verbetrieblichung der Tarifpolitik« und die »Individualisierung des Tarifrechts« eingeläutet.[31]

Sieht man sich diese Entwicklungen in Westdeutschland an, so dürfte es wohl nicht ganz zufällig sein, dass Manfred Bunte, ehemaliges Mitglied der Geschäftsführung des Bildungswerks der NRW-Wirtschaft – einer Einrichtung der Landesvereinigung der Arbeitgeberverbände in NRW –, für Tarifverhandlungen ein dreistufiges Verfahren vorschlägt, bei dem die letzte Entscheidung schließlich auf Betriebsebene deutlich unabhängig von den Tarifparteien getroffen wird. »In der dritten Stufe dieses Verfahrens hätten dann Betriebsrat und Unternehmensleitung, wo nötig mit Hilfe der Tarifparteien, jene individuellen Nominallohnerhöhungen zu vereinbaren, die sich aus dem Rahmen für das betriebliche Erhöhungsbudget, den die Tarifparteien vorgegeben haben, ableiten lassen.«[32]

Es dürfte nicht ganz zufällig sein, dass die aktuellsten Vorschläge zur Verbetrieblichung von Tarifpolitik verbunden mit der Möglichkeit, Beschäftigungsverhältnisse mit niedrigeren Löhnen sogar ganz ohne Zustimmung der zentralen Verbände abzuschließen, nicht nur von Edmund Stoiber, sondern auch vom derzeitigen »Superminister« und ehemaligen Ministerpräsidenten Nordrhein-Westfalens, Wolfgang Clement, kommen – um von der Korrektur des Kündigungsschutzes nach unten und den Maßnahmen gegenüber (jugendlichen) Arbeitslosen gar nicht zu reden.[33]

Was wir also in Zukunft in der Bundesrepublik Deutschland auf dem Gebiet der Arbeitsverhältnisse erleben werden, sind ostdeutsche Zustände bundesweit. Sicher, die Ursachen für die Auflösung des Tripartismus und die Herausbildung von betrieblichen »Wir-AGs« sind jeweils unterschiedlich: das Scheitern des Transfers korporatistischer Strukturen hie, planvolles Handeln von Politik, Unternehmen und Gewerkschaften dort. Die Ergebnisse jedoch werden mehr als ähnlich bleiben: Unsicherheit der Arbeitsverhältnisse; Entsolidarisierung, Regionalisierung und Verbetrieblichung; steigende Flexibilisierung und Schichtung in Status, Entlohnung und Arbeitszeit (Entstandardisierung); rechtlich ungeregelte Konkurrenz zwischen Betrieben; ungebändigte situative Handlungslogiken und brüchige Koalitionen auf Zeit; Belohnung von Wohlverhalten und Primat ökonomischer Rationalitäten verbunden mit gesamtgesellschaftlicher Verantwortungslosigkeit einerseits, Armut und so stiller wie massiver Zukunftsangst andererseits.[34] Auf den ideologisch reintegrierenden »familiären Zuckerguss« über den neuen Verhältnissen werden wir allerdings verzichten müssen. Aber das wird uns nicht wirklich fehlen, hatte doch schon Karl Kraus bemerkt: Das Wort Familienbande hat einen Hauch von Wahrheit.

Uncivility

Ralf Dahrendorf und Wolfgang Engler haben aus unterschiedlichen Perspektiven gleichermaßen darauf verwiesen, dass die Erwerbsarbeitsgesellschaft nicht alles ist. Entweder müsse sie in eine Tätigkeitsgesellschaft oder in eine Art Mußegesellschaft verwandelt werden.[35] Mag die Tätigkeitsgesellschaft auch Frucht einer bewussten Anstrengung, Disziplinierung und Entscheidung sein, während die Mußegesellschaft eher aus der Not eine Tugend zu machen versucht, so spricht sich in beiden Vorstellungen doch die Konzeption einer Bürgergesellschaft aus.

Nun ist Bürgergesellschaft oder *civil society* eines der großen Diskussionsfelder der Gegenwart, und man hat bisweilen den Eindruck, sie fungiere als die Zauberformel zur Lösung aller politisch-sozialen Probleme vom Weltniveau herab bis zur Kommune.[36] Ich möchte etwas Wasser in den Wein (der frommen Denkungsart) gießen und mich auf einen Aspekt konzentrieren, der mir immer etwas vernachlässigt erscheint. Gemeint ist die andere Seite der Zivilgesellschaft, die *uncivility*. In deren Beschreibung beziehe ich mich auf Edward Shils,[37] ohne auf Querverbindungen etwa zu Hume, Smith, Mill oder Margalit einzugehen.

Um zu verdeutlichen, was *uncivility* bedeutet, erscheint es ratsam, sich zunächst dem Bereich der *civility* zuzuwenden. Zivilität und – um einen ciceronianischen Terminus aufzugreifen – *urbanitas* sind Leistungen, die von Bürgerinnen und Bürgern tagtäglich erbracht werden müssen, sonst entstehen sie nicht – oder verschwinden wieder. Die Bedeutung von civility für liberale Demokratien besteht darin, dass sie den Bestand, die Legitimation und das regelgerechte Funktionieren liberaler, demokratischer Gesellschaften unterstützt, sichert und kritisch begleitet. Das heißt bei ihrem Fehlen ist die Stabilität, Akzeptanz und realisierte Normativität einer gewaltenteilig verfassten institutionalisierten liberalen Demokratie auf Dauer gefährdet.[38]

Inhaltlich begreift Edward Shils *civility* zuerst als eine politisch-öffentliche Haltung, die sich gegenüber zwei modernen Erscheinungsformen von Politik positioniert: der ideologisch grundierten Politik einerseits, der Interessenpolitik und dem »spoil-system« andererseits. In diesen beiden Politikformen wird versucht, eine Gesamtperspektive oder ein spezifisches Interesse zu Lasten aller anderen Perspektiven und Interessen durchzusetzen. Demgegenüber hält *civility* mindestens an zweierlei fest: am unhintergehbaren und legitimen Pluralismus und an der übergeordneten Orientierung auf so etwas wie das Gemeinwohl a posteriori. Zivilität erscheint so als eine liberale Haltung, die eigenen wie fremden Ansprüchen, Vorstellungen und hegemonialen Durchsetzungsambitionen gleichermaßen skeptisch gegenübersteht und im Falle von unvermeidbar entstehenden Konflikten immer darauf bedacht ist, das Wohl aller Mitglieder einer Gesellschaft nicht aus den Augen zu verlieren.[39]

Diese Haltung und Urteilskraft enthält zweitens die Fähigkeit zur *politischen* Kooperation und Integration unter den Bedingungen des Konfliktes und des Streits. Es geht dergestalt um Respekt und wechselseitige Anerkennung von Differenzen, die beide zugleich die Garantie sind, sich problemadäquat verständigen zu können. Diese Fähigkeit zum permanenten und wohlwollend-aufrechten »dining with the opposition« bezeichnet

Shils als »good manners«.[40] Zivilität umfasst also reflektierte Skepsis (und Selbstbewusstsein) Pluralismus und integrative Gemeinwohlorientierung, Partizipationsoffenheit und die Tugend politischer, respektabler, nicht herabsetzender Interaktion zur gemeinsamen Lösung öffentlicher Probleme.

Vor diesem Hintergrund fällt die Bestimmung von *incivility* etwas leichter. Sie ist sicherlich nicht der Normalfall liberaler Demokratie, doch insgesamt sehr viel wahrscheinlicher als *civility*. Das hat seinen Grund ganz offensichtlich darin, dass liberale Institutionen eo ipso eben nicht *civility* hervorbringen. Vielmehr muss diese als Folge der Leistung von Bürgerinnen und Bürgern angesehen werden, die eben oft genug unterbleibt. Auf der inhaltlichen Ebene ließe sich *incivility* nun etwa verstehen als politische Rechthaberei, Borniertheit und Sendungsbewusstsein, Paternalismus, Beratungsresistenz, Unfähigkeit zum Perspektivenwechsel, Überheblichkeit, interessenbasierte Rücksichts- und Respektlosigkeit, politische Herabsetzung, politisch-soziale Verantwortungslosigkeit wie Gleichgültigkeit, Intoleranz, Xenophobie, Nationalismus, Pluralismusaversion, Kooperationsverweigerung und Partizipationsverhinderung. Man könnte all diese Phänomene nicht unplausibel unter den Begriffen der Ausgrenzung und Achtlosigkeit zusammenfassen. Politische *incivility* kann überall auftauchen, etwa in Wahlkämpfen, in den Massenmedien, in parlamentarischen Auseinandersetzungen, in den Schulen, in Intellektuellenzirkeln und Universitäten sowie in den Kirchen, in Parteien und Verbänden sowie in Teilen der Gesamtbevölkerung und Öffentlichkeit.[41]

Nun geht es mir nicht darum zu untersuchen, ob vor diesem Hintergrund etwa die DDR *civil* oder *uncivil* war. Mir geht es mehr um die Effekte, die die Transformation auf unterschiedlichen Gebieten hervorgerufen hat und die dazu beitragen, *incivility* in der Gesamtgesellschaft mit zu erzeugen oder zu fördern. Auch hier stehen nicht individuelle Kompetenzen und Mängel im Vordergrund, sondern strukturell-kulturelle Bedingungen.

Ein Gebiet, in dem sich verschiedene Formen von *uncivility* ausmachen lassen, scheinen mir jene Städte und Landschaften zu sein, die – zunächst in Ostdeutschland – eine massive Deindustrialisierung und einen massiven Bevölkerungsschwund erlebt haben. Görlitz etwa verlor bis 2000 mehr als 15000 Arbeitsplätze im produktiven Sektor, im Lausitzer Kohlerevier verloren etwa 85 Prozent der Kumpel ihren Arbeitsplatz und in den Chemiestandorten Halle-Merseburg sowie Bitterfeld-Dessau ging die Zahl der Beschäftigten im selben Zeitraum dramatisch um knapp 400000 zurück. Etwas mehr als eine Million Menschen hat seit 1990 die neuen Bundesländer in Richtung Westdeutschland verlassen; das Leipziger Institut für Länderkunde rechnet damit, dass bis zum Jahre 2050 etwa knapp die Hälfte der Ostdeutschen, also rund 8 Millionen, die neuen Bundesländer verlassen haben werden.[42] Ostdeutschland wird dann ein anderes Land sein. Dramatisch sieht es allerdings bereits heute in der Uckermark, in Vorpommern, der Altmark, der Lausitz und Teilen Ost-Thüringens aus. Ortschaften stehen zur Hälfte leer, ganze Landstriche verlieren große Teile ihrer Bewohner, und Stadtviertel, etwa in Halle oder Leipzig, Chemnitz, Rostock oder Erfurt, werden zurückgebaut und »verdichtet« – das heißt abgerissen. Wer gehen kann, geht, und zurück bleiben einsame, trostlose und zunehmend verarmende Landstriche, Dörfer und segregierte Städte mit massivem Leerstand im Zentrum und suburbanen Modellsiedlungen, malerisch gruppiert um Super- und Heimwerkermärkte.[43] Diese Regionen sind abgehängt, ein Aufschwung ist nicht zu erwarten; nicht einmal als touristisches Gebiet und »Freizeitpark« sind sie interessant und könnten Boden gutmachen.

In diesen Regionen bleibt die Arbeitslosigkeit auf hohem Niveau stabil, hier überaltert die Gesellschaft, Jugendliche finden kaum Ausbildungs- oder Arbeitsplätze, und die Armut und strukturelle Ereignislosigkeit nehmen zu. In solchen Umständen ist die Wahrscheinlichkeit groß, dass sich Karrieren entwickeln, die die Depravierung und Benachteiligung stabilisieren, die Eigeninitiative lähmen und damit den Kreis der Ausschließung und Nicht-Beachtung fortschreiben. Untersuchungen aus den späten achtziger Jahren haben gezeigt, dass eine längerfristige relative Armut die Lebenszufriedenheit reduziert, Niedergeschlagenheit hervorbringt und massive Ängste und Sorgen bei den Betroffenen erzeugt.[44] Das gilt gerade auch für Jugendliche. »Dauerhafte Motivationsschwäche, Resignation und Apathie sind Folgen abermaliger Misserfolge bei der Ausbildungs- und Arbeitsplatzsuche.«[45] Zugleich nimmt die Wahrscheinlichkeit von Herz- und Magenkrankheiten zu, wie insgesamt das Selbstwertgefühl deutlich schrumpft. Das gilt nun speziell für die neuen Bundesländer und etwas mehr für die Männer als für Frauen der ehemals »arbeiterlichen« Gesellschaft. Dieser – wie wir seit den »Arbeitslosen von Marienthal« wissen – durch Arbeitslosigkeit stark mit verursachte Rückgang an Selbstschätzung und Selbstwertgefühl verquickt sich auf signifikante Weise mit einer generellen und makroskopischen Einschätzung des Verhältnisses zwischen West- und Ostdeutschen.[46] Wechselseitige Fremdbilder und Abwertungsvermutungen werden nicht, wie andernorts, abgebaut, sondern bleiben zusammen mit einer Verpuppung in die Eigengruppe erhalten.

Uncivil an diesen Verhältnissen ist zu einem sicher geringeren Grad die durch ökonomische Transformationsprozesse hervorgerufene Deklassierung. Zwar hätte hier einiges abgefedert werden können, etwa durch eine überlegtere Politik der Treuhandanstalt.[47] Gleichwohl war an den unproduktiven und maroden Produktionsstrukturen nicht mehr allzu viel zu retten. *Uncivil* sind jedoch zum einen die durch die Transition für spezifische und regional bestimmbare Gruppen in Gang gesetzten Abschließungsmechanismen, zum anderen die politisch-soziale Akzeptanz der Marginalisierung seitens der Gesamtgesellschaft. Der erste Prozess nimmt den Betroffenen zu einem Teil die Chancen der eigenverantwortlichen ökonomischen, sozialen und politischen Re-Integration und damit die Chance, politische *civility* tatsächlich auszubilden. Der zweite Prozess ignoriert die Exklusion, nimmt Probleme der »anderen« Seite schon gar nicht mehr wahr und ist nicht sonderlich gewillt, an dieser Situation der »Abschreibung« gesamtgesellschaftlich und mit Blick auf das allgemeine Wohl etwas zu ändern.[48] Ich bin deshalb auch der Meinung, dass die sich bundesweit abzeichnende Entwicklung hin zu flexibel bestückten »Wir-AGs« einen guten Teil von *uncivility* mit sich führt.

Uncivil ist aber auch, dass Betroffene wo und wie auch immer ihre Situation als Rechtfertigung einsetzen, um etwa Fremdenfeindlichkeit, Rassismus, Nationalismus, Hass, Gewalt und Antipluralismus zu legitimieren. Es ist nicht nur zu einfach (und leugnet das eigene freie Tun), sondern auch unglaublich borniert, die Ursachen der eigenen Xenophobie bei anderen oder den Umständen zu suchen.

Vor diesem Hintergrund würde ich – nun wieder mit besonderem Blick auf Ostdeutschland – einige der von Engler aufgeführten Äußerungen gänzlich anders interpretieren. Wenn Engler an Aussagen von ostdeutschen Bürgerinnen und Bürgern exemplifiziert, dass durch die Transition zur Marktwirtschaft Freundschaften in Feindschaften umgeschlagen sind, wenn zudem die Zerstörung von Solidarität und der aufgekommene Egoismus beklagt werden, frage ich mich immer, wie das nur so schnell hat gehen können.[49] Genauso wenig, wie man zum Auto wird, wenn man in der Garage übernachtet, verliert man doch über Nacht ein sozialisiertes Solidaritätsgefühl – oder hatte man es in dieser Form am Ende gar nicht? Wer so – wie von Engler berichtet – argumentiert, verwandelt sich selbst in ein Objekt, das willens- und einflusslos der Gestaltungsmacht und dem »Raubzug« anderer Akteure oder den Kontextfaktoren ausgeliefert ist. Daher halte ich diese Einschätzung für eine exkulpierende und die Anforderungen zum Perspektivenwechsel abwehrende Strategie, die ich grosso modo ebenfalls unter *uncivility* rubrizieren würde.

Ein weiterer Bereich von *uncivility* scheinen mir bundesweit die Schulen und zum Teil die Universitäten geworden zu sein. Die zunehmende, teilweise rechtsradikal motivierte Gewalt in den Schulen spricht eine mehr als deutliche Sprache.[50] Aber auch die starke Konzentration auf Leistung, auf das (vielleicht auch noch privat geführte) Gymnasium und die bereits im Kindesalter eingebläute und in der Vorschulerziehung praktizierte Maxime der Durchsetzungsstärke und des *survival of the fittest* erzeugen Gräben zwischen passförmigen Gewinnern und »unbotmäßigen« Verlierern, die durch kulturelle Zuschreibungen verfestigt werden. Sie entwerten weiterhin andere Formen der Kompetenz und zudem ganze Schulzweige. Sie setzen Schülerinnen und Schüler unter Stress und Zukunftsangst. Und sie prämieren in Anbetracht des schrumpfenden Arbeitsmarktes und der bedrohlich verschobenen Alterspyramide nicht zuletzt Egoismus und Rechthaberei. Hauptsache, man selbst kommt gut durch – und die anderen müssen schauen, wo sie bleiben. Und diesen anderen droht Arbeitslosigkeit und Trübsinn.[51]

Doch wenn man die Schule (und das Studium) geschafft hat, dreht sich das Rad genau so weiter. Paradoxerweise führen der Leistungsdruck und die Notwendigkeit guter Abschlüsse (der Lehrer auch mit großzügiger Verteilung guter Noten entgegenkommen) zu einer Entwertung des Abiturs und tendenziell auch der Universitätsabschlüsse – mit der Folge, dass die Anforderungen für den Einstieg in einen einigermaßen interessanten und lukrativen Job ausgeweitet und angehoben werden. Nun sind, laut einer Umfrage der Personalberatungsfirma Kienbaum, plötzlich Teamfähigkeit und Kommunikationsstärke, Kontaktfähigkeit und Eigenmotivation gefragt,[52] und der Deutsche Industrie- und Handelskammertag beklagt, dass »Firmen sich nicht auf die Aussagekraft der Schulnoten verlassen könnten«.[53]

Diese sozialisierte, erwartete und wie eine Last auf den Schultern sitzende Leistungsorientierung scheint aber auch eine fast schon beängstigend kritiklose Übernahme klassischer »top-down«-Positionen zu implizieren. Nicht nur scheint man eben lernen zu müssen, was die Lehrenden (und schließlich auch Prüfenden) im Frontalunterricht vorgeben, sondern zugleich wird jener hierarchische Blickwinkel über- und eingenommen, der Alternativen nicht zulässt oder denunziert, Partizipation und Widerspruch nicht fördert. So war ich doch etwas überrascht, dass rund zwei Drittel aller insgesamt 250 Erstsemester in der Sozialwissenschaft im Wintersemester 2002/03 an der Universität Erfurt der Überzeugung waren, dass der Topos der (natürlich immer politisch-staatlich verorteten) Macht alle möglichen sozialen Relationen dominiert. Dass etwa Normen und Kommunikation Macht auch begrenzen und delegitimieren können, wurde gar nicht wahrgenommen oder in Erwägung gezogen.

Sylvia Greiffenhagen hat sehr zurecht hervorgehoben, dass sich im Bildungsbereich heute soziale Ungleichheit verstärkt durch Leistungsdruck und härtere Selektionskriterien als politische Ungleichheit fortsetzt – und dass damit auch ein Defizit an Demokratie und stabiler politischer Kultur einhergeht.[54] Hiermit reformuliert sie im Grunde die Thesen von Shils, dass liberal-demokratisch gerahmte Strukturen in spezifischen Ausprägungen *uncivility* erzeugen oder dazu beitragen, die Möglichkeit zur Ausbildung von *civility* für alle deutlich zu erschweren.

Mit diesen zwei Beispielen, denen etwa Ausführungen zu Korruption, Vetternwirtschaft und Patronage in Politik, Administration, Kultur und Medien hinzugefügt werden müssten, soll nicht behauptet werden, es gäbe so etwas wie Zivilgesellschaft in Deutschland oder speziell in Ostdeutschland nicht. Das wäre selbstverständlich reiner Unsinn. Ich möchte allerdings darauf aufmerksam machen, dass der Aufbau einer Bürgergesellschaft zur Stützung und wohlwollenden Kritik liberaler und repräsentativer Demokratie auf diversen Voraussetzungen ruht, die durch die Transformation und die gesamtdeutschen Entwicklungen in einigen zentralen Bereichen schwer lädiert werden. *Civility* tut sich mehr als schwer; es ist etwas blauäugig, sie zu erhoffen, wenn verschiedene Formen von *uncivility* wie Borniertheit, Paternalismus, Unfähigkeit zum Perspektivenwechsel, politisch-soziale Gleichgültigkeit,

Intoleranz, Xenophobie, Pluralismusaversion und Partizipationsverhinderung gesellschaftlich und politisch hervorgebracht werden. Dies einfach hinzunehmen, kann keine Option für die bundesdeutsche politisch-demokratische gemeinsame Zukunft darstellen.

Was also bleibt als Erkenntnisgewinn vom »Laborversuch«? Er liegt zunächst in der Banalität, dass Prognosen eben Prognosen sind und über Ambivalenzen nicht hinauskommen. Zukunft wird von der Gegenwart nicht festgelegt, sondern kann immer auch anders sein. Dennoch existieren Pfadabhängigkeiten, die gewisse Entwicklungen bevorzugen, andere deutlich unwahrscheinlich sein lassen. So kann uns der Laborversuch anhand der drei Beispiele zeigen, dass sich durch die deutsche Vereinigung offensichtlich öffentliche Kommunikationsräume bundesweit verändern und umgruppieren. Makroskopisch geht die politische Verbindung zwischen WählerInnen und Gewählten, BürgerInnen und politischem System zurück und zugleich verdichten sich auf lokaler, mikroskopischer Ebene ökonomische Verhandlungsbeziehungen. Parallel dazu schrumpfen in der gesellschaftlich-zivilen Sphäre die Potenziale, gefährdete Inseln oder bedrohte Regionen lebensweltlich und anerkennungspraktisch einzubeziehen. Das aber bedeutet, dass Integration und Bindung immer lokaler und immer ökonomischer werden, während die politische und zivile Integration an Kraft und Relevanz verliert und selektiver wird. Die Zukunft wird gemeinsam sein, aber innerhalb dieser Gemeinsamkeit werden, wenn wir nichts dagegen unternehmen, unterschiedlich starke, unterschiedlich ausgreifende und unterschiedlich breite Brücken existieren, deren Pfeiler in Ost- wie in Westdeutschland von Zonen wachsender Exklusion umgeben sind. Dieses nicht sehr erbauliche Szenario sieht Manuel Castells auf globaler Ebene bereits in Ansätzen verwirklicht – aber das ist eine andere Geschichte.[55]

Frank Decker

Mehr direkte Demokratie – und was noch?

Wie institutionelle Innovationen aus Ostdeutschland das politische System befruchten könnten

Mehr noch als der gesellschaftliche und wirtschaftliche Transformationsprozess ist die Eins-zu-eins-Übertragung des westdeutschen Institutionensystems auf die frühere DDR von Kritikern als »Kolonialisierung« gebrandmarkt worden. Formell stellte sich die Vereinigung in der Tat als »Anschluss« dar, indem das Grundgesetz und die bundesdeutsche Rechtsordnung in ihrem Geltungsbereich auf das ostdeutsche Gebiet einfach ausgeweitet wurden. Der Kolonialisierungsvorwurf war vor allem auf die damit verbundenen personellen Umwälzungen gemünzt. Nachdem mit der Auslöschung der DDR auch die alten Herrschaftseliten aus ihren Ämtern verschwunden waren, hatten Regierungs- und Verwaltungsprofis aus dem Westen in den neuen Ländern das Kommando übernommen. Auf der administrativen Ebene bereitete das keine sonderlichen Probleme, weil sich die Tätigkeit der westdeutschen Akteure hier eher geräuschlos vollzog und zu Recht als alternativlos empfunden wurde. Was die eigentlichen politischen Führungsfunktionen anging, ließ sich der Eindruck der »Fremdbestimmung« allerdings nur schwer verbergen. Die erste und einzige freie Volkskammerwahl der DDR stand im März 1990 bereits völlig im Zeichen der West-Parteien, die den Wahlkampf in ihre erprobten Hände nahmen und die ostdeutschen Partner zu Statisten degradierten. Allein die SED-Nachfolgepartei PDS und das aus der Bürgerrechtsbewegung hervorgegangene Bündnis 90 konnten sich diesem Sog entziehen. Damit verhinderten sie, dass sich das ostdeutsche Parteiensystem zur bloßen Kopie des westdeutschen entwickelte.

Die Politikwissenschaft hat die Kolonialisierungsthese zu Recht zurückgewiesen. So sehr die bundesdeutschen Politiker der Entwicklung ihren Stempel aufdrückten, so wenig handelte es sich dabei um einen Akt der Fremdbestimmung:

Erstens wurde das Tempo der Vereinigung vorwiegend von der DDR-Seite beziehungsweise genauer: ihrer Bevölkerung diktiert, die den Beitritt zur Bundesrepublik zu erklären ja laut Artikel 23 des Grundgesetzes ein verbrieftes Recht hatte. Als der Runde Tisch im Frühjahr 1990 den Beschluss fasste, im Volkskammerwahlkampf auf Redner aus der Bundesrepublik zu verzichten, war der Ruf nach der Wiedervereinigung unter den Menschen bereits so laut, dass sich deren Erwartungen und Hoffnungen ganz auf die westdeutsche Seite richteten. Hätten sich die Politiker und Parteien dem verweigern sollen, wo ihr Einmarsch doch von der ostdeutschen Bevölkerung regelrecht herbeigesehnt wurde?

Zweitens kann von einer generellen Verdrängung ostdeutscher durch westdeutsche Funktionseliten keine Rede sein. Die Westimporte betrafen vor allem die administrativen Bereiche der Kommunal- und Landesverwaltung sowie das Justiz- und Hochschulwesen und die Rundfunkanstalten, wo die Leitungsstellen mit Beamten zu besetzen waren. Im Bereich der politischen Wahlämter blieben die Ostdeutschen weitgehend unter sich. Westpolitiker waren hier nur auf der obersten Führungsebene überdurchschnittlich oft vertreten.

Drittens müssen die verschiedenen Phasen der Vereinigung unterschieden werden. Vollzog sich der Institutionentransfer nach dem Beitritt im Rahmen der bundesdeutschen Verfassungs- und Rechtsordnung, so hatte der Aufbau eines demokratischen Regierungssystems in der DDR schon vorher begonnen und in Gestalt der wiedereingeführten Länder und kommunalen Selbstverwaltung Fakten geschaffen.[1] Der weitere Transformationsprozess wurde dadurch im Sinne einer eigenständigeren Entwicklung beeinflusst. Zudem sorgte der Föderalismus dafür, dass auch nach dem 3. Oktober die maßgeblichen Entscheidungen über den Verwaltungsaufbau von den ostdeutschen Akteuren zu treffen waren.

In der Kolonialisierungsthese schwingt auch Enttäuschung

darüber mit, dass der Vereinigungsprozess gesamtdeutsch wenig Neues hervorgebracht hat. Die Vereinigung, heißt es, habe die Chance eröffnet, institutionelle Reformen zu betreiben, die im politischen System der alten Bundesrepublik schon lange überfällig gewesen seien. Diese Chance sei jedoch durch die politischen Akteure vertan worden und an den Interessen der westdeutschen »Besitzstandswahrer« gescheitert. Als Beleg für den mangelnden Reformwillen dient dabei etwa die Gemeinsame Verfassungskommission, die zu einer umfassenden Überarbeitung des Grundgesetzes eingesetzt worden sei, im Ergebnis aber nur minimale Korrekturen erreicht habe.[2]

Das Problem dieser Sichtweise liegt darin, dass ihre normativen Maßstäbe überfrachtet sind. Das Geschenk der Vereinigung muss für Reformwünsche herhalten, deren Unrealisierbarkeit auch in der alten Bundesrepublik ihre Gründe hatte. Warum hätten die jetzt auf einmal verschwinden sollen? Über die sachlich gebotenen Reformen kann man sich in vielen Bereichen gewiss leicht verständigen. Als Bewertungskriterium bergen solche Wunschkataloge jedoch die Gefahr, dass die Analyse ins Voluntaristische abgleitet und der Blick auf die tatsächlich stattgefundenen Veränderungen verstellt wird.[3] Ob der Institutionentransfer in Ostdeutschland zu Erneuerungen auch in der alten Bundesrepublik geführt hat und welche Bestimmungsfaktoren dem zugrunde liegen, sind zuallererst empirische Fragen. Um sie zu beantworten, sollen im folgenden zwei Kernbereiche des Regierungssystems unter die Lupe genommen werden: der Parlamentarismus und die direkte Demokratie.

Parlamentarismus

Bei der Betrachtung des parlamentarischen Systems muss zwischen dem verfassungsrechtlichen Ausgangszustand und der tatsächlichen Funktionsweise unterschieden werden. Damit ist zum einen die vermeintliche Diskrepanz zwischen dem konstitutionellen (»altliberalen«) und dem modernen parteiendemokratischen Parlamentarismusverständnis gemeint, das in der Rezeption des parlamentarischen Regierungssystems bis heute nachwirkt und zu Missverständnissen Anlass gibt. Zum anderen geht es – innerhalb des parteiendemokratischen Modells – um das normativ geforderte und real vorgefundene Verhältnis von Mehrheits- und Konsenselementen. Beides steht mit den Strukturen des Parteiensystems in Zusammenhang, die für die Möglichkeiten und Formen der parlamentarischen Regierungsbildung von maßgeblicher Bedeutung sind. Als wichtigste Variable des Institutionensystems fungiert – unterhalb der förmlichen Verfassung – das Wahlrecht. In der Politikwissenschaft neigte man lange Zeit dazu, das Wahlsystem als unabhängigen Faktor zu betrachten, dessen Ausgestaltung dem Gesetzgeber beliebigen Spielraum lasse. Heute weiß man, dass die Entscheidung für dieses oder jenes Wahlsystem keineswegs zufällig ist, sondern primär von den parteibildenden gesellschaftlichen Konfliktstrukturen abhängt. Die tendenzielle Übereinstimmung der Wahlrechtsbestimmungen in Bund und Ländern findet hier ihre Ursache. Zugleich ist sie eine Konsequenz der Grundentscheidung für das parlamentarische System.

Der so genannte Homogenitäts-Artikel 28 des Grundgesetzes, der die Länderverfassungen an die Prinzipien des republikanischen, demokratischen und sozialen Rechtsstaates bindet, schreibt das parlamentarische Regierungssystem auf der gliedstaatlichen Ebene nicht vor. Trotzdem weist das Länderverfassungsrecht in der Bundesrepublik, gemessen etwa an den Schweizer Kantonen oder amerikanischen Bundesstaaten, im staatsorganisatorischen Bereich eine nur geringe Variationsbreite auf. Selbst dort, wo regionale Besonderheiten eine Abweichung vom parlamentarischen Standardmodell begründeten – wie in den Hansestädten – haben sich die politischen Akteure bemüht, diese Besonderheiten aufzugeben.[4] Eine Alternative zum parlamentarischen System ist auch von den Verfassungsgebern in Ostdeutschland nie ernsthaft erwogen worden. Dabei hat der Vorschlag, die Regierungssysteme der Länder in Richtung einer Präsidialverfassung umzugestalten, durchaus eine Vorgeschichte. Er wurde 1952 von dem Tübinger Staatsrechtler und Politologen Theodor Eschenburg entwickelt, der damals zugleich Staatsrat im baden-württembergischen Innenministerium war.[5] Das Herzstück der von ihm angestrebten Reform – die Direktwahl des Ministerpräsidenten – ließ sich allerdings nicht verwirklichen, weshalb die Denkschrift rasch in Vergessenheit geriet. Erst in den neunziger Jahren wurde Eschenburgs Idee von Hans Herbert von Arnim wiederbelebt, der in der Bundesrepublik zu den intellektuellen Wortführern der Kritik am parteienstaatlichen System gehört. Der Speyerer Verfassungsrechtler hat den Direktwahlvorschlag seither in mehreren Debattenbeiträgen eingebracht und verteidigt.[6] Seine Initiativen blieben jedoch weitgehend folgenlos. Nicht nur, dass sie in der interessierten politischen Öffentlichkeit praktisch keinen Widerhall fanden. Sie erfolgten auch zu einem Zeitpunkt, als man die verfassungspolitische Weichenstellung zugunsten des parlamentarischen Systems in den neuen Bundesländern längst vorgenommen hatte.

Dennoch sollte man die Frage nach dem Sinn oder Unsinn des parlamentarischen Regierungssystems in den Ländern damit nicht als abgehakt betrachten. Sie drängt sich vor allem im Vergleich zur kommunale Ebene auf. Sieht man von der Mitwirkung im Bundesrat und den verbliebenen (Rest-)Kompetenzen bei der Gesetzgebung ab, sind die Länder heute vornehmlich mit Verwaltungsaufgaben betraut. Daher liegt es nahe, bei der Suche nach geeigneten Verfassungsstrukturen nicht nur auf den Bund, sondern auch auf die Gemeinden zu blicken. Anders als die Länderverfassungen weisen die Kommunalverfassungen in der Bundesrepublik von jeher eine große Bandbreite auf. Bedingt durch die deutsche Vereinigung und die in den westlichen Bundesländern durchgeführten Reformen, ist es aber auch hier in der Vergangenheit zu einer Angleichung gekommen, die als Siegeszug der Süddeutschen Ratsverfassung beschrieben werden kann. Bemerkenswert daran ist, dass die Angleichung genau in der entgegengesetzten Richtung zu derjenigen der Länderverfassungen erfolgte.

Die Einführung der Direktwahl des Bürgermeisters bedeutete eine flächendeckende Abkehr vom »parlamentarischen« Modell, wie es in den meisten Ländern (außerhalb Süddeutschlands) bis dahin vorgeherrscht hatte. Die heute geltenden Kommunalverfassungen sind von ihrer Grundstruktur her somit sämtlich »präsidentiell«. Ob sich die Verfassungsdiskussion in den neuen Ländern anders entwickelt und die Direktwahl der Ministerpräsidenten eine Realisierungschance gehabt hätte, wenn die Präsidentialisierung der Kommunalverfassungen im Westen früher und ohne das Zutun der ostdeutschen Vorbilder erfolgt wäre, ist schwer zu sagen. Es wäre zumindest ein interessanter Versuch gewesen, da für eine Reorganisation der Regierungssysteme in den Ländern sowohl funktionelle als auch demokratiepolitische Argumente ins Feld geführt werden können.[7] Ein einziger Vorreiter hätte hier womöglich genügt, um eine Reformwelle loszutreten.

Wie steht es nun aber um die Funktionsweise des parlamentarischen Systems in den ostdeutschen Ländern? Auch hier offenbart der Vergleich zu den Altbundesländern einige interessante Nuancen. Das Trauma der Weimarer Republik hat dafür gesorgt, dass der Glaube an die Notwendigkeit stabiler Mehrheitsverhältnisse in der parlamentarischen Kultur der Bundesrepublik tief verwurzelt ist. Institutionelle Schutzvorkehrungen wie das Konstruktive Misstrauensvotum, das die Position der Regierung beziehungsweise des Regierungschefs gegenüber dem Parlament aufwertet, und die frühzeitig einsetzenden Konzentrationstendenzen im Parteiensystem machten die zweite deutsche Demokratie in dieser Hinsicht zu einer notorischen Erfolgsgeschichte. Dies gilt nicht nur für die Bundesebene, sondern auch für die Länder. Das Standardmodell der Regierung in Deutschland ist die »kleine Koalition«, der in der Regel eine annähernd gleich starke parlamentarische Opposition aus einer oder mehreren Parteien gegenübersteht. Einparteienregierungen (wie seit 1966 in Bayern) stellen mangels absoluter Mehrheiten ebenso die Ausnahme dar wie Große Koalitionen, in die sich Union und Sozialdemokraten zumeist nur dann »flüchten«, wenn rechnerisch oder politisch keine andere Möglichkeit besteht. Geht auch die Große Koalition nicht, bleibt praktisch nur der Weg über vorgezogene Neuwahlen, um eine neue Mehrheit zu erzeugen.

Die Konsequenzen des »Mehrheitsdogmatismus« sind in doppelter Hinsicht prekär. Zum einen mangelt es dem System an Flexibilität, falls regierungsfähige Koalitionen durch die Wahlen nicht mehr automatisch produziert werden. Der Ausgang der letzten drei Bundestagswahlen hat gezeigt, dass dieses Szenario durchaus nicht aus der Luft gegriffen ist. Minderheitsregierungen wie in Skandinavien oder das in südeuropäischen Ländern gelegentlich gepflegte Regieren mit wechselnden Mehrheiten sind der parlamentarischen Praxis der Bundesrepublik fremd geblieben. Die Stabilität der Regierungsverhältnisse hängt unter diesen Bedingungen nahezu ausschließlich von der Entwicklung des Parteiensystems ab.

Zum anderen führt das System durch seine institutionelle Rigidität zu einem scharfen Antagonismus zwischen der regierenden Mehrheit und den Oppositionsparteien. Symptomatisch dafür ist das strikte Einhalten der Fraktions- und Koalitionsdisziplin, um sich gegenüber dem politischen Kontrahenten nur keine Blöße zu geben. Das Problem der mehrheitsdemokratischen Funktionsweise des parlamentarischen Systems liegt darin, dass sie das klassische Gewaltenteilungsverständnis scheinbar konterkariert, wonach das Parlament (als ganzes) der Regierung gegenübertritt. Diese traditionelle Lesart des Parlamentarismus kulminiert in der Rechtsfigur des freien Mandats, das den Abgeordneten allein seinem Gewissen verpflichtet. Dass sie in der Rezeption des parlamentarischen Systems die Oberhand behalten hat, erklärt sich nicht nur aus den emsigen Bestrebungen der Hamm-Brüchers, Weizsäckers und Arnims, den wahren Kern des Parlamentarismus gegen dessen parteiendemokratische Transformation zu verteidigen. Es rührt auch aus den Bestimmungen der Verfassung selbst, die in ihrer Diktion dem Montesquieuschen Modell verhaftet bleiben.[8] Umfragen haben ergeben, dass die tatsächliche Funktionslogik des parlamentarischen Systems in der Bundesrepublik von der Mehrzahl der Bürger bis heute nicht durchschaut wird; eine beachtliche Minderheit von 18 Prozent wähnt sich hierzulande sogar in einem präsidentiellen System, immerhin ein Drittel wünscht sich ein solches herbei.[9]

Vor diesem Hintergrund ist es bemerkenswert und zu begrüßen, dass die Parlamentarismus-Rezeption in den neuen Ländern gegenüber dem in der alten Bundesrepublik vorherrschenden Verständnis eine doppelte Wendung genommen hat. Die überkommene und die moderne Lesart des gewaltenteiligen Regierungssystems wurden so in gewisser Weise aufeinander zu bewegt. Auf der einen Seite sind die Verfassungsgeber der realen Funktionsweise des parlamentarischen Systems normativ entgegengekommen, indem sie die Opposition und ihre Rolle in die Verfassungen institutionell integriert haben. Dies erfolgte entweder mittels einer positiven Würdigung als wesentlicher, notwendiger oder grundlegender Bestandteil der parlamentarischen Demokratie (so in den Verfassungen von Berlin, Brandenburg, Sachsen und Thüringen) oder durch eine Legaldefinition. (»Die Fraktionen und Mitglieder des Landtages, welche die Regierung nicht stützen, bilden die parlamentarische Opposition«, so die Verfassungen von Mecklenburg-Vorpommern und – nahezu wortgleich – Sachsen-Anhalt). Am weitesten gingen die Autoren in Mecklenburg-Vorpommern, wo man der Opposition obendrein eine genaue Funktionszuschreibung an die Hand geben wollte, nämlich »Initiativen für die Kontrolle von Landesregierung und Landesverwaltung zu ergreifen sowie Regierungsprogramm und Regierungsentscheidungen kritisch zu bewerten.« In Anlehnung an die – in diesem Punkt schon vorher geänderten – Landesverfassungen Hamburgs und Schleswig-Holsteins, denen sich 1993 als weiteres westliches Land Niedersachsen hinzugesellte, wurde die Opposition somit von sämtlichen Neubundesländern in den Rang einer Verfassungsinstitution erhoben.[10]

Alexander Thumfart hat sicher Recht, wenn er in der ausdrücklichen Erwähnung der Opposition in den ostdeutschen

Länderverfassungen weniger einen Tribut an die parlamentarische Regierungsweise als »eine Antwort auf die historischen Erfahrungen im Herrschaftssystem der DDR vermutet«.[11] Anders wäre kaum zu erklären, dass sich die Verfassungspraxis zumindest in der von 1990 bis 1994 reichenden Etablierungsphase des Länderparlamentarismus eher in der entgegengesetzten Richtung entwickelt hat – als Abkehr oder Distanzierung von dem in Westdeutschland eingeübten Modell. Empirische Untersuchungen weisen für die ostdeutschen Abgeordneten ein Rollenbild nach, das in seiner konsensuellen Orientierung deutlich von den Erfahrungen des »Runden Tisches« der Wendezeit geprägt ist. Die dort praktizierten Dialogformen hatten und haben mit der gegnerschaftlichen Logik des parlamentarischen Prinzips nur wenig gemeinsam. Charakteristisch für das Mandatsverständnis der Neupolitiker war, dass sich diese in erster Linie der gesamten Bürgerschaft verpflichtet fühlten. Entsprechend häufig kam es in der ersten Legislaturperiode zu Überschreitungen der Fraktions- und Koalitionsgrenzen.

Autoren, die das parlamentarische System und seine mehrheitsdogmatischen »Auswüchse« ausschließlich affirmativ betrachten, können mit dem abweichenden Parlamentarismusverständnis der ostdeutschen Abgeordneten naturgemäß nichts anfangen.[12] Die allmähliche Annäherung an die in den alten Bundesländern bewährte Praxis erscheint ihnen nur als ein folgerichtiger Lern- und Professionalisierungsprozess, mit dem die Neuankömmlinge an westliche Standards Anschluss finden. Auch die Tatsache, dass die parlamentarische Regierungsweise von der ostdeutschen Bevölkerung noch weniger verstanden wird als von der westdeutschen, dient dann allenfalls als Beleg für die Notwendigkeit weiterer Aufklärung. Die Möglichkeit, dass mit dem System selbst etwas nicht stimmt und die Parlamentarismusrezeption in den neuen Bundesländern vielleicht eine Chance bedeuten könnte, dessen Funktionsschwächen zu beseitigen, gerät so vollständig aus dem Blick.

Zum Testfall für den ostdeutschen Sonderweg des Parlamentarismus wurde die 1994 gebildete Minderheitsregierung in Sachsen-Anhalt. Die von manchen Politologen gehegte Erwartung, dass das »Magdeburger Modell« eine Art Zukunftsmodell des parlamentarischen Systems in Ostdeutschland sein könnte (mit möglichen Rückwirkungen auch auf die alten Bundesländer), hat sich bekanntlich nicht bewahrheitet. Der »Nutzen« der Minderheitsregierung muss aus heutiger Sicht vor allem darin gesehen werden, dass sie ein Zwischenstadium auf dem Weg zur förmlichen Einbeziehung der PDS in die Regierungsverantwortung darstellte, die 1994 noch nicht durchsetzbar war. Hier liegt zugleich einer der Gründe dafür, warum das Experiment keine Nachahmer fand: Das Magdeburger Modell wurde auch von seinen Urhebern eher als Verlegenheitslösung denn als eigenständige Regierungsalternative betrachtet. Als die Postkommunisten salonfähig geworden waren, hatte es seinen Zweck erfüllt.

Ein unbefangenerer Umgang mit dem Experiment wäre vielleicht möglich gewesen, wenn es sich bei dem tolerierenden Teil nicht ausgerechnet um die SED-Nachfolgepartei gehandelt hätte. Dies hat die Debatte über das Magdeburger Modell frühzeitig überschattet. Darüber hinaus war es misslich, dass die Minderheitsregierung in einem Bundesland gebildet wurde, das – auch innerhalb Ostdeutschlands – zu den wirtschaftlichen Schlusslichtern gehörte. So hatten die Kritiker leichtes Spiel, konnten sie doch die schwache ökonomische Bilanz zugleich auf die vermeintliche Schwäche der Minderheitsregierung zurückführen. Das Magdeburger Modell stand infolgedessen von Beginn an unter einem schlechten Stern.

Der Sozialdemokrat Reinhard Höppner hatte die Minderheitsregierung, die ihn selbst in das Amt des Ministerpräsidenten bringen sollte, gegen den offenen Widerstand der Bundespartei durchgesetzt. Seine trotzige Feststellung, dass »die Uhren im Osten anders gehen«, wurde zum geflügelten Wort, entsprach aber nur zum Teil der Wahrheit. Der heftige politische Gegenwind sorgte jedenfalls dafür, dass der Tabubruch von Magdeburg keine Schule machte, sondern Episode blieb. Für die stabilitätsfixierten Dogmatiker der Mehrheitsdemokratie lag darin zweifellos eine Genugtuung. Eine lediglich geduldete Minderheitsregierung markierte in ihren Augen den Sündenfall des parlamentarischen Systems schlechthin, war ein Beispiel, dass »funktionslogische Blindheit zur politischen Torheit gerät«[13]. Wenn dem so wäre, so könnte man die Polemik zurückgeben, dann würde es sich bei den Skandinaviern offensichtlich um ein einziges Volk von Toren handeln!

Statt der (partei-)politischen Ablehnungshaltung einfach nur zu sekundieren, hätten die politikwissenschaftlichen Kritiker gut daran getan, die Minderheitsregierung unvoreingenommen als eine denkbare Form des parlamentarischen Regierens zu betrachten. Dabei würde sich sicher manches Fehlurteil korrigieren lassen. Die nüchterne Bestandsaufnahme würde zeigen, dass eine Minderheitsregierung mit den Funktionsprinzipien des parlamentarischen Systems mindestens so gut, wenn nicht besser vereinbar ist wie die von den Kritikern favorisierte Alternative einer Großen Koalition. Dies gilt vor allem mit Blick auf die Wahrnehmung der Oppositionsrolle.[14] Der Haupteinwand gegen das Duldungsmodell lautet, dass es die Zurechenbarkeit politischer Verantwortung erschwere, die im parlamentarischen System durch das klare Gegenüber von Regierungsmehrheit und Opposition gewährleistet sei. Gewiss ist es ein Problem, wenn die tolerierende Partei für die Politik der von ihr mitgetragenen Regierung nicht voll in Haftung genommen werden kann. Dieses Problem fällt aber auf der Ebene der Länderpolitik weniger stark ins Gewicht als auf der Bundesebene. Hinzu kommt, dass die Verantwortlichkeiten hierzulande auch auf der Bundesebene immer mehr verwischt worden sind, nachdem die Opposition über den Bundesrat in weiten Teilen der Gesetzgebung mitregiert. Dass Minderheitsregierungen in ihrer Handlungsfähigkeit eingeschränkt sind und deshalb in der Regierungspolitik schlechtere Ergebnisse produzieren, ist ebenfalls nicht ausgemacht; die Erfahrungen aus anderen Ländern sprechen eher gegen eine solche These.[15]

Dem stehen auf der anderen Seite die unbezweifelbaren Vorteile des Duldungsmodells gegenüber. Da eine Minderheitsregierung über keine institutionalisierte Gefolgschaft verfügt, muss sie die parlamentarische Unterstützung für ihre Politik von Fall zu Fall besorgen. Damit nimmt der Einfluss des Parlaments zu. Der Effekt ist also derselbe wie in einem präsidentiellen System, wo das Parlament durch seine unabhängige Stellung in der Lage ist, der Exekutive im Gesetzgebungsprozess auch faktisch Paroli zu bieten. Der mehrheitsdemokratische Parlamentarismus billigt dem Verfassungsorgan mit der höchsten demokratischen Legitimation demgegenüber nur eine Nebenrolle zu. Weil die einen – die Vertreter der parlamentarischen Mehrheit – nicht regieren dürfen und die anderen – die Vertreter der Opposition – nicht regieren können, muss ein solches System bei den Abgeordneten zwangsläufig Frustration erzeugen. Eine Abkehr vom Mehrheitsdogmatismus, wie ihn das Magdeburger Modell angestrebt hat, würde diese Tendenz zumindest zurückdrehen.

Direkte Demokratie

Damit kommen wir zum anderen großen Kapitel der Verfassungsgebung in den neuen Ländern: den Verfahren der direkten Demokratie. Diese werden für gewöhnlich an erster Stelle genannt, wenn nach innovativen Elementen der Institutionenbildung mit eindeutig ostdeutscher Handschrift gefragt wird. Mit Blick auf den Entstehungsprozess der Länderverfassungen bedarf dieses Bild allerdings der Korrektur. So evident die Nähe der basisdemokratischen Vorstellungen zu den Ereignissen des Wendejahres 1989 ist, haben sie die Verfassungsgebung doch nur in einem allgemeinen Sinne beeinflusst. Als das SED-Regime fiel und die Verfassungsdiskussion eröffnet wurde, ging man noch vom Erhalt und Fortbestand einer eigenständigen DDR aus. Schon zu Beginn der Beratungen des Zentralen Runden Tisches zeichnete sich aber ab, dass die Einheit unaufhaltsam war und es für die Ostdeutschen allein um den bestmöglichen Weg des staatsrechtlichen Anschlusses an die Bundesrepublik gehen würde. Der Verfassungsentwurf des Runden Tisches verstand sich vor diesem Hintergrund nicht als Alternative zum bewährten Grundgesetz, das als Basis einer gesamtdeutschen Verfassung auch von den ostdeutschen Eliten niemals in Frage gestellt wurde. Er muss vielmehr als ein Akt der demokratischen Selbstvergewisserung der sich emanzipierenden DDR-Bevölkerung gesehen werden. Was von den westdeutschen Profis später als »Verfassungsromantik oder -lyrik« verspottet wurde – die in den Grundrechtskatalog integrierten sozialen Rechte und Staatszielbestimmungen oder die Bezugnahmen auf die Erfahrungen der »friedlichen Revolution« –, sollte die besondere Intention des Entwurfs unterstreichen, der im Unterschied zum Grundgesetz weniger als staatliche denn als »Bürgerverfassung« konzipiert war.[16]

Die in der Diskussionsphase des Jahres 1990 vorgelegten Verfassungstexte entstammten nicht den staatlichen Organen, sondern wurden von parteiübergreifenden Runden Tischen in enger Zusammenarbeit mit den Bürgerinnen und Bürgern erarbeitet. In der zweiten Phase der eigentlichen parlamentarischen Verfassungsgebung gewannen die westdeutschen Einflüsse dann allmählich die Oberhand. Die Gründe dafür lagen zum einen im objektiven Anpassungsbedarf an die grundgesetzlichen Vorgaben. Zum anderen mangelte es den ostdeutschen Abgeordneten naturgemäß an juristischem Vorwissen, so dass ihnen in den Beratungen gar nicht anderes übrig blieb, als auf den Sachverstand der aus dem Westen stammenden Experten zurückzugreifen. Der Grad der Abschleifung der ursprünglichen Vorstellungen war dabei in den einzelnen Ländern unterschiedlich: Am weitesten reichte er in Thüringen, wo die überparteilichen Textentwürfe durch Entwürfe der Parteien und Fraktionen bald verdrängt wurden, während in Brandenburg oder Sachsen der Einfluss der Bürgerbewegungen auch im parlamentarischen Entscheidungsprozess gewahrt blieb und das Ergebnis mit prägte.[17]

Eine stärkere unmittelbare Rückwirkung auf die Beratungen ging von der Verfassungsreform in Schleswig-Holstein aus, die im Frühjahr 1990 rechtzeitig zu Beginn des Verfassungsgebungsprozesses in den neuen Ländern zum Abschluss gelangt war. Schleswig-Holstein war das erste westliche Bundesland, das seine Verfassung vollständig modernisiert hatte. Bei der Einführung der plebiszitären Elemente betrat die Verfassung Neuland, indem sie das in den Altbundesländern bis dato vorherrschende zweistufige Verfahren von Volksbegehren und Volksentscheid um eine vorgeschaltete Volksinitiative erweiterte. Auch in der Kombination von vergleichsweise niedrigen Einstiegshürden bei der Initiative und hohen Quoren beim schließlichen Volksentscheid wich das schleswig-holsteinische Konzept vom vormaligen Standard ab. Damit setzte es einen neuen Trend, der für die ostdeutschen Landesverfassungen Modellcharakter gewann und auch den späteren Reformen in anderen westlichen Bundesländern als Vorlage diente.[18]

Unterhalb dieses allgemeinen Trends weisen die Regelungen aber zum Teil deutliche Unterschiede auf.[19] Am restriktivsten sind die plebiszitären Beteiligungsmöglichkeiten in Thüringen, das in Gestalt des so genannten Bürgerantrags nur eine abgeschwächte Version der Volksinitiative realisiert hat, deren Anwendung zudem hohen Hürden unterliegt. Sachsen hat für das Initiativverfahren den alternativen Begriff des Volksantrages gewählt und dessen Anwendungsbereich auf förmliche Gesetzesvorschläge begrenzt, während in Brandenburg, Mecklenburg-Vorpommern und Sachsen-Anhalt auch andere Gegenstände der politischen Willensbildung initiativfähig sind. Nur die so genannte Finanztrias von Haushalts-, Besoldungs- und Abgabenregelungen ist in allen Ländern von der Volksgesetzgebung ausgenommen. Auch bei der Auslösung des Volksbegehrens variieren die Schwellenwerte von 4 Prozent in Brandenburg bis zum Höchstwert von 14 Prozent in Thüringen beträchtlich. Dasselbe gilt für die Zustimmungsquoren beim abschließenden Volksentscheid, auf die allein Sachsen ganz verzichtet. In den anderen Ländern liegen sie bei einem Viertel beziehungsweise einem Drittel der Stimmberechtigten – was in der Praxis für die meisten erfolgreichen Initiativen die Endstation bedeutet.

Gemessen an den älteren Landesverfassungen im Westen, die plebiszitäre Elemente enthalten, sind die direktdemokratischen Beteiligungsmöglichkeiten in den neuen Ländern insgesamt anwendungsfreundlicher und erfolgsträchtiger. Mit Blick auf die vom Verfassungsgeber vorgeschriebenen Quoren und sonstige Erschwernisse der Inanspruchnahme wird ihre Ausgestaltung von Beobachtern aber weiterhin als zu restriktiv kritisiert.[20] Allein an der Frage, was diese Inanspruchnahme besagt, ob sie die demokratische Qualität der Entscheidungen befördert oder ihr eher schadet, scheiden sich bis heute die Geister. Die Fronten lassen sich auch in den Verfassungsberatungen der neuen Bundesländer nachzeichnen, wo die linken Vertreter (SPD, PDS und Grüne) eher pro-plebiszitär argumentierten und die Nutzung der Beteiligungsrechte erleichtern wollten, während die bürgerlichen Parteien (CDU und FDP) für eine zurückhaltendere Ausgestaltung plädierten.[21]

Eine andere Frage ist, ob die ostdeutschen Länderverfassungen im Bereich der direkten Demokratie tatsächlich neue Wege beschritten haben. Verglichen mit den Neuerungen, die bereits in der Schleswig-Holsteinischen Verfassung eingeführt wurden, muss die Antwort wohl nein lauten. Dies gilt erst recht, wenn man den Begriff der direkten Demokratie weiter fasst und darunter neben der eigentlichen Volksgesetzgebung auch andere Systemelemente versteht, die eine stärkere unmittelbare Bürgerbeteiligung zum Ziel haben. Dazu gehören etwa Informations- und Akteneinsichtsrechte, die Möglichkeit der Verbandsklage oder die Einrichtung von Bürgerbeauftragten nach dem Vorbild des schwedischen Ombudsmannes. Von wenigen Ausnahmen abgesehen haben solche Vorschläge in den Entwürfen der Runden Tische bei den Verfassungsgebern keine Gnade gefunden. Dasselbe Bild zeigt sich bei den Wahlgesetzen, wo die Bestimmungen (personalisierte Verhältniswahl mit Erst- und Zweitstimme, starre Listen) ebenfalls ganz dem westdeutschen Vorbild verhaftet bleiben; hier wäre etwa der

Übergang zu einem System freier oder lose gebundener Listen denkbar gewesen, wie es auf Landesebene zur Zeit nur in Bayern existiert; dies würde dem Wähler größeren Einfluss auf die personelle Zusammensetzung der Parlamente ermöglichen.

Ein etwas anderes Bild ergibt sich, wenn man von der Landes- auf die kommunale Ebene überblendet. Bei den plebiszitären Sachentscheidungen bewegen sich die neuen Länder hier, was die Ausgestaltung der Beteiligungsrechte (Bürgerbegehren und Bürgerentscheid) angeht, in etwa im gesamtdeutschen Mittelfeld, sieht man von der neuerlichen Ausnahme Thüringens einmal ab. Die Verfassungen Brandenburgs, Mecklenburg-Vorpommerns, Sachsens und Sachsen-Anhalts kennen darüber hinaus die Variante des »Ratsbegehrens«, das eine Art Referendum auf kommunaler Ebene darstellt und als solches nur in Baden-Württemberg, Bayern und Schleswig-Holstein geläufig ist.[22] Größere Abweichungen von den Regelungen der westlichen Bundesländer bestehen im Bereich der kommunalen »Regierungssysteme«. Auf die Ungleichzeitigkeit der Entwicklungen, die im Osten und Westen zum Siegeszug der Süddeutschen Ratsverfassung und deren Kernstück – der Direktwahl des Bürgermeisters – geführt haben, wurde bereits hingewiesen. Diese Ungleichzeitigkeit lässt sich nicht zuletzt an den Motiven ablesen, die der Reform jeweils zugrunde lagen. Während in den Altbundesländern vorwiegend funktionelle und Effizienzgesichtspunkte für die Übernahme des süddeutschen Modells ins Feld geführt wurden, war die Einführung der Direktwahl in den neuen Ländern ein unmittelbares Produkt der demokratischen Aufbruchstimmung nach der Wende.[23] So erklärt es sich, dass die ostdeutschen Reformer in ihrem Versuch, die DDR-Kommunalverfassung abzuschütteln, noch sehr viel radikaler zu Werke gingen, indem sie als systemlogisches Pendant zur Direktwahl auch die Abwahlmöglichkeit der Bürgermeister durch das Volk, das so genannte *recall* vorsahen. Nur Mecklenburg-Vorpommern bildet hier mit seiner plebiszitären Zurückhaltung die Ausnahme.

Das *recall* führte die neuen Länder auf verfassungsrechtliches Neuland. Die volksunmittelbare Abberufung des Bürgermeisters war in der Süddeutschen Ratsverfassung nicht enthalten und ist in Bayern und Baden-Württemberg auch nachträglich nicht übernommen worden. Ihre erstmalige Aufnahme in eine Kommunalverfassung erfolgte in Hessen, wo das *recall* zusammen mit der Direktwahl 1992 eingeführt wurde. Dem schlossen sich in der Folge alle anderen Flächenländer an, wobei den ostdeutschen Bundesländern eine Katalysatorfunktion zukam.[24]

Bürgerfreundliche Regelungen haben dazu geführt, dass das Instrument des *recalls* in den ostdeutschen Ländern lebhaft genutzt worden ist. Dies gilt vor allem für Brandenburg, wo sich das »Bürgermeisterkegeln« ab 1993 zu einem echten Volkssport entwickelte. Innerhalb von fünf Jahren wurden hier nicht weniger als 150 ehrenamtliche Bürgermeister vorzeitig abgewählt oder durch öffentlichen Druck genötigt, ihren Posten zu räumen. Der brandenburgische Landtag sah sich daraufhin gezwungen, die Quoren für das Abwahlbegehren zu erhöhen, um die Kontinuität der Kommunalpolitik zu gewährleisten.[25] Trotz dieser Dysfunktionalitäten kann die Bedeutung der lokalen Ebene für die demokratische Erneuerung in Ostdeutschland nicht hoch genug veranschlagt werden. Die Eigenständigkeit der Kommunen gegenüber dem Staat betonend, steht die lokale Selbstverwaltung im Zentrum des sich herausbildenden Bürgerbewusstseins. Damit schafft sie ein potenzielles Gegengewicht zu den Entfremdungstendenzen, die durch die Verwerfungen der Modernisierung in der ostdeutschen Gesellschaft eingetreten sind und eine Vertrauenskrise im Verhältnis zu den staatlichen Institutionen ausgelöst haben.

Sollten plebiszitäre Elemente deshalb aber auch auf der Bundesebene eingeführt werden? Die Frage stellt sich umso mehr, als im Zuge der Unitarisierung immer mehr Zuständigkeiten von den Ländern auf den Bund verlagert worden sind, unsere Lebenswirklichkeit also heute in erster Linie von der

Bundespolitik bestimmt wird. Zyniker gehen so weit, hierin den eigentlichen Grund für die ausgedehnte Volksgesetzgebung auf der gliedstaatlichen Ebene zu sehen: Wo die Länder mangels Gesetzgebungskompetenzen nicht tätig werden dürfen, kann das direktdemokratische Instrumentarium auch keinen großen Schaden anrichten! Vor diesem Hintergrund ist es wenig überzeugend, wenn die positiven Erfahrungen, die man mit der direkten Demokratie in den Ländern gemacht hat, einfach auf die Bundesebene projiziert werden.[26] Anders gesagt: Wer plebiszitäre Elemente im Bereich der kommunalen und Länderpolitik gutheißt, braucht das nicht unbedingt auch im Bereich der Bundespolitik zu tun. Zumindest sollte er sich die Frage stellen, ob die Volksgesetzgebung auf Bundesebene nicht einer vorsichtigeren Ausgestaltung bedarf.

Schon vor der deutschen Vereinigung hat es in der Bundesrepublik Diskussionen darüber gegeben, ob die auf dem Hintergrund der Erfahrungen von Weimar und Nationalsozialismus verständliche Enthaltsamkeit des Grundgesetzes in punkto direkte Demokratie noch zeitgemäß sei. Die Frage drängte sich auch deshalb auf, weil es in den letzten Jahrzehnten zu einer sukzessiven Ausweitung der direktdemokratischen Beteiligungsrechte in Europa gekommen ist. In den Beratungen der Gemeinsamen Verfassungskommission von Bundestag und Bundesrat, die 1991 zur Überarbeitung des Grundgesetzes eingesetzt worden war, nahm das Thema daher breiten Raum ein. Das Ergebnis ist bekannt: Obwohl sich der größte Teil der befragten Sachverständigen zusammen mit der Kommissionsmehrheit für die Plebiszite aussprachen, konnte das notwendige Zwei-Drittel-Quorum nicht erreicht werden, da die Vertreter von CDU und CSU ihre Zustimmung versagten.[27] An dieser Ausgangslage hat sich bis heute nichts geändert. So war es verständlich, dass die 1998 ins Amt gekommene rot-grüne Regierung keine Eile zeigte, die in ihrem Koalitionsvertrag festgeschriebene Absicht, direktdemokratische Elemente in die Verfassung einzuführen, in die Tat umzusetzen. Erst am Ende der Legislaturperiode brachten SPD und Grüne den Entwurf für eine Grundgesetzänderung in das Parlament ein, wo er aber – wie vorauszusehen – bei den Unionsparteien erneut durchfiel. Die direkte Demokratie bleibt somit im nationalen Rahmen vorerst weiter auf Eis gelegt.

Dennoch lohnt sich ein Blick auf die abgelehnten Entwürfe. In beiden Fällen (1994 und 2002) haben die Autoren das Modell der mehrstufigen Volksgesetzgebung übernommen, wie es heute in sämtlichen Bundesländern besteht. Die Radikalität dieses Vorschlags wird erst im europäischen Vergleich richtig sichtbar. Während die Möglichkeit des nationalen Referendums in unterschiedlicher Form fast überall gegeben ist, gilt dies nämlich nicht für die Volksinitiative. Lässt man Zwergstaaten wie Liechtenstein oder San Marino einmal außer Betracht, räumen überhaupt nur sechs Länder – Italien, Litauen, die Schweiz, die Slowakei, Slowenien und Ungarn – den Bürgern das Recht ein, vom Parlament beschlossene Gesetze mittels Vetoinitiative aufzuheben. Vier davon – Litauen, die Schweiz, die Slowakei und Ungarn – gestehen dem Volk darüber hinaus ein positives Gesetzgebungsrecht zu, das sich allerdings nicht auf alle Materien erstreckt. Am weitesten reicht der Anwendungsbereich in der Slowakei und Litauen: Hier können mit einer Initiative sowohl Verfassungsänderungen als auch einfache Gesetze (oder Teile derselben) zur Volksabstimmung gebracht werden. Die Schweiz kennt die positive Volksgesetzgebung demgegenüber bis heute nur als Verfassungsinitiative.

Die Übernahme des Stufenmodells in das Grundgesetz würde folglich bedeuten, dass sich die Bundesrepublik in Sachen direkte Demokratie an die Spitze aller westlichen Demokratien setzt.[28] Damit wäre sie selbst der Schweiz voraus. Es ist wenig wahrscheinlich, dass den Verfassern der Entwürfe dieser Umstand bewusst war. Der Grund für die Fehleinschätzung dürfte in den weit überzogenen Erwartungen liegen, die an die direkte Demokratie hierzulande gerichtet werden. Die einen knüpfen an sie die Hoffnung inhaltlich besserer Problemlösungen. Die anderen betrachten sie primär in ihrem demokratischen Eigenwert, sehen in den Beteiligungsrechten eine Chance, das Interesse der Wähler am politischen Geschehen zu befördern. Für beides gibt es empirisch leider so gut wie keine Anhaltspunkte. Da den plebiszitären Verfahren die deliberativen Momente eines parlamentarischen Entscheidungsprozesses fehlen, steht ihre Überlegenheit gerade dort in Zweifel, wo die Gesetzgebungsmaterien komplex und die Entscheidungen von großer Tragweite sind; eben das ist der Grund, warum direktdemokratische Verfahren auf der Bundesebene anders betrachtet werden müssen als auf der kommunalen oder Landesebene. Und was die zweite These angeht, ist das Vorhandensein oder Nicht-Vorhandensein plebiszitärer Elemente nur einer von vielen Faktoren, die für allgemeine Systemzufriedenheit bestimmend sind. Das Argument verkennt, dass Kritik und Unzufriedenheit dem demokratischen System letztlich inhärent sind, das über seine Vermittlungsinstitutionen ständig neue Forderungen generiert und damit die eigene Unterstützungsbasis aushöhlt. Die Lösung dieses Problems kann nicht darin bestehen, Parlament und Parteien zu entmachten und stattdessen das Volk regieren zu lassen. Der Schlüssel liegt vielmehr bei den Vermittlungsinstitutionen selbst, die ihrer repräsentativen Funktion besser gerecht werden müssten. Genau hier steckt nach Ansicht von Claus Offe die wahre Bedeutung der plebiszitären Elemente: »(D)ass sie als Handlungsmöglichkeit der Bürger in Reserve stehen. Die Tatsache, dass das so ist, würde im günstigsten Falle die politischen Eliten dazu veranlassen, ihr legislatives Handeln und Unterlassen so sorgfältig argumentativ zu unterfüttern und zu vermitteln, dass sie mit unangenehmen Überraschungen vom Typus des dänischen Europa-Referendums nicht rechnen müssen. Und umgekehrt könnte das bloße Vorhandensein von plebiszitär-demokratischen Mitwirkungsformen bei den Bürgern die – sei es zynische, sei es nur bequemliche, auf jeden Fall aber populistisch ausbeutbare – Auffassung überwinden helfen, man sei den politischen Eliten ohnehin auf Gedeih und Verderb ausgeliefert. Nicht in der tatsächlichen Benutzung, sondern in der bloßen Existenz plebiszitärer Verfahrensregeln läge allenfalls ihre heilsame Wirkung.

Deshalb muss das Instrument so ausgebaut sein, dass es weder zur leichtfertigen Benutzung einlädt noch aber abschreckend hohe Hürden aufbaut.«[29]

Blockade und Konsens

Führt man die normativen Begründungen der direkten Demokratie auf ein realistisches Maß zurück, dann ergibt eine Ausgestaltung im Grundgesetz nach dem Vorbild der Länderverfassungen keinen Sinn. Die Trias von Initiative, Begehren und Entscheid würde sich ja nicht auf die Funktion eines Frühwarnsystems beschränken, das die politischen Akteure mahnt, die Interessen und Bedürfnisse der Bevölkerung bei ihren Entscheidungen stets im Auge zu behalten. Sie würde vielmehr den Bürgern die Möglichkeit geben, in bestimmten Bereichen der Gesetzgebung *selbst an die Stelle* des gewählten Vertretungsorgans zu treten. Die komplexen und weitreichenden Fragen, die auf der Bundesebene gesetzlich zu regeln sind, eignen sich für ein direktdemokratisches Entscheidungsverfahren freilich nur bedingt. Die Übertragung des Ländermodells auf den Bund hätte daher vermutlich zur Folge, dass über die finanzwirksamen Gesetze hinaus noch mehr Ausschlussgegenstände benannt werden müssten, um das plebiszitäre Instrument demokratieverträglich zu machen.

Auch bei einem »abgespeckten« Modell würde sich jedoch die Frage stellen, wie die Beteiligungsrechte in das parlamentarische Regierungssystem eingebettet werden können. Dabei geht es vor allem um die Folgen für den Parteienwettbewerb, dessen demokratische Funktionslogik ja auf einem festgelegten Rollenverständnis von Mehrheit und Minderheit beruht. Die vom Wähler bevollmächtigte Regierung trägt danach das Vorrecht und die Bürde der politischen Verantwortung, während die Opposition bestrebt ist, sich durch Kritik und das Aufzeigen von Alternativen als »Regierung im Wartestand« zu empfehlen. Plebiszitäre Elemente unterminieren diesen Dualismus. Erfüllen sie ihre präventive Funktion, dann wird die regierende Mehrheit gezwungen, bei den Entscheidungen die Vorstellungen der Minderheit zumindest implizit zu berücksichtigen. Die direkte Demokratie wirkt also ihrer Logik nach »konsensuell«, indem sie für eine breitere Interessenberücksichtigung sorgt.[30] Ihre Rückwirkungen auf das parlamentarische Entscheidungsverfahren ähneln damit jenen eines präsidentiellen Systems oder einer Minderheitsregierung, nur dass der Konsensdruck bei den Plebisziten von außen erfolgt, also jenseits der eigentlichen parlamentarischen Sphäre aufgebaut wird.

Die veränderten Rahmenbedingungen des Regierens führen dazu, dass die Politik heute nicht weniger, sondern *mehr* Konsens benötigt. In jedem Falle braucht sie aber, wenn man von den Schwachstellen des deutschen Systems ausgeht, einen *anders* organisierten Konsens, der bereits in der parlamentarischen Arena eingreift und den unseligen Antagonismus von Regierungsmehrheit und Opposition durchbricht. Damit ließen sich auch jene Blockierungstendenzen im Verhältnis von Bund und Ländern zurückdrängen, die in der Vergangenheit durch den Parteienwettbewerb verschuldet worden sind. Es ist ein gutes Zeichen, wenn im Rahmen jetzt anstehender Föderalismusreformen ernsthaft über die Reduktion der Mitwirkungsbefugnisse des Bundesrates nachgedacht wird. Es wäre aber ein Fehler, die Reformdiskussion darauf zu verengen. Die Frage muss erlaubt sein, ob dem Blockadeproblem nicht auch von der anderen Seite – durch eine Mäßigung oder Modifizierung des Parteienwettbewerbs – beizukommen wäre.

Die von altbundesrepublikanischen Mustern abweichende Rezeption des parlamentarischen Systems und das Eintreten für eine möglichst breit ausgebaute Volksgesetzgebung, die den Verfassungsgebungsprozess in den neuen Ländern begleitet haben, zeugen von einem konsensdemokratischen Politikverständnis, das für eine solche Debatte impulsgebend sein könnte.[31] Dennoch würde man zögern, ihnen das Etikett der Innovation aufzukleben. Echte Veränderungen im gesamtdeutschen

Rahmen konnten die konsensuellen Elemente schon deshalb nicht bewirken, weil sie in den neuen Ländern selbst frühzeitig verschüttet und durch westdeutsch geprägte Verhaltensmuster ersetzt (Mandatsverständnis) oder von der Bevölkerung nur zögerlich in Anspruch genommen wurden (Beteiligungsrechte). Zum anderen hat man sie (wie im Fall des Magdeburger Modells) in der alten Bundesrepublik schlicht nicht verstanden oder verstehen wollen.

Unmittelbare Rückwirkungen auf das Institutionengefüge lassen sich insofern nur beim föderalen System und beim Parteiensystem ausmachen, die infolge der Vereinigung heterogener und zugleich unberechenbarer geworden sind. Einmal vorausgesetzt, dass sich an diesem Zustand nichts Wesentliches ändert, könnte das irgendwann auch die parlamentarische Regierungspraxis und deren mögliche plebiszitäre Ergänzung betreffen (wenn etwa mangels anderer Mehrheiten eine Große Koalition gebildet werden muss). Wäre es da nicht besser, man würde sich auf die Reformnotwendigkeiten schon vorab einstellen und eine solche Koalition bewusst herbeiführen?

Klaus Ness

Eine Idee haben und Probleme lösen

Ist die Parteiendemokratie in Ostdeutschland nur eine tapfere Illusion – oder hat sie vielleicht doch noch eine Chance?

Die Parteiendemokratie steckt in der Krise. Immer weniger Menschen werden Mitglieder der Parteien. Die Ursachen wurden schon vielfach analysiert: die Auflösung sozialmoralischer Milieus, die zunehmende Individualisierung in Zeiten der globalisierten Ökonomie, die Aversion gegen vermachtete und korrupte Parteienstrukturen. Dennoch wird die Parteiendemokratie immer noch als alternativlos wahrgenommen. Und das mit Recht: Die Transformation der untergehenden DDR in eine parlamentarische Demokratie ist auch deshalb gelungen, weil es die neu entstandenen oder demokratisch gewendeten Parteien gab. Doch die ostdeutsche Parteienlandschaft, ihre Struktur, ihr Binnenleben und ihre Repräsentanten – das alles ist etwas anders als in Westdeutschland. Vielleicht auch moderner und zukunftsfähiger?

Haben die Parteien versagt?

Die SPD zum Beispiel. Peter Glotz 1981, Karl-Heinz Blessing 1991, Franz Müntefering und Matthias Machnig 2001: Alle zehn Jahre versuchen sich die Organisationschefs der Partei an der Reform und Erneuerung der Sozialdemokratie. Der wichtigste Beweggrund der kampagnenhaften Bemühungen der obersten Parteiarbeiter war und blieb dabei stets die Bewahrung der SPD als Mitgliederpartei. Peter Glotz mühte sich 1981 um die Zukunft einer westdeutschen Partei, die seinerzeit noch stolze 956490 Mitglieder zählte. Karlheinz Blessing, erster Bundesgeschäftsführer der SPD nach der deutschen Vereinigung, konnte sich 1991 noch über die Mitgliedsbeiträge von 919871 gesamtdeutschen Genossen freuen; Franz Müntefering und Matthias Machnig fanden 2001 nur noch 717513 registrierte Sozialdemokraten in der unterdessen modernisierten Mitgliederdatenbank. Als die deutsche Sozialdemokratie im Mai 2003 ihren 140. Geburtstag feierte, konnten sich nur noch weniger als 700000 Genossinnen und Genossen selbst gratulieren. Die SPD hat also in den vergangenen 20 Jahren mehr als eine Viertelmillion Mitglieder verloren – trotz der inzwischen stattgefundenen Vereinigung Deutschlands, trotz aller bisherigen Reformbemühungen. Und der Trend ist nicht gestoppt.

Haben die Parteimanager versagt? Haben all die vielen Kommissionssitzungen, die dicken Diskussionspapiere, die wissenschaftlichen Expertisen professoraler Politologen und die schön gebundenen Bücher zur Zukunft der Volksparteien gar nichts gebracht? Kann sich die SPD damit trösten, dass sich auch der CDU-Mitgliederbestand zwischen 1991 und 2001 von über 750000 auf weniger als 600000 Parteigänger reduzierte? Müssen sich letztlich alle Volksparteien eingestehen, dass das in ihren Reformkommissionen mantrahaft vorgetragene Bekenntnis, sie seien eine klassische Mitgliederpartei und wollten das – selbstverständlich – auch dauerhaft bleiben, nicht mehr ist als hilfloses Pfeifen im dunkelsten Wald?

Man hört sie schon »Ketzer« und »Weltuntergangsprophet« schreien, all die modernistischen Apologeten der »internetbasierten Netzwerkpartei«, die meinen, das neueste Ei des Kolumbus zur Rettung der Volksparteien entdeckt zu haben. Aber auch diese Art der Abwehr von Selbstzweifeln gehört seit langem zum Ritual. Denn die Hinweise darauf, dass die Zukunft der als Massenorganisationen aus den sozialmoralischen Milieus des Industriezeitalters stammenden Parteien endlich sein könnte, sind ja beileibe nicht besonders neu. Bereits 1993 nannte Steffen Reiche, einer der Gründer der ostdeutschen SPD, das von Karlheinz Blessing betriebene Projekt »SPD 2000« eine »tapfere Illusion«. Aus seiner Erfahrung beim Aufbau des bei Wahlen in Ostdeutschland erfolgreichsten Brandenburger Landesverbandes zog Reiche den Schluss, dass die westdeutsche SPD »das Bild ihrer Zukunft in der SPD-Ost vor sich« habe. Mit dieser Prophezeiung löste der junge Landesvorsitzende in der SPD-West bestenfalls mitleidiges Kopfschütteln aus. So gönnerhaft wie besserwisserisch gab man gab ihm den Ratschlag, doch bitteschön aktivere Ortsvereinsarbeit zu betreiben und sich auf diese Weise einfach um mehr Mitglieder zu bemühen. Als Reiche seinen Kritikern berichtete, dass sein damals knapp 7000 Mitglieder zählender Brandenburger Landesverband 2300 kommunale Mandate besetze und gar nicht genügend Kandidaten für alle zu besetzenden Mandate finden könne, erntete er als Reaktion nur ungläubiges Schweigen. Tempi passati. Mittlerweile häufen sich die Berichte, dass die SPD in weiten Gebieten Bayerns nicht mehr mit Ortsvereinen präsent ist und auch in anderen ländlichen Regionen Westdeutschlands kaum genügend Kandidaten für Kommunalwahlen findet.

Heute machen sich die Reformer an der Parteispitze keine Illusionen mehr darüber, dass die SPD in Ostdeutschland in absehbarer Zeit über ihre knapp 30000 Mitglieder kaum hinauskommen kann. Aber natürlich wird für den Westen unbeirrt am alten Idealbild festgehalten. Bei Matthias Machnig, bis Anfang 2003 Bundesgeschäftsführer der Partei, liest sich das so: »Hinzu kommt, dass die Mitgliederdichte aller Parteien … in den ostdeutschen Bundesländern so dünn ist, dass der Begriff Mitgliederpartei als eher westdeutsches Konzept betrachtet werden muss.« Es ist schon verblüffend: Die Wirklichkeit hat sich auch im Westen der Republik längst verändert. Genau deshalb müsste man sich in den Parteizentralen dafür interessieren, wie die Erfahrungen im Osten, wo auch mit wenigen Mitgliedern die Aufgaben einer Partei erfolgreich wahrgenommen werden, für den Westen nutzbar gemacht werden könnten. Stattdessen hält man stur am alten Mantra fest. Auch heute noch gilt Christian Morgensterns geflügeltes Wort, dass nicht sein kann, was nicht sein darf.

Das gesellschaftliche Milieu, aus dem sich die SPD in der Ära der Industrialisierung rekrutierte, benötigte die Partei als Schutzraum und als Vehikel für den eigenen sozialen Aufstieg. Die Partei war eine Ruhezone im harten Alltag, sie verschaffte Bildungserlebnisse, erlaubte Zugänge zum Leben, die das Bürgertum der aufstrebenden Industriearbeiterschaft versagte. Die Sozialdemokratie war das institutionalisierte Versprechen, das »Noch-nicht-Sein« (Ernst Bloch) zu verwirklichen. Ihr historischer Erfolg, dieses Versprechen in vielen Bereichen Wirklichkeit werden zu lassen, macht der SPD als Organisation heute das Leben schwer. Die Partei als Schutzraum wird nicht mehr gebraucht, Bildungszugänge sind – auch dank sozialdemokratischer Reformpolitik – heute deutlich weniger blockiert. Und neue Informationstechnologien lassen das Referat des Bundestagsabgeordneten im Ortsverein über die aktuelle Regierungspolitik älter erscheinen als die Schlagzeile der Tageszeitung von gestern.

Eine Partei ist zwar auch heute noch ein Raum der Gesellung und Vergemeinschaftung. Aber eben nur einer von vielen, die inzwischen auch Facharbeitern und Angestellten offen stehen: Schützenvereine, Bürgerinitiativen – aber auch der Tennisclub und das Fitnessstudio. Wie alle anderen Parteien ist die SPD also zunehmend darauf angewiesen, ihre unmittelbaren Aufgaben im demokratischen Staat zu erfüllen und ihre Existenzberechtigung auf diese Weise nachzuweisen. Sie muss an der politischen Meinungsbildung der Bevölkerung *mitwirken*, Personal für politische Ämter rekrutieren und qualifizieren. Und vor allem muss sie alltagstaugliche Lösungen für politische Probleme entwickeln, mehrheitsfähig machen und durchsetzen. Tobias Dürr hat Recht: »Wo keine Kollektivgesinnung und kein Liedgut, kein Milieu und kein Vorfeld die Menschen noch an die Parteien binden, da wird diesen auf die Dauer alleine die Arbeit an der besseren Lösung, der besseren Politik helfen.« Statt vergangenen großen Zeiten hinterherzutrauern, wird die SPD sich die Frage stellen müssen, ob sie dieser Aufgabe wirklich hinreichend gerecht wird.

Vielleicht ist die SPD in Ostdeutschland wegen ihrer anderen Geschichte und Bedingungen gezwungenermaßen in der Lage gewesen, einige Fähigkeiten und Kenntnisse zu entwickeln, die dem angeschlagenen westdeutschen Tanker SPD helfen können, seine Lage zu erkennen und wieder mehr Wasser unter den Kiel zu bekommen. Die heutige Sozialdemokratie in Ostdeutschland ist nicht von Arbeitern gegründet worden. Ihre Keimzelle war eine Gruppe von Intellektuellen im Umfeld der Evangelischen Kirche. Die noch illegale Gründung als SDP am 40. Jahrestag der DDR in einem Gemeindehaus im brandenburgischen Schwante war eine mutige Tat – aber sie war eben auch die Kopfgeburt einiger weniger Menschen, die Zeit sei reif, um mit dieser Parteigründung die herrschenden Verhältnisse zum Tanzen zu bringen. Die Gründer wollten einen Beitrag dazu leisten, den Alleinvertretungsanspruch der SED zu brechen. Diese wichtigste Aufgabe, die ihren Gründung legitimierte, löste die SDP gemeinsam mit anderen neu gegründeten Parteien, Initiativen und Millionen Menschen auf den Straßen der DDR. Und zwar schneller als sie selbst zu hoffen gewagt hatte. Ihre Analyse hatte also gestimmt, die Zeit war gekommen.

Ihre eigentliche »Gründung« als dauerhafte Partei und damit die Bewährungsprobe, ob sie auch die Zukunft gestalten wolle und könne, stand der ostdeutschen Sozialdemokratie aber erst noch bevor. Es ist unüblich, aber plausibel, den 6. Mai 1990 als das entscheidende Gründungsdatum der ostdeutschen SPD anzusehen. Das war der Tag, an dem in der vergehenden DDR die ersten freien Kommunalwahlen stattfanden. Auf einen Schlag gelangten mit dieser Kommunalwahl Tausende von ostdeutschen Sozialdemokraten, die zu DDR-Zeiten nicht in politischer Verantwortung gewesen waren, in Kreistage, Stadtverordnetenversammlungen und Gemeindeparlamente. Hunderte wurden gleichsam aus dem Stand zu Landräten und Bürgermeistern, Beigeordneten, Jugendamtsleitern oder Kämmerern.

In einer Zeit dramatischen Umbruchs, großer Ungewissheit und rechtlicher Unsicherheit mussten sie überall an den Graswurzeln einer aufgewühlten Gesellschaft zwischen Rügen und dem Fichtelberg buchstäblich das Ausbrechen des Chaos verhindern. Sie mussten gleichzeitig Neues lernen und Entscheidungen von großer Tragweite treffen, außerdem noch eine Partei aufbauen und mit all ihrem Handeln das Vertrauen der Menschen in die Sozialdemokratie rechtfertigen. Es war eine ungeheuere Aufgabe, die viele der 1990 verantwortlichen Sozialdemokraten mit Bravour gemeistert haben. Die harte Arbeit der Kommunalpolitiker in der ersten Stunde des demokratischen Neubeginns war das wichtigste Unterpfand der Etablierung nicht nur der Sozialdemokratie, sondern auch der Parteiendemokratie in Ostdeutschland überhaupt.

Dabei stützte sich die ostdeutsche SPD besonders auf eine soziologische Gruppe unter ihren Neumitgliedern, um die sich Peter Glotz als Bundesgeschäftsführer der westdeutschen Sozialdemokratie schon in der ersten Hälfte der achtziger Jahre ohne nennenswerten Erfolg bemüht hatte: Das waren die Angehörigen der technischen Intelligenz. Viele sozialdemokratische Landräte und Bürgermeister der Nachwendezeit waren hoch qualifizierte, pragmatische, in der Lösung praktischer Alltagsprobleme geübte Diplomingenieure. Es waren Menschen, die das System der DDR ablehnten, weil sie dessen ökonomische Ineffizienz aus der Erfahrung ihres Arbeitsalltags sehr genau kannten – und weil sie sich zugleich daran stießen, wie im Staat der SED vernünftige und praktikable Lösungen aus ideologischen Gründen verhindert wurden. Die Angehörigen dieser Gruppe begrüßten den Neuanfang, der auch einen Bruch in ihrer Biografie bedeutete, weil sie die alten Eliten ablösen und schnell lebenspraktische Veränderungen herbeiführen wollten. Ihre Neugier, ihr Ehrgeiz, besonders aber ihre praktische Vernunft waren wichtige Voraussetzungen dafür, dass der Transformationsprozess auf kommunaler Ebene gelingen konnte. Diese tatkräftige Generation der 35 bis 45 Jahre alten Ingenieure war nicht nur für die SPD ein Glücksfall, sondern auch für die Demokratie in Ostdeutschland insgesamt. Sie waren und sind unideologisch, verwurzelt in ihrer Region, sozial verantwortlich und pragmatisch ins Gelingen verliebt.

In der Kommunalpolitik sind Parteien über ihre Repräsentanten unmittelbar erlebbar. Hier wird ihre Kompetenz, geeignetes Personal zu rekrutieren und zu qualifizieren, von den Bürgern ganz direkt wahrgenommen. Hier entstehen Vertrauen und Bindung – und hier werden Vertrauen und Bindung zuweilen auch wieder verspielt. Die SPD hat diese Erkenntnis in den vergangenen Jahrzehnten vernachlässigt. Dem Niedergang der SPD in den Bundesländern ging in der Regel ihr Niedergang in den größeren Städten dieser Länder voraus. Das klassische Beispiel für diesen Mechanismus ist Frankfurt am Main, aber auch die Stadtstaaten Berlin und Hamburg haben ihn seit den siebziger Jahren erlebt. Franz Müntefering und Matthias Machnig haben in ihren Vorschlägen zur Parteireform dieses Problem erkannt und die Gründung einer »Kommunalakademie« für kommunale Leitungsfunktionen angeregt. Seit 2001 werden dort ehrenamtliche Mandatsträger geschult und speziell Nachwuchskräfte auf künftige Führungsaufgaben vorbereitet. Diese Initiative ist beispielsweise in Brandenburg durch eine Landes-Kommunalakademie ergänzt worden, in der bereits im ersten Jahr 120 jüngere Parteimitglieder in Rhetorik, kommunalem Haushalts- und Baurecht qualifiziert wurden, die sich bei den Kommunalwahlen 2003 erstmals um ein Mandat in kommunalen Vertretungen bewerben. Vor allem in Ostdeutschland ist diese Arbeit der Qualifizierung wichtig, denn vor allem im ländlichen Raum existieren oftmals gar keine Gliederungen der Parteien: Bei Kommunalwahlen treten in vielen kleinen Gemeinden keine Parteien, sondern Listen der örtlichen Sportvereine oder der Freiwilligen Feuerwehr gegeneinander an. Der unerwartet große Ansturm auf das Angebot zeigt auch, wie Parteien neue Aktivisten und Mitglieder gewinnen können: Sie müssen neue und vor allem exklusive Angebote schaffen, die so nur bei ihnen zu erhalten sind. Und diese Angebote müssen so gut sein, dass sie auch außerhalb der Partei verwertbar sind. In Brandenburg ist das Angebot aus der Not heraus entstanden. In der Not wächst aber das Rettende auch – vielleicht für die Parteien im Osten und im Westen?

Im Osten ohne Altlasten

Im Jahr 1988 erschreckte Wolfgang Michal, ein damals 32 Jahre alter ehemaliger Redakteur der sozialdemokratischen Parteizeitung »Vorwärts«, seine Parteispitze mit seinem Buch »Die SPD – staatstreu und jugendfrei«. Akribisch und kenntnisreich beschrieb er, wie es seiner Partei gelungen war, innerhalb eines guten Jahrzehnts von der blühenden Hoffnungsträgerin der Nach-Apo-Jugend zur fast jugendfreien Zone zu verkümmern. In den frühen siebziger Jahren war eine ganze Generation von reformbegeisterten jugendlichen »Willy-Wählern« in die SPD geströmt. Sie machte sich mit vielen Illusionen und noch mehr Enthusiasmus auf den Weg, mit der SPD eine neue Welt zu schaffen. Innerhalb weniger Jahre überschritt die SPD die Schwelle von einer Million Mitgliedern, von denen nun fast 350000 jünger waren als 35 Jahre. Aber schon wenige Jahre später, am Ende der Ära Schmidt, war davon kaum noch etwas übrig. Die SPD hatte es nicht verstanden, eine Mehrheit der ihr hoffnungsvoll zugeströmten Menschen zu integrieren. Noch schlimmer, sie hatte es weitgehend nicht einmal versucht. Das zunächst aggressiv-feindliche Auftreten eines Teils der Partei gegen die entstehenden neuen sozialen Bewegungen der Frauen-, Friedens-, Ökologie- und Dritte-Welt-Gruppen beförderte letztlich sogar die Entstehung der neuen Konkurrenz »Die Grünen«, die sich zur Jugendpartei schlechthin der achtziger Jahre entwickelten. In diesem Prozess wurde ein Teil der jüngeren SPD-Mitglieder, der mit den neuen sozialen Bewegungen sympathisierte, aus der Partei herausgedrängt. Dieser Aderlass endete erst mit dem Wechsel auf die Oppositionsbänke in den Jahren 1982/83.

Schlimmer und verhängnisvoller für die weitere Entwicklung der Sozialdemokratie waren aber die Selbstüberschätzung und die Selbstgefälligkeit in ihrer Jugendarbeit. In weiten Teilen der Partei gilt selbst heute noch der Satz, dass für die Jugendarbeit die Jusos zuständig sind. Das war eine Situation, mit der sich beide Seiten gut einrichten konnten: Hier die Partei, die der aufmüpfigen, schon bald aber nicht mehr nennenswert störenden Jugend einen Spielplatz eingerichtet hatte, dort die Jusos, die sich in einer Parallelwelt jenseits des wirklichen Lebens tüchtig austoben konnten.

Anfang der achtziger Jahre kümmerten sich Helmut Kohl und die anderen Granden der Christdemokratie sorgfältig darum, dass Roland Koch, Christian Wulff, Christoph Böhr und die anderen Funktionäre der Jungen Union jener Zeit fleißig Rhetorikseminare besuchten und Stipendien der Konrad-Adenauer-Stiftung für ihre Jura- oder BWL-Studien erhielten. Zur gleichen Zeit registrierte die Presse sehr genau, dass die sozialdemokratische Parteispitze Juso-Bundeskongresse fast vollständig ignorierte, ja sich dort nicht einmal mehr der Diskussion stellte. Im Ergebnis sind Roland Koch und Christian Wulff heute Ministerpräsidenten. Und die Juso-Bundesvorsitzenden der achtziger Jahre kennt kein Mensch mehr. Das fast schon sträfliche Versagen der SPD in ihrer Jugendarbeit in den siebziger und achtziger Jahren ist eine der wesentlichen Ursachen ihrer heutigen Krise. Das quantitative und qualitative Loch, welches das Unvermögen der Partei geschlagen hat, eine gezielte Nachwuchsförderung zu betreiben, gefährdet heute in den Ländern und in den kommenden Jahren im Bund ihre Regierungsfähigkeit.

Die ostdeutschen Landesverbände sind seit 1989/90 in einer völlig anderen Situation. Sie schleppen nicht die Altlasten der westdeutschen Sozialdemokratie mit sich herum. Die SPD in Ostdeutschland wurde fast ausschließlich von Angehörigen der jüngeren und mittleren Generation gegründet. Fast alle ihre Mitglieder gingen mit vergleichbaren Startvoraussetzungen in die Verantwortung von Ämtern, Mandaten und Funktionen. Keiner hatte die Zeit oder die Chance, eine anstrengende, vielleicht auch lehrreiche »Ochsentour« durch die Partei anzutreten. Es gab zu wenig engagierte Mitglieder, die Aufgaben waren groß – für manche zu groß. Voraussetzung für die Übernahme von Verantwortung war und ist die Bereitschaft zum Engagement und zur Qualifikation: eine große Chance für junge Menschen, die gefordert und gefördert werden wollen. Ein gezieltes Fordern und Fördern junger Parteimitglieder wird über die Zukunft aller Parteien nicht nur in Ostdeutschland entscheiden. Für die SPD wird es aber geradezu überlebensnotwendig. Die Generation der 20- bis 30-Jährigen in der ostdeutschen SPD, beispielsweise der junge Bundestagsabgeordnete Carsten Schneider aus Erfurt, die stellvertretenden SPD-Landesvorsitzenden Katrin Molkentin in Brandenburg und Matthias Brodkorb in Mecklenburg-Vorpommern müssen genauso das Bild ihrer Partei prägen wie Matthias Platzeck, Harald Ringstorff und Christoph Matschie.

Parteien ohne Sinn und Ziel

Seit Bill Clinton wissen wir in Deutschland, was ein *spin doctor* ist. Auch wenn der SPD-Generalsekretär im Frühsommer 2002 auf Parteikonferenzen den sozialdemokratischen »Mundfunk gegen den Rundfunk« beschwor – bei der Vorbereitung der heißen Wahlkampfphase setzte er doch mehr auf die Beratung durch Meinungsforschungsinstitute, auf die mediengerechte Inszenierung der Wahlkampfevents und die Bildsprache von Werbetextern, die ihr Können sonst an die großen Marken der Konsumindustrie verkaufen. Koordiniert wurde das alles von gut qualifizierten Parteimanagern, die sich ihren letzten Schliff bei der Beobachtung der Wahlkämpfe der amerikanischen Demokraten geholt hatten und es gerne geschehen ließen, dass Medien sie zu den neuen *spin doctors* stilisierten. Nach dem Motto »Alle Macht den Profis« wurde die Parteimitgliedschaft mit ihren roten Sonnenschirmen und ihrem selbst gebackenen Kuchen zur bloßen Staffage und Zuschauerkulisse einer ausgefeilten Kampagne. Und als diese endlich gut lief, waren es auch alle zufrieden.

Der Trend, der mit der Wahlkampagne 1998 in Deutschland erstmals richtig wirkungsmächtig wurde, scheint unaufhaltsam. Die Parteien richten ihre »Kampa« oder ihre »Arena« ein, in den *war rooms* der Zentralen werden von wenigen hoch qualifizierten, motivierten und gut gestylten Menschen ständig Meinungsumfragen studiert, Begriffe auf ihre Massenwirksamkeit getestet sowie Anzeigen und Werbespots entwickelt. Der Ortsvereins- und Kreisvorsitzende, ja selbst der örtliche Bundestagskandidat nimmt das Fertigprodukt zur Kenntnis, darf sich über Erfolge freuen oder über Misserfolge ärgern. Am Ende der Kampagne hebt das Raumschiff mit den Profis wieder ab; womöglich wird es vier Jahre später wieder an der gleichen Stelle landen. In der Zwischenzeit aber dilettieren die Parteiamateure weiter – an der Konsolidierung ihres Kommunalhaushaltes, an einer neuen Rentenreform. Oder an der Zukunft des Sozialstaates.

Dieser etwas zynisch anmutende Blick verweist auf den blinden Fleck der laufenden Debatte über die vermeintlich notwendige Professionalisierung der Parteien: Wahlkampf ist die Ausnahme, die Lösung praktischer Probleme und die Entwicklung langfristiger Lösungsstrategien sind der Alltag politischer Parteien. Langfristig kann keine noch so gut gemachte Kampagne konzeptionelle Defizite und mangelnde praktische Lösungskompetenz der handelnden Akteure überdecken – eine Erfahrung, die gerade die rot-grüne Koalition nach der Bundestagswahl 2002 atemberaubend schnell und heftig machen musste.

Die Sozialdemokratie merkt derzeit, dass eine Partei sich ihres Sinns entleert, die sich zwar ihr Image virtuell entwickeln lässt, den Meinungsstreit über ihre politischen Inhalte aber nicht mehr ernsthaft führt. Eine Partei, die sich durch veränderte Realitäten ihres Sinns und ihrer Ziele nicht mehr sicher ist, kann zwar kurzfristig und ersatzweise von Profis eine modisch-attraktive Sinnwolke generieren lassen, dauerhaft aber wird sie nicht lebensfähig sein. Und eine Partei, die sich von *spin doctors* abhängig gemacht hat, muss erst wieder lernen, alleine zu gehen. Sie muss lernen, vor allem *sich selbst* zu professionalisieren – also ihre eigenen Mitglieder durch ihre eigenen Mitglieder. Bildungsarbeit, Qualifizierung, Meinungsstreit, ja auch die ideenpolitische Kontroverse sind in den Parteien aus der Mode geraten. Aber gerade in Zeiten tiefgehenden Wandels und großer Verunsicherung sind sie bitter notwendig.

In Ostdeutschland ist heute mit Händen zu greifen, dass die Menschen aus der Starre der Transformationsphase erwachen. Das Ende der Nachwendezeit weckt bei vielen das Bedürfnis, sich ihrer selbst und der Verhältnisse zu vergewissern, eine neue Haltung zu entwickeln, an den Umbauprozessen im neuen, sich insgesamt verändernden Deutschland aktiv teilzunehmen. Das kann zur großen Chance für Parteien werden, die dafür offen stehen und das Mitmachen zulassen. Um diese Menschen zu erreichen, sie für ein Engagement zu gewinnen, müssen Parteien intellektuell attraktiver werden. Sie müssen aber auch handfeste Angebote machen, die das Mitmachen lohnen, weil sie individuelle Qualifikationen verbessern und die Möglichkeit bieten, an konkreten Verbesserungen im eigenen Lebensumfeld mitzuwirken. Nicht nur im Osten gibt es dafür das Bedürfnis. Die Frage ist, ob Parteien diese Nachfrage befriedigen können – und wollen.

Die erste gesamtdeutsche Generation

In einer Dienstleistungsgesellschaft sind auch Parteien Dienstleister. Mit ihrem spezifischen Angebot bedienen sie aber nicht nur Haltungen, sie übermitteln umgekehrt auch Haltungen und Erwartungen an eine Gesellschaft und geben ihnen eine Richtung. Ihr Erfolg hängt nicht nur davon ab, ob sie in der Lage sind, Konflikte in einer komplexen Gesellschaft zu moderieren und mehrheitsfähige Lösungsansätze qualifiziert in die

Tat umzusetzen. Sie müssen auch eine Idee davon haben, warum und – vor allem – wie eine Gesellschaft funktionieren soll. Die Unterscheidbarkeit von Parteien macht sich also nicht nur an ihrer Kompetenz zur Lösung von Problemen fest, sondern auch an ihren damit je verbundenen Vorstellungen vom künftigen Zusammenleben der Gesellschaft.

Erfolgreich werden in Zukunft diejenigen Parteien sein, denen es gelingt, diese Einheit aus Idee und praktischer Kompetenz zu verdeutlichen. Und die geeignetes Personal haben, um genau dies glaubwürdig kommunizieren. Alle Befragungen zeigen, dass die Menschen sich Politiker wünschen, die Authentizität mit Kompetenz und Engagement verbinden. Die große Verehrung, die etwa Regine Hildebrandt in Ost und West auch noch nach ihrem Tod entgegengebracht wird, belegt das Bedürfnis, das danach bei den Menschen besteht. Womöglich ist gerade dies die Chance einer neuen Generation von Politikern aus dem Osten, die ihre politische Sozialisation nach der Wendezeit erlebten. Sie sind die erste Generation, die nicht verfangen ist in die politischen Ränke- und Sandkastenspiele der alten Bonner Republik. Die erste Generation, die Authentizität aus der Lösung der Transformationsprobleme gewonnen und dabei einen klaren Blick für den Reformbedarf des neuen Deutschland entwickelt hat. Sollte diese Generation der Platzecks und Tiefensees stärker als bisher den Anspruch entwickeln, auf der gesamtdeutschen politischen Bühne mitzuwirken, könnte sie vielleicht nicht nur die Parteiendemokratie wiederbeleben. Sie könnte auch den nötigen Reformschub für ganz Deutschland auslösen.

Gunnar Hinck

Land mit Herkunft

Im Osten haben Nation und Heimat eine andere Bedeutung als in der alten Bundesrepublik. Das könnte die nächste »deutsche Debatte« vor sinnentleerten Ritualen bewahren.

> Der objektiven Stabilität entspricht keine subjektive Sicherheit; dem Selbstverständnis der Bundesdeutschen fehlt die Selbstverständlichkeit.
>
> *Richard Löwenthal, 1978*

Die deutsche Politik spielt verrückt, im Frühjahr 2001.

Jürgen Trittin ruft: »Laurenz Meyer hat die Mentalität eines Skinheads!« Der CDU-Generalsekretär hatte bekundet, er sei stolz, Deutscher zu sein. Meyer, aufgeregt, stellt ein Ultimatum; »innerhalb von 24 Stunden« verlange er einen Widerruf. Friedrich Merz schaltet sich ein: Der Kanzler müsse Trittin sofort entlassen. Unterdes sammelt die wahlkämpfende CDU in Rheinland-Pfalz Unterschriften gegen Trittin. Kritik von Grünen und SPD. Meyer sieht daraufhin die Meinungsfreiheit bedroht. Wolfgang Schäuble sagt: Die Ablehnung eines Nationalstolzes treibe den Rechtsextremen die Menschen zu. Die Grüne Kerstin Müller entgegnet: Nein, die Betonung eines Nationalstolzes treibe den Rechtsextremen die Menschen zu. Auftritt Edmund Stoiber. Bayerns Ministerpräsident verbindet die Debatte sogleich mit den Folgen der BSE-Krise und will in der Politik von Agrarministerin Renate Künast das »Dritte Reich« wiedererkannt haben. Künasts Biohof-Politik sei »eine Art Reichsnährstandsideologie«. Endlich Guido Westerwelle: Der damalige FDP-Generalsekretär teilt mit, er sei stolz, Deutscher zu sein, und verbieten lasse er sich das nicht. Bundespräsident Johannes Rau sagt: Man könne nicht auf etwas stolz sein, was man nicht selbst geschaffen habe. CSU-Generalsekretär Thomas Goppel reagiert empört. Rau antwortet: Ich bin gern Deutscher. Goppel ist zufrieden, bescheinigt Rau einen Meinungswandel. Das Bundespräsidialamt meldet daraufhin: Es hat keinen Meinungswandel gegeben.

Was sich damals abspielte, war im Grunde der Schluss- und Höhepunkt einer Debatte über Nation, Vaterland und Patriotismus. Sie hatte eingesetzt, als der CDU-Politiker Friedrich Merz im Herbst des Jahres 2000 befand, man brauche eine deutsche Leitkultur, die Einwanderer zu akzeptieren hätten. Das Wort »Leitkultur« war im Laufe der neunziger Jahre schon mehrere Male aufgetaucht, im Zusammenhang mit Debatten über Einwanderung und Ausländer. Doch waren das Debatten gewesen, die Wissenschaftlern, Meinungsblättern und Großstadtpolitikern vorbehalten blieben. Jetzt hob der Chef der größten Oppositionsfraktion den Begriff in die Öffentlichkeit, platziert in einer griffigen Botschaft.

Der bizarre Streit um Begriffe erzählt viel über deutsche Debattenverläufe der vergangenen Jahre: Maßgebliche Politiker werfen eine kontroverse These in den politischen Debattenraum, das öffentliche Erregungspotential fest im Auge. Verlässlich greifen die Beißhunde der Politik die These auf. Doch anders als bei tagespolitischer Routine gerät der Gegenstand als solcher schnell aus dem Blickfeld; stattdessen verhaken sich die Hauptdarsteller ineinander, die Debatte driftet ab ins Persönliche. Der Streit als solcher wird zum Selbstzweck. Längst sind die meinungsmachenden Medien alarmiert; weil aber auch Beleidigungen und Unterstellungen im Spiel sind, es also »so richtig schön Streit« gibt, springen Boulevard- und Regionalzeitungen auf. Es folgt das Wechselspiel von Rücktrittsforderungen, Gegenangriffen und juristischen Drohungen. Am Ende landen alle Beteiligten bei *Sabine Christiansen*, aber das ist meist nur noch der inszenierte Nachklapp. Die Luft ist raus. Die Akteure sind erschöpft.

Wie eine gewaltige, plötzliche Welle schwappt solcherart von Thema über das Land – aber genauso schnell verschwindet es auch wieder. Nur die Bundeszentrale für Politische Bildung, die Parteienstiftungen und vielleicht noch die Evangelische Akademie im bayerischen Tutzing versuchen im Anschluss ernsthaft, die aufgeworfenen Fragen auf Wochenendtagungen und in Zeitschriften zu ergründen. Aber die Öffentlichkeit sieht schon längst nicht mehr hin. Guter Stoff für Publizistik-Seminare an der Universität zum Thema »deutsche Debatten«?

Die letzten westdeutschen Debatten

Hinter der Erregung jener Wochen steckt mehr. Der ganze Streit um die Leitkultur war eine sehr westdeutsche Debatte. Im Grunde hatten sich die altbundesrepublikanischen Lager noch einmal aufgestellt. Es ist der alte westdeutsche Konflikt, der sich an den Achtundsechzigern – beziehungsweise dem politisch-kulturellen Lager, das die Achtundsechziger geprägt haben – aufzuladen pflegte. Die Gegenseite in diesem Konflikt ist heterogen; sie als »konservativ« zu bezeichnen, ist vergröbernd, aber vielleicht der kleinste gemeinsame Nenner. Sie einte das Gefühl, dass die Achtundsechziger, aus ihrer Sicht das Minderheitenphänomen einer einzigen Generation, die alte Bundesrepublik politisch-kulturell über Gebühr geprägt hätten.

Regelmäßig wurde der Konflikt am Thema »Nation« abgearbeitet. In den siebziger Jahren ging es um den Status der DDR, in den achtziger Jahren flammte das Thema Ostgebiete ein letztes Mal auf. Über allem lag bis 1990 die Frage: Wie hältst du es mit der Wiedervereinigung? Es war ein Konfliktstoff, der einst sogar in die Niederungen der Landespolitik hineinstrahlte: Was soll dazu im Lehrplan stehen? Muss eine Schulklasse einmal Mauer und Stacheldraht gesehen haben? Soll die Erfassungsstelle für DDR-Unrecht in Salzgitter abgeschafft werden? Darf der Ministerpräsident überhaupt Honecker besuchen?

Viele westdeutsche Konservative empfanden die deutsche Frage tatsächlich als Herzensangelegenheit, westdeutsche Linke hingegen nach Auschwitz und Zweitem Weltkrieg als tabu, aber für beide Seiten ging es um mehr. Die deutsche Frage war für die Konservativen eng verwoben mit antisozialistischen Motiven. Für die Wiedervereinigung zu sein hieß eben auch, sich scharf von der SED und deren Herrschaftspraktiken abzugrenzen – und zugleich von der Deutschlandpolitik der SPD. Der Vergleich mit dem Wilhelminischen Zeitalter, als Sozialdemokraten »vaterlandslose Gesellen« genannt wurden, mag weit hergeholt erscheinen, doch tatsächlich gehörte es zum rhetorischen Fundus etwa Helmut Kohls, der SPD permanenten Landesverrat zu unterstellen.

Für die Linke wiederum wirkte die Ablehnung des Nationalen identitätstiftend; europäische oder postnationale Ideen wurden zum Ersatz. Das Thema Wiedervereinigung überließ man lieber den Sonntagsreden von Helmut Kohl, Franz Josef Strauß und Alfred Dregger. Die deutsche Frage hatte starke bundespolitische, nach innen gerichtete Motive. Sie war ein geeignetes Vehikel, um den Ideologiestreit zu führen und um über die Deutungshoheit in der Bundesrepublik zu streiten.

Deutschland ist seit mehr als einem Dutzend Jahren wiedervereinigt, doch der Streit um die Deutungshoheit geht weiter. Dadurch wird der Blick auf die Fragen verstellt, um die es im Kern ja geht: Muss es, kann es oder darf es Bindungskräfte geben, die sich auf Nation oder Vaterland beziehen? Wie kann der Verlust von Sicherheiten und Verlässlichkeiten durch mehr als durch bloße materielle Grundsicherungen des Staates ausgeglichen werden, zumal es für diese kaum noch Garantien gibt? Können Heimat und regionale Wurzeln dabei eine Rolle spielen? Dürfen wir Nationalgefühl zeigen, sogar Stolz? Sind wir knapp sechzig Jahre nach dem Ende des Zweiten Weltkrieges ein »normales« Volk? Aber was ist »normal« – und wer definiert das? Wann dürfen wir die deutsche Flagge hochhalten? Nur alle vier Jahre, wenn die deutsche Fußballnationalmannschaft bei der Weltmeisterschaft spielt, oder häufiger? Aber wann?

Die dominierenden westdeutschen Akteure können diese Frage nicht beantworten, sie sind zu sehr damit beschäftigt, die politisch-kulturelle Grenze, die sie trennt, zu überprüfen und vielleicht an manchen Stellen neu zu ziehen. Jüngere Poliker wie Guido Westerwelle oder Laurenz Meyer können in Wahrheit ebenfalls nichts zur Debatte beitragen. Versuchen sie es, wirkt es zu künstlich. Das politische Kalkül ist zu offensichtlich, wenn sie von Stolz sprechen. Westerwelle mag überzeugter Rheinländer sein, Meyer dürfte seine westfälische Heimat lieben, aber durch ausführliche Beschäftigung mit dem Patriotismus-Thema waren beide vor der Stolz-Debatte nicht aufgefallen. Der ideologische Großkonflikt der alten Bundesrepublik hat offensichtlich noch heute viel Gewicht. Und er bindet viel Kraft – Kraft, die dann für die eigentliche Debatte fehlt. Der Osten könnte da helfen. Er hätte die Kraft.

Die Brache Deutschland

Auf dem Höhepunkt der Leitkultur-Debatte im Herbst 2000 sagte die damalige PDS-Vorsitzende Gabi Zimmer auf einem Parteitag: Ich liebe Deutschland. Das Bekenntnis aus dem Munde Gabi Zimmers mutet erstaunlich an. Schließlich ist sie in der SED politisch groß geworden. Die Staatspartei wollte mit der DDR einst den Gegenentwurf zur Bundesrepublik aufbauen – dem Staat, der sich als legitimer Nachfolger des Deutsches Reiches begriff, als Treuhänder der zertrümmerten Rohmasse Deutschland.

Zimmers Bekenntnis wirkt indes noch bizarrer bei einem Blick auf ihre politische Biografie. Geboren 1955 und politisch geprägt durch die siebziger Jahre, gehörte sie der ersten SED-Funktionärsgeneration an, die die DDR ungebrochen als ihre Heimat annehmen konnte. Ältere hatten es da schon schwerer: die Funktionärsgeneration des langjährigen Dresdner SED-Bezirkschefs Hans Modrow, die noch das HJ-Hemd tragen musste, und natürlich die DDR-Gründergeneration Walter Ulbrichts, die in der Weimarer Republik ihre entscheidenden Prägungen erlebt hatte. Auch für die Generation der um 1940 Geborenen war Deutschland noch nichts Abstraktes: Sie hatten die Zeiten vor dem Mauerbau bewusst erlebt, damals war der Westen nah; und schließlich hatte der eigene Staat seinerzeit noch das Ziel der Wiedervereinigung proklamiert.

Die Funktionärsgeneration Zimmer hingegen wurde mit einer gewandelten Parteidoktrin zum Thema Nation und Deutschland groß. Anfang der siebziger Jahre tilgte die SED die letzten nationalen Bezüge, 1974 aus der Verfassung, kurz vorher aus den Namen öffentlicher Einrichtungen: Der »Deutschlandsender« wurde zur »Stimme der DDR«, die »Deutsche Akademie der Wissenschaften« zu »Akademie der Wissenschaften der DDR«. Ein klarer Kurswechsel, war doch noch in der neuen DDR-Verfassung von 1968 die Rede vom »sozialistischen Staat deutscher Nation« und von der »schrittweisen Annäherung der beiden deutschen Staaten«.

Politische Bezüge zu Deutschland verschwanden also plötzlich aus dem öffentlichen Raum der DDR: »Deutsch« wurde getilgt, eingemottet, hielt fortan Winterschlaf. Aber bezeichnenderweise erklärte die SED »deutsch« eben nicht zum ideologischen Kontrapunkt. Die Feinde waren CDU, BRD, BDI, BND, Bundeswehr – nicht Deutschland. So hat Zimmer – und mit ihr eine ganze Nachwuchsgeneration von DDR-Eliten – »deutsch« nie als Gegenstand ideologischer Auseinandersetzungen erfahren. »Deutsch« war eine begriffliche und inhaltliche Brache in der DDR, die nach der Wende neu gefüllt und gedeutet werden konnte.

Viele haben »deutsch« indes genutzt als Vehikel, um sich von ebenjener Partei Gabi Zimmers abzugrenzen. In den Bürgerrechtszirkeln, besonders in denen, die sich um die Kirchengemeinden rankten, hatten Gedanken an Deutschland auch etwas Subversives: Sich in den kirchlichen Debattierkreisen zum Deutschsein zu bekennen, hieß nicht nur, wie auch immer geartete patriotische oder nationale Gefühle auszudrücken. Es hieß auch, den Staat DDR abzulehnen. Indem die Bürgerrechtler ihre deutsche Identität betonten, manche an ein wiedervereinigtes Deutschland ihre Hoffnungen richteten, kehrten sie dem eigenen Staat den Rücken. Sie hängten an ihre Kleidung neben dem »Schwerter zu Pflugscharen«-Aufkleber schwarz-rot-goldene Urkundenkordeln und drückten damit ihre Missbilligung aus gegenüber dem Staat, in dem sie lebten.

Die Diktatur-Erfahrung hat das Verhältnis der DDR-Bürger, nicht nur der schmalen Minderheit der Bürgerrechtler, zum Deutschsein geprägt und unterscheidet sie zugleich von der westdeutschen Linken. Während für jene »deutsch« den Ruch des Revanchistischen, zumindest des Provinziellen hatte und die politische Auseinandersetzung damit Vertriebenenverbänden, der damaligen »Stahlhelmfraktion« bei CDU und CSU und bestenfalls Helmut Kohl vorbehalten blieb, hatte »deutsch« in der DDR immer auch den Beiklang von Freiheit: Für die einen klang es gar nach 1848 und Frankfurter Paulskirche, andere hielten es erdnäher und machten es zur Projektionsfläche für die – auch materiellen – Träume, die sich in der DDR nicht erfüllten.

Doch die gleiche Diktatur-Erfahrung unterscheidet dieses ostdeutsche Nationalgefühl zugleich von dem der westdeutschen Konservativen, die jahrzehntelang die Deutungshoheit über »deutsche Fragen« hatten. Westdeutsche CDU-Politiker etwa, die in ritueller Regelmäßigkeit das Aufstellen der deutschen Fahne oder das Absingen der Nationalhymne in jedem Klassenraum fordern, ernten im Osten – und nicht nur in Bürgerrechtskreisen – höchstens Schulterzucken. In Ostdeutschland ist die Abneigung gegenüber staatsbürgerlichem und nationalem Zeremoniell und lärmenden Stolz-Bekundungen ausgeprägter als in der alten Bundesrepublik. Wer selbst das hohle Pathos von Gelöbnissen vor Schulgebäuden oder auf Kasernengeländen und vor allem dessen Missbrauch durch eine autoritäre Staatsmacht erlebt hat, wünscht derartige Riten, wenn auch im Dienste einer freiheitlichen Demokratie, nicht seinen Kindern. Deshalb ist der Verweis auf den »unbefangenen Nationalstolz in Frankreich und den Vereinigten Staaten«, den die Befürworter von Nationalhymnen und Fahnen stets angeben, historisch unpräzise: In Deutschland hat nicht nur die Diktatur-Erfahrung des »Dritten Reichs« die Lust am nationalen Pathos genommen, sondern auch die konkrete Diktatur-Erfahrung, die alle Ostdeutschen, zumindest wenn sie vor 1976, 1977 geboren sind, miteinander teilen.

Das Verhältnis der Ostdeutschen zur Nation ist bodenständiger und korreliert mit einem zunächst unpolitischen Begriff: Heimat. Heimat ist wichtig in den neuen Ländern. Heimatvereine, in denen die Geschichte des Dorfes vor Ort erforscht wird, spielen in den lokalen Milieus eine tragende Rolle. Dampfeisenbahnen, sei es im Harz oder im Erzgebirge, sind nicht nur ein Hobby für männliche Technikfreunde, sondern erfahren jedes Wochenende eine fast kultische Verehrung von Tausenden. Ostdeutsche machen Urlaub auf Usedom oder auf Rügen – nicht aus finanziellen Gründen; zwei Wochen Mallorca wären meist billiger. Die Gästezahlen in Mecklenburg-Vorpommern steigen von Jahr zu Jahr. Die auflagenmächtigen ehemaligen SED-Bezirksblätter, in denen Lokalberichterstattung vor 1989 ironischerweise nur auf täglich einer Seite Platz fand, entdeckten bald nach der Wende das Etikett »Ihre Heimatzeitung« für sich, lange bevor die neuen Eigentümer aus dem Westen ihre Schulungsfolien über Heimatnähe als Muss für jede Regionalzeitung ausklappten.

Die Bedeutung von Heimat drückt sich auch in der Alltagskultur aus. Diese ist im Osten traditioneller, vielleicht volkstümlicher als im Westen der Republik. So ist das Datschen- und Kleingartenleben kein belächeltes randständiges Phänomen, sondern eingebetteter Teil des lokalen Lebens. Die Datschenanlagen, die nahezu jeden freien Raum der Gleisanlagen der ehemaligen Deutschen Reichsbahn nutzen oder sich weitläufig um die Städte legen, müssen nun nicht mehr die Versorgungslücken des Handels auffangen. Sie sind Hobby, Freizeit, Erholungsort, sozialer Treffpunkt und eben – Heimat.

Natürlich gibt es im Westen ebenfalls volkstümliche Alltagskulturen und florierende Kleingartenvereine. Ost und West unterscheiden sich indes darin, dass sich die verschiedenen Lebensstile im Westen schärfer voneinander abgrenzen: Westdeutsche Milieus, die mit kleinbürgerlichen Lebensweisen nichts zu tun haben wollen, legen Wert auf Distanz. Im

Osten dagegen sind diese Grenzen brüchiger und sozial ausgefranster. Volkstümliche Lebensweisen und bodenständige Heimatdefinitionen ragen in der egalitäreren Gesellschaft Ost auch in Akademikerkreise hinein.

Als westdeutsche Linksintellektuelle und SPD-Politiker der Generation Toskana sich nach der Wende aufmachten, das unbekannte Land DDR zu erkunden, verstörte sie dieser ostdeutsche Heimatbedarf. Die DDR, dieses unbekannte Land, wirkte auf sie miefig, streng und irgendwie sehr deutsch. Richtig ist, dass Heimatbewusstsein im traditionellen Sinne immer zwei Seiten hat: Wenn Heimat Überschaubarkeit und Geborgenheit bedeutet, bedeutet Heimat zugleich auch Enge. Wenn im Dorf oder Plattenbau jeder jeden kennt und man auf das Haus oder die Wohnung des Nachbarn achtet, heißt das auch, dass Fremde im Wohnbezirk erst einmal mit Misstrauen belegt werden. Die DDR war eine geschlossene, abgekoppelte Gesellschaft, gewissermaßen das Gegenmodell zum *American way of life*. Kurz entschlossen auf eigene Faust in eine andere Stadt ziehen, um Neues zu wagen – das ging eben nicht. Die Vertragsarbeiter aus Vietnam oder Mosambik, die in isolierten Unterkünften wohnten, blieben der Mehrheit der DDR-Bürger fremd. Es fehlte die Erfahrung im Umgang mit dem Neuen und Unvertrauten.

Es sind zwei Seiten eines traditionellen Verständnisses von Heimat, die zum selben Kontext gehören. In der DDR war Heimat, das ist schon oft beschrieben worden, der private Rückzugsraum in einem Land, in dem der Staat alle öffentlichen Bereiche kontrollierte. Das Festklammern an den Ort und an die Scholle war eine Überlebensstrategie; der starke Bezug auf die Heimat diente als Schutz. In der Übersichtlichkeit des eigenen Dorfes oder des Wohnquartiers konnten DDR-Bürger dem Umfeld eher über den Weg trauen als im Betrieb, in einer Massenorganisation oder gar in einer Partei.

Bezeichnenderweise förderte die SED dieses Heimatbewusstsein; wohl ahnend, dass das Progagieren eines DDR-Nationalbewusstseins kaum Wurzeln schlug. In der Heimat sah die Staatspartei die Chance, den Staatssozialismus mit seinen abstrakten Losungen und Zielen zu erden – und Heimat hatte den praktischen Vorteil, den freudlosen Alltag ganz ohne aufwändige Fünfjahrespläne und devisenteure Konsum-Offensiven anzureichern. So duldete die Staatspartei Heimatfeste nicht nur, sondern förderte gar manche von ihnen. In den unteren Klassenstufen der Schulen stand nicht, wie in der späten Bundesrepublik, Erdkunde, Sachkunde oder Welt- und Umweltkunde auf dem Lehrplan, sondern traditionell Heimatkunde – ein Wort, das in Westdeutschland automatisch Assoziationen weckt zu den fünfziger Jahren: zu Nierentisch, Milchbar und sechzigjährigen unverheirateten Lehrerinnen, die sich Fräulein nennen lassen. Auch förderte der Staat die Auseinandersetzung mit dem kulturellen Erbe Deutschlands. Sowjetische Revolutionsprosa gehörte stets zum Lehrplan, aber eben auch die deutschen Literaturklassiker.

Die SED stützte keineswegs nur das Bewusstsein für die unpolitische, unmittelbare Heimat und das kulturelle Erbe, sondern wagte sich auch an politisch aufgeladene deutsche Mythen heran. Nicht nur Thomas Müntzer, Martin Luther und die preußischen Reformer deutete sie als Wegbereiter des Sozialismus. Selbst die Völkerschlacht bei Leipzig wurde dem »fortschrittlichen« Teil der deutschen Geschichte zugeschlagen, indem sie als Symbol einer demokratischen Volkserhebung und als – zumindest militärischer – Vorläufer der deutsch-sowjetischen Freundschaft interpretiert wurde. Dieses Heranziehen von Geschichte hatte eine doppelte Funktion: Zum einen sollte es den historisch gesetzmäßigen Weg zum Kommunismus beweisen. Zum anderen konnten dadurch volkstümlich verankerte Mythen und populäre historische Figuren der deutschen Geschichte mit der DDR-Gegenwart verzahnt werden.

Gemeinsame Erinnerungen, gemeinsame Zukunft

Der französische Historiker Ernest Renan schrieb einst, dass das Konstrukt Nation durch gemeinsame Erinnerungen und den Willen zu einer gemeinsamen Zukunft zusammengehalten wird. Damit hat er die klassische Definition einer Nation erweitert und zugleich präzisiert, wonach ein Territorium, eine gemeinsame Sprache und eine gemeinsame Kultur eine Nation ausmachen. Renans 120 Jahre alter Nationsbegriff ist nicht nur deshalb heute noch so griffig, weil er den Patriotismus der Schweizer oder der Österreicher erklären hilft, die bekanntlich keine exklusive Sprache sprechen. Er verleiht zudem dem Patriotismus eine emotionale Dimension, die dem altbundesdeutschen Verfassungspatriotismus fehlt: Das Grundgesetz ist ein Glücksfall, Vorbild für manche junge Demokratie, doch erschließt sich die Verfassung eben nur intellektuell, nicht emotional, und das auch nur den Eliten und wenigen Interessierten. Das westdeutsche Nachkriegsprojekt, den missbrauchten Nationalstolz durch die Liebe zur Verfassung zu ersetzen, ist blutleer geblieben, und das gilt auch für den Osten. Dort hingegen greift der Renansche Begriff von der Nation vielleicht eher als in der alten Bundesrepublik.

Es hat etwas mit dem Verlangen nach Wurzeln und Bindungskräften zu tun: dass es wenigstens einige Konstanten gibt, wenn sich schon in ungeahntem Tempo die Lebensbedingungen seit 1989 veränderten, wenn Lebensentwürfe zusammenbrachen, Gewissheiten verloren gingen. Wenn die Erinnerungsorte des eigenen Lebens verschwunden und getilgt sind, ist der Rückgriff auf andere, kollektive Erinnerungen mehr als nur Nostalgie. Die DDR gibt es nicht mehr; also sind auch die Gründe für die starken Bezüge auf Heimat und Nation in der Diktatur entfallen. Aber die Prägungen sind erhalten geblieben und nun mit einer neuen Funktion ausgestattet. Es ist das Verlangen, eine Herkunft zu haben – ein Verlangen, dass sich nicht nur in der Popularität von Heimatvereinen zeigt: Der ostdeutsche Zugang zur deutschen Kulturgeschichte ist direkt, das Geschichtsbewusstsein wach.

Geschichtsbewusstsein? Komplett ist es nicht. Gewiss war durch Gedenktage und Erinnerungsorte wie die KZ-Gedenkstätte Buchenwald das nationalsozialistische Erbe in der DDR gegenwärtig, vielleicht früher als in der Bundesrepublik, und zumindest hohe nationalsozialistische Funktionäre hatten in der DDR keine Chance auf einen Fortgang ihrer Karriere. Doch war der DDR-Antifaschismus auch eine monströse Entlastungsstrategie, ein Schachzug, um das DDR-Staatsvolk von historischer Schuld und Verantwortung zu befreien. Bis heute ist in den neuen Ländern die SED-Doktrin populär, wonach der Nationalsozialismus das Ergebnis einer Verschwörung des Monopolkapitals mit Hitler gewesen sei. Dass der Nationalsozialismus der deutschen Mitte entsprang und der Strippenzieher des Holocaust, Reinhard Heydrich, kein vom Himmel gefallener Agent des Monopolkapitals, sondern ein ganz unkapitalistischer Bildungsbürgersohn aus Halle an der Saale war, sind gern verdrängte, unangenehme Wahrheiten.

Die Auseinandersetzung mit dem Nationalsozialismus ist in den neuen Ländern in dieser Hinsicht defizitär und unfertig. Genau dieses Unfertige aber birgt Chancen und die Möglichkeit, Irrungen des Westens zu vermeiden. Die NS-Zeit wird in der alten Bundesrepublik seit den frühen sechziger Jahren aufgearbeitet und beleuchtet. Dies geschah gründlich, doch schließlich gerieten Nationalsozialismus und Auschwitz in den Sog des westdeutschen Ideologie-Streits. Für ein kleines Publikum war es in den achtziger Jahren der Historikerstreit; in den vergangenen Jahren ist in der Politik das Diskreditieren des Gegners durch Nazi-Vergleiche in Mode gekommen. Die Politik bedient sich hemmungslos der NS-Zeit für die Tagespolitik, sei es, um Vorschläge in der Gen-Politik zu begründen oder abzuwehren; sei es, um außenpolitische Zurückhaltung zu rechtfertigen oder, wie im Kosovo, umgekehrt militärisches Eingreifen zu begründen. Die einen wollen Auschwitz gar zum Fundament deutscher Identität erheben und verkennen, dass gerade dadurch wieder ein deutscher Sonderweg entstehen würde – davon haben die Nachbarstaaten Deutschlands aber einstweilen genug. Andere lärmen mit öffentlichen Schlussstrich-Bekundungen, die natürlich dazu dienen sollen, sich vom Moralismus des politischen Gegners freizumachen und von der Geschichte unbelastet dazustehen. Dabei bemerken sie nicht, dass Erinnerung als solche vonnöten ist, nicht aber die für die Gegenwart zweckgeleitete Erinnerung. Beiden Seiten misslingt das, was die Geschichte des organisierten Massenmords in Deutschland verlangt: sie anzuerkennen, ohne sie zu verkleinern oder zu missbrauchen; ihrer zu gedenken, ohne sie vor den Karren des tagespolitischen Nutzens zu spannen. Das westdeutsche Verhältnis zur Geschichte und zur eigenen Geschichte ist ein gründlich gestörtes.

Der Osten ist, gerade auch wegen seines Nachholbedarfs im Umgang mit dem Nationalsozialismus, frei von diesen Störungen; er ist in gewisser Weise wie die unschuldige Jungfrau: Es gibt keine Gewissheiten, keinen selbstgefälligen Moralismus, keinen Missbrauch, keine Erfahrungen. Nation, Vaterland, Heimat, Geschichte: Diese Begriffe sind noch nicht festgefügt und belegt von ideologischen Großkonflikten. Die Begriffe mögen im Osten ein altmodisches Gepräge haben, vielleicht auch roh und unvollendet sein. Aber gerade weil das so ist, kann der Osten diesen besetzten Begriffen neue Deutungen geben – seine Sprachrohre müssen sich nur einmischen in die Debatten über Deutschland.

Denn die nächste Debatte, das ist gewiss, kommt bestimmt.

Albrecht von Lucke

Vom Ende des Westblocks

Oder: Lauter schöne Projektionen

Was der Westen vom Osten lernen kann, lautet die Frage. Da der Vorgang des Lernens, allen intellegiblen Systemen zum Trotz, noch immer primär ein individuelles Verhalten ist, sei die Frage radikal subjektiviert: Was kann der eingeborene Wessi im Jahre 13 der Einheit vom Ossi lernen? Denn entgegen allen Versuchen, die Unterschiede zwischen Ost- und Westdeutschen rhetorisch einzuebnen, mache man sich nichts vor: Die Verschiedenheiten bleiben, jedenfalls bei jenen, die bis zum Jahr 1989 ihre Erziehung, Kindergarten und Schule in West- oder Ostdeutschland bereits durchlaufen hatten und dementsprechend als »gelernte« Ossis oder Wessis gelten dürfen. Zwanzig Jahre der Sozialisation in Ost- oder Westdeutschland prägen, unwiderruflich.

Deshalb nochmals: Was hat der Ossi dem Wessi voraus? Eines gewiss. Mit Sicherheit ist der Ossi um einige Enttäuschungen reicher, genauer müsste man wohl sagen: um einige Verlusterfahrungen. Was aber auch bedeutet: um einige Wirklichkeitserfahrungen. Allerdings sind wir Wessis derzeit allenthalben im Begriff, verlorenes Terrain wieder gutzumachen. Nicht, dass wir das gerne und freiwillig täten; wir sind vielmehr zur Einsicht in die Notwendigkeit gezwungen. Oder, um im Jargon zu bleiben, wir sind genötigt, den Ossi in seiner Wirklichkeitserfahrung wenn schon nicht zu überholen, so doch zumindest einzuholen.

Melancholia allerorten

Als Volker Braun kurz nach der Wende sein traurig-trotziges »Da bin ich noch, mein Land geht in den Westen« zu Papier brachte, befand er sich, stellvertretend für viele Ossis, ganz auf der Höhe der Zeit, wie die enorme Resonanz an Leserbriefen verdeutlichte. Mit dem Scheitern des sozialistischen Staates war der sozialistischen Utopie – jedenfalls in ihrer realsozialistischen Variante – der deutsche Boden entzogen worden. (Schon damals allerdings litt im Westen eine gar nicht so kleine Minderheit erheblich mit; aber dazu später.) Konnte der sozialistisch überzeugte Poet im Jahre 1989, spätestens aber am 3. Oktober 1990, noch den östlichen Alleinanspruch auf den *Status melancholicus* geltend machen, so ist der Zustand des Unbehaustseins mittlerweile fast zur »westlichen« Vulgärerfahrung geworden. Wer bis und gerade nach 1989 sein Heil im Westen gefunden zu haben glaubte, wurde spätestens mit dem 11. September und den folgenden Kriegen von allen Illusionen vom Ende der Geschichte in westlicher Eintracht kuriert. Der Wessi taumelt im leeren Raum, im Niemandsland.

Gewiss, unser Eigentum ging nicht in den Westen wie des Dichters östliches Völkchen. Den Wessi trifft es jetzt noch härter: Sein Eigentum, sein mentales Reisegepäck, gewissermaßen sein ideologischer Traveller-Cheque *war* der Westen. Im langen Weg nach Westen verkörperte sich noch ein letzter Rest, ein Abglanz utopischen Denkens, kurzum sein ganzer Stolz nach 40 langen Jahren endlich gelungener wenigstens westdeutscher Geschichte. Wenn nicht schon 1989, so doch spätestens mit dem Irak-Krieg des Jahres 2003 scheint dieser lange Marsch des Wessis zu sich selbst an seinem tragischen Ende angelangt zu sein. So wie für Volker Braun das Ende der DDR auch das Ende des Sozialismus als Utopie bedeutete (»Was ich niemals besaß, wird mir entrissen. Was ich nicht lebte, werd ich ewig missen«), sind im Zerfall der vorgeblichen »westlichen Wertegemeinschaft« Enttäuschungen angelegt, die der Wessi jetzt allenthalben nachholen muss.

Was also vom »Osten« zu lernen wäre: mit geschichtlichen Desillusionierungen umzugehen. Das jedenfalls scheint spätestens seit dem 11. September auch für den »Westen« höchst angeraten. Und hier ist der Osten eindeutig im Vorteil: Der Osten hat seinen Katzenjammer, aus zumeist westlichem Munde auch denunziatorisch »Ostalgie« genannt, bereits hinter sich. Dem Wessi steht seine Westalgie als Einsicht in den Verlust des Westblocks noch bevor. Wie aber könnte diese aussehen?

Nachholende Westalgie

Der Reihe nach. Zunächst einmal wäre festzuhalten, was genau der Wessi eigentlich verloren hat. Und hier stößt man unweigerlich wieder auf den Osten. Denn des Wessis Westen war Westen stets nur in Abhängigkeit von seinem Widerpart im Osten. 40 Jahre, von 1949 bis 1989, hingen Ost und West aneinander wie siamesische Zwillinge. Machte der eine Hü, dann machte der andere Hott. So wie der deutsche Osten für seine Identitätsfindung stets den Westen benötigte, galt dies spiegelverkehrt auch für den deutschen Westen. Jede Seite fungierte gleichsam als Schaufenster des eigenen Blocks – und übernahm dadurch in besonderer Weise die Rolle des feindlichen Antipoden. Mit Carl Schmitt gesprochen: Der Westen war dem Osten die eigene Frage als Gestalt – und umgekehrt. Der Westen war im Osten überall präsent, als permanente Verheißung des kapitalistischen Glücks, ob im kleinen Konsumversprechen Marke Exquisit oder im großen amerikanischen *pursuit of happiness* der weithin leuchtenden Freiheitsstatue. Aber in besonderer Weise wurde an der Bundesrepublik Maß genommen.

Dasselbe galt für den Westen, wenn auch vielleicht in etwas abgeschwächter Form. Die Bundesrepublik definierte sich über die Abgrenzung vom feindlichen Ostblock. So wurde ihr der Westen zum eigenen Projekt. Zu fragen wäre jedoch, wann die Bundesrepublik tatsächlich mental im Westen angekommen ist. Die Identifikation gerade der bundesrepublikanischen Eliten mit dem Westen wuchs keineswegs kontinuierlich, sondern unterlag erheblichen Schwankungen im Zeitverlauf. Ein zunächst noch stärker durch nationale Kategorien geprägtes Verhältnis zu Deutschland wurde zunehmend durch ein westliches Verständnis abgelöst. Drei entscheidende Daten sind hierbei zu unterscheiden: 1949 – 1968 – 1989. Das so genannte *Annus mirabilis* 1968 trennt nicht nur die 40 Jahre der westdeutschen Republik in zwei nahezu gleichgroße Hälften, sondern es fungiert auch als Scheidemarke für das Verhältnis zwischen Ost und West. Kein anders Datum hatte derartige Folgen für die Identifikation mit dem jeweiligen Block.

Scheidemarke Achtundsechzig

Das Jahr 1968 prägte im Osten wie im Westen jene, die sich spätestens 1989 anschickten, die Richtung der Republik zu bestimmen. Während 1968 für die West-Achtundsechziger der Ausgangspunkt ihres langen und beschwerlichen Weges in die Ideenwelt des Westens sein sollte, symbolisierte jenes Jahr für die Achtundsechziger Ost den Anfang des Abschieds vom staatlich vorgeschriebenen Sozialismus – kurzum: vom kommunistischen Osten. Wenige Jahre später hatten große Teile der DDR-Bevölkerung ihre mentale Abnabelung von den realsozialistischen Experimenten des Ostblocks bereits hinter sich. Derweil begannen die intellektuellen Eliten der Bonner Republik gerade erst damit, sich dank Willy Brandts » Wir fangen erst richtig an« auf die nicht länger als restaurativ begriffene »BRD« und damit den Westen insgesamt einzulassen. Spätestens nach Ende der sektiererischen Ausläufer des »roten Jahrzehnts« (Gerd Koenen) der siebziger Jahre wurde der Westen mit seinen demokratischen Verheißungen zum zwar abgeschwächten, aber doch letzten, nämlich irdischen Heilsversprechen. Mit dem grünen Marsch durch die Institutionen glückte die Resozialisierung der einstigen Berufsrevolutionäre, und Jürgen Habermas pries 1986 die »vorbehaltlose Öffnung gegenüber der Kultur des Westens« als die größte Errungenschaft der Bundesrepublik.

Die völlig unterschiedlichen Entwicklungen in Ost und West nach 1968 hatten unmittelbare Auswirkungen auf das zweite Wunderdatum. Das Jahr 1989 markierte zunächst eine enorme Kränkung für die im Westen bereits kulturell hegemonial gewordenen Achtundsechziger. Gerade hatten sie sich mit dem System arrangiert und in seinen Institutionen etabliert, da demonstrierten die Ossis noch einmal echtes revolutionäres Aufbegehren. Was die wilden Achtundsechziger 20 Jahre zuvor nicht vermocht hatten, ein Regime zu stürzen, das gelang nun friedlichen Montagsspaziergängern. Das System DDR fiel auf Wunsch seiner Bürger. Und weil ihnen der Osten nicht mehr genügte, lautete ihre Parole: »Go west!«

Das aber war der zweite Affront: Die Ossis begehrten Einlass in den goldenen Westen. Oder genauer: Sie begehrten, schon wenige Monate später, »Deutschland, einig Vaterland«. Manch einem Wessi schwante wohl schon damals, dass die Aufhebung der Trennung auch das Ende des Westens bedeuten würde. Denn wo kein Osten, da auch kein Westen – also auch nicht mehr die gerade liebgewonnene alte Bonner Bundesrepublik. Umso heftiger mussten Abwehr und Ressentiment gegenüber den östlichen Brüdern und Schwestern ausfallen.

Lieber Projektion als Projekt

Zuvor war es mit den einstigen Brüdern und Schwestern immer deutlich einfacher gewesen. Sie hatten die bloße Projektionsfläche für das abgegeben, was die Westdeutschen drüben vermuteten und, vor allem, vermuten *wollten*. Bevor der Osten dem Westen – kurzzeitig und notgedrungen – zum Projekt wurde, war er ihm immer Projektion. Wenn uns also der Osten ein Zweites lehren kann, dann die Geschichte der bundesrepublikanischen Projektionen, besonders jene der bundesrepublikanischen Linken seit 1968. Denn natürlich bildet sich in der Projektion nur der Projizierende selbst ab.

Die Konservativen in der Bundesrepublik waren in dieser Hinsicht relativ konstant: In der »Zone« vermuteten sie allemal das Grundübel, weshalb ihr »Geh doch nach drüben!« keineswegs spaßig gemeint war. Spannender, da wechselhafter, ist die

Geschichte der linken Projektionen. Bei ihrer haltlosen Suche nach dem revolutionären Subjekt hatte die westeuropäische Linke die eigenen Revolutionsentwürfe voller Emphase auf Maos Rote Garden, die Sandinisten in Nicaragua oder gar Pol Pots Rote Khmer projiziert – und eben zeitweilig auch auf die Genossen in der DDR. Bekanntlich hatten noch in den achtziger Jahren nicht wenige westliche Beobachter den Osten für die bessere Variante Deutschlands gehalten. Und jetzt, 1989, rannten plötzlich die Arbeiter und Bauern in ihrem sozialistischen Musterländle die Mauern ein, um am nächsten Tag bei den Genossen in Frankfurt, Bremen oder Kreuzberg leibhaftig auf der Designercouch zu sitzen.

Da spätestens hörte der Spaß auf. Die Achtundsechziger sahen sich durch die gelungene Revolte von 1989 tatsächlich von der eigenen Geschichte eingeholt – und gleichsam überholt. Eingeholt deshalb, weil sie längst mit ihren spät-pubertären Revolutionsfantasien der sechziger und siebziger Jahre abgerechnet hatten. Aus der jugendlichen Lust an der emanziptorischen Aufklärung war zynische Abklärung geworden. Derweil sich Joseph Fischer und Oskar Lafontaine längst für die Ankunft ihrer Generation an den Hebeln der Macht bereitmachten, kehrte die Geschichte der neuen sozialen Bewegungen wieder, forderten die Ossis auf einmal utopische Dinge wie runde Tische für emanzipierte Menschen.

Keiner sollte in der Folgezeit so voller Häme für die östlichen Gutmenschen sein wie die abgeklärten Achtundsechziger. Aus »gutem« Grund: Denn gleichzeitig wurden die Achtundsechziger von den östlichen Geschwistern regelrecht überholt, weil schlagartig die neuen Slogans aus dem Osten die politische Agenda bestimmten. Hatten sich Lafontaine, Fischer e tutti quanti während der langen Ära Kohl von 1982 bis 1989 bereits behaglich auf die Übernahme der Regierung eingestellt, machte ihnen jetzt der wilde Sturm aus dem Osten einen dicken Strich durch die Rechnung. Unvergessen jene Banane, die Otto Schily am Tag der verlorenen Bundestagswahl von 1990 in die Kameras hielt – Ausdruck jener Abfälligkeit, die nicht wenige saturierte Ex-Radikale den schnäppchenjagenden Brüdern und Schwestern aus dem Osten entgegengebrachten. Hätten sie uns doch bloß verschont! Und während ein ganzes Land im Trabistau steckte und sich von ihren Stickoxiden einstänkern ließ, gab Hans-Joachim Maaz mit seiner These vom »Gefühlsstau« der Ostdeutschen allen westlichen Projektionswilligen eine wunderbare Steilvorlage: So sind sie eben, die Ossis, ein Volk von Rückgratgeschädigten und emotional verkümmerten Töpfchenexistenzen. Nach 40 Jahren Sozialismus, so brachte es ein bekannter Westhistoriker kurze Zeit später auf den Punkt, seien die Menschen ganz einfach »verzwergt und verhunzt«. Hatte es der aufgeklärt-individualistische Wessi nicht schon immer geahnt?

Tatsächlich kam im kaum verhehlten westlich-linken Hass auf die Ossis ein Stück unterdrückter Wut darüber zum Ausdruck, dass man die Projektionsfläche der eigenen Hoffnungen und Ressentiments verloren hatte. Nach dem Ende aller sozialistischen Illusionen taugte der Osten jetzt plötzlich nur noch dazu, sich selbst auf die Seite der Sieger zu schlagen, sich aufgeklärter, moderner, zeitgemäßer, kurzum: westlicher zu fühlen.

Aufgewacht – Mauer weg

Die Bedeutung des Ostens für den Wessi war somit wohl doch um einiges komplexer als für den Ossi. Wer den Warschauer Pakt schon lange als Zumutung begriffen hatte, konnte durch dessen Zerfall nicht ernsthaft getroffen werden, im Gegenteil. Der Wessi hatte dagegen spätestens bis 1989 ein durchaus positives Verhältnis zu seinem westlichen Block gewonnen – und dafür brauchte es nun mal das östliche Pendant. Einerseits war die Existenz des Ostens, wie sich umgehend nach der Wende zeigte, stets Grundlage der Vorzugsbehandlung gewesen, die der Frontstaat und die Frontstadt im westlichen Bündnis genossen. Mit 1989 fand die Verhätschelung Westdeutschlands, besonders West-Berlins, ihr schlagartiges Ende. Aus der Zweckpartnerschaft zwischen Europa und Amerika war über Nacht Konkurrenz geworden. In den Zeiten der Regierung Clinton ließ sich dieser Paradigmenwechsel angesichts der überhöhten mentalen Ähnlichkeiten der machthabenden Baby-Boomer Bill and »my friend Gerd« noch geflissentlich überspielen. Hinzu kam die verständliche, aber realitätsverdrängende Neigung der westlichen Eliten, sich aus dem Paradies der westlichen Wertegemeinschaft schier nicht vertreiben lassen zu wollen.

Seit George W. Bush ist solche Verdrängung nicht mehr möglich. Ihm ist es zu verdanken, dass wir die Augen vor dem Auseinanderdriften der vermeintlichen »partners in leadership« (George Bush der Ältere) nicht länger verschließen können. Jetzt wird deutlich, dass nicht nur der Osten, sondern auch der Westen eine Notgemeinschaft war. Die transatlantische Partnerschaft einschließlich der Nato war offensichtlich viel stärker ein Produkt des Kalten Krieges denn jene innige Wertegemeinschaft, als welche sie jahrzehntelang beschworenen worden war. Insofern ist spätestens seit dem 11. September 2001 auch der Westen um einige Illusionen ärmer – also im östlichen Sinne abgeklärt-aufgeklärt. Und so trifft auf höchst ironische Weise dreizehn Jahre nach der Wende der Titel jenes Buches von Susanne Leinemann zu: »Aufgewacht – Mauer weg«. Nicht für den Osten, sondern für den Westen musste das aufgeschrieben werden. Denn dass auch der Westen nicht mehr ist, was er einmal war – diese Erkenntnis setzt sich erst ganz allmählich, ja allzu langsam im Bewusstsein des Wessis durch.

Was nun?

Seit 1989 ist so ziemlich alles unternommen worden, um die lange getrennten deutschen Geschwister wieder zusammenzubringen, jedenfalls seitens der interpretierenden Klasse. Ob der in ganz Deutschland bejubelte Erfolg der Fußballnationalmannschaft im Sommer 2002, Jan Ullrichs und Sven Hannawalds »gesamtdeutsche« Siege oder die west-östliche Hilfsbereitschaft anlässlich der regelmäßigen »Jahrhunderthochwasser«: In jedem gemeinsamen Erfolg, in jeder gemeinsamen Bewältigung irgendeiner Herausforderung entdeckte man den Kitt, der das Vaterland zusammenhalten sollte. Doch zugleich blieb, vor allem in Westdeutschland, immer eine mentale Reserve. Dem Wessi fällt der Abschied von den Zuständen vor 1989 sichtlich schwer. Schließlich verlangt ihm die Konfrontation mit den Veränderungen auch so einiges ab. Wie gerne hatte man sich in den vergangenen vier Jahrzehnten in der postnationalen Vorstellung eingerichtet, Deutschland werde im Westen aufgehen. Die Beseitigung nationaler Zustände erschien als das probateste Mittel der »Vergangenheitsbewältigung« im Umgang mit dem verbrecherischen NS-Staat.

Wenn in jüngster Vergangenheit Jürgen Habermas und seine geistigen Mitstreiter die »Wiedergeburt Europas« propagieren, kann man dies auch als das letzte Fluchtverhalten vor der Rückkehr des Nationalstaats deuten. Was einst der Sozialismus gewesen, dann der Westen wurde, soll jetzt Europa sein: Noch im langen Weg nach Brüssel via Kerneuropa stecken die Schlacken des einstigen universalistischen Fortschrittsversprechens auf Überwindung des Nationalismus. Fatalerweise scheint diese Hoffnung so gar nicht in Übereinstimmung zu stehen mit den derzeitigen Rückfällen in nationalegoistische Zustände, auch in Europa. Die postnationale Sicht hat seit geraumer Zeit, genauer gesagt seit 1989, massiv an Realitätsbezug eingebüßt. Bezeichnenderweise kommt das Jahr 1989 in der Habermas'schen Argumentation denn auch gar nicht vor. Und die erst seit jenem Datum aus der Gängelung durch ihren sowjetischen Blockwart freigesetzten Osteuropäer werden prompt wegen ihres verständlicherweise stärkeren nationalen Selbstverständnisses gemaßregelt. Als ob bei Franzosen und Deutschen in ihrem Poker um die europäischen Fleischtöpfe beziehungsweise Agrarsubventionen immer wesentlich mehr an postnational-europäischem Ethos zu entdecken wäre.

Triftiger als einseitig auf ein gleichermaßen idealisiertes wie handlungsunfähiges Europa zu setzen erscheint es da schon, mit Ralf Dahrendorf Patriotismus als die Voraussetzung echten Weltbürgertums zu identifizieren. Bereits Richard Rorty schrieb der westdeutschen Linken einst ins Stammbuch, sie müsse »mehr Patriotismus wagen« – nicht zuletzt mit dem schlichten Argument, dass andere Kulturen nur wertschätzen kann, wer auch die eigene mag. Ein halbes Jahrhundert lang war diese Selbstverständlichkeit in Deutschland eben nicht selbstverständlich. Dabei stellt das Jahr 1989 bis heute auch uns Deutsche vor die Aufgabe, ein neues Verhältnis zu uns selbst und den uns umgebenden Nationalstaaten samt ihrer mentalen Eigentümlichkeiten herzustellen. Da hilft es wenig, diese nicht zuletzt während der letzten 50 Jahre gewachsenen Verschiedenheiten mit dem Sprung in ein zeitloses Europa aufheben zu wollen.

Wer als Deutscher das Faktum der Nation negiert, der weckt bei seinen Nachbarn kein Vertrauen, sondern Argwohn. Bei aller Kritik an Gerhard Schröders »deutschem Weg«, die vor allem seiner Absage an die Vereinten Nationen gilt, dürfte es die Aufgabe gerade der nächsten Generation sein, neben der Orientierung auf die europäische Einigung auch nationalstaatliche Interessen deutlich zu definieren, schon um Deutschland berechenbarer zu machen – jenseits eines nationalen Chauvinismus à la Jacques Chirac, aber auch jenseits nationaler Unterwürfigkeit unter einen globalen Hegemon Amerika. Solange das globale Gewaltmonopol der Vereinten Nationen nicht schlagkräftig ausgestaltet ist und von echter Weltinnenpolitik keine Rede sein kann, wird man noch so manches Mal wohl oder übel mit den real existierenden Nationalstaaten vorliebnehmen müssen. In ihnen gilt es postnationalstaatliche Tendenzen zu befördern, die über die real existierenden Nationalegoismen hinausweisen, ohne dabei zugleich die historische Tatsache des Nationalstaates in Europa und seine unterschiedlichen Voraussetzungen zu negieren. Dabei könnte dem altbundesrepublikanischen Postnationalismus in dem so oft von westlicher Seite beargwöhnten unverkrampften Nationalismus östlicher Provenienz ein Korrektiv und eine Hilfe zum Verständnis der Osteuropäer erwachsen. Auch hier mag der Ossi dem Wessi an Realitätstauglichkeit einiges voraus haben, schon aufgrund gemeinsam mit den osteuropäischen Nachbarn erlittener vierzigjähriger Geschichte unter dem roten Stern. Was im »roten Preußen« der DDR an nachwirkendem Nationalismus zu viel, mag an Weltbürgertum zu wenig vorhanden gewesen sein. Dagegen mag die Bonner Republik an Patriotismus zu wenig, aber an utopischem Überschuss in Einzelfällen zu viel besessen haben. Die Mixtur könnte der Berliner Republik weiterhelfen. So haben Wessis und Ossis vielleicht doch noch einiges voneinander zu lernen.

Franz Walter/Michael Schlieben

Von der roten Stadt zur toten Stadt?

Das Beispiel Freital

Aufstieg und Niedergang einer sozialdemokratischen Musterkommune

In Ostdeutschland gibt es keine festen Wählerstrukturen. Diesen Satz haben uns Politologen und Wahlforscher mittlerweile hinreichend nachdrücklich eingebläut. Und sie haben uns ebenfalls darüber belehrt, dass der Mangel an Wählerbindungen aus aufgeklärt demokratischer Perspektive im Grunde ein großes Glück darstellt. So werde die Politik beweglicher, undoktrinärer, pragmatischer, weniger verkrustet, da die nicht fest gebundenen Wähler Politik und Parteien allein an den Kriterien von Leistung und Effizienz bemäßen. Diese Wähler, so die These, wollten handfeste Resultate sehen, nicht wolkige weltanschauliche Bekenntnisse hören. Kurzum: Die radikale Deregulierung klassisch kulturell-politischer Zu- und Einordnungen habe dem Osten historisch ein gutes Stück Vorsprung gegenüber dem Westen eingebracht.

So jedenfalls derzeit der politikwissenschaftliche Mainstream. Die meisten Historiker würden sich dem wohl anschließen und hätten aus der geschichtswissenschaftlichen Diskussion der letzten zwei Jahrzehnte auch einiges an Munition beizusteuern. Denn für die Mehrheit der Historiker steht fest, dass das erste Demokratieprojekt in Deutschland nach 1918 scheiterte, weil es in der Gesellschaft zu viel ideologische Überspannung gegeben habe, zu viele Lagerstrukturen, zu viel Polarisierung, zu viele subkulturelle Abschottungen, zu viele utopische Träume. Mithin: Auch für die Großinterpreten der Geschichte war die Auflösung der politischen Versäulungen und ideologischen Verheimatungen die entscheidende »Morgengabe« (Klaus Tenfelde) an die offene, pluralistische, moderne, erfolgreiche Demokratie nach 1945 ebenso wie nach 1989.

Das alles klingt wunderschön plausibel. Aber es gibt verblüffend wenig empirische Belege dafür. Genau das macht die sächsische Mittelstadt Freital in der Nähe von Dresden so aufschlussreich. Denn Freital mit seinen etwa 40000 Einwohnern bietet beide Perspektiven. Bis 1933 war die Stadt geradezu ein Protobeispiel für eine hoch verdichtete politische Klassenkultur mit erheblichem ideologischem Impetus; nach 1989 war diese politische Struktur und kollektive Orientierung der Einwohnermehrheit in einer Weise ausgelöscht wie nirgendwo sonst in Deutschland. Freital also hätte – folgte man den oben referierten normativen Prämissen über die Voraussetzungen einer offenen, modernen Demokratie – vor 1933 unter der Last ideologischer Verengung und politischer Versäulung leiden müssen, nach 1989 dagegen angesichts der kompletten Entstrukturierung des traditionellen Stadterbes befreit aufleben und kraftvoll neu beginnen können. Schauen wir näher hin.

Das »Rote Wien in Sachsen«

Die Stadt Freital gibt es erst seit 1921. Und ihre Gründung war ein rein sozialdemokratischer Akt. Zur neuen Stadt Freital vereinten sich damals zu Beginn der Weimarer Republik die drei Industriegemeinden Döhlen, Deuben und Potschappel. In allen drei Gemeinden kamen die Sozialdemokraten auf eine Zweidrittelmehrheit. Und diese sozialdemokratische Zweidrittelmehrheit schuf sich im Tal des »Plauenschen Grundes« (wie das hoch industrialisierte Umland im Süden von Dresden hieß) eine Stadt, die frei sein sollte von Ausbeutung und Unterdrückung, eben: Freital. Das Bürgertum hat diese ganz unverhüllt sozialdemokratisch imprägnierte Stadtgründung heftig bekämpft, sprach anfangs recht gehässig von »Liebknechthausen«. Doch das steigerte den Trotz und erhöhte das Selbstbewusstsein der Sozialdemokraten, die ungemein stolz darauf waren, sich ihre eigene Stadt erfunden zu haben. Stadt und sozialistische Arbeiterbewegung verschmolzen in den 1920er Jahren miteinander, wurden in einer Weise eins, die in Deutschland einzigartig blieb. Zwar war die Stadt sozialräumlich ein zersiedeltes, zusammengewuchertes, ja hässliches Gebilde. Aber der gesamtsozialdemokratische Anspruch, die gesamtsozialdemokratische Präsenz gab Freital Grundlage, Homogenität, schließlich Identität. Tatsächlich war Freital in den Jahren der Weimarer Republik die Stadt sozialdemokratischer Superlative schlechthin. Sie war die einzige Stadt im »roten Sachsen« mit einem sozialdemokratischen Oberbürgermeister, mit absoluten Mehrheiten der SPD bei Wahlen. Nirgendwo sonst war die Zahl der Mitglieder proportional so groß wie hier, wo mehr als 3000 der insgesamt 36000 Einwohner das sozialdemokratische Parteibuch besaßen. Und schließlich war das ganze Tal nachgerade übersät von sozialistischen Arbeiterchören, Naturfreundegruppen, Arbeiter-Turner-Clubs, Arbeiter-Fußballvereinen und anderen Arbeiterfreizeitorganisationen mehr. Freital war eine tiefrote Stadt.

Nun waren rot wählende Städte keine ganz außergewöhnliche Rarität im industriegesellschaftlichen Deutschland. Doch in der Freitaler Sozialdemokratie hatte sich eine tief im »Tal der Arbeit« verwurzelte kommunalpolitische Elite herausgebildet, die den Ehrgeiz besaß, die eigene Stadt, die eigene politische Arbeit in der Gemeinde zum Modell zu machen, zunächst für Sachsen, schließlich für Deutschland insgesamt. Da war zum einen eine ungewöhnlich expansive Wohnungspolitik. An etlichen Stellen der Stadt errichteten die Sozialdemokraten – teils als Genossenschaftler, teils als städtische Bauherren – Siedlungen. Das betrieben sie so massiv, dass man Freital in der zweiten Hälfte der 20er Jahre als »Rotes Wien in Sachsen« etikettierte – in Anspielung auf die modellhafte Bautätigkeit der sozialistischen Gemeindespitze in der österreichischen Hauptstadt. Und natürlich hatten die Sozialdemokraten in den Siedlungen fortan ihre Hochburgen, hatten hier ihre besonders treuen, loyalen, jederzeit mobilisierbaren Wähler.

Der Ehrgeiz, aus Freital eine Musterkommune des Munizipalsozialismus zu machen, ging noch weiter. Freital sollte zur Wohlfahrtsinsel im trüben kapitalistischen Gewässer der Weimarer Republik werden. Das war Ambition und Plan der sozialdemokratischen Stadtväter. Deshalb zahlte die Stadt Wohlfahrtssätze wie keine zweite Gemeinde sonst im Deutschen Reich. Sie war eine veritable Oase für die Verlorenen und Gestrandeten der Gesellschaft, für Arbeitslose und für ledige Mütter, für Kleinrentner – und vor allem für Kranke. Die Gesundheitspolitik bildete das Herzstück des Freitaler Kommunalsozialismus. Schon unmittelbar nach der Stadtgründung hatten die sozialdemokratischen Rathausstrategen eine Gruppe frisch approbierter, links orientierter Ärzte in die Industriestadt des Plauenschen Grundes geholt. Und die roten Ärzte hatten in Freital freie Bahn, um all die medizinsozialistischen Schwärmereien aus ihrer Studentenzeit dem realpolitischen Test auszusetzen. Die Freitaler Stadtverwaltung hatte – was sonst in Deutschland nicht üblich war – einen ganzen Stab verbeamteter Ärzte und Hebammen, Fürsorger und Betreuerinnen eingestellt. Alles im Heil-, Fürsorge- und Wohlfahrtswesen war kommunalisiert und für die Nutzer kostenfrei, von der Wiege bis zur Bahre, von der Geburtshilfe bis zur Totenbestattung, zum Sarg, zum Leichentransport, zur Grabrede. Für alles sorgte die sozialdemokratische Gemeinde.

Doch im Mittelpunkt des Freitaler Wohlfahrtswesens standen natürlich nicht die Toten, sondern die Lebenden. Und die sollten nach den medizinreformistischen Projekten der sozialistischen Stadtärzte planmäßig gesund erhalten, systematisch von ansteckenden und vererbbaren Krankheiten befreit werden. Die linken Jungärzte in Freital waren gläubige Eugeniker; ihnen schwebte der neue, der gesunde, sportliche und leistungsfähige Mensch vor. Darin bündelte sich gewiss die Hybris, der Planungs- und Machbarkeitswahn des Freitaler Sozialismus der zwanziger Jahre. Und dahinter verbarg sich, noch weit mehr, die paternalistische, etatistische, zentralistische, anmaßende Seite des demokratischen Sozialismus in der Zwischenkriegszeit insgesamt.

Aber immerhin, der Freitaler Sozialismus besaß eine konzeptionelle Idee. Er hatte eine Vorstellung, ein Bild, eine Vision von der Entwicklung der Stadt. Und diese imaginative Kraft gab der Stadt in jenen Jahren Zusammenhalt, ein geradezu herausragendes Selbst- und Sendungsbewusstsein, deren Höhepunkt wohl im Jahre 1927 lag, als eine leibhaftige Delegation des Genfer Völkerbundes in der Stadt auftauchte, um das Freitaler Modell zu studieren und zu bewundern. Im Übrigen blieben die paternalistischen Züge im Gemeindesozialismus eingedämmt durch all die vielen Eigeninitiativen der reformistischen Selbsthilfebewegung im Arbeiterfreizeitwesen. Freital war in diesen Weimarer Jahren eine äußerst lebendige Stadt, gekennzeichnet durch die ständigen Veranstaltungen, Aufmärsche, Feste und Feiern, Inszenierungen der sozialistischen Sport-, Kultur- und Bildungsvereine. Wochenende für Wochenende waren Tausende von Freitalern unterwegs zu den wechselnden Events der Arbeiterkultur und des Arbeitersports. Und an den Abenden der Werktage fand die proletarische Geselligkeit in den zahlreichen Arbeiterkneipen mit den vielen sozialdemokratischen Gastwirten Freitals statt. Niemand empfand Freital in den zwanziger Jahren als langweilig, steril, öde. Auch Intellektuelle und Konvertiten des Bildungsbürgertums zog es hierhin, in das »Tal der Arbeit«, das durch seine Arbeiterkultur und das alternative Wohlfahrtsmodell, auch durch ein wunderschön gelegenes FKK-Bad weit über den Raum Dresden hinaus und sogar auf die Boheme ausstrahlte.

Kurzum, durch das sozialdemokratische (Kommunal-)Projekt wuchs die sozialräumlich fragmentierte Stadt zusammen. Dadurch besaß sie eine integrative Idee, welche die Identifikation der Einwohner mit ihrer Gemeinde bewirkte, die Selbstbewusstsein verlieh, Vitalität und Energie freisetzte. In Freital war Bewegung, Tempo, Zuversicht – trotz aller bedrückenden ökonomischen Krisen. Denn diese Stadt hatte eine homogene Klassenstruktur, eine hegemoniale Gruppenkultur, eine dominierende politische Ideologie und eine aus alledem resultierende spezifische politische Utopie ihrer selbst. Übrigens: Klassenkampf und Radikalismus erwuchsen aus dieser Konstellation gerade nicht. Freital war eine Stadt ohne politische Gewalt mit einer hoch verantwortungsbewussten kommunalpolitischen Elite aus gemäßigten, kooperationsfähigen Reformisten. Lagerstrukturen mussten also keineswegs die Demokratie unterminieren; sie konnten sie vielmehr mit ihren sinnstiftenden Perspektiven, ihren Bindekräften und Aktivitätsenergien fundieren und stabilisieren. Freital war dafür ein schönes Beispiel. Die Nationalsozialisten jedenfalls kamen hier nicht weit, blieben bei den letzten Wahlen der Weimarer Republik um 15 Prozentpunkte hinter ihrem Reichsdurchschnitt zurück. Hätte es nur Städte wie Freital gegeben in Deutschland – die Hitler-Diktatur wäre der Welt erspart geblieben.

An den Braunen ging das Rote im »Plauenschen Grund« auch zwischen 1933 und 1945 nicht zugrunde. Die sozialdemokratischen Mentalitäten wurden in diesen 12 Jahren wohl brutal unterdrückt, stigmatisiert und kriminalisiert, aber sie überlebten nahezu unbeschädigt. Kaum waren die Nazis weg, waren die Sozialdemokraten wieder vollständig zur Stelle. Erneut schlossen sich weit über 3000 Freitaler der rekonstituierten SPD an. Und im Herbst 1946, bei den für lange Jahrzehnte letzten halbwegs freien Wahlen im Osten, votierten zwei Drittel der Freitaler Wähler für die frisch gegründete SED. Das entsprach ziemlich exakt dem Ergebnis, auf das Sozialdemokraten und Kommunisten in den Weimarer Jahren in dieser Stadt zusammen gekommen waren – und es war das Spitzenergebnis für die Einheitssozialisten in Sachsen schlechthin.

Verfall und Tragödie

Doch mit der SED begann die Tragödie von Freital und Sozialdemokratie. Am Ende der SED-Herrschaft war von der sozialdemokratischen Tradition, war von der großen munizipalsozialistischen Idee der Stadt nichts, aber auch gar nichts mehr übrig. Selbst die Erinnerungen daran waren zum Ende der

1980er Jahre komplett ausgelöscht. Einen so fundamentalen politischen Mentalitätsbruch in der Bevölkerung dürfte es in den modernen europäischen Gesellschaften des 20. Jahrhunderts kein zweites Mal gegeben haben. Im Tal des Plauenschen Grundes hatten sich die meisten der dort lebenden Menschen über mehrere Jahrzehnte, vom Kaiserreich bis zur frühen SBZ, alles Heil vom Sozialismus versprochen. Und als der Sozialismus dann in Gestalt der SED real über sie hereinbrach, reagierten sie bald bitter enttäuscht. Gerade weil in Freital, der Hochburg der deutschen Sozialdemokratie, die Erwartungen auf die befreiende und erlösende Kraft des Sozialismus besonders hoch gesteckt waren, mussten besonders hier die negativen Entwicklungen in den DDR-Jahren eine ausgeprägte, tiefe Frustration erzeugen.

Und die Enttäuschung richtete sich von Beginn an ebenfalls gegen die sozialdemokratische Tradition. Denn die Freitaler SED war in ihrem Kern zunächst noch die alte Freitaler SPD. Schließlich waren ihre Mitglieder im Frühjahr 1946 der neuen Einheitspartei geschlossen beigetreten. Die alten Sozialdemokraten bildeten, bis sie 1950 kaltgestellt wurden, auch die kommunalpolitische Elite der neuen SED. Überall im Stadtgebiet traf man auf die bekannten Sozialdemokraten von einst – nun allerdings mit dem Abzeichen der SED am Revers. Überdies waren gerade in den ersten Jahren der »Volksdemokratie« viele frühere Funktionäre der SPD aus der Facharbeiterschaft sozial aufgestiegen, hatten das Proletariat verlassen und waren zu Lehrern, Staatsanwälten, Richtern, Betriebsleitern und dergleichen mehr avanciert. Bei den Arbeitern waren die neuen arrivierten Einheitssozialisten allmählich verhasst. Die Verdrossenheit über den Realsozialismus übersetzte sich in Freital in Distanz und Abschied von den alten sozialdemokratischen Neigungen. Gewiss gab es in den ersten Jahren der DDR noch zahlreiche frühere sozialdemokratische Funktionäre, die ebenso bitter und scharf ablehnend über das neue Regime urteilten. Publik wurde das aber nicht. Ein spezifischer sozialdemokratischer Antikommunismus ließ sich unter den Bedingungen der

Diktatur weder organisieren noch kommunizieren. So individualisierte sich die sozialdemokratische Gesinnung, wurde zur verborgenen Privatmeinung von Einzelnen, verlor den wichtigen sozialdemokratischen Movens der Kollektivität, starb schließlich mit ihren Trägern im Laufe der 1960er und 1970er Jahre endgültig dahin.

Auch die städtebaulichen Prunkstücke des sozialdemokratischen Gemeindesozialismus, die Siedlungen, zerfielen in den 40 Jahren der DDR-Gesellschaft. Der Zustand der Siedlungen war symptomatisch für den Zustand der Stadt. Das einst lebendige Freital, das doch Musterkommune für ganz Deutschland hatte werden wollen, verlor alle Vitalität, jeden Ehrgeiz, seine ursprüngliche Vision. Freital verödete, kam herunter, wurde Ort der Depression und Hoffnungslosigkeit.

Als schließlich 1989 die DDR implodierte, waren alle früheren sozialdemokratischen Einstellungen und Orientierungen, Kulturen und Mentalitäten längst aus dem Tal verschwunden. Es existierte nichts mehr, woran eine neu gegründete Sozialdemokratie hätte anknüpfen können. So fanden sich bloß ein paar Individualisten aus der protestantischen Sphäre zur neuen Sozialdemokratischen Partei zusammen. Von der imposanten Geschichte der Freitaler SPD hatten sie nie ein Wort gehört. Und wie hätten sie diese auch nur erahnen sollen? Denn nichts war in Freital mehr rot. Als die kleine, etwa 20-köpfige Truppe der neuen Freitaler Sozialdemokratie Anfang 1990 ihren ersten Wahlkampfstand in der Stadt aufstellten, wurde sie ausgebuht, angepöbelt, als »rote Schweine« beschimpft. Der Ausgang der ersten freien Wahlen nach etlichen Jahrzehnten, jener zur Volkskammer im März 1990, wurde zum Desaster, gleichsam zur historischen Tragödie für die Sozialdemokratie in Freital: Ganze 9,8 Prozent der Stimmen entfielen auf die SPD in ihrer früheren Hochburg – jener Stadt, die von Sozialdemokraten begründet und mit Energie, Organisationskraft, Phantasie und einer ambitionierten Leitidee zur renommierten Musterkommune ausgebaut worden war.

Seither sind wieder etliche Jahre vergangen. Im Jahr 2003 wird die Stadt von einem CDU-Oberbürgermeister regiert, der sich auf eine absolute Mehrheit seiner Partei im Stadtrat stützen kann. Die SPD ist im 34-köpfigen Stadtparlament nur noch durch zwei Parteimitglieder vertreten. Im internen, roten Wettkampf mit der PDS zieht sie meist den Kürzeren. Bei der Sächsischen Landtagswahl 1999 ist die einstige Stadtgründungspartei mit 7,3 Prozent auf ihrem bisherigen Tiefstand angekommen. Unwürdige Zustände für die Sozialdemokratie in ihrer früheren Musterkommune.

Die Freitaler Lage entspricht durchaus dem Landestrend. Sachsen und die SPD – da ist seit 1989 nicht wieder zusammengewachsen, was einmal so selbstverständlich zusammengehörte. In keinem Bundesland ist die SPD-Mitgliederdichte so niedrig wie hier. Bei jener Wahl 1999 fuhr die Landespartei das bislang schlechteste SPD-Wahlergebnis in der bundesrepublikanischen Geschichte ein. Alle Wahlforscher, die angesichts der sozialdemokratischen Tradition einen klaren Vorsprung der SPD vorausgesagt hatten, mussten bereits im Wendejahr erkennen, dass die sechzigjährige Wahlpause das Wahlverhalten der Sachsen fulminant verändert hatte: Entgegen allen Prognosen wurde die CDU zur Staatspartei. Sie stellte von Anbeginn die Spitzenrepräsentanten, installierte die Verwaltung, besetzte die entscheidenden Posten. Sie war, im Auftrag des Wählers, alleinverantwortlich für einen Transformationsprozess, der Infrastruktur und Bildungswesen, Justiz, Kultur und Politik, ja das ganze Leben der Sachsen grundlegend umkrempeln sollte.

An dieser hegemonialen Stellung hat sich bis heute wenig geändert. Nicht nur in Freital, auch in vielen anderen Kommunen Sachsens sind satte CDU-Mehrheiten die Regel. Aber wie konnte es dazu kommen? Was hat die SPD für den Wähler unattraktiv gemacht? Woraus zieht die CDU ihre Kraft, wie füllt sie das rote Vakuum aus? Kaum irgendwo ließe sich diesen Fragen besser nachgehen als im »Tal der Arbeit«.

»Ich habe die Nazis und die SED überlebt. Warum sollte ich mich auf irgendetwas Anfang Weimar berufen?« Der ältere Herr sieht ungehalten aus, er wirkt provoziert. Als hätte man einen wunden Punkt getroffen. »Lassen Sie mich mit den Roten in Ruhe!« Ende der Unterredung – das erste Interview ist ziemlich fehlgeschlagen. Hoffentlich reagieren nicht alle so schroff in dieser Stadt. Streng genommen ist Freital gar keine richtige Stadt. Die Struktur wird ihr von der Natur vorgegeben: In dem lang gestreckten Tal werden die einzelnen Ortsteile im Grunde nur durch die Eisenbahnlinie und die Straße nach Dresden gegliedert und verbunden.

Tagsüber ist die kilometerlange Dresdener Straße eine viel befahrene Verkehrsader. Die Pendler des Kreises passieren auf ihr die Bandwurmstadt auf dem Weg in die wenige Minuten entfernte Landeshauptstadt. Autolärm, Abgase, Staus von morgens bis abends sind die Folgen des tagtäglichen Transitverkehrs. Fast niemand hält an. Wo auch? Freital ist eine kernlose Stadt, ein Zentrum gibt es noch immer nicht. Ungefähr auf mittlerer Höhe ist zwar ein größerer Platz, der sich Neumarkt nennt, aber der hat mit der üblichen Vorstellung von einem Marktplatz nichts gemein. Auf dem Areal befindet sich ein großzügig angelegter, meist ausgestorben daliegender Busbahnhof.

Ganze Häuserblöcke sind verwaist, zahllose Schaufenster leer. In manchen hängen noch Dekorationen oder der Name des letzten Inhabers. Früher, so erzählen die wenigen verbliebenen Händler, sei das alles ganz anders gewesen. Die Dresdener Straße war einst eine regional beliebte Einkaufsstraße. Selbst die feinen Landeshauptstädter verließen ihre Metropole, um in Freital zu shoppen, zu bummeln, Kaffee zu trinken. »Zu DDR-Zeiten haben sie uns hier die Bude eingerannt«, sagt die Inhaberin eines Modeladens. »Aber das hat mit der Wende schlagartig aufgehört.« Auch ihr Geschäft wird in wenigen Wochen schließen. Dabei kann man hier richtige

Schnäppchen machen, aber selbst Dumpingpreise konnten nicht verhindern, dass die Käufer ausbleiben.

»Zu DDR-Zeiten« – sie ist weit verbreitet in Freital, diese adverbiale Bestimmung. Das Selbstverständnis der Stadt hat sich seit der Wende gewandelt. Sie hat mit der einstigen Flaniermeile nicht nur an Prestige verloren, das einstige Tal der Arbeit degenerierte in wenigen Jahren auch zum Tal der Arbeitslosen – und das schmerzt die Freitaler noch viel mehr. Beim wichtigsten Arbeitgeber, dem Edelstahlwerk, schrumpften die Arbeitsplätze von 5000 auf gerade noch 680 zusammen. Die von den Freitalern liebevoll »Porzelline« genannte, einst stolze und weltbekannte Dresdener Porzellanmanufaktur kümmert vor sich hin. Ausländische Investoren haben hier Schindluder getrieben, so die verbreitete Meinung. Auch auf die Treuhand ist man nicht gut zu sprechen, seit riesige Industriebrachen das Stadtbild dominieren. Nur noch wenige Schlote rauchen in der Stadt, die vormals auch »Stadt der 1000 Schornsteine« genannt wurde. Die Freitaler fühlen sich ihrer Identität als Industriestädter beraubt. Die unmittelbar nach 1989 beginnenden Massenentlassungen brachten die kurze Nachwendeeuphorie jäh und unwiderruflich zum Erliegen. Viele, die im Revolutionsherbst gemeinsam gegen die SED-Herrschaft auf die Straße gegangen waren, fanden sich nur kurze Zeit später schon wieder zum Protestmarsch gegen die Arbeitslosigkeit zusammen – diesmal indes mit weniger Erfolg.

Abends geht es auf der Dresdener Straße gespenstisch zu. Weder Autos noch Menschen sind zu sehen, der Verkehr tendiert gegen Null. In vielen Häusern ist es dunkel, ein guter Teil der dringend sanierungsbedürftigen Wohnungen steht leer. Der »Goldene Löwe«, legendärer Versammlungsort der einstigen sozialdemokratischen Gemütlich- und Parteilichkeit, ist verriegelt, verschmutzt, funktionslos. Cafés, Kneipen oder Discos? Fehlanzeige. Die Jugendlichen zieht es ohnehin nach Dresden. Sie mögen ihre Heimatstadt nicht. Darauf angesprochen, was sie an Freital schätzen und wie sie ihre Stadt charakterisieren würden, ist die Standardantwort ein Achselzucken. Oder man listet auf, was Freital alles fehlt, im Gegensatz zu Dresden oder zu Westdeutschland. Kaum einer macht sich die lokalpatriotische Mühe, sein Unbehagen an Freital zu begründen. Die Freitaler definieren ihre Stadt entweder darüber, wie sie einmal war, oder wie sie im Gegensatz zu anderen nicht ist. Beide Male ist es keine positive Analyse der Heimatstadt, sondern eine Identitätssuche, die scheinbar nur ex negativo möglich ist.

In einer Bahnhofsgaststätte haben sich eine Handvoll Studenten und ein gutes Dutzend Senioren versammelt. Die SPD von Freital tagt. So öde, so herz- und leblos wie die Dresdener Straße wirkt die einstige Stadtgründerpartei. Heute sind gerade 44 Hartgesottene unter dem sozialdemokratischen Label vereint. Mehr als die Hälfte schwänzt den Parteitreff, darunter auch die beiden verbliebenen Ratsfraktionsmitglieder. Die Studenten spielen gelangweilt mit ihren Handys und schmunzeln einander verdeckt zu, wenn sich einer der Parteioldies zu heftig echauffiert. Die Unlust an wirklicher Diskussion ist mit den Händen zu greifen.

Kaum einer kennt die ruhmreiche rote Vergangenheit, die symbiotische Beziehung von Stadt und Partei, die Gründungsväter und Taufpaten Freitals. Der Vorsitzende, ein schornsteinfegender 44 Jahre alter Wessi, kommentiert stellvertretend: »Mich interessiert die Tradition nicht.« Zwar stammen einzelne Mitglieder aus alten SPD-Familien, doch irgendeine unmittelbare Kontinuität ist auch bei ihnen nicht zu erkennen, da sie eher gegen ihre Familien als wegen ihrer Familien nach 1989 in die SPD eintraten. Nicht wenige der Weimarer Funktionäre identifizierten sich ab 1946 mit dem SED-Staat. Über Politik wurde nach dem Krieg in den meisten Familien nur noch selten gesprochen, erst recht nicht über die SPD. Der scheinbar fließende Übergang von SPD zu SED diskreditierte auch ureigene sozialdemokratische Symbole und Traditionen. Rote Flaggen oder die Anrede »Genosse« waren spätestens 1989 nicht mehr en vogue. Warum sollte man sich auf etwas berufen, was so wenig positive Konnotationen auslöst? Man hat schließlich schon genug Probleme.

Die SPD konnte sieben Jahre lang den Freitaler Oberbürgermeister stellen, nachdem die CDU in den frühen Nachwendejahren gleich drei verschiedene Probanden verschlissen hatte. Aber diese Führungscrew wollte 2001 nicht wieder kandidieren, es gab Zerwürfnisse und Vorfreude auf die Rente. Die kurze rote Renaissance hat der Partei jedenfalls keinen Schub gebracht. Es fehlt an stadtbekanntem Mittelstand und meinungsmachenden Mittelalten. Die SPD in Freital hat nichts mehr von dem, was sie einst stark machte: keine Organisation, keine Verankerung im Freizeitwesen, keine ortsverwurzelte kommunalpolitische Elite. Ihr Bild wird geprägt von introvertierten Naturwissenschaftlern, meist Ingenieuren, die sich zu DDR-Zeiten in ihren Nischen eingerichtet hatten. Außenseiter und Individualisten ohne Organisationserfahrung, die gegenüber den anderen Ostparteien nicht auf bereits vorhandene Blockstrukturen zurückgreifen konnten. So war 1989 für die SPD ein Kaltstart zu ungleichen Wettbewerbsbedingungen. Ehemalige SED-Mitglieder, die sich anboten und aufdrängten, wollte man nicht aufnehmen.

Wie lange die kleine Studentenschar der SPD-Gruppe wenigstens noch einen Rest von Vitalität einhaucht, ist ungewiss. Nach dem Studium werden die meisten wegziehen, viele wohnen jetzt schon in Dresden. »In Freital gibt es keine guten, intellektuellen Jobs«, sagt einer. Man ist frustriert über den Spott der Gleichaltrigen: Wie man sich überhaupt engagieren könne, fragen die, und dann ausgerechnet auch noch bei den Roten. Und man ist genervt von der Unmöglichkeit, in Freital überhaupt aktive Parteiarbeit zu treiben: »Wo sollen wir uns denn auf der blöden Dresdener Straße hinstellen? Es kommt eh kein Schwein vorbei.« Bei den Grünen ist man nicht, »weil die von ihrer Struktur her noch bedauerlicher sind als die SPD. Die haben im ganzen Kreis vielleicht zehn Leute.« Die paar Freitaler, die sich zu ihrer Partei bekennen, die versuchen, die SPD irgendwie am Leben zu erhalten, sind gewiss wacker und leidensfähig. Aber eines sind sie sicher nicht: kulturell deutungsmächtig oder gar identitätsstiftend.

Gibt es aber überhaupt keine rote Kultur mehr im Plauenschen Grund? Mehr Relevanz und öffentliche Repräsentanz scheint immerhin die PDS zu besitzen. Ihre Spitzenkandidaten erzielten bei der letzten Gemeinderatswahl bis zu dreimal mehr Stimmen als die beste Sozialdemokratin, die abgeschlagen auf Platz 12 landete. Das Urteil des PDS-Fraktionsvorsitzenden über die rote Konkurrenzpartei ist vernichtend: »Die haben keine Meinung, zu nichts.« Die PDS hingegen sei »vor Ort«, kenne »die Nöte«, spreche »die Sprache«. Er hat insofern recht, als von den vielen Freitaler Politikern einzig die beiden PDS-Spitzenfunktionäre schonungslos artikulieren, was die Menschen auf der (Dresdner) Straße vermissen: Meist geht es dabei um *soft issues* wie Zeit für Kinder und Kultur, die organisierte Freizeitgestaltung, früher nicht existierende Übel wie Neid, neues Konkurrenzdenken unter alten Kumpels oder Geburtenrückgang. Manchmal ist es noch immer die stolze, selbstgerechte Verteidigung des untergegangenen Staates und der darin innegehabten Funktion, Selbstgewissheit oder Akzeptanz. Die PDS bietet Orientierung und Meinung. Aber auch diese Identität ist geprägt von der erfahrenen Verschlechterung und dem Gefühl, im falschen Staatskörper zu stecken. Eine Energie immerhin, wenn auch eine nostalgische. Wie zukunftsfähig sie ist, auf wie viele Generationen sie sich übertragen lässt, muss sich erst zeigen. Vermutlich ist die DDR in Freital eines Tages genauso vergessen wie heute die Weimarer Republik. Die hiesige, teils leer stehende Plattenbausiedlung wirkt bereits jetzt wie ein gewaltiges anachronistisches Relikt.

Aber was hält die Stadt dann eigentlich im Innersten zusammen? Gesucht wird ein progressiver Geist, eine bejahende Idee, die Freital ein Antlitz verleihen könnte. Es muss ja nicht unbedingt ein rotes sein. Doch wenn es um eine positive Standortbestimmung geht, herrscht auch im Gegenlager Verlegenheit: »In Freital gibt es keine richtige Bürgerschaft«, sagt ein CDU-Pfarrer. 80 Prozent der Einwohner sind Atheisten, das Theater besucht kaum einer, gutbürgerliche Gastronomie gibt es nicht. Und das Vereinsleben oder die Stadtfeste, einst integrativer Quell kommunaler Lebensfreude? Dümpeln vor sich hin oder konzentrieren sich auf die einzelnen Stadtteile. Überhaupt ist die Konkurrenz unter den einzelnen Gemeinden ausgeprägt. Manche fühlten sich durch die Zwangseingemeindung zu DDR-Zeiten »regelrecht vergewaltigt«. Umso stärker wächst seit der Wende der Wunsch nach Autonomie, Entkollektivierung und Unterscheidbarkeit. Um jeden Kindergarten, jedes Löschfahrzeug und jeden Busfahrplan liefern sich die städtischen Untereinheiten erbittertes Gezänk.

Die Höhen

Freital hat natürlich auch eine andere Seite. Oder eher: eine andere Höhe. Diese blitzt und blinkt im Design der Neunziger: gläsern und hellhölzern, deckweiß oder neonfarben. Die ersten, die in Freital nach der Wende – im Wortsinn – ihre Zelte aufschlugen, waren die großen westdeutschen Handelsketten. Zunächst unter großen Planen, später in eilig auf der grünen Wiese hochgezogenen Einkaufszentren führten *toom, real* & Co. die Freitaler herrlichen Konsumzeiten entgegen. Und zogen so das Leben und die Kunden aus der Stadt. Ja, denn hier ist richtig was los! Im Viertelstundentakt rollen überfüllte Busse zu den bis zu 50 Geschäfte umfassenden Megastores. Die Autos auf den mehrflächigen Parkdecks stehen dicht gedrängt. Hektik zwischen Imbissstuben, Veranstaltungen für Kinder, Biker-Treffen, Autohäuser, Werbeplakate für Erotikmessen, Teenager auf Skateboards. Die Freitaler haben eine neue Form der Geselligkeit gefunden: ungezwungen, oberflächlich, mobil.

Während das Tal verödete, explodierte die Entwicklung in einigen auf den umschließenden Anhöhen liegenden Gemeinden regelrecht. Hier entstanden schmucke Reihen- und Einfamilienhäuser, Sportanlagen, Schulen, Vereinshäuser, Viersternehotels, Ortszentren. Der neue gehobene Mittelstand Dresdens besiedelte nach der Wende die Ausläufer Freitals. »Von hier oben«, sagt die stolze Neuhausbesitzerin, »hat man doch auch wirklich einen herrlich idyllischen Blick auf das friedliche dämmernde Tal.«

Ein Dorf im Speckgürtel wurde zum besonderen Wendegewinner: Erst 1999 eingemeindet, ist Pesterwitz der wohl zufriedenste und modernste Ortsteil Freitals. Von hier braucht man nur wenige Autominuten mehr nach Dresden als nach Freital City, hier ist die Einwohnerzahl ständig gestiegen. Neue Straßen, Häuser, soziale Einrichtungen so weit das Auge reicht. Vorangetrieben hat diese Entwicklung der seinerzeit parteilose Ortsvorsteher, Mitinitiator der hiesigen Bürgerbewegung und gleichzeitig federführender Projektentwickler. Sein Infrastrukturprozess, der ihm die Sympathien und Wählerstimmen zufliegen ließ, befriedigte zum Teil ganz profane Nachholbedürfnisse; so erlöste er die Dorfbewohner von den verhassten Trockentoiletten und Holperstraßen. Für die Freitaler wurde der benachbarte Bauherr zum Künder des Kapitalismus, sein Dorf zur neuen Musterkommune. Inzwischen grüßt er als Freitaler Oberbürgermeister.

Bezeichnenderweise brachte ihn keine kollektive Leitidee, sondern die exklusive Vormachtstellung seines Dorfes an die Spitze der Stadt. In Pesterwitz ist man stolz auf die elitäre Rolle, die man als Projektionsfläche für andere spielt und natürlich auf den beförderten Ortsvorsteher, der noch vor seiner OB-Wahl skandierte: »Vergessen Sie Freital unten im Tal! Freital findet auf der Höhe statt. Wenn ein Haus da unten einfällt, bauen wir's ab und machen einen Parkplatz.« Die SPD-Politiker üben scharfe Kritik am neuen Freitaler Oberbürgermeister. Genau diese Kultivierung des Dezentralen sei Gift für Freital. Außerdem nehme er Menschen »in Sippenhaft«, die sich auch nur im Dunstkreis von Sozialdemokraten blicken ließen: »Wer nicht für ihn ist, ist gegen ihn.« Aus der Sicht der Sozialdemokraten ist der OB ein unlauterer Populist, der Wähler mit Freibier, Kinderherzen mit Schokolade, Konsum- und Mobilitätsjunkies mit »unausgegorenen Plänen« für neue Straßen und Amüsierzentren ködert.

»Ihr könnt doch nicht den Einzigen beschimpfen, der was

gemacht und vorangebracht hat«, sagt der OB zu solchen Vorwürfen. In Gönnerlaune geht der Oberbürgermeister auf die vielen Vorwürfe ein; er ist umgänglicher als erwartet. Gewiss, ein Populist ist er, aber ausgestattet mit Spielarten von Herzlichkeit und Unterhaltsamkeit, Unbedarftheit und Skrupellosigkeit, wie sie partiell den Sozialdemokraten auch nicht schaden könnten.

Der Mittelstadtfürst steht jetzt in der Bringschuld. »Das mach ich zum Dorf wie im Westen«, lautete der Leitsatz, mit dem er 1990 in Pesterwitz antrat. Jetzt muss er dasselbe auf größerer Bühne hinbekommen. Der »dicke Dorfschulze« ist nunmehr für die Gesamtgestaltung Freitals verantwortlich. Doch es ist wie so oft bei emporgeschossenen Aufsteigern, die im Ernstfall nicht auf ein langjährig gewachsenes Netz loyaler Gefolgsleute zurückgreifen können: Die Macht des Turbomanns steht auf wackligen Füßen. Schon rumort es in der CDU, der er mittlerweile beigetreten ist. Auch vielen Christdemokraten ist der neue OB zu unkultiviert, zu hemdsärmlig und zu neureich, insgesamt zu wenig linientreu. Zudem drücken ihn inzwischen Bankverbindlichkeiten. Die Zeiten sind nicht mehr so rosig für Wendegewinner und Westadapter wie unmittelbar nach 1989. Nicht nur die Investoren sind vorsichtiger geworden.

Und wie steht es nun um die Stadtidentität? Konstruieren, an den Haaren herbeiziehen kann man ein verbindliches, urbanes Selbstverständnis nicht. So ihr's nicht spürt, ihr werdet's nie erjagen. Es gibt Bestrebungen, die historischen Besonder- und Berühmtheiten Freitals progressiv zu vermarkten. Schließlich haben die erste Ballonfahrerin Deutschlands und auch Otto Lilienthal hier gelebt. Außerdem kommt eine ganze, die Stadt einst prägende Industrie allmählich ins museumsfähige Alter. Noch ist nicht klar, ob Freital über die Musealisierung den Weg zurück in die Zukunft findet.

Der Lokaljournalist ist da skeptisch. Er hat keine großen Hoffnungen für Freital. Er bündelt die ganze Antipathie der hier lebenden und arbeitenden Bevölkerung in einem einzigen fatalistischen Fazit: »Ich finde Freital nicht schön; Kultur findet hier auch keine statt. Konsequenterweise müsste Freital ein Stadtteil von Dresden sein. Dann hätten wir wenigstens ein Zentrum, in Dresden.« Finanziell könne sich eine Eingliederung lohnen, und vermissen werde sowieso keiner was.

Was bleibt, was wird? Bilanz und Ausblick

Armes Freital. Kaum einer der Freitaler fühlt sich als solcher. Die Stadt lebt in ihren Untereinheiten. Nur, wie lange noch? Besteht überhaupt noch Bedarf für die Stadt, die 1921 von der SPD ausgebrütet worden ist? Viele Tränen würde dem ungeliebten Konstrukt wohl niemand nachtrauern. Denn Freital im 13. Jahr der deutschen Vereinigung ist eine nahezu entstrukturierte Stadt. Dieser Prozess begann in der zweiten Hälfte der 1940er Jahre, angetrieben von der SED, aber er setzte sich, wenn auch aus ganz anderen Gründen, nach 1989 mit Aplomb fort. Und das zerstörte die ursprüngliche sozialdemokratische Musterkommune. In der Weimarer Modellstadt eines republikanischen Wohlfahrtsprojekts gab noch eine kommunalpolitische Elite den Ton an, die im Ort fest verwurzelt war, ihr Handwerk gründlich gelernt hatte, in ihrem Tun durch die Sozialmoral des politischen Herkunftsmilieus geprägt war. Die Vitalität der früheren sozialdemokratischen Stadt basierte auf einem weit ausgeworfenen, dabei dicht verknüpften Organisations- und Vereinsnetz, an dem über Jahrzehnte kontinuierlich gewoben wurde. Und das Selbstbewusstsein der Stadt Freital in den Weimarer Jahren resultierte aus der Reformidee des kommunalpolitischen Alternativprojekts, das den Ehrgeiz der Einwohner anstachelte und sie zu einer aktiven Bürgerschaft zusammenfügte. Eben das machte Lebendigkeit und Kohäsion, Energie und Zielsicherheit von Freital aus: Die Stadt hatte feste Strukturen, Traditionen, einen sozialmoralischen Fundus und eine aus diesen Quellen gespeiste Zukunftsmission.

Nichts davon existiert noch im Jahr 2003. Für die SED wäre ein autonom-reformistischer Kommunalismus und Milieuzusammenhang eine dauernde Bedrohung ihres absoluten Herrschaftsanspruchs gewesen. So zerschlugen die kommunistischen Machtinhaber erst die sozialdemokratische Kommunalelite (und schickten fortan in kurzen Abständen immer neue, ortsfremde Parteisekretäre und Bürgermeister nach Freital), dann das alte sozialdemokratische Vereinswesen, schließlich die kommunale Selbstverwaltung und letztlich mit alledem die sozialdemokratische Leitperspektive einer reformistisch-republikanischen Wohlfahrt. Nach 1989 ging die Deregulierung der Stadt forciert weiter, nun nicht mehr aus Gründen der politischen Machtsicherung, sondern als Folge kühler Marktprozesse.

Heute jedenfalls ist Freital ganz und gar enthistorisiert und dereguliert. Radikalmodernisierer müssten sich freuen. Die Stadt ist frei vom Ballast schwerer Traditionen. Sie ist nicht beladen durch überhängige Strukturen, überkommene sozialmoralische Fixierungen, tradierte Kollektivitäten. Freital hat sich aller Bindungen und Erinnerungen, Mythen und Integrationsideologien vollständig entledigt. Die Freitaler Einwohnerschaft ist gänzlich individualisiert. Also müsste Freital jetzt eigentlich wunderschön modern, offen, lebendig, innovationsfreudig, tatendurstig, heiter veranlagt sein. Aber so ist es nicht. Freital hat mit dem Verlust der Geschichte, der Tradition, der Gründungsmission seinen Integrationskern verloren, der es überhaupt erst zur Stadt werden ließ und seine Einwohner zur Bürgerschaft verknüpfte. Im neuem Vakuum ist der Raum für jene Kleinstadtpopulisten entstanden, die in Freital seit 1990 immer wieder periodisch und schnell nach oben kommen, kühne Versprechungen machen und nach allerlei Pannen und Pleiten bald wieder im Nichts verschwinden.

Im Grunde ist Freital in die Vorgründerzeit der Stadt zurückgefallen. Die Freitaler des Jahres 2003 fühlen sich nicht mehr als Freitaler, sondern wieder als Potschappler, Deubener oder Döhlener. Sie erleben und erleiden jetzt die Zersiedlung ihrer Stadt, weil sie einen kulturellen und kollektiven Integrationsstoff nicht mehr besitzen. Durch die Deregulierung der eigenen Geschichte und Strukturen hat Freital seine Vergangenheit, seine Mitte und seinen Zukunftssinn eingebüßt. Und daher steckt die Stadt in Schwermut und Antriebslosigkeit. In den zwanziger Jahren des vergangenen Jahrhunderts waren noch Tausende von Freitalern Abend für Abend unterwegs, zu den Veranstaltungen des sozialistischen Kulturwesens, in den zahlreichen Arbeiterkneipen, auf Bildungskursen. Heute ist Freital nach 18 Uhr leer, ausgestorben, tot.

Und vielleicht ist Freital auch als Stadt bald eliminiert. Schon zirkulieren Pläne, die Stadt im Plauenschen Grund nach Dresden einzugemeinden. Kaum jemand in Freital stört sich daran oder empört sich gar darüber. Das wäre dann das Ende einer Geschichte, die vor gut 80 Jahren mit so viel Mut, Stolz und Zuversicht begann. Aber so ist es wohl: Als Stadt mit eigenem Anspruch, eigener Sozialmoral, eigener Zielsetzung und eigener kommunalpolitischer Vision hatte Freital seine besondere Existenzberechtigung. Aber als entstrukturierter Ort in einer deregulierten Umwelt kann die Stadt getrost verschwinden. Es wird nicht mehr auffallen. Es wird keinen Verlust mehr bedeuten.

Nicht in allen Fällen, so möchte man zusammenfassen, führt die Enttraditionalisierung und Dekomposition überlieferter Strukturen zu neuer Freiheit und Kreativität. Oft genug führt die Deregulierung des Hergebrachten allein zur kulturellen Nivellierung, zur Entkernung je besonderer Identitäten, zur politischen und geistigen Gleichmacherei. Gesellschaften verlieren so an Farbe, an Inseln des Eigensinns, auch an Orten des Experiments. Das vielleicht kann der Westen vom modernisierten Osten lernen.

Andererseits: Was hilft das Wehklagen über den Strukturverlust? Vielleicht lässt sich das Freitaler Fallbeispiel auch anders, zweckoptimistischer deuten. Die Nachwendezeit im Osten Deutschlands mag zu Ende sein, doch die ganze Region befindet sich noch immer in einer Orientierungsphase. Das zeigen die ständigen Strukturgebietsreformen, das wankelmütige Wahlverhalten (bei der jüngsten Bundestagswahl wählten immerhin bis über 30 Prozent der Freitaler die SPD), der widersprüchliche Umgang mit der eigenen und der kollektiven Vergangenheit. Eine robuste Struktur muss sich erst mühsam konstituieren – und sich den neuen Bedürfnissen und Paradigmen anpassen. Genau wie die Politik. Die entkollektivierten Freitaler verkörpern neue, moderne Verhaltensweisen und Ansprüche, für die sie einst, nun ja, sogar auf die Straße gingen: ideologische und räumliche Ungebundenheit, demokratische und konsumistische Wahlfreiheit, Stolz auf individuell-profane Errungenschaften, Statusdenken ohne Rechtfertigungszwang. Parallel zu all der Trauer über den Verlust des kollegialen, sozialen Umgangs hat in einigen Freitaler Ortsteilen »Gemeinschaft« eine andere Qualität erreicht, eine neue Form gefunden. Sie wird heute als freiwilliges, ungezwungenes Angebot interpretiert, von dem man nur dann Gebrauch macht, wenn der Bedarf oder Wunsch besteht. Gemeinsamkeit ist keine unbequeme Staatspflicht mehr. Sie lässt sich seit 1989 ebenso wenig erzwingen wie eine verbindliche, sinnstiftende Stadtidentität. Heute sieht es so aus, als würde aus den Freitaler Ruinen der DDR-Vergangenheit kein neuer Geist auferstehen. Stattdessen treibt eine im Westen bereits allzu gut bekannte materielle, säkularisierte und populistische Gesinnung ihr Unwesen. Allerdings sind Vorbilder, an denen man sich leidenschaftlich abarbeiten oder zu denen man neidvoll aufblicken kann, immer noch besser als gar keine Bilder.

Landolf Scherzer

Das Ei des Professors

Oder: Wie man Dosen, Denkmäler und Doktoren »entsorgt«

Der Tag an der Bauhausuniversität Weimar beginnt mitten in der Nacht.

Als ich mich um fünf Uhr mit dem Hausmeister bei seinem Arbeitsanfang in der Werkstatt treffe, gehen die ersten Putzfrauen schon wieder nach Hause. Sie haben in den Hörsälen, in Seminarräumen, Computerpools, Ateliers und den Toiletten Papier, Trinkbecher und anderen Müll aufgelesen, die Fußböden, Tische und Bänke blank gewischt. Mich beachten sie nicht. Von ihm verabschieden sie sich mit einem müden Lächeln. Er wird für sie wie an jedem Morgen die schweren Müllsäcke hinaustragen. Das dürfte er nicht, denn er wird von der Universität bezahlt. Die Frauen haben dafür schon, was eigentlich seine Aufgabe ist, in allen Toiletten neue Klopapierrollen angebracht. Das wiederum dürften sie nicht, denn sie werden von einer privaten Reinigungsfirma bezahlt.

»Nichts ist hier mehr wie es früher mal war«, mault der Hausmeister.

Ich frage eine Putzfrau, wie viel die Firma für die Nachtarbeit bezahlt.

»10,30 die Stunde.«

»Euro?«

»Nein, in Mark gerechnet.«

Sie muss zuverdienen. Vier Kinder, keinen Mann. In einer Stunde wird sie die drei Kinder wecken, die schon zur Schule gehen. Die große hagere Frau bindet ihr wirres schwarzes Haar zu einem Pferdeschwanz. Als sie, bevor sie in die nasskalte Novembernacht hinausgeht, sagt: »Manchmal begegnen mir auf dem Heimweg partyglückliche Studenten«, berichtigt sich der Hausmeister. »Manches an der Uni ist noch so, wie es früher gewesen war.«

Ohne seinen blauen Dederonkittel mit Schraubenziehern in der Tasche hätte ich Hausmeister Rainer Koch nicht als Hausmeister erkannt. Er trägt Markenturnschuhe, enge Jeans und ein blütenweißes T-Shirt. Haare und Schnauzer sind so ordentlich gebürstet, als ob er geradewegs vom Friseur käme.

Der 60-Jährige entschuldigt sich bei mir, denn viel Zeit zum Reden habe er frühmorgens nicht, außerdem müsse er heute noch das große »Ei« putzen, und rennt in den Gebäuden der Bauingenieur- und Gestaltungsfakultät (die der Architektur und Medien gehören nicht zu seinem Bereich) wie ein gehetzter Teufel treppauf und treppab. Zuerst bringt er saubere 30 Meter lange Stoffhandtuchrollen in die Toiletten. Ich mühe mich, mit ihm Schritt zu halten, und darf die schmutzigen Rollen tragen. Habe kaum Zeit, die »Fuck me«-Sprüche und die Höhlenzeichnungen ähnelnden überdimensionalen Gemälde von männlichen und weiblichen Geschlechtsteilen an den Toilettenwänden der Studenten zu betrachten. In den Toiletten der Studentinnen sind die weißen Wände jungfräulich rein. Der Hausmeister verbessert mich. »Studentinnen und Studenten gab es in der DDR – heute sind es nur noch Studierende.« Sozusagen geschlechtslos …

Auf zwei Klobecken fehlen Brille und Deckel. Das sei in diesen Herbstwochen zum Beginn des Studienjahres nichts Ungewöhnliches. »Jetzt möblieren die Studenten ihre Buden und WGs und wenn dabei was zu Bruch geht, ist der Ersatz in der Uni billiger als im Baumarkt.«

Morgen will er die Toiletten reparieren, heute hat er dafür keine Zeit. »Heute muss ich das große ›Ei‹ sauber machen, habe extra ein Wasserhochdruckspülgerät bestellt.«

In den Hörsälen kontrolliert er, ob sich die schweren Verdunklungsrollos per Knopfdruck automatisch hoch- und runterziehen lassen. Die Professoren würden in den Vorlesungen heute weniger Eigenes vorlesen, sondern viel mehr fremde Grafiken und Tabellen, die sie von ihren wissenschaftlichen Mitarbeitern bekommen, vom Computer aus an die Leinwand werfen. Es sei eben alles anders. Und wenn erst, wie von der Uni geplant, auch noch die Hausmeister wegrationalisiert würden ... »Also das Chaos, falls dann mal ein Rollo klemmt. Der Professor, im Hellen hilflos wie ein Maulwurf, ruft verzweifelt seinen Mitarbeiter an. Und der Mitarbeiter ruft den Technischen Dienst der Universität an. Und der Technische Dienst ruft die für die Wartung von Rollos zuständige Fremdfirma in München oder Frankfurt an. Und die verspricht, am nächsten Tag einen Monteur zu schicken. Das wird ein fröhliches Studentenleben.«

Wobei es die Studierenden heute nach Ansicht des Hausmeisters oft zu fröhlich treiben würden. Und er zeigt mir im großen Flur vor den Hörsälen die Aufladegeräte für die Chipkarten, mit denen jeder Studierende die Kopierer benutzen kann. Sie sind vom Versuch, mit Schraubenziehern oder Taschenmessern deren Kasse zu knacken, arg verschrammt. »Eigentlich ein Kinderspiel. Die Geräte sind aus dünnem Trompetenblech gefertigt. Aber nicht mal das können die künftigen Bauingenieure heutzutage.«

Und keine Pförtner würden wie früher rund um die Uhr in den Universitätsgebäuden sitzen. Stattdessen müsse nachts um zehn ein privater Wachdienst alle Türen abschließen. »Doch im Winter wecke ich früh um fünf manchmal Assis, die nicht mehr auf dem Bahnhof kampieren dürfen, in den Hörsälen.«

Er hat vorgeschlagen, dass die Studierenden der Medienfakultät, die »sonst jeden Scheiß mit ihren Videokameras filmen«, Überwachungskameras in den Unigebäuden installieren, um kontrollieren zu können, was nachts passiert. Aber bevor das genehmigt würde, müsste er wohl erst einen Terroristen engagieren. Außerdem hätten die Studenten ihm was von Persönlichkeitsschutz erzählt und gesagt: »Wir werden uns doch nicht noch selbst bespitzeln.«

Dabei sei vor kurzem in einem Hörsaal sogar ein an der Decke angeschraubter riesengroßer Beamer geklaut worden.

Ich weiß nicht, was ein Beamer ist, aber weil ich dem Hausmeister seit fast zwei Stunden nur unsicher, lediglich alte Handtuchrollen tragen dürfend hinterhergelaufen bin und noch nicht einmal weiß, was es mit dem zu reinigenden »Ei vom Professor

Schiefelbein«, auf sich hat, das außer mir wohl jeder an der Universität kennt, will ich nicht noch fragen, was ein Beamer ist.

Gegen sieben Uhr hat der Hausmeister alle Handtücher gewechselt, alle Automaten kontrolliert, alle Verdunklungsrollos ausprobiert und alle Seminarräume inspiziert. In einem Seminarraum der Bauingenieurfakultät schließt die Tür nicht mehr.

»Bei den angehenden Künstlern könnte ich mir damit Zeit lassen, mittags zu erscheinen ist für die noch zeitig. Aber die Bauingenieure fangen pünktlich um acht Uhr an. Haben noch Disziplin im Leib, werden auch noch von alten DDR-Lehrern aus der Zeit unterrichtet, als das hier die Hochschule für Architektur und Bauwesen war. An der hauptsächlich Bauingenieure und ein paar Architekten ausgebildet wurden. Keine von diesen bunten Vögeln, diesen Malern und Medienleuten, die sich hier nach der Wende breitgemacht haben.« Er geht in seine Werkstatt, holt Hammer, Meißel, Stahldorn und ein neues Schloss. Und fängt nicht bedächtig wie ein Handwerker an, die alte Klinke auseinander zu nehmen, sondern drischt wütend auf den alles zusammenhaltenden Stift. Und als der sich keinen Millimeter bewegt, rennt er schimpfend noch einmal in die Werkstatt, kommt mit einer Schlagbohrmaschine zurück, und während ich die geöffnete vibrierende Tür krampfhaft festhalte, will er den Stift in Eisenspäne verwandeln. Aber der Bohrer ist stumpf und der Stahlstift hart. Und der Hausmeister bohrt und schimpft und flucht. Zuerst auf die Ausländer, die ohne zu arbeiten ihr Geld bekämen, dann auf die westdeutschen Professoren dieser Uni. »Deshalb muss ich noch fünf Jahre als Hausmeister schaffen, damit ich wenigstens 500 Euro Rente bekomme. Ich war hier früher LKW-Fahrer und die verdienten in der DDR nicht viel.« Aber wenn er sich zu seinem Hausmeisterjob nach Feierabend was zuverdient, muss er jeden Euro der Uni melden. »Die Westprofessoren dagegen, die kriegen ein Schweinegeld, so an die 5.000 Euro im Monat, aber haben alle noch einen zweiten Job: ein Architektur- oder Medienbüro in München oder Nürnberg! So schnell kannste gar nicht gucken, wie die nach den Vorlesungen in ihren Autos sitzen und in ihre

Büros nach drüben flitzen. Dabei gibt es jede Menge arbeitslose Architekten. Aber unsere vom Staat gut bezahlten Professoren haben zwei Jobs!«

Er schimpft immer noch, als er eine halbe Stunde vor Seminarbeginn das alte Schloss aus der Tür draußen hat. Er will das neue endlich einbauen, aber das neue Westschloss passt nicht in die genormte alte DDR-Schlossöffnung. Da läuft Hausmeister Rainer Koch nicht noch einmal in die Werkstatt, um einen Holzbohrer zu holen, sondern nimmt kurzerhand den dicksten Eisenbohrer und raspelt die Öffnung in der Pappholzsprelacarttür auf das neue Westmaß ...

Draußen hupt unentwegt ein Auto.

»Das ist der Dicke«, sagt der Hausmeister, rennt zu einem kleinen Zimmer, in dem Besen stehen und Waschmittel, Klopapier und die Handtuchrollen gestapelt sind, und öffnet dort das Fenster. Genau vor dem Fenster lässt der Fahrer – auch in der Dunkelheit sieht man, dass ihn der Hausmeister zu Recht den Dicken nennt – die Ladeklappe seines kleinen Lieferautos herunter. Wortlos, sich blind verstehend, wirft der Hausmeister dem Dicken die gebrauchten schweren Handtuchrollen in die Arme. Und der lässt den Hausmeister die neuen auffangen.

»In der nächsten Woche komme ich schon am Donnerstag, will am Freitag 'ne Sau schlachten.«

Der Hausmeister sagt: »Dann bring mir 'ne Knackwurst mit«, schließt das Fenster und erklärt mir, dass er die Welt, also seine Welt, diese Uni, an der er nach der Wende als gewähltes Mitglied des Konzils zwei Jahre die Geschicke mitbestimmen konnte, nicht mehr versteht. »Aber vielleicht muss ein kleiner Hausmeister heute die große Welt nicht mehr verstehen.«

Noch vor einem Jahr habe beispielsweise eine Firma aus Weimar sowohl die Handtuchrollen als auch die Seifenspender und die Fußmatten zusammen geliefert. »Nun kommt der Dicke mit den Handtuchrollen aus Coburg, eine andere Firma karrt die Seifenspender von Hessen aus hierher und die Fußmatten bringt ein Auto aus dem tiefsten Bayern. Diese getrennte Anlieferung soll die Uni ein paar Cent weniger kosten. Aber niemand schert sich einen Dreck drum, dass deswegen drei Autos Hunderte Kilometer fahren und die Luft verpesten. Nicht mal die Professoren, die an unserer Universität die Umweltschützer ausbilden.«

Nach dem Frühstück soll das Hochdruckspülgerät für den »Wintereiputz« gebracht werden. Zuvor muss der Hausmeister noch den von den Frauen gesammelten Müll vor den Zimmern der Lehrkräfte entsorgen. Vor der ersten Tür schmeißt er drei Rotweinflaschen und eine kleine leere Kornflasche in den Plastesack. »Hier sitzt ein Professor, der sehr leutselig ist, mit Kollektivgeist, den seine Mitarbeiter schätzen ...« Drei Türen weiter nur Papier und Pappe. »Einer der Neuen, ein Aufsteiger, der hält Abstand, nicht mal zum Geburtstag 'ne Flasche. Zeige mir deinen Müll und ich sage dir, wer du bist ...«

Der Hausmeister schließt ein kleines Kämmerchen auf. Dort hat er die Schubkarre für den Mülltransport deponiert. Hinter der Karre stehen acht volle Sektflaschen. »Das ist der klägliche Rest von meinem Sechzigsten vor fünf Wochen.«

Zum Frühstück bietet er mir seine schon am Vorabend geschmierten Wurst- und Käsestullen an.

»Auch der neue Rektor aus dem Westen geht nicht in die Mensa, sondern isst, um Geld zu sparen, geschmierte Stullen. Sogar mittags, erzählt man.«

Ich lehne trotzdem dankend ab.

Nach dem Frühstück kämmt sich der Hausmeister sehr sorgfältig. Wir gehen auf der nun schon hellen Marienstraße hundert Meter bis zum Gebäude der Fakultät Gestaltung.

Auf dem Boden werden manchmal die Ausstellungsstücke der Kunstjünger aufbewahrt, die sie monatelang vergessen haben.

»Einmal habe ich ein Holzlattengestell, das dort ein halbes Jahr herumlag, entsorgt. Eine Woche später kam ein Student und suchte verzweifelt sein Kunstwerk, das, wie er das Gestell nannte, ›Auferstehung der Welt‹ hieß. Er hat wie ein Schlosshund geheult und ist anschließend über alle Müllkippen von Weimar gelaufen.«

Ein anderer junger Künstler hätte einen ganz normalen Kühlschrank als Kunst ausgestellt. Wenn man den Kühlschrank öffnete, brannte innen ein rotes Licht und ein Broiler gackerte und drehte sich zu klassischer Musik. Als das Kunstwerk zu stinken anfing, hat der Hausmeister sich beim Professor beschwert. Und der sagte ihm: »Die Studierenden dürfen heute auch hier im Osten kreativ sein. Das hat sich Gott sei dank nach der Wende geändert.«

Im Keller, in den wir zusammen einen alten Schrank hinuntertragen, stehen Tische, Stühle und Bänke im DDR-Design der fünfziger Jahre. Schulbänke, die ich noch kenne, auf Stahlrohrbeinen stehend, mit heute nicht mehr TÜV-gerechten Haken, an denen man außen die Ranzen aufhängen kann. Alles sehr einfach, der Funktion untergeordnet, wie das die Bauhäusler um 1920 von Weimar aus als neue Stilrichtung kreierten.

In einer Ecke liegen Strukturelemente für die DDR-Großblock-Neubauten. Waben. Kreise. Dreiecke. Die hätte seinerzeit Professor Schiefelbein an der Hochschule in Weimar entwickelt, sagt der Hausmeister.

»Professor Schiefelbein, den man nach der Wende rausgeschmissen hat, weil alle 18 Kunstprofessoren aus dem Westen kamen und nur noch ein einziger aus dem Osten hier unterrichtet, der halb erblindete Professor Olaf Weber.«

Er erzählt mir das mit Schiefelbein, weil auch das »Ei« von ihm entworfen und geformt worden ist.

Das »Ei« steht im Hof zwischen Mensa und dem Hörsaalgebäude der künftigen Bauingenieure. Ich hatte es bisher übersehen. Dabei ist die grüne Marmorskulptur, die wie eine geschlossene Tulpenblüte aussieht, eigentlich nicht zu übersehen, denn sie reckt sich gut einen Meter in die Höhe. Wegen der gehirnwindungähnlichen Linien, die auf dem »Ei« eingekerbt sind, heiße das »Ei« mit vollständigen Namen »Ei des Lebens«, sagt der Hausmeister. Die Studenten nennen es aber auch »Der Hoden des Professors«.

Beim genauen Betrachten sehe ich, dass die Linien zu Gesichtern gehören. Und dass der Marmor, der von einer dicken fest haftenden Algenschicht grün gefärbt ist, ursprünglich gelb gewesen sein muss.

»Früher konnte man den Marmor der Denkmäler in Weimar mit Wasser und Bürste säubern. Die Algenplage begann erst nach der Wende, als die Luft hier sauber geworden ist. In der DDR verhinderten die beim Heizen mit Braunkohle entstehenden Schadstoffe, wie Schwefel, das Wuchern der Algen. Wenn du denkst, dass auf den ersten Blick Positives, Neues immer für alle gut ist, irrst du gewaltig.« Und mühevoll versucht er, mit dem heißen, mehrere Atü starken Wasserstrahl das »Ei« Millimeter für Millimeter vom Grün zu befreien.

Obwohl nach einer Stunde noch nicht die Hälfte der Marmorfläche wieder gelb ist, schaltet er das Gerät ab und telefoniert. Er will Leute organisieren, die ihm bei der Winterfestmachung helfen und eine schützende achteckige zentnerschwere Glaskanzel über das dann hoffentlich saubere »Ei des Lebens« stülpen. »Acht Mann brauchen wir mindestens.«

Während er telefoniert, beginne ich, die Algen wegzustrahlen, bin bald pudelnass, friere, aber ich gebe nicht auf. Die Studierenden stolzieren vorbei, ohne, wie ich es annahm, neugierig zu gucken, was hinter dem Wassertropfenvorhang mit dem »Ei« passiert.

Der Hausmeister kommt schließlich verzweifelt zurück. Wo er auch anruft, niemand meldet sich. Es ist es Freitag um zwölf Uhr.

Als ich vorschlage, sechs kräftige Studenten zu bitten, die Glaskanzel mit in die Höhe zu hieven, hebt er theatralisch die Hände und sagt: »Wenn sich dabei einer auch nur einen Finger quetscht, kann der die Uni sofort verklagen. Arztkosten, Schmerzensgeld, ein paar Tausender. Und die Universität muss zahlen, weil ich die Studierenden zu einer Tätigkeit, für die sie überhaupt nicht versichert sind, überredet habe. Und ich werde meine Rente hier nicht mehr erleben.«

Besser, wir würden uns zu fünft (ich eingerechnet) wegen der verdammten Kunst einen Bruch heben!

Nach zwei Stunden haben wir uns und das »Ei« gründlich

gereinigt. Und genau in diesem Moment passiert etwas so Unglaubwürdiges, das gewöhnlich nur in einer schlechten Geschichte oder einem kitschigen Film erfunden wird. Oder aber im Leben wirklich geschieht. Ein kleinwüchsiger alter Mann in einem dicken Wintermantel kommt neugierig näher, geht dreimal um das »Ei« herum und zeichnet schließlich mit seinem Zeigefinger zärtlich die eingekerbten Linien nach. Der Hausmeister schaut ihn entgeistert an und sagt sehr leise, als ob er ein Geheimnis verrät: »Das ist Professor Schiefelbein! Ja, der das ›Ei‹ gemacht hat! Nach seiner Entlassung hat er nicht mehr in Weimar leben wollen, ist nach Rügen gezogen, kommt nur noch ein- bis zweimal im Jahr hierher und schaut nach seinen Kunstwerken. Aber ausgerechnet heute! Heute, wo sein ›Ei‹ wieder sauber ist!«

Der Professor freut sich über sein Werk, als sei es gerade erst enthüllt worden. Deutet mir die Linien als Frauengesicht. Das »Ei« soll in Wirklichkeit weder das »Ei des Lebens« noch den »Hoden des Professors«, sondern die »Badende« verkörpern. Es entstand 1984 aus einem der streng limitierten Marmorblöcke, die für den Bau vom Palast der Republik in Berlin reserviert waren. Er war gerissen, deshalb konnte Professor Schiefelbein ihn als Ausschuss nach Weimar holen.

Während der Hausmeister erneut nach Helfern für das Anheben der Glaskuppel telefoniert, erzählt mir der Professor leutselig, dass er sich immer freut, wenn er sieht, dass seine Kunstwerke in Weimar noch stehen. Das sei nicht selbstverständlich. Und er fragt mich, ob ich im Park neben der Uni die nackte Figur des Kriegers gesehen habe, die 1914 vom Bildhauer Engelmann zu Ehren des Dichters Wildenbruch (»Ich kämpfe nicht um anzugreifen, sondern um zu verteidigen« – deshalb wohl auch nackt und nur mit Helm bewehrt und mit Schwert bewaffnet) in Bronze gegossen wurde. »In der DDR vom Sockel geholt, weil er zu nackt und zu militaristisch war.« Genosse Professor Schiefelbein fand den entsorgten nackten Krieger unter Laub auf dem Friedhof. Säuberte ihn und stellte ihn demonstrativ vor seinem Atelier zwischen zwei Birken auf.

Rettete sozusagen den Krieger, der dann nach der Wende wieder auf seinen Sockel kam. Im gleichen Park übrigens, in dem ein von Professor Schiefelbein gestalteter Spiel- und Kletterelefant stand. »Der war nach der Wende eines Tages spurlos verschwunden. Entsorgt. Nicht TÜV-gerecht, hieß es nur.«

Als der Hausmeister fünf Leute (mit mir!) für das Anheben der Glaskuppel organisiert hat, ist Professor Schiefelbein, wortlos wie er gekommen war, wieder verschwunden. »Er hat es wohl immer noch nicht verwunden«, sagt der Hausmeister. »Der neue Dekan aus Kassel ließ ihm damals bei der gemütlichen Weihnachtsfeier durch die Sekretärin ausrichten, dass kein Platz mehr für Professoren mit Rotlichtbestrahlung sei. Er solle sein Büro bis zum Jahresende räumen und sich auf dem Arbeitsamt melden. Er ging zum Arbeitsamt, aber als er sagte, er sei ein Professor und ein Bildhauer, hat die Frau dort bloß bedauernd mit den Schultern gezuckt.«

Fünf Leute sind zu wenig, wir heben die Glaskanzel nur kniehoch.

Rainer Koch versucht es noch einmal mit dem Telefon und flucht, dass irgendwer in dieser verdammten Universität zu sprechen sein müsse. Da sagt ihm einer, dass doch heute alle zur Beerdigung gegangen sind. »Heute um 13.00 Uhr, die Totenfeier für Hartmut Höser.«

Das hat Rainer Koch vergessen. Hartmut Höser war der Chef vom Datenverarbeitungszentrum an der Bauhausuniversität. »Er war noch keine 60 Jahre alt, aber wenn man wie er und die Studenten Tag und Nacht nur vor diesen Computern hockt und Strahlen schluckt …«

Rainer Koch kannte Hartmut Höser schon, als er an der Hochschule noch mit Lochkarten und saurierähnlichen sowjetischen Rechnern gearbeitet hat.

»Unser Datenverarbeitungszentrum war früher ein Staatsgeheimnis. Einmal hatten die Studenten zum Karneval bunte alte Lochkarten als Girlanden aufgefädelt. Das wurde sofort ein Fall für die Stasi. Und als ich, von der Stasi genehmigt, eine LKW-Ladung mit Lochkarten zum Altstoffhandel brachte, hoben die Verantwortlichen dort die Hände. Solch brisantes Material würden sie nicht annehmen. Wo ich auch hinkam, keiner nahm mir das Zeug ab. Schließlich lagerte ich die Staatsgeheimnisse in Kromsdorf in einer Scheune, die zur Hochschule gehörte. Als die alten DDR-Lochkarten nach der Wende entsorgt werden sollten, hatten die Mäuse die Staatsgeheimnisse schon aufgefressen. Und nun ist der Höser auch tot ...«

Kurz vor Dienstschluss sind wir endlich acht und stemmen die Glaskuppel wie Gewichtheber beim beidarmigen Reißen zuerst über unsere Köpfe und dann über das »Ei«. Professor Schiefelbeins Werk ist winterfest. Der Hausmeister hat es danach sehr eilig. Will zu Hause noch werkeln. Ich wärme mich in der Mensa auf.

In das Bunt der Studentinnen und Studenten mischt sich nach kurzer Zeit das Schwarz der Trauergäste. Am auffälligsten von ihnen ist der sehr große und sehr stämmige Kanzler der Bauhausuniversität, Dr. Heiko Schultz. Er sieht aus wie ein als Pope verkleideter russischer Bär.

Ich setze mich zu ihm und er bindet »zur Marscherleichterung« den schwarzen Schlips ab. Hat heute, wie er mir sagt, bei seiner Rede zu Ehren von Hartmut Höser Blut und Wasser geschwitzt. Er kenne ihn schon seit über 30 Jahren, aus der Zeit, als er selbst noch an der Fakultät für Bauingenieurwesen studiert hat.

»Ich habe in der Rede vor allem seine Arbeit gewürdigt und seine Zuverlässigkeit. Ihn konnte man nachts um eins rausklingeln, wenn es Probleme gab ... Ich denke, es war eine würdige Abschiedsfeier.«

Den neuen Rektor Professor Walter Bauer-Wabnegg treffe ich nicht in der Mensa. Ich habe ihn noch nie in der Mensa gesehen. Vielleicht stimmt es, was nicht nur der Hausmeister erzählt, dass er in seinen roten Rucksack, den er sogar bei Besprechungen im Ministerium aufgehuckt haben soll, nicht nur die Akten, sondern auch die geschmierten Brote eingepackt hat. Und dass er täglich mindestens eine Stunde durch das nächtliche Weimar joggt. Und dass er Theologie studiert hat, bei den Jesuiten in die Schule gegangen ist …

»Zur Beerdigung war er gekommen«, sagt der Kanzler. »Aber er hat nur still dabeigesessen. Wie hätte er auch über Hartmut Höser sprechen können, er wusste doch nichts über dessen frühere Arbeit in der DDR und auch nichts über die ersten Jahre nach der Wende.« Bauer-Wabnegg ist erst 1999 nach Weimar berufen und 2001 zum Rektor gewählt worden. Davor amtierten zwei »Ossis« von 1989 bis 1992 Professor Mönnig, der schon in Weimar Bauingenieurwesen studierte, und danach Professor Zimmermann, einer der in Weimar Architektur studiert hat. (Bei einem Gespräch im Kanzleramt hatte ich gehört, wie ein Mitarbeiter sagte: »Jetzt können wir uns sogar einen Wessi als Rektor leisten, jetzt ist ja nichts mehr falsch zu machen.« Und der Kanzler, Dr. Schultz, hatte gelacht und nicht widersprochen.)

Doch der neue Rektor kommt nicht nur aus dem Westen Deutschlands, sondern gehört auch nicht wie alle bisherigen Rektoren zu den Vertretern der traditionellen Fakultäten für Architektur oder Bauingenieurwesen, sondern zu der neuen, nur von Westprofessoren gegründeten Medienfakultät.

Bevor der Kanzler sich von mir verabschiedet, sagt er wie jedes Mal, wenn er mich sieht, dass er nichts Spannenderes und Interessanteres erlebt habe als das, was sich seit 1989 an dieser Universität abgespielt hat: Wissenschaftler, die die Wende nicht verkrafteten, einer habe sich das Leben genommen. Andere hätten es zwar geschafft, aber mit ihrer Selbstaufgabe bezahlt. Und dann seien da noch diejenigen, die die neuen demokratischen Strukturen aufgebaut hätten, die nun aber merkten, dass diese Strukturen kaum etwas taugen, wenn das Land kein Geld mehr habe. »Und die Wessis lernen jetzt, was wir schon erledigt haben, und fragen uns, wie man an einer Universität sozialverträglich Personal abbaut.«

Eine Woche nach meiner Visite beim Hausmeister habe ich einen Interviewtermin beim neuen Rektor.

Während ich bei meiner ersten Begegnung mit dem Kanzler

von dessen Größe, seinen breiten Schultern, den prankenhaften Händen (er steht seit seiner Jugend im Handballtor) und dem dicken schwarzen Haarfell, das ihm aus Hemdkragen und Hemdsärmeln herauswächst, beeindruckt war, staune ich bei meiner Begegnung mit dem neuen Rektor über dessen zerbrechlich scheinende Figur. Die schwarze Hose, das schwarze Jackett, der schwarze Mantel und der unverknotet um den Hals baumelnde lange schwarze Schal hängen an der dünnen hochaufgeschossenen Gestalt des Rektors wie an einem viel zu schmalen Kleiderbügel herunter. Der rote leinene Rucksack scheint alles zusammenzuhalten. Wenn er den auspackt (mittags holt er sich wirklich geschmierte Brote heraus), sich hinsetzt, die feingliedrigen schmalen Hände aneinander gehalten so tief zwischen seine Knie versenkt, dass die Schultern nach vorn herunterrutschen und seine Brille nur noch auf dem Nasenhügel sitzt, wenn er mit großen, weit geöffneten Augen fragend in die Runde schaut, dann sieht er wie ein zu schnell gewachsenes Kind, wie ein großer Junge aus.

Und ich kann es mir kaum vorstellen, dass dieser sehr leise sprechende Mensch, wie er sagt, »einige Strukturen an dieser Universität von Grund auf ändern« will. Die Zeit demokratischer Veränderungen, die Zeit der Gipfelstürmer nach der Wende sei endgültig vorbei. Zwar hätte die Thüringer Landesregierung die idiotische Drittelparität zwischen Professoren, technischen Mitarbeitern und Studierenden, also, dass im Konzil, im Senat die gleiche Anzahl von Professoren, Mitarbeitern und Studierenden sitzen, diese Demokratie, die hier nach der Wende eingeführt wurde, Gott sei Dank 1991 per Landesgesetz zu Gunsten der in der alten Bundesrepublik üblichen Professorenmehrheit wieder abgeschafft, aber das Konzil sei inzwischen auch nur zu einer so genannten demokratischen Schwatzbude verkommen, behindere schnelle Entscheidungen. Er werde es deshalb abschaffen und durch ein Entscheidungsgremium berufener Vertreter ersetzen.

Doch bevor wir über dieses Thema sprechen, erzählt mir der Rektor, ohne dass ich ihn danach gefragt habe, von seinem noch ganz frischen, erst eine Woche zurückliegenden, bisher traumatischsten Erlebnis im Osten: die weltliche Totenfeier für Hartmut Höser.

»So etwas Furchtbares habe ich mir nur einmal angetan.« Nie wieder werde er an einer unchristlichen Beerdigung teilnehmen. Ohne Gotteswort. Ohne dass Erde zu Erde werde. Ohne das gewohnte Ritual der Trauer. »Selbst bei einem Begräbnis in Südafrika habe ich nicht so gelitten, habe ich mich nicht so fehl am Platz, so einsam wie hier gefühlt.«

Und der Rektor sagt, jedes Wort betonend: »Der eigentliche Graben zwischen dem Leben und den Kulturen in Ost- und Westdeutschland ist der zwischen den christlichem Glauben im Westen und dem Schlimmsten, was die Kommunisten den Menschen hier angetan haben, dem verordneten Atheismus.«

Im Osten fehle den Menschen die Ehrfurcht vor dem Unerklärbaren …

»Wenn ich ehrlich bin, verachte ich die Wissenschaft und die Wissenschaftler, die alles ohne Respekt vor dem letzten unerklärbaren Geheimnis erklären und berechnen wollen. Der Mensch braucht einen Rest von Demut vor dem Unerklärbaren.«

Aber damit hätten Leute wie der Kanzler und seine Mitarbeiter in der Verwaltung, die fast alle hier als Bauingenieure ausgebildet worden seien, ihre Probleme. Für die sei alles berechenbar wie die Neigung eines Daches … Und er habe sich auch deshalb als Rektor wählen lassen, damit keine Technokraten die Zukunft der Bauhausuniversität allein bestimmen können, sondern die Kreativen, die Medienleute, die Künstler …

Als ich ihn frage, was ihn an der Zeit zwischen 1989 und 1995, als hier einige Professoren »evaluiert« und entlassen wurden und andere den Universitätsneuaufbau, nicht unbedingt nach BRD-Beispiel, wagten, was ihn an dieser Zeit interessiere, sagt er kurz und bündig: »Nichts! Die Wende und was danach hier geschah, interessiert heute niemand mehr.« Auch hier ist man nun wieder zur Tagesordnung übergegangen.

Julia Schoch/Peter Ulrich Weiß

»Freiheit ist Leistung« – Ostdeutsche Kleinbürgerlichkeit als Stütze der Gesellschaft

Die Berliner Mauer war bereits drei Monate offen, als ein Mitglied der Bürgerbewegung Demokratischer Aufbruch in der »Lausitzer Rundschau« eine Einschätzung der Wendeaktivitäten seines Heimatortes gab. Unter der Überschrift »Die Wende in Herzberg – Rückblick und Ausblick« war zu lesen:

»Anfangs schien es, als ob die Revolution um unser kleines Herzberg einen großen Bogen macht. Am 1. November des vergangenen Jahres hielt sie dann doch Einzug in unserer Stadt. Der ›Dialog‹ vor dem Kreiskulturhaus offenbarte nicht nur die eklatanten Probleme in unserer Gesellschaft, sondern auch den maroden Zustand unserer politischen Kultur. ... Gelegentlich schossen die Emotionen so hoch, dass Kirchenvertreter um den Erhalt der wertvollen Deckenmalereien bangen mussten! Aber die Dispute verliefen – von einigen Entgleisungen abgesehen – von Mal zu Mal kultivierter. Maßgeblichen Anteil daran hatte Frau Pastorin T. ... Am 22. November 1989 kam es dann zur ersten genehmigten Demo in Herzberg. Die Volkspolizei machte ihrem Namen Ehre, sicherte sie doch den ungehinderten Verlauf der Aktion. – Nun, vor der ersten Demo 1990 sei an das Markenzeichen unserer Revolution erinnert: ›Gewaltlos und nach Feierabend!.«

Diese Ermahnung – Revolution ja, aber bitte im Rahmen – offenbart eine bestimmte Erwartungshaltung, die 1989/90 besonders in der ostdeutschen Provinz anzutreffen war und die dort den Umbruch vor Ort beeinflusste. Viele DDR-Bürger fürchteten einen Ausbruch von Anarchie und die Auflösung langjährig gewohnter Strukturen. Diese Angst aktivierte im Moment der Befreiung gleichzeitig einen starken Ordnungsimpuls. Es kam darauf an, rasch wieder Übersicht zu gewinnen und Eventualitäten oder Unwägbarkeiten unverzüglich hinter sich zu lassen. Für diesen Wunsch nach Sicherheit stand die als stabil empfundene Bundesrepublik. Der Drang nach der schnellstmöglichen Wiedereingliederung in ein neues Ordnungssystem kann auch aus kleinbürgerlicher Seinsbeschaffenheit erklärt werden.

Die DDR wurde wiederholt als »Land der kleinen Leute« bezeichnet. Angehörige einstiger Unterschichten waren massenhaft in leitende oder Machtpositionen aufgestiegen. Doch diese Aufsteiger blieben ihrem soziokulturellen Ausgangsmilieu verhaftet, sodass der alte kleinbürgerliche Wertekanon – Fleiß, Ehrfürchtigkeit, Gehorsamkeit, Ordnung, Sauberkeit – die gesellschaftliche Norm bestimmte. Bereits am Ende des Ersten Weltkrieges hatten in der deutschen Gesellschaft umfassende soziale Aufstiegsprozesse stattgefunden, jedoch blieb der Habitus beziehungsweise die Glaubens- und Verhaltenstradition der neuen, aus der Arbeiterklasse aufgestiegenen Machteliten noch stark obrigkeitsstaatlich geprägt. Deshalb überrascht die Kontinuität erlernter kleinbürgerlicher Verhaltensmuster und Tugenden in der DDR nicht. Allen sonstigen ideologischen Abgrenzungen zum Trotz schlossen sich für die SED diese (von ihr bürgerlich genannten) Verhaltensformen und sozialistischer Inhalt nicht aus.

Die bis 1989 vorhandene breite Akzeptanz der realsozialistischen Gesellschaft, die im wesentlichen auf der Geschlossenheit des Systems und der Loyalitätsbereitschaft vieler DDR-Bürger basierte, speiste sich aus einer Melange aus Anpassung, Unterordnung und Angst vor möglichen staatlichen Repressionen. Das oftmals passive Arrangement resultierte allerdings auch aus einer verinnerlichten kleinbürgerlichen Mentalität, in der die Masse der Bevölkerung und die Macht- und Funktionseliten durchaus übereinstimmten. Die Mehrheit fügte sich bereitwillig in das wohlfahrtsstaatliche Versorgungskonzept und akzeptierte dafür, sozusagen als Gegenleistung, die gesellschaftlichen Realitäten mit der paternalistischen Herrschaft der SED. Autoritäre Erziehungsmuster, militaristisches Denken oder penetrante Ordnung-und-Sicherheit-Prinzipien wurden hingenommen beziehungsweise tatkräftig unterstützt.

In der Ära Erich Honecker entwickelte und formte sich markanter als in den Jahrzehnten zuvor ein ausgeprägtes Bedürfnis nach sozialer Sicherheit, überschaubarer und stetiger sozialer Etablierung, Geborgenheit, Ruhe und Ordnung und mehr Konsum. Mit dem auf dem IX. Parteitag der SED 1976 verabschiedeten Programm der »Einheit von Wirtschafts- und Sozialpolitik« sollten die werktätigen Menschen stärker und besser die Früchte ihrer Arbeit genießen. Immer mehr Menschen zogen sich ins Private zurück, und das festigte unweigerlich die bestehenden politischen Strukturen. Familie, Datsche, Kleingarten, orgiastisches Heimwerkertum und das große Alkoholangebot bildeten systemstabilisierende Elemente in der ostdeutschen Gesellschaft. Vermeintliche Anzeichen von Chaos, Unübersichtlichkeit oder Spontaneität wurden, gemäß der traditionellen deutschen Loyalitätsbekundung »Alles soll so bleiben, wie es ist!«, nicht nur von der SED meist als Bedrohung interpretiert.

Diese Beobachtungen decken sich mit soziologischen Charakterisierungen zu Verhaltensformen und Orientierungsmustern der »kleinen Leute«. Als typisch gelten: die Neigung zu Autarkie, das heißt Abschottung und Ausbau separater Gehäuse, was sich im Mythos von der eigenen Scholle wiederfindet; Konventionalität und Konformität, also das Nicht-auffallen-Wollen und damit die Suche nach dem Schutz der anonymen Mitte; das Syndrom der Normalität als Maßstab zur Einschätzung anderer beziehungsweise fremder Lebensformen; und schließlich Anpassung und Eigensinn als die zwei Seiten des Doppellebens in einer Diktatur. Das Ergebnis ist eine Verengung der sozialen Räume mit all ihren negativen Folgen für Umgangsformen und Verhalten der davon betroffenen Menschen. Biedersinn, Intoleranz, Normalität, Konventionalität, Korruptionsanfälligkeit haben – natürlich nicht nur – Bewusstsein und Alltag des DDR-Durchschnittsbürgers geprägt.[1]

Ganz in diesem Sinne führte Wolfgang Engler 1991 im »Freibeuter« aus, dass viele in der DDR einer Logik des praktischen Sinns erlegen seien. Dies sei ein Ausdruck kollektiven Selbstbewusstseins von Menschen, die gelernt hätten, »die ihnen aufgezwungene Beschränkung auf das Notwendige in ein Lob des Praktischen zu verwandeln. ›Praktisch‹ ist ein Denken, das der ›Verschwendung‹ das ›Nützliche‹, dem ›Äußerlichen‹ die ›inneren Werte‹, der ›Form‹ die ›Seele‹, dem ›Stil‹ den ›Charakter‹ entgegenhält sowie ein Verhalten, das sich auf Dinge konzentriert, die ihren Dienst tun, nicht mehr, aber auch nicht weniger.« Die Fixierung auf die Praktikabilität erklärte er mit dem Mangel an Möglichkeiten, sich an anderen Verhaltensmodellen innerhalb oder außerhalb der eigenen Gesellschaft zu orientieren. So lässt sich auch die außerordentliche Bedeutung der Arbeit verstehen, die noch am Ende der DDR für die große Mehrheit der Bevölkerung nachweislich identitätsstiftend war.

Kleinbürgerlichkeit ist nicht zwangsläufig an eine bestimmte Ideologie oder Gesellschaftsform gebunden. Die Beschreibung dessen, was kleinbürgerlich ist, ergibt sich aus der Analyse eines weltanschaulichen Kosmos, der sozialhistorisch zwar vor allem im Mittelstand verankert war, aber längst nicht darin aufgeht und daher alle sozialen Schichten einschließt. Damit geht es in erster Linie nicht um *den* Kleinbürger, sondern um das Kleinbürgerliche.

Ihrem Wesen nach ist die kleinbürgerliche Weltauslegung durch Konkretismus begrenzt, der seine Wurzeln im handwerklichen, mittelständischen Produktionsmilieu hat. Das Handgreiflich-Konkrete erhielt über lang andauernde feste Sozialisationsstrukturen hinweg den Vorrang gegenüber dem Begrifflich-Abstrakten. Begrenzte Weltanschauung zeigt sich darin, dass vor allem konkrete Wirkungen bestimmter Phänomene wahrgenommen und die nicht unmittelbar sicht- und greifbaren Ursachen weitgehend ausgeblendet werden. Die intellektuelle Überforderung führt zu einem Nebeneinander von Wahrnehmungsmanko und Kompensationszwängen. Auf das Verständnisdefizit, so Berthold Franke, wird zum Beispiel mit dem gängigen Kompensationsmuster eines offensiv entgegengesetzten Antirationalismus und der Neigung zu Mythenbildung, zu Personalisierung und zur Stereotypie reagiert.[2]

Die kleinbürgerliche Identität ist eine gebrochene. Diese Erfahrung geht historisch auf die massenhafte Enttäuschung über die Entwicklung des klassischen Liberalismus zurück. Dieser trat mit dem Anspruch an, allen Marktteilnehmern die Möglichkeit zur ökonomischen Selbständigkeit und Beteiligung am Wirtschaftsleben zu bieten. Doch in der Realität beziehungsweise entsprechend der kapitalistischen Logik fand eine Teilung der Gesellschaft in wenige besitzende Bürger und viele Proletarier statt, während die große Zahl der permanent vom Abstieg bedrohten Kleinbürger zwischen diesen Schichten zirkulierte. Anstelle von Harmonie herrschte Konkurrenz und statt einer stabilen Mitte nur der unmoralische, weil unlösbare Gegensatz der Pole. Die so erzeugte dauernde Spannung kann und muss durch konkretistische Weltauslegung und Ideologiebildung weggeleugnet werden.

Die Antwort auf diese offensichtliche »Unehrlichkeit« des Liberalismus war eine Übersteigerung von Mitte und Mittelstand als zentrale ideologische Werte. Dieser Impuls, der sich besonders im 19. Jahrhundert ausprägte, griff selbst auf ein längst vergangenes Modell zurück, nämlich das des zunftgeprägten Miteinanders von Handwerker und Stadtbürger im Mittelalter. Diesem Ideal der festgefügten Ständegesellschaft stand jedoch die liberalistische Überzeugung gegenüber, dass Fortschritt und gleichzeitig gesellschaftlicher Frieden nur aus dem fortgesetzten, niemals endenden Bemühen entstehen, auseinanderstrebende Kräfte auszugleichen. Zwei diametrale Positionen: Status-quo-Denken versus Betonung des Prozesshaften. Die politisch-gesellschaftlichen Veränderungen der Moderne wurden folglich vom Mittelstand beziehungsweise Kleinbürger fast immer negativ wahrgenommen. Daher sein unbedingtes Festhalten an Vorhandenem beziehungsweise fast reflexartiges Ablehnen all dessen, was festgefügte Strukturen gefährden konnte. Typisch wurde das Verhaltensmodell: reagieren statt agieren.

In diesem Zusammenhang trafen sich im letzten Drittel des 19. Jahrhunderts kleinbürgerliches und Elemente konservativen Denkens in der Identifikation mit der preußischen Monarchie und der Forderung nach einem starken Nationalstaat. Reichseinheit und Kaiserproklamation wurden schließlich von oben durch Bismarck, den eisernen Kanzler, durchgesetzt. Hinter nun etablierten Feindbildern (Sozialisten, Intellektuelle, Plutokraten etcetera) stand auch die Abwehr gegen eine moderne bürgerliche Gesellschaft, die in ihrer Dynamik ständig den Status quo änderte und als entfesselte Zirkulation von Geist und Geld wahrgenommen wurde. Mit Hilfe eines Vereinfachungsdenkens konnten komplexe Sachverhalte in einer scheinbar zwingenden Entweder-Oder-Logik (Gut oder Böse, Freund oder Feind) reduziert oder sogar aufgelöst werden.

Die Mitte-Fixierung entsprach also dem elementaren kleinbürgerlichen Lebensgefühl des Sich-zwischen-den-Mühlsteinen-Befindens und dem daraus resultierendem Bedürfnis nach gesellschaftlichem Ausgleich und Harmonie. Jene Idealisierung der Mitte als kleinbürgerliche Lösung der Widersprüche von oben und unten oder links und rechts ist aber, so noch einmal Berthold Franke, unlogisch und irrational, da der Begriff der Mitte nur auf die Polarität der Extreme und nicht auf fixierbare Inhalte verweist.[3] Sie kann höchstens einen Raum jenseits ideologischer oder ökonomischer Experimente meinen, in dem sich all jene treffen, die ihren gemeinsamen Nenner in dem Wunsch nach persönlicher (wirtschaftlicher) Sicherheit haben.

Bundesdeutsche Theoretiker der Nachkriegszeit wie Felix Weltsch und Wilhelm Röpke verorteten die Mitte vor allem in die Sphäre der Wirtschaft. Danach sollten sich ökonomische

Prozesse innerhalb des Rahmens von »Maß und Mitte« abspielen. Als Ziel galt eine ausgeglichene Marktwirtschaft mit kleingewerblichem Schwerpunkt, in der Konkurrenz und Expansion klaren Beschränkungen unterliegen.

Mit dem Einbruch der bundesdeutschen Konsumgesellschaft in das Bewusstsein und den Alltag der Ostdeutschen nach dem 9. November 1989 setzte im Schnelldurchlauf ein Prozess ein, der bereits die westdeutsche Nachkriegsentwicklung geprägt hatte: Das bürgerbewegte Ideal des engagierten Citoyen wurde rasch von der Realität konsumorientierter Kleinbürger verdrängt. Vierzig Jahre Betrug, wie es plötzlich im Volksmund hieß, sollten so schnell wie möglich hinter sich gelassen und ein neues Leben durch erklärtermaßen »ehrliche« eigene Leistung begonnen werden. Umfragen aus der Umbruchphase 1989/90 belegen einen eindeutigen Zusammenhang zwischen den Auswirkungen der Ersterlebnisse im Westen und den Veränderungen der politischen Meinungslandschaft im Osten. Nicht nur, dass das Engagement in politischen Bewegungen und der Öffentlichkeit quantitativ spürbar abnahm, auch der landesweite Tonfall radikalisierte beziehungsweise polarisierte sich. So galten beispielsweise alle, die nicht für die sofortige Wiedervereinigung waren, plötzlich als »Rote«. Zum beherrschenden Thema wurde, neben der Stasi-Problematik, alles Ökonomische, wobei die Stoßrichtung auf den 1990er Demonstrationen klar war: Kommt die D-Mark nicht zu uns, gehen wir zu ihr! Daher auch der Trend großer Teile der ostdeutschen Bevölkerung bei der ersten freien Volkskammerwahl im März 1990, eben jene Allianz zu wählen, die in Adenauerscher Manier versprach, »keine Experimente« zu wagen und gleichzeitig »blühende Landschaften« zu errichten. Nach nur vier Monaten Maueröffnung wurde das anfängliche Konzept der Bürgerbewegungen, mehr Basisdemokratie und gesellschaftlich-politische Bewusstwerdung von unten nach oben, mit 2,9 Prozent Wählerstimmen (Bündnis 90) abgewählt. Die übergroße Masse der Ostdeutschen entschied sich für die klassische Parteiendemokratie, das in

Westdeutschland etablierte Parteienspektrum und die schnellstmögliche Umstrukturierung der Wirtschaft nach bundesdeutschem Muster.

Gerade viele derjenigen, die sich ab November/Dezember 89 außerhalb der ostdeutschen Metropolen wie Berlin oder Leipzig an den meist verspäteten lokalen »Wenden« beteiligten, verstanden ihren Einsatz als Kampf gegen Strukturen eines Staates, der wirtschaftliche Eigeninitiative und Selbständigkeit bislang verboten hatte. Dieser Impuls bezog seine Kraft auch aus der Zusammensetzung dieser engagierten Kreise: Sie entsprach dem klassisch-historischen Bild der kleinstädtischen Honoratioren- und Bildungsschicht mit Lehrern, Ärzten oder Handwerksmeistern an der Spitze, wobei Einzelpersönlichkeiten eine entscheidende Bedeutung zukam. Besonders im kleinstädtischen Milieu erhielten Parteien, die sich explizit als liberal bezeichneten, mit ihren Programmen einen überdurchschnittlichen Zuspruch. Und gerade auch hier traten etliche Gruppen des Neuen Forums zum Parteiableger Deutsche Forumpartei über, die programmatisch auf den Mittelstand fixiert war und diesem eine Schlüsselposition bei der Etablierung der sozialen Marktwirtschaft und »politischen Mitte« zuwies. Im Programm der Forumpartei spiegelte sich symptomatisch der damals weit verbreitete, aber blauäugige Wunsch nach einer Mixtur vermeintlich positiver Aspekte der ost- und westdeutschen Systeme wider. Die Stärken der Bundesrepublik, also Wirtschaft und Demokratie, sollten um soziale Errungenschaften der DDR ergänzt werden. Vor allem der große überparteiliche Konsens marktwirtschaftlicher Zielsetzungen bestätigte die Grundfesten der bundesrepublikanischen Realität und ließ sie schnell übernehmbar werden. Die breiten Schichten der Bevölkerung trafen sich daher auch nur in einem kurzen historischen Moment mit den alten DDR-Oppositionsgruppen. Danach verwandelten sich die frühen Forderungen und basisdemokratischen Hoffnungen der Umbruchszeit schnell zu einem Sieg des Menschenrechts auf ein Stückchen kleines persönliches Glück jenseits der Utopien und großen Ansprüche. Das Verdammen des Unrechtsstaates DDR geschah im selben Atemzug wie das Trachten nach Wohlstand und Behagen, wobei der Einzelne den Wunsch nach schnellen »handfesten« Ergebnissen, nach sicht- und fühlbaren Errungenschaften zuallererst in den eigenen vier Wänden realisieren wollte.[4] Das Leitbild für diesen Trend war eine respektable Vater- beziehungsweise Großvaterfigur, die sich um die Geschicke des Staates kümmerte, während man sich selbst seinen privaten Geschäften widmete. Ganz im Sinne der Ära Adenauer, die dieser Neigung ihre Dauer verdankte, versprach die Ära Kohl in einem vor der Wiedervereinigung stehenden Deutschland, genau diese Wünsche zu befriedigen.

Hatte die DDR-Gesellschaft vorrangig eine Seite einer kleinbürgerlichen Identität ausgeprägt, nämlich: Untertänigkeit und Anpassung, konnte über die bundesrepublikanische endlich die andere Hälfte zur Entfaltung gebracht werden: Gewerbefleiß, Gewinnstreben, Rechtschaffenheit, Arbeitsethos beziehungsweise Arbeitsdisziplin. Eine der emotionalsten und populistischsten Debatten im frisch geeinten Deutschland wurde dementsprechend darüber geführt, ob die Ostdeutschen denn auch »wirklich« arbeiten könnten. Dabei wurde die neu gewonnene Freiheit von vielen unter ihnen vorrangig als eine Freiheit verstanden, durch die man sich in eine bessere Ordnung von Leistung und entsprechender Vergütung einfügen konnte. Der Abschied von einer großen Utopie wurde von der Mehrheit der ostdeutschen Bevölkerung daher nie als ein solcher gewertet. Nicht ein neuer Staat sollte errichtet, sondern der Anschluss an die Entfaltungsmöglichkeiten schon vorhandener Eigenschaften gefunden werden. Was bis dahin nur in den Grauzonen der DDR-Schattenwirtschaft und in der Schwarzarbeit der Feierabendbrigaden existiert hatte, avancierte nach 1990 mit der so genannten Leistungsgesellschaft für viele endlich zur offiziell gepriesenen Lebenseinstellung. Exemplarisch für dieses Verständnis steht der nebulöse Wahlslogan, mit dem das von der West-FDP gelenkte Bündnis der Ostliberalen 1990 antrat: Freiheit ist Leistung!

Die relativ problemlose Verknüpfung der beiden Facetten deutscher Kleinbürgerlichkeit konsolidierte das bundesrepublikanische Selbstverständnis beziehungsweise die marktwirtschaftliche Wirklichkeit massiv, auch wenn natürlich der Abbau und dann folgende Aufbau Ost bei weitem nicht alle Erwartungen erfüllte.

So bedeutet das anhaltende soziale Gefälle zwischen alten und neuen Bundesländern im Grunde eine Spannung zwischen Angehörigen unterschiedlicher Wohlstandsgrade. Unter Vernachlässigung wirklicher Härtefälle speist sich diese Spannung aus Unzufriedenheit und Neid auf der einen Seite trotz Steigerung des materiellen Lebensniveaus und immerhin gewünschter Leistungsgesellschaft. Auf der anderen Seite steht die Angst vor Verlust des bereits angehäuften Besitzes. Sie hat die alte Euphorie über den Osten als neuem großen Absatz- und Arbeitsmarkt verdrängt. Das nennt sich Krise.

Die genannten deutschen Parallelen und Kontinuitäten wären nur sozio-historisches Beiwerk, hätten sie nicht eine Relevanz für die derzeitigen Diskussionen über unsere Gegenwart. Deren Erscheinungsbild wird in den westdeutsch geführten Medien als Krise ganz neuen Ausmaßes gedeutet. Jedoch lässt sich unschwer ausmachen, dass auch der aktuelle Umgang mit Krisen, das Entwerfen und Bewerten von gesellschaftlichen Zukunftslösungen bestimmt ist durch Wahrnehmungsstrukturen und Denkmodelle des Kleinbürgerlichen.

Liest man sich durch die zahllosen Analysen, Essays und Diskussionsforen in den Feuilletons verschiedenster Zeitschriften, scheint die Liste der ungelösten Probleme endlos: steigende Massenarbeitslosigkeit, sterbende Arbeitsgesellschaft, enthemmter Globalkapitalismus, zerreißende Sozialsysteme usw. usf. Einigkeit herrscht, dass es so nicht mehr weitergehen könne, aber Ratlosigkeit, was denn zu tun sei. Politiker und Intellektuelle sollen Visionen und Alternativen liefern, wobei aber gleichzeitig Ideen, Denkanstöße oder Konzeptvorschläge, die grundsätzliche Struktur- und Systemveränderungen fordern, aus der Diskussion verbannt werden. Aus der sicheren Behausung eines populistischen Humanismus heraus werden sie in der Regel als zynische, menschenfeindliche oder kommunistische Machwerke kritisiert. Dabei kann sich der einzelne Kritiker zusätzlich als scharfzüngig-ergebener Demokratie- und Verfassungspatriot in der Medienlandschaft profilieren. Das rhetorische Einfordern von Veränderungen gleichzeitigem Zurückschrecken vor einem grundsätzlichen Wechsel ist Ausdruck dieser post- beziehungsweise antiutopischen Gesellschaft, die im Kern auf das reibungslose Reproduzieren der westlich-kapitalistischen Gegenwart abzielt. Der Konkretismus blüht, wenn in diesem Zusammenhang über Symptome lamentiert wird, die nur die Folge gesellschaftlich-ökonomischer Grundstrukturen sind, wobei letztere aber selbstverständlich nicht geändert werden sollen. Mit Oberflächenkontroversen wird tiefergehendes Problemverständnis suggeriert – als ob irgendeine Konzeption oder Agenda der zahlreichen Kommissionen und Gremien in der vergangenen Zeit auch nur annähernd das Arbeitslosen- oder Demografieproblem an seiner Wurzel gepackt hätte. So kommt es zur weitverbreiteten Auffassung der deutschen Publizistik, dass es zur Korrektur der Weltentwicklung eigentlich keiner neuen Utopien bedarf, sondern nur Alternativen, die den vorhandenen, angeblich lernfähigen Institutionen vor Augen gehalten werden müssten. Die so genannte demokratische Weltgemeinschaft vereinige in ihrem Selbstverständnis und mit ihren Institutionen alles Utopiepotenzial in sich und sei damit in der Folge immer reformfähig.[5]

Beim wortgewandten Erzeugen von Scheinproblematiken oder punktuellen Aufmerksamkeiten geht es vor allem darum, den Status quo nicht anzutasten. So genanntes flexibles, dynamisches Denken und Agieren bedeuten in diesem Zusammenhang: vor allem hervorragende Systemananpassungsfähigkeit. Gerade für die Ostdeutschen waren diese Eigenschaften keine Hürde. Es stellte sich schnell als vorteilhaft heraus, dass die in der DDR gelernte, aus Mangel entstandene Flexibilität und

Kreativität auch in der neuen Gesellschaft nützlich war, die eine ständige Bewegung innerhalb festgelegter Bahnen simuliert. Dieses gekonnte Arrangement mit Unwägbarkeiten und (vermeintlichen) Krisenattacken hält die gegenwärtige Ordnung zusätzlich stabil.

Dass deutscher Massenprotest gegen die wachsenden Nachteile des Globalkapitalismus im eigenen Land sowohl seitens Millionen Betroffener als auch davon bedrohter Menschen ausbleibt, weist darauf hin, dass diese Probleme in unserer Wohlstandsgesellschaft noch lange nicht die Schmerzgrenze erreicht haben.[6] Der zur Zeit größtmögliche Ausdruck bundesdeutscher Unzufriedenheit zeigt sich darin, dass 1998 per Wahl die regierende Mitte-Partei CDU durch die Neue-Mitte-Partei SPD abgelöst wurde. Vier Jahre später waren beide Parteien gleichauf und vereinigten zusammen rund achtzig Prozent der Wählerstimmen. Das aktuelle westdeutsche Stöhnen über geringe ökonomische Wachstumszahlen und soziale Belastungen – in Ostdeutschland seit 1990 Alltag – misst sich an den überdurchschnittlichen Boom-Daten der beginnenden neunziger Jahre beziehungsweise der naiven Vorstellung, jene Wachstumsraten könnten fortwährend steigen. Dabei zeigen sich gerade diejenigen für eine bestimmte Rhetorik empfänglich, die von panischer Angst ergriffen sind, auf Kleinwagen-Niveau herabzusinken. Als Adressaten nehmen sie die unzähligen Pseudoreformdebatten und medialen Elaborate dazu mit erstaunlicher Aufmerksamkeit und Ausdauer immer wieder auf und ernst.

Das eigentlich Auffällige der aktuellen Krisendebatte ist vor allem ihr Geräuschpegel. Bei aller Ähnlichkeit von ost- und westdeutscher Kleinbürgerlichkeit zeigt sich in dieser Beziehung doch zuletzt ein kulturell geprägter Unterschied. Die Ostdeutschen waren nach 1990 weitaus ruhiger und duldsamer. Und das, als nun wirklich eine Gesellschaftsordnung sowie jahrzehntelang aufgebaute Existenzen und Identitäten zusammenbrachen und es hieß, sich innerhalb kürzester Zeit neu ein- und anzupassen.

Toralf Staud

Die ostdeutschen Immigranten

Ohne den Ort zu wechseln, verließen die DDR-Bürger 1990 ihre Heimat. Ihre Erfahrungen und ihre Verhaltensweisen im Neuen Deutschland sind schlicht die von Einwanderern.

In Wolfgang Beckers »Good bye, Lenin!«, dem Kinoerfolg des vergangenen Frühjahrs, besucht der Filmheld Alex kurz vor den Wiedervereinigungsfeiern seinen in den Westen geflohenen Vater. Unerkannt betritt er die schmucke Villa in Wannsee, setzt sich zu seinen Halbgeschwistern vor den Fernseher und schaut das Sandmännchen. Die beiden Kinder fragen ihn, wie er heiße, woher er komme. Alex antwortet: »Ich komme aus einem anderen Land.« Er sagt nicht, er sei aus der DDR. Er sagt nicht, er komme aus »der Zone«. Alex sagt auch nicht: »Ich bin einer Eurer armen Brüder und Schwestern.« (Obwohl das in dieser Konstellation nicht einmal gelogen gewesen wäre und einen hübschen Szenenwitz abgegeben hätte.) Er sagt nicht, er sei Deutscher. Und schon gar nicht sagt er, er sei Ostdeutscher. Alex sagt schlicht: Er komme aus einem vollkommen anderen Land als die beiden West-Berliner Kinder. Das ist die ganze Wahrheit. Wäre sie in den vergangenen 13 Jahren beachtet worden, die Deutsche Einheit wäre mit Sicherheit anders verlaufen. Und wahrscheinlich erfolgreicher.

Seit dem Fall der Mauer und der Vereinigung der beiden deutschen Staaten beherrschen Missverständnisse und wohlmeinende Lebenslügen über »die Ostdeutschen« Politik und Öffentlichkeit. »Der Westen« redete sich und den (einstigen) Bewohnern der Deutschen Demokratischen Republik ein, eigentlich sei man sich gar nicht so fremd. Man gehöre doch zu einer Nation. Die ostdeutsche Variante lautete »Wir sind ein Volk!« Im Westen meinte man, die DDR-Bürger seien Brüder und Schwestern, die man nur ein paar Jahre nicht gesehen habe. So lange sei man ja gar nicht getrennt gewesen. Und nun wachse wieder zusammen, was zusammengehört. Alles werde gut. Nicht nur Helmut Kohl versprach, in wenigen Jahren schon sei das Gröbste überstanden.

Tatsächlich sind die Ostdeutschen – genau wie Alex sagt – aus einem völlig anderen Land gekommen. Sie ließen ihre Heimat hinter sich, kamen in einen fertigen Staat, eine gesetzte Gesellschaft, die nicht wirklich auf sie gewartet hatte, die sie kaum mitgestalten konnten, in die sie sich einzupassen hatten. Wie typische Immigranten waren die Ostdeutschen orientierungs- und weitgehend mittellos. Sie hatten hohe Erwartungen, durchlitten Begeisterung und Enttäuschung. Das Außergewöhnliche ihres Migrantendaseins ist bloß, dass die Ostdeutschen ausgewandert sind, ohne sich fortbewegt zu haben. Das neue Land ist zu ihnen gekommen, nicht sie zu ihm.

Welchen Nutzen hat es, die Ostdeutschen als Immigranten zu betrachten?

Zum einen ergeben viele ihrer Verhaltensweisen plötzlich Sinn, die dem Westen unverständlich erschienen und noch immer erscheinen. Die meisten der Irritationen zwischen Ost- und Westdeutschen lassen sich als Konflikt erklären zwischen der Erwartung einer Mehrheitsgesellschaft einerseits, die Hinzukommenden mögen sich doch bitte geräuschlos anpassen, und der Forderung der Zuwanderer andererseits, zumindest etwas von ihrer Identität bewahren zu dürfen – eine typische Auseinandersetzung also zwischen einem Aufnahmeland (das Assimilation verlangt) und Immigranten (die höchstens zu Integration bereit sind). »Die mit dem Immigrationsprozess verbundenen Veränderungen betreffen beide Seiten – Immigranten und aufnehmende Gesellschaft – und können zu reziproken feindlichen Reaktionen führen. Immigranten neigen dazu, sich abgestoßen, ausgebeutet und vielleicht sogar schikaniert zu fühlen … Umgekehrt sind Mitglieder der Aufnahmegesellschaft anfällig dafür, sich durch die anscheinende Geringschätzigkeit, die Immigranten ihrer Gesellschaftsordnung entgegenbringen, angegriffen zu fühlen, sich darüber zu ärgern, dass sie die Kosten der Aufnahme zu tragen haben.« Die

Analyse klingt vertraut, oder? Sie ist aber einer Studie von Zeev Ben-Sira über Einwanderer in Israel entnommen.

Zum anderen könnte die Beschreibung der Ostdeutschen als Immigranten prognostisch hilfreich sein: Versteht man die einstigen DDR-Bürger als Einwanderer, lassen sich möglicherweise realistische Antworten geben auf die Frage, was wohl übrig bleiben wird von Ostdeutschland.

»Elende Grünschnäbel«

»Ich kann die Sachen gar nicht alle aufzählen, vor denen ich Angst habe.« – »Wir machen uns solche Sorgen darum, dass wir eines Tages nichts mehr haben, um Essen zu kaufen und die Miete zu bezahlen.« – »Geändert hat sich vieles, wenn nicht alles.« – »Nichts kann ich mehr so tun, wie ich es zu tun gewohnt war.« – »Früher hat man genau gewusst, dass man nach der 10. Klasse eine Arbeitsstelle bekommt. Aber jetzt?« – »Ich fühle mich, als hätte ich kein Ziel mehr, keine Zukunft.« – »Ich fühle mich immer mehr heimatlos.« – »In manchen Nächten finde ich überhaupt keinen Schlaf.«

Die Zitate ähneln sich frappierend – und stammen doch aus unterschiedlichen Ecken der Welt: die eine Hälfte aus Deutschland, die andere aus den USA, die eine von ehemaligen Bürgern der DDR, die andere von asiatischen Einwanderern in Amerika. Ein ähnlicher Eindruck stellt sich ein, wenn man sich durch die wissenschaftliche Migrationsliteratur liest: Egal, ob es um Iren in Amerika geht, um sowjetische Juden in Israel, um Chinesen in Australien; egal ob Migrationserfahrungen aus dem 18., dem 19. oder dem 20. Jahrhundert analysiert werden – vieles klingt ganz so, als ginge es um Ostdeutsche in den Jahren nach der Wiedervereinigung. Allen ist gemeinsam, dass sie die gewohnte Umgebung verlassen haben, dass sie sich in ihrer neuen Heimat anfangs wie »elende Grünschnäbel« fühlten, wie »Kindlein im Walde«, wie »Vögel, die noch nicht fliegen können«.

Als 1990 die DDR in der Bundesrepublik aufging, gab es für

die Ostdeutschen fast nichts, was sich nicht änderte: Ein neues politisches System hielt Einzug. Gesetze, Gerichte, Ämter waren plötzlich andere. Aus den Regalen der Kaufhallen verschwanden die gewohnten Erzeugnisse, und für die neuen Produkte verlangten verschiedene Geschäfte unterschiedliche Preise. Die gewohnten Radiosender verschwanden, ebenso Telefonvorwahlen, Autokennzeichen, Kontonummern. Beim Abschluss einer Hausratversicherung musste man plötzlich aufpassen, nicht übers Ohr gehauen zu werden. Krankenversicherungen, Steuern, Studienplätze – alles erforderte plötzlich bewusste Entscheidungen. Über die Mühen der Freiheit seufzte ein Freund noch zehn Jahre nach der »Wende«: »Zu allem muss ich mir jetzt eine Meinung bilden!« Hinrich Lehmann-Grube, der 1990 aus Hannover als Oberbürgermeister nach Leipzig kam, erinnert sich noch heute an die Geschichte seiner Sekretärin, einer patenten Frau, die eigentlich alle Fährnisse der Wiedervereinigung meisterte, die er aber eines Morgens schluchzend in ihrem Büro antraf. Sie war wegen einer scheinbaren Kleinigkeit zusammengebrochen, konnte einfach den Unterschied nicht begreifen zwischen Grund-, Sekundar-, Haupt- und Realschule. Sie musste es aber, weil für ihre Tochter eine wichtige Entscheidung anstand.

Die Lebenswelt der Ostdeutschen wandelte sich 1990 in einem Umfang, wie ihn sonst nur Immigranten verarbeiten müssen. Dass sie ihr Land nicht verließen, machte die Umstellung nicht einfacher, sondern wahrscheinlich sogar schwerer. Bei einem realen Umzug wäre die Tragweite des Ereignisses von vornherein klar gewesen, man hätte sich mit den Veränderungen offener auseinandersetzen können. Trotzdem trafen die DDR-Bürger – wie klassische Auswanderer – eine explizite Entscheidung: Sie wählten 1990 mehrheitlich Helmut Kohls »Allianz für Deutschland«. Wie bei Auswanderern waren die Hoffnungen auf das neue Leben überhöht – und die Enttäuschungen später groß.

Die Analogien zwischen Ostdeutschen und Immigranten lassen sich weit treiben: Die DDR-Bürger kamen in eine fertige Gesellschaft mit etablierten Institutionen und gefestigten Strukturen. Die Empfängergesellschaft war von ihrer Überlegenheit überzeugt, sie legte keinen Wert auf Erfahrungen oder Verbesserungsvorschläge der Hinzukommenden. Wie bei Immigranten üblich verloren die Ostdeutschen einen großen Teil ihres Eigentums. Im Zuge der Währungsunion wurden die Geldvermögen in der Regel halbiert. Das kollektive Eigentum wurde privatisiert und fast ausnahmslos von westdeutschen oder ausländischen Investoren übernommen.

Am härtesten traf die Ostdeutschen die Entwertung ihres Humankapitals. Sie hatten die falschen Fremdsprachen gelernt, ihr Schulenglisch war schlecht und Russisch allenfalls als Partykuriosität gefragt. Im Umgang mit Gesetzen und Behörden war ihnen jeder auch nur mäßig talentierte Westler überlegen. Viele DDR-Ausbildungsabschlüsse wurden in der Bundesrepublik nicht anerkannt, viele Berufe – den »Mechanisator« zum Beispiel oder den »Facharbeiter für Qualitätskontrolle« – gab es überhaupt nicht. So mussten viele Ostdeutsche ganz von vorn beginnen. »Humankapital ist unvollständig zwischen Ländern transportierbar«, schreibt die Ökonomin Rachel M. Friedberg in einer Studie über die wirtschaftliche Benachteiligung von Einwanderern in Israel. »Die Übertragbarkeit von Bildung hängt ab von ihrem Niveau. Grundschulbildung ist gleichwertig, fast unabhängig davon, wo sie erworben wurde. Die Herkunft von Hochschulbildung dagegen ist ein entscheidender Faktor für ihren Wert.«

Darüber hinaus büßten die DDR-Bürger praktisch über Nacht ihre sozialen Kompetenzen ein, die Kenntnis all jener »Zeichen und Symbole des sozialen Austausches« (wie es in einem Aufsatz des Anthropologen Kalervo Oberg von 1960 heißt, einem Klassiker der Migrationsliteratur), der »tausend kleinen Dinge, mit denen wir uns im täglichen Leben orientieren: wann Hände zu schütteln sind und was zu sagen ist bei einer Begrüßung, wann und wie Trinkgelder gegeben werden, wie dem Kellner Anweisungen erteilt werden, wie Einkäufe zu machen sind, … wann Aussagen ernst zu nehmen sind und wann nicht«. Die DDR-Bürger mussten sich an eine andere Etikette gewöhnen, an andere Verhandlungsstile und Mechnismen der Konfliktlösung, andere Gesten, Regeln, Konventionen. Sogar ihre eigene Sprache, die im Westen doch scheinbar dieselbe war, mussten Ostdeutsche neu lernen. Nicht nur einzelne Vokabeln wie »Beitragsbemessungsgrenze«, komplette Kommunikationsuniversen taten sich neu auf: Für Cocktail-Parties ist die Fähigkeit zum angeregt-belanglosen Plaudern wichtig. Und Beurteilungsschreiben muss man regelrecht dechiffrieren – nach 1990 wanderten in Ostdeutschland kopierte Zettel von Hand zu Hand, die über die folgenschweren Unterschiede aufklärten zwischen Phrasen wie »zur Zufriedenheit« und »zur vollsten Zufriedenheit«, zwischen »wünschen wir viel Glück« und »wünschen wir weiterhin Erfolg«. Die scheinfreundlichen Sprachcodes bestätigten dem Ostdeutschen nur seinen Verdacht der generellen Verlogenheit des Westens.

Den Ostdeutschen widerfuhr 1990 und danach exakt, was Psychologen, Soziologen und Ethnologen bei der Beobachtung von Migranten »Kulturschock« genannt haben: der »plötzliche Wechsel aus einer mehr oder weniger erwartbaren Umgebung in eine fremde und unvorhersagbare«. Der Psychiater A. Cesar Garza-Guerrero hat drei Phasen des (erfolgreichen) Durchlebens eines Kulturschocks beschrieben: Zusammenprall, Reorganisation und Neuidentifikation. Wenn er Migrationserfahrungen analysiert, klingt das exakt wie eine Betrachtung und Erklärung der ostdeutschen Seelenlage seit 1990:

In der ersten Phase »wird dem Neuankömmling gereizt bewusst, dass bestimmte Teile seines psychischen Rüstzeugs nicht mehr auf die Außenwelt abgestimmt sind. … Die subjektive Empfindung ist Verwirrung, eine leidvolle Mischung aus Gefühlen wie Angst, Traurigkeit, Feindseligkeit, Verzweiflung, eine Sehnsucht, das Verlorene wiederzuerlangen …

Sobald der erste Schock des Zusammenpralls vorüber ist, folgt eine graduelle Akzeptanz der neuen Kultur. … Die subjektive Empfindung in dieser Phase ist eine von Depression, Entmutigung und Niedergeschlagenheit. … Trauer um die zurückgelassene Kultur ist eine Voraussetzung für eine angemessene Verarbeitung des Kulturschocks. Trauer mit ihrem Festhalten an der Vergangenheit und ihrer Weigerung, die neue Kultur kritiklos zu akzeptieren, erlaubt es, dass ein Prozess von Reorganisation stattfindet. Trauern stellt daher eine gesunde Verzögerung der Vereinigung mit der neuen Kultur da.«

In der dritten Phase des Kulturschocks bilde sich laut Garza-Guerrero eine neue Identität: »Neue Identität bedeutet weder ein totales Aufgehen in der neuen Kultur, noch eine bloße Summe bikultureller Begabungen. Sie ist auch kein stabiler Zustand, sondern eher ein Prozess andauernder Bearbeitung.« Die neue Identität entstehe durch »selektive Aneignungen aus der neuen Kultur«, die »harmonisch eingebaut« werden in das kulturelle Erbe. »Was letztlich – sofern adäquat verarbeitet – aus der krisenhaften Erfahrung des Kulturschocks erwächst, ist ein fruchtbares Wachsen des Selbst ... In dieser Phase wird ein zunehmendes Gefühl der Zugehörigkeit empfunden, ein tröstliches Zunehmen der Fitness im Umgang mit der neuen Kultur. ... Ein Überrest der ursprünglichen, starken Sehnsucht für die alte Kultur wird bestehen bleiben; ... aber wird nicht länger einen lähmenden Effekt haben.« Zieht man von dieser Beschreibung das Pathos ab, das sich wohl kaum ein Ostdeutscher erlauben würde, bleibt eine nüchterne Erklärung für die »Ostalgie«, die in den 90er Jahren den Westen irritierte. Sie war die typische Phase eines Kulturschocks.

Depression und Selbstethnisierung

Wenn sich die Situation von Ostdeutschen und Immigranten so sehr gleicht, ist es kein Wunder, dass beide Gruppen ähnlich darauf reagieren. So deckt sich die hohe Rate von psychischen Angsterkrankungen oder Alkoholismus im Osten mit Reaktionsmustern von Immigraten auf das Gefühl der Entwurzelung. Wenn sie sich fremdbestimmt fühlen oder die Kontrolle über das eigene Leben zu verlieren glauben, entwickelt ein Teil der Betroffenen eben Depressionen. Ein rapider Rückgang der Geburtenrate wie in Ostdeutschland nach 1990 ist ein unter frischen Einwanderern verbreitetes Phänomen.

Umfragen unter Immigranten ergeben regelmäßig, dass sie sich mit dem Gastland weniger identifizieren als die Einheimischen – nichts anderes bekunden mehr als 70 Prozent der Ostdeutschen, wenn sie sich als »Bürger zweiter Klasse« bezeichnen. In einer Studie über Immigranten in Australien beschreibt William Scott die verbreitete Unzufriedenheit mit Arbeitsmöglichkeiten und zwischenmenschlichen Beziehungen in der neuen Heimat – das passt exakt zu Erhebungen unter Ostdeutschen, die ebenfalls dem alten Sozialgefüge nachtrauern und am ehesten materielle Verbesserungen (Auto, Reisen, Wohnung) zugestehen. Ausgeprägte Klagen über (tatsächliche und vermeintliche) Benachteiligungen, die lang anhaltende Identifikation mit einer Gruppe und die überaus positive Beschreibung des Charakters der Gruppenmitglieder – all das sind typische Verhaltensweisen von Einwanderern, von Menschen, die ihre Identität bedroht sehen.

Plötzlich erscheint auch das große Rätsel der vergangenen 13 Jahre nicht mehr ganz so rätselhaft: Warum es überhaupt so etwas gibt wie eine ostdeutsche Identität. Diese entstand erst lange nach dem Ende der DDR: Alex aus »Good bye, Lenin!« wäre 1990 nie auf die Idee gekommen, sich als ostdeutsch zu bezeichnen. Auch die Autoren des »Sozialreports« über die Neuen Länder waren 1992 noch nicht auf den Gedanken gekommen, bei der Frage nach der regionalen Identifikation die Kategorie »Ostdeutschland« einzuführen. Als sie 1999 danach fragten, fühlten sich 74 Prozent »ziemlich« oder »stark« als Ostdeutsche, die Zahl stieg sogar noch auf 80 Prozent im Jahr 2001. Im Gegenzug sank die Verbundenheit mit der Bundesrepublik kontinuierlich von 65 Prozent (1992) über 47 Prozent (1999) auf 44 Prozent (2001).

In der Migrationsforschung ist das Phänomen der Selbstethnisierung ein alter Hut. So heißt es etwa in der bereits zitierten australischen Studie: »Es geschieht erst nach der Ankunft in dem neuen Land, dass einige [Einwanderer] – aus sozialen oder politischen Gründen – ihre ›Ethnizität‹ im Rahmen ihrer früheren Nationalität beschreiben.« Die Soziologin Joane Nagel stellt ebenso lapidar fest, ethnische Identifikationen seien »das Produkt sozialer Zuschreibungen, eine Art Etikettierprozess, an dem man selbst ebenso beteiligt ist wie andere«. In der afro-amerikanischen Community etwa finden sich zahllose Beispiele dafür, wie sich sogar noch Jahrhunderte nach einer (unfreiwilligen) Auswanderung eine Gruppenidentität konstruieren lässt, sofern der Bedarf besteht und die äußeren Bedingungen stimmen. Die Verklärung Afrikas in der amerikanischen Schwarzenbewegung, die Milde vieler Immigranten beim Urteil über ihren Herkunftskontinemt dürfte nach demselben Mechanismus funktionieren, der eine zunehmende Zahl Ostdeutscher die DDR um so weniger schrecklich finden lässt, je länger sie untergangen ist. Nannten noch 1990 weniger als 20 Prozent der Befragten die Verhältnisse in der DDR »eigentlich ganz erträglich«, waren es Ende der neunziger Jahre schon fast 40 Prozent.

Geradezu verblüffend ist es, wie genau sich die Anteil der Ostler, die in Umfragen die DDR zurückwünschen (gut zehn Prozent), mit der Quote der Immigranten deckt, die ihr Abenteuer abbrechen und in die Heimat zurückkehren. So fand William Scott unter australischen Einwanderern eine Rückkehrrate von sieben bis zwölf Prozent, andere Untersuchungen sprechen von 15 Prozent. Doch die Möglichkeit der Rückkehr haben ehemalige DDR-Bürger nicht. Sie ließen auch keine Verwandtschaft hinter sich, haben keine Möglichkeit zum Heimaturlaub und können – anders als zum Beispiel die Iren in den USA oder Festlandchinesen in Hongkong – ihr neues Leben nicht mehr mit den Verhältnissen »zu Hause« vergleichen.

Seit Jahrzehnten grübelt die Migrationsforschung, wovon es abhängt, wie und wie gut sich ein Immigrant in die neue Umgebung einpasst. Die Studien über Persönlichkeitsmerkmale und Rahmenbedingungen füllen ganze Bibliotheken. Das bekannteste Modell für die Beschreibung des Akkulturationsprozesses stammt von J. Berry. Ob sich ein Einwanderer assimiliert, integriert, separiert oder ob er völlig marginalisiert wird, hängt demnach davon ab, wie stark er sich jeweils mit der alten und mit der neuen Kultur identifiziert.

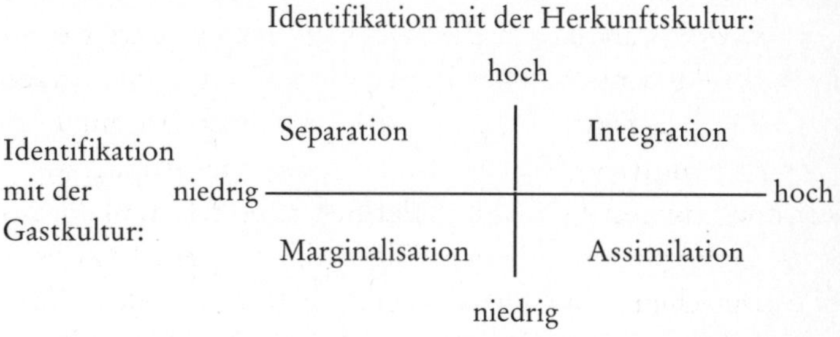

In dieses Modell* lässt sich die gesamte Bandbreite ostdeutscher Reaktionsmuster seit 1990 wunderbar einordnen – der DDR-Bürger, der sich manisch müht, der beste Westler zu sein, ebenso wie derjenige, der sich jammernd abkapselt.

Soljanka, Jugendweihe, Puhdys im Dance-Remix

Prognosen sind immer eine heikle Sache. Aber vielleicht werden Spekulationen über die Frage, was bleiben wird vom Osten, etwas verlässlicher, wenn man die Ostdeutschen als Einwanderer betrachtet. Wie gesagt, die ehemaligen DDR-Bürger sind besondere Immigranten, ihre Heimat existiert nicht mehr, außerdem war die kulturelle Differenz zur Gastgesellschaft von Anfang an vergleichsweise gering. Spekulieren wir trotzdem:

Alle Migrationsstudien belegen, dass eine der wichtigsten Variablen für den Integrationsprozess das Alter ist. Jugendliche Einwanderer akkulturieren sich schneller als Erwachsene. Die Nachkommen der Immigranten vermischen Herkunfts- und Gastkultur. In der Regel sind die Schulen der Aufnahmeländer die wichtigsten Integrationsmaschinen. Die

* Skizze entnommen aus Ward et al., S. 102

Assimilation der ostdeutschen Jugendlichen an den Westen dürfte mithin dadurch gebremst werden, dass an vielen Schulen der neuen Länder die alten Lehrer weiter arbeiten; junge, ostdeutsche Lehramtsanwärter bekommen wegen sinkender Schülerzahlen und damit verbundenem Stellenabbau häufig keine Chance zum Berufseinstieg.

Sicherlich wird die Identifikation mit Ostdeutschland in der zweiten Einwanderergeneration nachlassen. Wenig wahrscheinlich ist dagegen, dass der Osten kontinuierlich weiter verblassen, gleichsam verschwinden wird. Stattdessen findet sich bei Immigranten regelmäßig ein »backlash«: Die erste Generation sei oft »separatistisch«, die zweite relativ assimiliert, die dritte Generation aber »reaffirmativ« mit einem erneuerten Interesse an den fast vergessenen Werten und Verhaltensweisen; Peter Skerry zitiert in seinem Buch über Latinos in den USA den Aphorismus: »Was der Sohn zu vergessen versucht, wünscht der Enkel zu erinnern.« Von einem »ethnischen Revival« sprechen sogar Stavros Constantinou und Milton Harvey in einer Untersuchung amerikanischer Griechen. Zahlreiche Angehörigen der dritten Generation sei das »Niveau von Ethnizität« ebenso so hoch gewesen wie das von Mitgliedern der ersten Generation.

Es ist dabei durchaus üblich, dass sich kulturelles Wissen und ethnische Loyalität entkoppeln. Amado Padilla fand unter mexikanischen Amerikanern ein über die Generationen stetig sinkendes Niveau an kulturellem Wissen, der Grad der »gefühlten Ethnizität« dagegen blieb ab der zweiten Generation praktisch konstant. So bezeichnen sich etwa Amerikaner mexikanischer oder armenischer Abstammung als »Mexikaner« oder »Armenoer«, ohne überhaupt benennen zu können, was das konkret bedeutet. »Für die in Amerika geborenen Generationen«, heißt es bei Anny Bakalian, »ist Armenisch-Sein eine Geisteshaltung«. Gut möglich also, dass es in einem ähnlichen Sinne noch in Jahrzehnten »Ostdeutsche« gibt.

Die Art und Weise, in der sich Immigranten späterer Generationen definieren, hat Herbert Gans »symbolische Ethnizität« genannt. Demnach werden einzelne Elemente der alten Kultur zu bloßen Symbolen, die tatsächliche frühere Funktion ist dabei nicht mehr von Belang. So ist es ostdeutschen Familien, wenn sie heute Jugendweihe feiern, vollkommen egal, dass das Ritual einst ein realsozialistisch-staatstragender Akt war. Darüber hinaus lassen sich Immigranten üblicherweise einerseits auf die instrumentelle Kultur des Gastlandes ein, behalten aber andererseits ihre expressive Kultur. Analog dazu können ehemalige DDR-Bürger im bundesdeutschen System perfekt funktionieren – und trotzdem ihre gewohnten Traditionen und Werte pflegen.

Wie also lässt sich, behält man Erfahrungen von und mit Migranten im Hinterkopf, die Frage beantworten, was langfristig vom Osten bleibt? Für drei Gebiete lassen sich einigermaßen sichere Voraussagen anstellen:

Soziale Gewohnheiten und Familienstrukturen: Es spricht einiges dafür, dass sich auf diesem Gebiet Ostdeutschland dauerhaft von denen im Westen unterscheiden werden. Zwar ist inzwischen das durchschnittliche Alter von Frauen bei der Geburt des ersten Kindes fast auf westdeutsches Niveau gestiegen, aber noch immer gibt es im Osten doppelt so viele allein erziehende Mütter wie in Westdeutschland (25,7 Prozent der Familien gegenüber 13,5 Prozent), noch immer wollen viel mehr Frauen einer Erwerbsarbeit nachgehen. Das Beispiel der irischen Einwanderer in den USA zeigt, dass derartige Unterschiede Generationen überdauern können: Bis weit in das 20. Jahrhundert hinein behielten die irisch-stämmigen Amerikaner einiges von ihren traditionellen Familienstrukturen – noch 1960 lag das durchschnittliche Heiratsalter irisch-stämmiger Frauen höher, hatten irische Familien mehr Kinder als alle anderen Bevölkerungsgruppen. Allerdings gibt es für die Situation ostdeutscher Frauen im Neuen Deutschland keinen Vergleichsfall: In der Regel wandern Migranten in höher entwickelte Länder aus, die Gastgesellschaft ist meist moderner und liberaler als die alte Heimat. DDR-Frauen widerfuhr das Gegenteil. Für sie bedeutete die Ankunft im Westen in mancherlei Hinsicht einen Verlust von Freiheit, Scheidungen beispielsweise sind heute wegen der wirtschaftlichen Zwänge schwieriger als früher. Wie weit Ostlerinnen ihre Werte und Ansichten unter solchen Bedingungen zu bewahren vermögen, ist offen.

Aber sicherlich werden Ost- und Westdeutsche auch in vielen Jahren noch in ihren weltanschaulichen Prägungen differieren. Atheismus und Kirchenskepsis werden sich über Generationen unter den Nachkommen der DDR-Bürger erhalten. Christliche Feiertage werden im Osten weiterhin stärker in säkularer Form gefeiert. So geht man an Heiligabend nicht (oder nicht nur) in die Kirche, sondern zum Beispiel zum Turmblasen, einem Posaunenkonzert von den Zinnen des Rathauses. Pfingsten ist nur ein langes Wochenende, und Christi Himmelfahrt wird weiterhin vor allem der »Herrentag« sein. Säkuläre Feiern und Feiertage werden bedeutsamer bleiben als im Westen: der Internationale Frauentag am 8. März ergänzt den Muttertag, der Internationale Tag des Kindes am 1. Juni wird weiter gefeiert. Und den 8. Mai nennt man im Osten auch in Zukunft ganz selbstverständlich »Tag der Befreiung« und nicht »Tag der Kapitulation« oder »Tag des Zusammenbruchs«.

Wichtigstes Beispiel eines spezifisch-ostdeutschen Festes ist sicher die Jugendweihe. Auch zehn Jahre nach dem Ende der DDR begehen die 8. Klassen der Schulen zwischen Rügen und dem Erzgebirge geschlossen diesen atheistischen Initiationsritus. Der Bedarf für ein solches Fest ist da – wohl alle Kulturen und Religionen kennen Feierlichkeiten zur Aufnahme in den Kreis der Erwachsenen. Dass die Jugendweihen nach 1990 lange von PDS-nahen Vereinen geprägt wurden, hat niemanden von der Teilnahme abgehalten. Mittlerweile lässt dieser Einfluss nach. So ist es kein Wagnis, der Jugendweihe in Ostdeutschland ein ähnlich langes Leben zu prophezeien wie – um erneut eine irische Analogie zu bemühen – dem St. Patrick's Day in New York, Boston oder Chicago. Und wie es dort bis heute irische Sozialvereine gibt, wird die ostdeutsche Volkssolidarität neben den westdeutschen Wohlfahrtsverbänden ihren Platz behalten.

Kultureller Kosmos: Die Beispiele aus etlichen Migranten-Communities lassen erwarten, dass sich eine kulturelle Ostigkeit erhalten wird. Vieles von dem, was die *Harvard Encyclopedia of American Ethnic Groups* unter dem Begriff »Folklore« aufführt, wird im Osten anders bleiben: Arten zu Kommunizieren, Flüche, Witze, Rätsel, Geschichten, Lieder, Lebensmittel, Gesundheitspraktiken et cetera. Im Osten wird man partiell andere Bücher lesen, andere Musik hören, andere Speisen lieben. Man lacht über Witze wie diesen: »Warum brauchen die Westdeutschen 13 Jahre bis zum Abitur? Zwölf Jahre wie im Osten plus ein Jahr Schauspielunterricht!« Man lacht mit Seinesgleichen (und nur mit denen funktioniert es) über Erfahrungen, die man im Neuen Deutschland macht. Man grinst über Karikaturen von Manfred Bofinger und Rainer Schwalme, liest Romane von Erik Neutsch und Ulrich Plenzdorf. Kinder werden den Sandmann gucken, sich über die Abenteuer des *Braven Schüler Ottokar* amüsieren.

Fünfzehnjährige, die beim Fall der Mauer gerade erst geboren waren, spielen im Jahr 2003 auf ihren Feten den Puhdys-Klassiker *Alt wie ein Baum* im Dance-Remix. Als Vorsuppe im Restaurant gibt es weiterhin Soljanka. Man verschenkt Präsentkörbe zum Geburtstag, in denen Rotkäppchen-Sekt, Halloren-Kugeln und eine Schachtel Cabinet liegen – eine Vorliebe fürs gewohnte Essen, für bekannte Erzeugnisse, wie sie bei allen Immigranten üblich ist. Zahlreiche Produktmarken werden noch lange mit der ostdeutschen Herkunft spielen, in Werbespots für diese Produkte werden Schwalbe-Mopeds knattern und Paare vor DDR-Neubaublocks knutschen. Solche »ostdeutsche Ästhetik« wird von Zeit zu Zeit über die Immigranten-Gemeinde hinaus in Mode – und auch wieder aus der Mode kommen. Wobei, das sei hier noch einmal betont, die Ostdeutschen in ihrem Verhalten untereinander natürlich differieren – wie im oben erwähnten Schema von J. Berry kategorisiert.

Ökonomische Schwierigkeiten: Hier sind die Analogien zwischen den Ostdeutschen und anderen Einwanderern wahrscheinlich am geringsten. Wagt man trotzdem auch auf diesem Gebiet einen Vergleich, sind die Aussichten für die einstigen DDR-Bürger nicht rosig. Immigranten etwa in den Vereinigten Staaten hatten immer dann gute Aufstiegschancen, wenn die Wirtschaft florierte – was sie in Deutschland in den vergangenen zehn Jahren nicht wirklich tat und wohl auch in naher Zukunft kaum tun wird.

Die wirtschaftlichen Benachteiligungen, unter denen Einwanderer leiden, erweisen sich oft als langlebig: Eine Ende der 70er Jahre veröffentlichte Studie ergab, dass Hispanics in den USA noch 25 Jahre nach ihrer Ankunft erst 93 Prozent der Einkommen der übrigen Bevölkerung erreicht hatten. George Borjas kam in einer Studie über Migranten in der amerikanischen Wirtschaft zu dem »groben Richtwert«, dass herkunftsbedingte Qualifikationsnachteile »eine Halbwertzeit von etwa einer Generation« haben – Kinder also jeweils noch unter der Hälfte der Benachteiligung ihrer Eltern leiden. Demnach stünde den Ostdeutschen noch einiges bevor. Ironischerweise hatten in den vergangenen Jahren diejenigen Ostler die besten wirtschaftlichen Chancen, die aus der impliziten Immigration eine explizite gemacht haben und tatsächlich auf das Gebiet der alten Bundesrepublik ausgewandert sind. Und unter den Zurückgebliebenen beginnen sich in einigen Regionen Ostdeutschlands bereits Hoffnungslosigkeit und Verwahrlosung breitzumachen, die manchmal an die Stimmung in amerikanischen Einwandererghettos erinnern.

Blicken wir zum Abschluss noch ein letztes Mal in die migrationswissenschaftliche Fachliteratur: Milton M. Gordons wegweisendes Buch *Assimilation in American Life* etablierte die Unterscheidung verschiedener Dimensionen von Assimilation. Sind Einwanderer »strukturell assimiliert«, haben sie also Zugang gefunden zu den Strukturen der Gastgesellschaft, so Gordon, gehe alles andere mit der Zeit von ganz allein. Demnach wären die Ostdeutschen 13 Jahre nach der Vereinigung auf ganz gutem Wege: Mit Angela Merkel und Maybrit

Illner spielen einige von ihnen in Politik und Medien bereits in der ersten Liga mit, beim Sport war das schon immer so. Sobald gebürtige DDR-Bürger oder deren Nachfahren auch in die Spitze der Bundeswehr und in die Vorstände der 30 Dax-Unternehmen aufgestiegen sind, dürfte die Integration zum Selbstläufer werden. Was, wie gesagt, nicht dasselbe ist wie Assimilation. Und schon gar nicht das Verschwinden alles Ostdeutschen bedeutet.

Wie Ostdeutschland in fünfzig Jahren aussieht, lässt sich vielleicht in den irischen Stadtvierteln von Boston erahnen. Sie sind durch und durch amerikanisch – und doch unübersehbar anders. In den Pubs kommt »Irisches Frühstück« auf den Tisch, es gibt irische Tanzschulen und ein katholisches *Labouré Center.* Im Schaufenster von *O'Donogue's Liquor Store* hängt ein Plakat für irischen Cider, leuchtende Äpfel in einem Weidenkorb unter tiefgrünen Bäumen, dazu der Werbespruch: »In Ireland it's something else«. Auf der Weihnachtsfeier der *Eire Society* spielen zwei dicke Männer mit Gitarre und Akkordeon irische Folklore. Vereinsmitglied Patrick bietet selbstgemalte Postkarten mit Landschaftsbildern aus der alten Heimat an. Höhepunkt des Abends ist eine Buchpräsentation: Professor Robert O'Neill, dessen Großeltern 1880 nach Amerika kamen, stellt sein neuestes Buch vor, ein Register aller Archive in Irland, ein »wundervolles Weihnachtsgeschenk für alle genealogisch Interessierten«. Wie sehr er aber bei aller Pflege seiner irischen Identität amerikanisiert ist, offenbart der Professor in einer Nebenbemerkung: Als er davon erzählt, dass etliche der im Buch aufgeführten Dorfarchive über keinen Internetanschluss verfügten und über Mittag geschlossen seien, wofür man als Forschungsreisender aber bitte Verständnis haben solle. »Wir als Amerikaner«, sagt O'Neill da beiläufig, »sind ja ein wenig verwöhnt.«

Alexander Cammann

Auf der Sonnenallee gen Westen

Eine kurze Geschichte der östlichen Integrationsliteratur

Deutschland verliebt sich gerade in seinen Osten.
Alexander Osang

Als Günter Grass seinen Roman »Die Blechtrommel« veröffentlichte, lag das Kriegsende vierzehn Jahre zurück. Im selben Jahr erschienen auch Uwe Johnsons »Mutmaßungen über Jakob«. Zwei junge Schriftsteller bezogen sich in großen Debütromanen auf die Zeitenwende von 1945: Der eine Roman drang tief in die deutsche NS-Geschichte ein, der andere sezierte das Danach, die Gegenwart der DDR. Beide Autoren prägten mit diesen erfolgreichen Büchern die deutsche Literatur. Grass erhielt für seinen Roman vier Jahrzehnte später den Nobelpreis. Das Jahr 1959 gilt dank der »Blechtrommel« und der »Mutmaßungen« als das wichtigste Jahr der deutschen Nachkriegsliteratur.

Inzwischen sind wieder vierzehn Jahre seit einem Epochenbruch vergangen. Doch nichts deutet darauf hin, dass die Literaturgeschichte einmal über das Jahr 2003 ähnlich wie über das Jahr 1959 urteilen wird. Der Stoff der Epoche vor und nach 1989 hat seine große Form noch nicht gefunden. Halten wir uns die Protagonisten heutiger und damaliger Bucherfolge vor Augen: Grass war 1959 32 Jahre alt, fast so alt wie Judith Hermann heute, Johnson 25, zwei Jahre jünger als Jana Hensel.

Nun verfügen die beiden in Berlin lebenden Bestsellerautorinnen über ganz andere künstlerische Identitäten als die beiden Großschriftsteller der alten Bundesrepublik; insofern ist dieser Vergleich in polemischer Absicht natürlich unfair. Trotzdem illustriert er den Stand der literarisch-essayistischen Verarbeitung des letzten Epochenbruchs 1989 durch eine jüngere Autorengeneration in Ost und West. Das gilt besonders für die junge Literatur aus Ostdeutschland, deren Stoff aus der östlichen Erfahrung bestehen könnte: Trotz einiger ernstzunehmender Versuche bleibt das Gefühl einer Leerstelle.

Die Wiederkehr der Nachkriegskonstellation

Dabei gibt es zwischen den Literaturen der Nachkriegszeit West und der Nachrevolutionszeit Ost durchaus Parallelen. So existieren heute Autorengruppen, in denen sich die Post-1945-Muster in Westdeutschland widerspiegeln: die ehemaligen Emigranten, die vor 1989 von Ost nach West gehen mussten (etwa Erich Loest, Reiner Kunze, Jurek Becker, Günter Kunert, Sarah Kirsch); die frühere innere Emigration (etwa Reinhard Jirgl). Andere blieben in der DDR und agierten mehr oder weniger kritisch, aber öffentlich (beispielsweise Christa Wolf, Heiner Müller, Christoph Hein und Stefan Heym). Und so wie sich nach 1945 eine junge Generation allmählich regte, waren es zuletzt vor allem jüngere Autoren, die von sich reden machten, etwa André Kubiczek, Julia Schoch, Antje Rávic Strubel oder Gregor Sander.

Ähnlichkeiten finden sich auch im Literaturbetrieb. Nach 1945 wurde in Westdeutschland die *Gruppe 47* zur einflussreichsten Schriftstellervereinigung: Martin Walser, Günter Grass, Hans Magnus Enzensberger, Ingeborg Bachmann, später Uwe Johnson gehörten dazu. In den letzten Jahren tauchten ebenfalls Literatengruppen auf: die *Chaussee der Enthusiasten* beispielsweise, jene Lesebühnenbewegung im Ostteil Berlins, die regelmäßig ihre lustig-skurrilen Geschichten zumeist östlichen Inhalts einem begeisterten Publikum vorliest. Auch wenn die Unterschiede auf der Hand liegen, eint beide Gruppen ihre Prägung durch junge Autoren, ihre ästhetische Abgrenzung von den Älteren, ihre männlich dominierte Struktur sowie die Vorlese-Form. Sie dienten, neben der Selbstverständigung, als *pressure group* einer jungen Generation; ihre Erzeugnisse fanden schnell Verleger und Multiplikatoren in den

Kulturteilen der Zeitungen. Es ist gar nicht einmal unwahrscheinlich, dass man dereinst über diese Gruppenbildungen vergleichende germanistische Dissertationen wird lesen können.

Auch inhaltlich haben bestimmte literarische Erzeugnisse der westdeutschen 1950er Jahre und der ostdeutschen 1990er Jahre einiges gemeinsam: So dominierte nach dem Krieg lange eine populäre Landserliteratur in zahllosen Auflagen und Variationen. Vorherrschend waren »Ich war dabei«-Texte à la Hans Hellmut Kirst oder Heinz G. Konsalik, also autobiografisch geprägte Unterhaltungsliteratur, die den Ostfront-Schützengraben und die kalte sibirische Gefangenschaft als übergreifendes Generationserlebnis kreieren wollte. Es ging damals um die Rehabilitierung einer Mehrheitserfahrung, die angeblich im Konsumrausch des Wirtschaftswunders verdrängt worden sei, und um eine Integration dieser Erfahrung in das veränderte politische und gesellschaftliche Umfeld Westdeutschlands. Einem fast identischen Programm folgte in den 1990er Jahren die ebenfalls überaus erfolgreiche junge ostdeutsche Literatur von Jochen Schmidt, Jakob Hein, Falko Hennig oder Jana Hensel: Die populären Geschichten von der Ostfront handelten diesmal von Erlebnissen aus dem Ferienlager oder von den Produktwelten der Kaufhalle. Das las sich natürlich durchweg komischer als die Texte vor fünfzig Jahren, doch der Zweck war der gleiche: Geschichten sollten Erinnerungen für Jedermann erzeugen und einen Generationszusammenhang konstruieren.

Solche Literatur war vor fünfzig Jahren erfolgreich, weil sie an das diffuse Lebensgefühl und an die persönlichen, kaum reflektierten und verarbeiteten Erinnerungen anknüpfte: Kugelhagel, Gefangenschaft, Bombennächte, Vertreibung oder auch Geräusche und Geruch einer Kindheit in Ostpreußen. Von Ausgrenzungs-, Verfolgungs- und Vernichtungserfahrung, also der Erinnerung der NS-Opfer, fand sich in diesen Texten noch nichts. Bei den meisten jungen östlichen Texte nach 1990 ist es kaum anders. Heute sucht man ebenfalls bestimmte Geschichten zumeist vergeblich, jedenfalls bei jüngeren Autoren: Erzählungen über die moralischen Schwierigkeiten eines DDR-Daseins, über Opposition oder Anpassung, Aufbegehren oder Mitmachen sowie über das ebenso komplexe wie weite Feld dazwischen, zwischen Verfolgern und Verfolgten sozusagen, werden von den Jüngeren karikiert oder ignoriert. So ähneln sich die jeweiligen Antworten auf die historischen Umbrucherfahrungen nach 1945 und nach 1989 auf verblüffende Weise: Integration durch populäre Literatur in autobiografisch grundierter Form.

Der Strukturwandel der Östlichkeit im kulturellen Feld

Noch hat der Osten den Kampf um die kulturelle Hegemonie im vereinten Deutschland nicht gewonnen – auch wenn der mediale Rummel der jüngsten Zeit manchmal den Eindruck vermitteln konnte, der Osten stünde kurz davor. Die künstlerischen Produkte aus dem Osten haben in den vergangenen Jahren die gesamtdeutsche Öffentlichkeit immer stärker geprägt. Es ist schon eine sonderbare Ironie der Geschichte: Dreizehn Jahre nach ihrem Ableben hat die DDR endlich das erreicht, was sie vier Jahrzehnte lang vergeblich versuchte: die Hirne und Herzen der Westdeutschen zu erobern. Die DDR ist gesamtdeutscher Pop geworden – dieses Phänomen gehört zu den erstaunlichsten und wahrlich nicht vorhersehbaren Ergebnissen der letzten Jahre.

Der Osten hat es jedenfalls auf diese Weise geschafft, Teil des westlichen Diskurses zu werden – und das zu einem Zeitpunkt, da die PDS ihre Definitionshoheit über alles Östliche endgültig verlor. Diese Erfolgsgeschichte griff auf sämtliche kulturelle Branchen über. So ließen sich in diesem Jahr mehr als fünfeinhalb Millionen Deutsche in Ost und West vom Filmmärchen »Good bye, Lenin!« verzaubern. 250 Bundestagsabgeordnete, von Renate Schmidt bis Wolfgang Schäuble, gingen zusammen ins Ost-Berliner Kino *International*, um sich den Film anzusehen. Solch einen gemeinsamen Kinobesuch für Abgeordnete hatte es bisher bei anderen, künstlerisch oder politisch ungleich bedeutenderen Filmen nicht gegeben. Auch die Fernsehsender überboten sich in diesem Jahr mit Östlichem; so wurden auf allen Kanälen zahllose Dokumentationen und Spielfilme zum 50. Jahrestag des 17. Juni 1953 gezeigt. Stefan Heyms Roman »Die Architekten« wurde ebenfalls verfilmt und zur besten Sendezeit ausgestrahlt; Erwin Strittmatters Trilogie »Der Laden« hatte das schon vor ein paar Jahren geschafft.

Die steilen Karrieren der jungen Ost-Künstler Neo Rauch und Norbert Bisky (dessen Bilder von einer idealtypischen Westdeutschen-Karikatur wie Guido Westerwelle gepriesen werden) muten immer wieder erstaunlich an; die beiden sind auf dem internationalen Kunstmarkt gefragt wie wenige andere deutsche Künstler ihrer Generation. Es ist bezeichnend, dass sich die Anerkennung der visuellen Östlichkeit im für Moden und Trends empfänglichen Kunstbetrieb besonders rasch vollzog: Die exotische Bildsprache wurde offenbar als neuartig und aufregend empfunden – und deshalb als lohnendes Objekt gerne in den Kanon aufgenommen.

Die östliche Hinterlassenschaft hat auch in der Wahrnehmung ihrer architektonischen Formensprache eine eigentümliche Renaissance erlebt. Ob Stalinallee, sowjetische Ehrenmäler oder Achtziger-Jahre-Plattenbau: Viele Westdeutsche fanden irgendwann ganz plötzlich östliche Bauwerke spannend, über die sie sich zehn Jahre zuvor bestenfalls lustig gemacht hätten. Bezeichnenderweise lässt sich ein ähnlicher Trend für die Nazi-Architektur oder die westdeutsche Nachkriegsmoderne nicht beobachten: Das Hansa-Viertel, die West-Berliner Antithese zur zeitgleich enstandenen östlichen Stalin-Allee, wurde noch nicht als Partylocation entdeckt. Zu gewohnt ist man offenbar den architektonischen Westen, um ihn cool zu finden. Das gilt umgekehrt auch für die jungen Ostdeutschen: Wer seine Kindheit in Marzahn oder Halle-Neustadt verbringen musste, dem erscheint die Plattenbauleidenschaft junger Westdeutscher, die sich mittlerweile auch in Spielkarten namens »Plattenbauquartett« oder Bastelbögen zum Pappmodellnachbau niederschlägt, eher skurril. Für viele westdeutsche Neu-Berliner gehört dagegen eine nächtliche Autofahrt auf der ehemaligen Stalinallee (der heutigen Karl-Marx-Allee) zu den schönsten und aufregendsten Erlebnissen – diesen Charme des Totalitären empfinden ihre östlichen Generationsgenossen nur selten.

All diese Phänomene belegen ein neues Interesse des Westens am Osten. Ost und West haben dabei durchaus unterschiedliche Interessen, gehen aber eine symbiotische Bindung ein: Der Westen sucht das scheinbar Authentische als neuen Stoff für die immer gleichen Distinktionsriten. Der Osten sehnt sich nach Anerkennung und forciert deshalb die Aufwertung der Östlichkeit in einer Form, die im Westen verstanden wird und hier wie dort auf Resonanz trifft. Vieles spricht dafür, dass diese Symbiose nur unter den Bedingungen der modernen Populärkultur funktioniert: Der Osten wird zu einer Projektionsfläche; die westliche Popkultur findet hier einen neuen Gegenstand für ihre fortgesetzte Oberflächenbearbeitung.

Der Vordenker der ostdeutschen Renaissance: Wolfgang Engler

Die geistige Situation einer Zeit wird von einer intellektuellen Avantgarde vorgeprägt – nicht zuletzt in ihrer Selbstdeutung. So auch in diesem Fall: Der in Berlin-Prenzlauer Berg lebende Soziologe Wolfgang Engler ist durch vier durchaus umstrittene Bücher – »Die zivilisatorische Lücke« (1992), »Die ungewollte Moderne« (1995), »Die Ostdeutschen« (1999), »Die Ostdeutschen als Avantgarde« (2002) – zum wirkmächtigen Stichwortlieferanten für den Strukturwandel der Östlichkeit geworden.[1] In der Methode Englers finden sich exemplarisch alle zuvor beschriebenen kulturellen Integrationsmuster ostdeutscher Lebenswelt in den westlichen Diskurs wieder: Er erforscht und interpretiert die ostdeutsche Andersartigkeit und stellt dieses

Phänomen in den Mittelpunkt seiner Analysen – gleichzeitig bedient er sich dabei durchweg »westlicher« sozialwissenschaftlicher Theorien und einer essayistischen Sprache, die auch altbundesrepublikanischen Feuilletonisten gefällt. Typisch für Englers Bücher ist ein Stilmix aus verstehender dichter Beschreibung und teilnehmender Beobachtung. Englers Spurensuche nach den ostdeutschen Besonderheiten soll erklären, weshalb es mit der vielbeschworenen inneren Einheit nach 1990 nichts geworden ist. Die dialektische Volte funktioniert auch hier: Durch Anerkennung im westlichen Diskurs vollzieht sich ein Integrationsprozess der Thesen von der ostdeutschen Besonderheit in den westlich dominierten Diskurs. Durch Betonung der Unterschiede erfolgt eine Individualisierung des Ostens, die Rückbesinnung auf das Eigene, eine Abgrenzung – und genau damit werden Englers Ideen anschlussfähig an die fragmentierte und segmentierte Erfahrung westlicher Gesellschaften, die Individualisierung auf vielfältige Weise durchlebt haben.

In Anlehnung an Jana Hensel könnte man den Soziologen einen »zwittrigen Ost-West-Theoretiker« nennen, einen »ersten Theorie-Wessi aus Ostdeutschland«.[2] Wie sehr seine Integrationssoziologie für viele zu einem Ost-West-Erlebnis geworden ist, illustrierte eindrücklich die Präsentation seines bislang letzten Werkes »Die Ostdeutschen als Avantgarde« im vergangenen Jahr: Im stillgelegten Jugendstil-Stadtbad in der Oderberger Straße/Berlin-Prenzlauer Berg vollzog sich ein Auftritt, der mehr einem weihevollen Hochamt als einer Lesung ähnelte. In dieser auratischen Szenerie lauschten andächtig Jung und Alt, Ost und West gemischt, der leisen Stimme des Autors, der aus dem Buch las und mit dem Westjournalisten Matthias Greffrath diskutierte. Die durch Mikrofone verstärkten Stimmen der beiden hallten vom Grund des Beckens durch den mäßig erleuchteten Raum, während am Rand des Schwimmbeckens die konzentrierten, sich kaum bewegenden Zuhörer saßen und sich dem morbiden Charme des Ortes hingaben – man wurde Zeuge eines erstaunlichen west-östlichen Vergemeinschaftungsrituals.

Zweierlei östliche Integrationsliteratur: Jana Hensel und Claudia Rusch

Doch zurück zur offensichtlichsten Erfolgssparte für östliche Themen: dem Buchmarkt. Hier lässt sich die Dialektik von Individualisierung und Integration östlicher Lebenswelt am besten beobachten. Ein Paradebeispiel ist der enorme Erfolg von Jana Hensels Buch »Zonenkinder«, das auch fast ein Jahr nach Erscheinen immer noch weit oben auf den Bestsellerlisten rangierte. Der junge Westdeutsche, dem die DDR bisher immer ein Rätsel war, glaubt nach der Lektüre, nun endlich den Ostler zu verstehen. Denn die 1976 geborene Autorin präsentiert das Aufwachsen ihrer Generation Ost in einer östlichen Ästhetik der Warenwelt, deren Kindheitsmuster dem an Florian Illies' »Generation Golf« geschulten Westleser zwar exotisch erscheinen, die aber doch in die eigene westdeutsche Erfahrung übersetzbar sind. Und der Ostkäufer der »Zonenkinder« ist glücklich darüber, dass ein Zonenkind den Osten in westlicher Manier beschreibt und man deshalb seine Eingeborenen auch jenseits der Elbe trendy und interessant findet.[3] Hinzu kommt der Anspruch, einen Generationszusammenhang zu konstruieren: Genau das war ja bis dahin ein genuin westliches Spiel, das bei Jana Hensel nun auch für den Osten adaptiert wird – eine Nachahmung der besonderen Art. Daher ist auch das eigentümliche Changieren zwischen »Ich« und »Wir« ein genialer Schachzug der Autorin: Sie suggeriert einen persönlichen Standpunkt, während sie in Wirklichkeit immer auf das Publikum schielt. Genau dies macht das Buch am Ende erst zur Integrationsliteratur: Der Erfolg misst sich hier nicht mehr an der Stimmigkeit oder Authentizität der Erinnerung, sondern an der medialen Resonanz. Die »Zonenkinder« sind ein Produkt, das als Konfektionsware Integrationsfunktionen erfüllt. Östlich angehauchte Geschichtchen werden in die Formen und Farben des Westens übersetzt. Ihre Leistung besteht eben nicht in der Erinnerungsarbeit.

Jana Hensel bespielt virtuos die Klaviatur der westdeutsch

dominierten Öffentlichkeit mit scheinbar östlichen Geschichten. »Mit einem Schlag hatte ich es satt, anders zu sein als all die anderen«, bringt sie ihr Anliegen offenherzig auf den Punkt. Sie ist tatsächlich weniger ein »zwittriges Ostwestkind«[4], sondern ein »erster Wessi aus Ostdeutschland«[5]. Jana Hensel teilt nicht nur ihre Initialen mit einer bekannten jüngeren westdeutschen Autorin, sondern auch die Vorliebe für Inhalte von Jeans- oder Jackentaschen: »die Jacke, die er immer trug und in deren unzähligen Taschen er früher alles Mögliche aufbewahrt hatte, Angelhaken, Vogelfedern, Nüsse und eine Paketschnur, einen kleinen, blauen Stein von der französischen Atlantikküste, ein Token für die Untergrundbahn in New York«, heißt es bei der einen, und bei der anderen liest man: »Und so habe ich keine Tasche mitgenommen, in der Jeans aber alle meine Sachen verteilt, Hausschlüssel, Zigaretten, Feuerzeug, ein paar Euro, einen Hühnergott.« Es ist schwer zu erraten, von wem welcher klischeebeladene Text stammt – der erste findet sich bei Judith Hermann[6], der zweite ist dem Schlusssatz der »Zonenkinder« entnommen. Auch die Sprache ist offenbar im Westen angekommen.

Ähnlich und zugleich ganz anders ist das kürzlich erschienene Buch von Claudia Rusch einzuordnen, das sich in weiten Teilen als Anti-Hensel-Schrift liest. Die 1971 geborene Autorin entwirft in »Meine freie deutsche Jugend« kein krampfhaftes Generationenprojekt Ost, sondern verwendet statt des Henselschen imperialen »Wir« ein kräftiges und bewusstes »Ich«. Sie beschreibt ihre Kindheit in einem oppositionellen Elternhaus, die Schwierigkeiten zwischen Dissidenz und Anpassung im DDR-Alltag der 1970er und 1980er Jahre, die fehlenden Freiheiten und viele Hoffnungen. Claudia Ruschs Sprache ist schnörkellos und ohne gestalterischen Anspruch; sie erzählt in vielen kleinen Episoden ganz einfach, wie es gewesen ist. Die Interpretation überlässt sie anderen. Jeder Westleser kann in diesem Büchlein sehr viel mehr von der untergegangenen DDR-Welt erfahren als durch die »Zonenkinder«. Diese Welt war oft skurril und komisch, aber häufiger gar nicht lustig, sondern todernst. Ein Massenerfolg wird diesem leicht konsumierbaren Buch deshalb nicht beschieden sein: Zu wenig aufgeblasen und östlich raunend kommen seine Geschichten daher, als dass sie in die momentane Ostleidenschaft passen würden. Allerdings eint Jana Hensels Zonenkinderkonstruktion und Claudia Ruschs Beschreibung einer alternativen DDR-Kindheit der Ausgangspunkt ihres Rückblicks: Am Ende gibt es für die Kinder des Ostens nur die Ankunft im Westen.

Der Osten als Traumlandschaft der deutschen Gegenwartsliteratur

Das Umfeld der jungen ostdeutschen Selbstverständigungsliteratur wurde schon oft beschrieben. Seit Mitte der 1990er Jahre reüssierten DDR-Retro-Parties mit Honecker-Double, wurden Bücher wie Thomas Brussigs »Helden wie wir« zu Verkaufsschlagern, später dann Filme wie »Sonnenallee« von Brussig und Regisseur Leander Haußmann. Dasselbe gilt in gewissem Sinne für die eingangs erwähnte Berliner Lesebühnenbewegung der jungen Ostautoren Falko Hennig, Jakob Hein oder Jochen Schmidt. Es war das Unernste an diesen Geschichten, das auch dem jungen Westler Spaß machte und den westdeutschen popkulturellen Leseerfahrungen entsprach.

Doch auch hier lohnt ein genauerer Blick: Im Grunde ist das westdeutsche Interesse für den Osten ein altes Phänomen. Der Soziologe Heinz Bude hat schon 1996 mit Beispielen von Günter Grass bis Günter Gaus auf die DDR »als realexistierende Traum- und Trostlandschaft« für bundesrepublikanische Bildungsbürger vor 1989 verwiesen: »Der Osten wird zum geheimen Wunschbild einer kulturellen Heimat, die der Nationalsozialismus zerstört hat.« Bude weiter: »Da waren noch Geschichten möglich, die man sich im großen Konsumverein nicht vorstellen konnte.«[7] Man lese zur Illustration all die westdeutschen DDR-Reportagen aus den 1980er Jahren. Bis heute gehört das Beschwören des mythischen Ostens zum

Standardrepertoire in der Wahrnehmung der östlichen Weltgegenden, nur dass dieser Osten inzwischen jenseits der Oder beginnt. Wolfgang Büschers gefeiertes Buch »Berlin – Moskau« über seine Fußwanderung durch Osteuropa ist das jüngste Beispiel für diese westliche Suche nach der verlorenen Echtheit. Im Osten glaubt man sie zu finden.

Diese Projektionsbeziehung setzte sich im bundesdeutschen Literaturbetrieb, der schon vor 1989 zu Recht großes Interesse an literarischen Erzeugnissen östlicher Provenienz hatte, auch nach dem Ende der DDR vielfach fort. Christa Wolfs Bücher verkauften sich weiterhin blendend in Ost und West. Die ostdeutschen Dichter Volker Braun und Durs Grünbein erhielten den Büchner-Preis. Ingo Schulzes »Simple Storys« wurden zum gesamtdeutschen Bestseller. Doch allmählich wandelte sich das Rezeptionsverhalten: Die nachwachsende westdeutsche Generation, nicht zuletzt in den Feuilletonredaktionen und Rundfunkanstalten, hatte Mitte der 1990er Jahre ihre eigene östliche Trostlandschaft auf der Sonnenallee entdeckt. Dort fand man die kompatiblen Formate, die Jungredakteuren die Abgrenzung zur als altmodisch empfundenen Ästhetik der älteren Kollegen ermöglichten. Der Oberflächenexperte Heinz Bude hatte es früh erkannt: »Einige Jüngere und Klügere aus dem Osten haben verstanden, daß das Bild vom Osten durchaus seine eigene Chance hat in den endlosen Mutationen unserer großen populären Kultur.«[8]

In jüngster Zeit mehrten sich die Hoffnungsschimmer, es könnte aus der jungen ostdeutschen Literatur jenseits belangloser Spaßhaftigkeit vielleicht doch noch etwas werden. An erster Stelle wäre da André Kubiczeks Debütroman »Junge Talente« aus dem vergangenen Jahr zu nennen – der gelungenste Versuch, die ostdeutsche Erfahrung einer jüngeren Generation zu beschreiben. Es ist ein »wundervoller kleiner Antibildungsroman« (»DIE ZEIT«), ohne zwanghafte Fröhlichkeit. Trotzdem geht es im Buch des 1969 geborenen Autors lustig zu: Der Held Less hat seine Kindheit in einer Kleinstadt im Harz verbracht, ändert eines Tages sein Outfit und beschließt, 16- oder

17-jährig Ende der 1980er Jahre, in die legendenumwobene Hauptstadt der DDR zu ziehen. Die Atmosphäre aus Stickigkeit, Ausweglosigkeit, Glückseligkeit und gleichgültiger Nischenfreiheit ist bislang nirgendwo so dicht beschrieben worden: »Wenn die allgemeine Vergeblichkeit groß ist, hält sich die persönliche Verzweiflung in Grenzen«, so eine von Less' Freundinnen über die Stimmung vor der großen Epochenschwelle, die man erahnt, die im Buch aber nicht mehr beschrieben wird. Im Frühjahr 2003 ließ Kubiczek seinen zweiten Roman unter dem Titel »Die Guten und die Bösen« folgen; die jungen Talente waren nun im Berliner Dschungel der Gegenwart angekommen und mischten phantasievoll mit im Wahnsinn dieser Jahre – vielleicht wird man das Buch eines Tages als den authentischsten Bericht über diese Zeit lesen.

Auch Jana Simon, 1972 in Potsdam geborene Reporterin des »Tagesspiegel«, deutet östliche Kindheit ganz anders als Jana Hensel. In Simons Buch »Denn wir sind anders. Die Geschichte des Felix S.«, einem autobiografischem Porträt ihres an der westdeutschen Gesellschaft scheiternden Jugendfreundes Felix, heißt es über ostdeutsche Heranwachsende in den 1980er Jahren: »Früher, ein Wort, das diese Generation der in den siebziger Jahren Geborenen zusammenhält – das einzige vielleicht. Sie hatten dieses komische Land noch miterlebt, das später unterging, sie waren sich einig in ihrem Hass dagegen oder in ihrer Gleichgültigkeit.«[9] Ihre kluge Definition dieser Generation lautet: »Schließlich waren sie alle Kinder des Westens, die nur im Osten aufwuchsen, vorübergehend.«[10]

Die gesamtdeutsche Zukunft der östlichen Erinnerungsliteratur

»Die Zeit wäre also reif für eine ›Ost-Berliner Kindheit um 1980‹«, diagnostizierte der FAZ-Literaturredakteur Richard Kämmerlings in Anlehnung an Walter Benjamins Erinnerungswerk noch vor der Veröffentlichung der »Zonenkinder«[11]. Er verwies auf den besonderen Erfahrungsraum Ost, der zu autobiografisch grundierter Literatur prädestiniere. Der Westen, der in den letzten Jahren vom Osten mit allerlei spaßigem Blendwerk so geschickt in die Irre geführt wurde, könnte aus solcher Literatur tatsächlich Neues lernen – wenn ihm statt nach gefühlig-gefälligen Histörchen endlich der Sinn nach ernsthafter östlicher Erinnerungskost stünde. Dann würde er auch mehr vom Osten verstehen und vielleicht auch von dem, was im letzten Jahrhundert wirklich wichtig war.

Vielleicht bedarf es ja der beschriebenen östlichen Integrationsliteratur, um irgendwann zu anderen, nachhaltigeren und überzeugenderen Vergangenheitsrekonstruktionen zu gelangen. Vieles spricht jedenfalls dafür, dass wir am Ende des Integrationsprozesses stehen. Vor uns liegt Neuland, in West und Ost. In Zukunft wird man die Geschichten über Ersatzteilbeschaffung für einen Trabant so banal und lächerlich finden, wie sie sind. Sie werden verschwinden, sobald die Leser vom Lachen müde sind. Von wenigen Ausnahmen abgesehen, müssen wir uns bis dahin immer noch an die Älteren halten, wenn wir mehr über die DDR und das Östliche erfahren wollen: an die Bücher von Monika Maron, von Uwe Johnson oder von Wolfgang Hilbig beispielsweise. Vierzehn Jahre nach dem Epochenbruch ist es nunmehr an der Zeit, dass auch die junge Autorengeneration die Zeit vor 1989 ernst nimmt.

Detlef Pollack

Die Fremden

In seinem sozialpsychologischen Versuch »Der Fremde« beschreibt Alfred Schütz die unausweichliche Distanz des Fremden gegenüber der Gesellschaft, in die er einwandert und in der er sein neues Zuhause sucht. Der Fremde könne die Sprache der neuen Kultur, der er sich nähert, erlernen, er könne sich Bedeutungskonnotationen, die spezifisch für seine neue Umgebung sind, erschließen, aber niemals werde die Geschichte der fremden Kultur ein integraler Teil seiner Biographie. Daher fehle ihm die Selbstverständlichkeit, mit der sich der Angehörige einer Kultur in seiner Welt bewegt, der Automatismus der Anwendung überkommener Zivilisations- und Kulturmuster, Weltdeutungen und Gepflogenheiten. Was dem Einheimischen unbefragte und unbefragbare Gewissheit ist, das sei dem Fremden hart errungene Einsicht. Was dem einen locker von der Hand geht, das müsse der andere immer wieder erst mühsam meistern. Einen Vorzug freilich habe der Fremde gegenüber dem Einheimischen: ein genaueres Gefühl für die inneren Brüche, die die fremde Gesellschaft durchziehen. Längst bevor sich der Einheimische durch die Symptome sozialer Veränderungsprozesse irritiert fühle, spüre der Fremde das Knistern des sozialen Wandels und registriere er »mit schmerzlicher Klarsichtigkeit« das Heraufkommen einer Krise, die die Gültigkeit des Gewohnten bedroht.

Die Ostdeutschen, die seit über zehn Jahren Teil der Gesellschaft und Kultur der Bundesrepublik sind, wurden immer wieder als Fremde beschrieben, denen es schwer fällt, die neue Umgebung zu begreifen, in der sie sich nunmehr befinden, sich in ihr zurechtzufinden und sich ihr anzupassen. Nur selten wurde die Frage aufgeworfen, warum es ihnen auch nach zehn Jahren gemeinsamer Geschichte nicht gelungen ist, der Bundesrepublik ihre eigene Erfahrung mit dieser Bundesrepublik, ihre eigene Sicht und Deutung jenes Gebildes, zu dem sie seit Jahren gehören, hinzuzufügen.

Wohlgemerkt, die Rede ist nicht von der Erfahrung der Ostdeutschen mit der DDR, die in Gesamtdeutschland ebenfalls nur schwach repräsentiert ist, obschon vielen gewiss selbst dieses geringe Maß bereits zu viel ist. Gemeint sind jene Erfahrungen, die die Neuankömmlinge mit der »Bundesrepublik alt« gemacht haben und die doch vielleicht interessante Einsichten auch für die enthalten, denen das Gehäuse dieser Bundesrepublik zur Selbstverständlichkeit geworden ist. Die wichtigen und intellektuell anregenden Debatten – die Nationalismus-Debatte zum Beispiel, angestoßen durch den Essay »Anschwellender Bocksgesang« von Botho Strauß, die Debatte um die Friedenspreisrede Martin Walsers, die Auseinandersetzung mit dem Erbe der 68er, die bio-ethische Diskussion über die genetische Manipulierbarkeit des menschlichen Erbguts oder selbst die Zuwanderungsdebatte – werden im und vom Westen geführt. Allenfalls bei der Diskussion über den Kosovo-Krieg oder über die Solidarität der Deutschen mit den Amerikanern nach den Terror-Anschlägen des 11. September waren einige Ost-Töne zu vernehmen. Haben die Ostdeutschen zum gesamtdeutschen Diskurs nichts beizutragen? Sind sie allenfalls Experten, wenn es um die Geschichte der DDR, die Sondermentalität der Ostdeutschen oder die Stasi geht?

Natürlich gibt es nicht wenige Ostdeutsche, die in der bundesrepublikanischen Öffentlichkeit präsent sind und für ihre politische Arbeit Anerkennung finden. Das trifft auf Angela Merkel zu, die sich im Bundestagswahlkampf 2002 neben Edmund Stoiber zu behaupten wusste und mit der Übernahme des Fraktionsvorsitzes nach den Wahlen sogar an Macht gewonnen hat. Das mag mit Abstrichen ebenfalls für Politiker wie den Ostbeauftragten der Bundesregierung Rolf Schwanitz oder den ehemaligen Stellvertretenden Vorsitzenden der CDU/CSU-Bundestagsfraktion Günter Nooke gelten. Und auch Wolfgang Thierse macht trotz seines merkwürdigen rotblonden Bartes, der irgendwie nicht zum Stil der politischen

Klasse der Bundesrepublik passen will (der in den letzten Jahren allerdings auch schon kürzer geworden ist), seine Sache doch recht gut.

Indes, so beachtlich die Durchhaltefähigkeit und Professionalität der kleinen Truppe von Prominenten aus dem Osten auch ist, Impulse, gar geistige Impulse für Gesamtdeutschland gehen von ihr kaum aus. Dabei besitzen die Ostdeutschen besonders günstige Voraussetzungen für die Formulierung eigenständiger Ideen. Sie sind daran gewöhnt, gegen den Strom zu denken. Schon in der DDR-Zeit konnten sie sich in ihrem Urteil auf niemanden verlassen, nicht auf ihre Lehrer, nicht auf die Presse, schon gar nicht auf die Partei, und – leider – noch nicht einmal auf den Westen. Unter totalitären Verhältnissen ist man zum selbständigen Denken gezwungen. Viele haben diese Fähigkeit bereits zu DDR-Zeiten erworben und haben sie sich auch in der Zeit danach, als man durch die Verführungen des effektiven Westsystems geistig leichter korrumpierbar war, bewahrt. Angela Merkel, die Tochter aus evangelischem Pfarrhaus, etwa berichtete gelegentlich davon, wie sie schon unter den Bedingungen des autoritären DDR-Systems hart um ihre geistige Selbständigkeit gerungen hat und wie ihr die dort gemachten Erfahrungen bei der Durchsetzung politischer Ziele auch heute noch zugute kommen.

Ein weiterer Vorteil mag darin zu sehen sein, dass postmaterialistische Werte wie Selbstverwirklichung oder Hedonismus im Osten Deutschlands nicht so stark Fuß zu fassen vermochten wie im Westen. Dank der Abschottung der DDR und aufgrund des geringeren Wohlstandsniveaus hat sich in Ostdeutschland ein traditionelles Arbeitsethos besser halten können als im Westen. Im Osten mussten es die Menschen lernen, hart zu arbeiten, ohne Erfolge dafür zu sehen. Pragmatismus im Umgang mit sich und seinen Ansprüchen sowie Durchhaltefähigkeit waren die Konsequenz. Natürlich bringt die Fähigkeit zum harten Arbeiten noch keine neuen Ideen hervor. Wie wir spätestens seit Max Weber wissen, ist harte, oft monatelange vergebliche Arbeit jedoch der Boden, auf dem der Einfall, den wir nicht erzwingen können und ohne den wir doch nichts Wertvolles zu leisten vermögen, allein kommen kann.

Der wichtigste Vorteil, den die Ostdeutschen im Vergleich zu ihren westdeutschen Landsleuten mitbringen, besteht allerdings darin, dass sie auf Erfahrungen in zwei äußerst unterschiedlichen politischen und ökonomischen Systemen zurückgreifen können. Möglich, dass sie mit dem westlichen System selbst heute noch nicht so vertraut sind wie viele ihrer westlichen Landsleute. Das Erlebnis von zwei politischen Systemen und die Erfahrung, dass man sowohl mit dem einen als auch mit dem anderen zurechtzukommen vermag, müsste ihnen aber ein ausreichendes Maß an Selbstbewusstsein und Distanz vermitteln, um die bundesrepublikanischen Verhältnisse scharf beobachten und mit neuen Ideen versehen zu können. Innovationen kamen, wie uns die Soziologie belehrt, zumeist nicht aus den etablierten Institutionen und den Zentren der Gesellschaft, sondern von gesellschaftlichen Außenseitern, die doch zugleich an die Diskussionen des Zentrums angeschlossen waren und von ihnen profitierten – von verhinderten Eliten also und unzufriedenen Aufsteigern. Die Ostdeutschen weisen die notwendige Mischung von Distanz und Nähe, von Anschluss und Ausschluss auf, aus der ein flexibler Umgang mit dem westlichen System hervorgehen könnte. Warum gelingt die Sache nicht recht?

Aus ihrer kognitiv privilegierten Position leiten die Ostdeutschen Erkenntnisse ab wie die, dass im westlichen System die Fähigkeit zur Selbstdarstellung oft mehr zählt als fachliche Kompetenz oder dass im pluralistischen Meinungswettbewerb die Meinung des einzelnen zumeist ebenso frei wie wirkungslos sei. Oft hört man von Ostdeutschen auch, dass Meinungsfreiheit schnell ihre Grenze findet, wenn in der kapitalistischen Marktwirtschaft ein Angestellter seinem Chef kritische Verbesserungsvorschläge unterbreiten will. Wie diese Beispiele zeigen, lauern in der kognitiven Privilegierung der Ostdeutschen allerdings auch besondere Gefahren, deren größte in der

Neigung besteht, gerade aufgrund der systemischen Doppelerfahrung die Leistungsfähigkeit des westlichen Systems zu unterschätzen und kleinzureden und die Bundesrepublik mit der DDR auf eine Stufe zu stellen. Die DDR sei an ihren inneren Widersprüchen zugrunde gegangen; im Westen koche man auch nur mit Wasser – das ist das Leitmotiv von so manchem, der es eigentlich besser wissen müsste.

Natürlich kochen die im Westen auch nur mit Wasser, und es ist eine wichtige und schöne Erfahrung, wenn man einmal festgestellt hat, dass man an vielen Stellen mithalten kann. Aber die DDR und die Bundesrepublik sind – merkwürdig, dass man dies betonen muss – zwei völlig unvergleichliche Größen. Der DDR konnte man sich entziehen. Über sie konnte man sich in der privaten Nische lustig machen und sich ihr dabei unendlich überlegen fühlen. Das westliche System der Bundesrepublik geht unter die Haut. Es besitzt eine Kraft, der man nicht zu entkommen vermag und die einen selbst in seinen geheimsten Wünschen und Regungen noch erfasst. Zu ihm gibt es keine ernsthafte Alternative.

Das wissen die Ostdeutschen, selbst wenn sie manchmal so tun, als sei es anders. Deshalb muss vor allen scharfsichtigen Beobachtungen der bundesrepublikanischen Wirklichkeit, vor allen Verbesserungsvorschlägen und aller Kritik die klare Einsicht in die unaufhebbare Differenz zwischen dem totalitären System der DDR und der demokratisch und marktwirtschaftlich verfassten Ordnung des Westens stehen – und damit die Einsicht in die überwältigende Effektivität dieses modernen Systems. Doch ist die Gefahr der Unterschätzung der westlichen Ordnung gering im Vergleich zu den Vorzügen, die sich aus der Distanz ihr gegenüber ergeben. Denn nur aus der Distanz können neue Einsichten, hellsichtige Beobachtungen und weiterführende Vorschläge entstehen.

Wer zu viel Bundesrepublik inhaliert hat, wird blind für ihre Besonderheiten und steht in der Gefahr, sich ihren Standards auszuliefern. In gewisser Weise darf man den Erfolg in der westlichen Gesellschaft nie ernsthaft gewollt haben, wenn man in der Lage sein will, mit seinem Eintreten fertig zu werden. Sonst verkrampft man und verhaspelt sich. Fremde können, schreibt Alfred Schütz, das »Denken wie üblich«, dem die Einheimischen verhaftet sind, durchbrechen. Ostdeutsche müssten als Individuen, die sich auf ein Leben im Staatssozialismus eingerichtet hatten und mit den Lebenschancen, die ihnen das westliche System bietet, nicht rechnen konnten, eigentlich in der Lage sein, jene Distanz im Umgang mit dem westlichen System aufzubringen, die erforderlich ist, um sich von diesem System nicht abhängig zu machen und in ihm kreativ zu bleiben. Warum aber spürt man davon so wenig? Warum bleibt der Beitrag des Ostens zum wiedervereinigten Deutschland so merkwürdig blass?

Ein erster Verdacht richtet sich darauf, dass eben selbst Außenseitern, als die man die Ostdeutschen wahrlich ansprechen darf, die nötige Gelassenheit fehlt, um diesem System neue Impulse zu geben. Vielleicht sind die Ostdeutschen noch immer nicht ausreichend gerüstet für das westliche System, denn bevor man über dieses System hinausgehen kann, muss man seine Standards ja erst einmal erreichen – eine Aufgabe, die gerade Außenseitern besondere Anstrengungen abverlangt und für Ostdeutsche nur schwer zu bewältigen ist. Vielleicht bringen viele Ostdeutsche auch nicht den Mut auf, sich in die innerdeutschen Debatten einzumischen und ihre Stimme zu erheben. Möglicherweise liegt der Grund für die Absenz der Ostdeutschen in der gesamtdeutschen Öffentlichkeit aber auch darin, dass ihre Präsenz nicht wirklich gewollt ist, dass sich die politische und intellektuelle Klasse Westdeutschlands in ihren abgeschlossenen Netzwerken und Milieus bewegt, in denen die Ostdeutschen nichts zu suchen haben und aus denen sie mehr oder weniger bewusst herausgehalten werden.

Schließlich ist es ja nicht so, dass sich Ostdeutsche zu gesamtdeutschen Themen bislang nicht öffentlich zu Wort gemeldet hätten. Steffen Heitmann hat das getan, Jens Reich, Richard Schroeder, Rolf Reißig und andere. Aber dort, wo dies geschah, konnten die ostdeutschen Positionen schnell als typisch ostdeutsch behandelt und damit als unterkomplex diskreditiert werden. Möglicherweise erklärt sich die Unterrepräsentanz der Ostdeutschen in der Diskussion gesamtdeutscher Fragen daraus, dass man die Meinung der Ostdeutschen noch immer auf ihre Prägung durch den DDR-Staat zurechnet und daher glaubt, sie nicht weiter ernst nehmen zu müssen.

Wo die Ostdeutschen gar Kritik am Westen üben, kann es sich in den Augen vieler Westdeutscher dabei nur um den Versuch handeln, die DDR-Vergangenheit aufzuwerten. Die Ostdeutschen werden nicht als loyal wahrgenommen. Man kann sich auf sie nicht verlassen. Sie haben ihre Demokratiefähigkeit noch nicht glaubhaft unter Beweis gestellt. Wo der Fremde, so kann man bei Alfred Schütz lesen, nicht die Gesamtheit der einheimischen Zivilisations- und Kulturmuster als natürliche und angemessene Lebensform übernimmt und »als die beste aller für jedes Problem möglichen Lösungen« akzeptiert, wird er undankbar genannt. Auch wenn er nur einer leichten Irritation Ausdruck verleihen wollte, spricht man ihm das Recht ab, die Gastgesellschaft zu beurteilen.

Natürlich sind die Ostdeutschen an diesen Missverständnissen nicht ganz unschuldig, denn ihre Kritik am Westen hat tatsächlich sehr oft die Funktion, die DDR im besseren Lichte erscheinen zu lassen. Doch sollte dies das letzte Wort in der Kommunikation zwischen Ost und West sein, dass man sich stets nur wechselseitig danach beurteilt, wer wem überlegen ist? Haben die Ostdeutschen wirklich nichts einzubringen in die gesamtdeutsche Debatte, das es wert wäre, gehört zu werden? Zum Beispiel ihre Begeisterung über die deutsche Einheit? Oder ihren Stolz auf die erste gelungene deutsche Revolution? Oder ihre Achtung vor den intellektuellen Leistungen anderer, zum Beispiel – um ein etwas abseitiges Thema zu wählen – vor der Fähigkeit, fließend Englisch zu sprechen, die in der Bundesrepublik West als pure Selbstverständlichkeit behandelt wird, obwohl sie das, selbst in akademischen Kreisen, nicht ist.

Überhaupt diese Manier der Westdeutschen, immer die Besten sein zu wollen und das Beste gerade für gut genug zu halten, dieses Anspruchsdenken, das nur das akzeptiert, was an der Spitze steht – müsste nicht darüber auch einmal gesprochen werden? Und wer könnte darüber besser urteilen als die Ostdeutschen, die diese unsägliche Manier, die die Deutschen übrigens in der ganzen Welt unbeliebt macht, bis zur Unerträglichkeit erfahren haben? Oder der daraus resultierende Mangel an Toleranz und Gelassenheit, diese Hysterie in den öffentlichen Debatten, wenn sich einer gelegentlich etwas hat zu Schulden kommen lassen oder wenn auch nur der Verdacht besteht, dass ein Verschulden vorliegt? Dieser Mangel an Bürgerlichkeit, an Großzügigkeit, diese Unfähigkeit, von seinen eigenen kleinlichen Forderungen abzusehen, dieses Beharren auf dem eigenen Recht, diese Aufsteigermentalität.

Was in den Jahren des Zusammenwachsens von Ost und West wirklich gefehlt hat, war eine in sich gefestigte Etabliertheit, die Maßstäbe zu setzen weiß, aber genauso auch anderes gelten lässt, ein Beharren auf den Leistungsstandards des Westens bei gleichzeitiger Offenheit für Abweichungen, Toleranz gegenüber misslungenen Versuchen und Vertrauen in die Lern- und Umstellungsfähigkeit der Menschen. Man fragt sich, wann der Zeitpunkt kommt, dass in Deutschland eine wirklich gesamtdeutsche Debatte über dieses Land beginnt, in der die Ostdeutschen nicht nur als die Hüter der ostdeutschen Identität wahrgenommen werden, sondern über ihre Erfahrungen mit den westdeutschen Realitäten berichten können, ohne dass dies gleich als typisch ostdeutsche Nörgelei disqualifiziert würde. Aber vielleicht ist es blauäugig, zu erwarten, dass die Ostdeutschen als gleichwertige Gesprächspartner akzeptiert werden könnten. Vielleicht ist der Westen für den Osten einfach noch nicht reif.

Dabei braucht der Westen den Osten, und zwar in einem Maße, das erst allmählich bewusst wird. Das westdeutsche Erfolgsmodell, das über 50 Jahre Wohlstandsanhebung, Aufstieg und soziale Sicherheit garantierte, ist – das wird immer mehr Menschen in diesem Lande zunehmend deutlicher – an einen Punkt gelangt, an dem es nur noch bewahrt werden kann, wenn es reformiert wird. Der Umbau des westdeutschen Sozialstaatsmodells erfordert ein Umdenken in vielen Bereichen. Das alte Versorgungs- und Anspruchsdenken, das noch heute von den Gewerkschaften und einigen SPD-Linken gepflegt wird, muss aufgegeben und durch ein pragmatischeres, situationsangepassteres und Kosten-Nutzen-bewussteres Denken, das auch zu Abstrichen bereit ist, ersetzt werden. Die Ostdeutschen, die über Jahrzehnte hinweg Knappheit erfahren haben und denen der heutige Wohlstand noch immer nicht vollkommen selbstverständlich geworden ist, könnten hier vorangehen, sofern sie sich nicht darauf versteifen, dass sie erst zurückstecken, wenn sie das westliche Wohlstandsniveau erreicht haben. Unmittelbar nach dem Umbruch von 1989/90 waren sie vielfach dazu bereit, persönliche Einbußen hinzunehmen, wenn dadurch Betriebe gerettet werden konnten. In den Jahren seitdem haben sie bewiesen, dass sie in der Lage sind, sich wandelnden Umständen anzupassen, riskante Investitionen in eine ungewisse Zukunft zu tätigen und für die Sicherung ihrer Existenz persönliche Opfer zu bringen. Im Osten Deutschlands ist das Bewusstsein dafür wach, dass vielen die Umstellung nicht oder nur partiell gelungen ist, dass die sozialen Unterschiede groß sind und dass es keine Garantie auf ein Leben in Wohlstand und Sicherheit gibt. Dieses Bewusstsein verbindet die Ostdeutschen mit vielen der älteren Generation in Westdeutschland, die ebenfalls noch Not und Entbehrung persönlich kennen gelernt haben. Wenn es in Deutschland zu einem Umdenken kommen soll, ist die Politik gut beraten, an die spezifischen Erfahrungen der Ostdeutschen anzuknüpfen und sie bei der Umgestaltung Deutschlands einzubeziehen.

Und noch an einer anderen Stelle könnten die Erfahrungen der Ostdeutschen Gesamtdeutschland von Nutzen sein: wenn es darum geht, Sensibilität im Umgang mit anderen Kulturen, anderen Mentalitäten und anderen Einstellungen und Verhaltensweisen aufzubringen. Nicht dass die Ostdeutschen hier den Westdeutschen auch nur im geringsten etwas voraus hätten, ist die These. Wohl aber haben die Ostdeutschen den Mangel an Sensibilität und Achtung gegenüber ihrer Herkunft und ihren Herkunftsprägungen deutlich zu spüren bekommen und könnten etwas von ihren im deutsch-deutschen Wiedervereinigungsprozess gemachten Erfahrungen weitergeben. Von der Fähigkeit, die Würde des anderen, des kulturell, ökonomisch und sozial unterlegenen Partners zu respektieren, hängt in hohem Maße die Effektivität und Ausstrahlungskraft des westlichen Modells im Zeitalter der Globalisierung ab. Dies kann man studieren, wenn man das gegenwärtige außenpolitische Handeln der Bush-Administration beobachtet, die sich schwer damit tut, abweichende Standpunkte zu akzeptieren, und die Welt in einen Kampf zwischen Gut und Böse verstrickt sieht, in welchem man die anderen daraufhin beurteilen kann, ob sie auf der eigenen Seite stehen oder nicht. Eine solche Einteilung der Welt in gut und böse verletzt ein Grundprinzip der westlichen Moderne – ein Grundprinzip, auf dem die Demokratie aufruht: die Achtung vor der Andersartigkeit des anderen. Ostdeutsche könnten den Sinn für Beachtung dieser Differenz schärfen helfen.

Heute – fast 15 Jahre nach der Wiedervereinigung – wird kaum jemand erwarten, dass die von Ostdeutschen ausgehenden Impulse für die Veränderung Deutschlands beträchtlich zu sein vermögen. Die Chance zur Mobilisierung spezifisch ostdeutscher Tugenden wie Improvisationsgeist, Pragmatismus, Chaosqualifikation oder Einsatz- und Verzichtsbereitschaft ist heute weitgehend vertan. Diese Kompetenzen standen unmittelbar nach dem Zusammenbruch der DDR zur Nutzung bereit und warteten darauf, abgerufen zu werden. Heute stehen sie nicht mehr zur Verfügung. Klar, dass die meisten Westdeutschen darin keinen Verlust sehen. Sie sind ja noch nicht einmal davon überzeugt, dass da überhaupt eine Chance bestanden haben soll. Den Ostdeutschen eine besondere kognitive Position zuzuschreiben, von ihnen innovative Ideen und scharfsichtige Beobachtungen zu erwarten oder ihnen eine besondere Engagementsbereitschaft zuzutrauen, dürfte ihnen schlichtweg abwegig erscheinen. Dies unterstreicht aber nur noch einmal, wie wenig die Ostdeutschen bislang zur deutsch-deutschen Wiedervereinigung beigetragen haben und wie viel noch geschehen muss, um sie als Partner auf dem Wege zur Bearbeitung der gesamtdeutschen Probleme zu entdecken.

Damit die Ostdeutschen in der deutschen Öffentlichkeit eine ernstzunehmende Rolle spielen können, ist es allerdings vonnöten, dass sie selbst ein rationales, ein konstruktives, ein persönliches Verhältnis zur Geschichte der DDR gewinnen. Die DDR dient vielen ehemaligen DDR-Bürgern heute lediglich als Kontrastfolie, an der sie ihre Erfahrungen mit der jetzigen sozialen Ordnung messen, indem sie sie entweder aufwerten oder abwerten. Stellt sie für die einen ein zu verteidigendes Gut dar, so werfen sie die anderen auf den Abfallhaufen der Geschichte. Um einen Stand in den aktuellen Diskussionen zu gewinnen, müssen sich die Ostdeutschen ihrer Vergangenheit und der Rolle, die sie in dem untergegangenen System gespielt haben, jedoch direkt stellen und sie nicht nur als ein Instrument in der Bewältigung der jetzigen Probleme benutzen und – sei es idealisierend oder entwertend – missbrauchen. In allen anderen postkommunistischen Ländern Ost- und Ostmitteleuropas spielen die Positionen und Erfahrungen, die in der Zeit des Kommunismus prägend waren, im öffentlichen Diskurs noch immer eine Rolle. Oft sind auch die Personen, die damals führende Positionen besetzten, noch immer gesellschaftlich sichtbar und politisch tätig. Dort ist die Vergangenheit noch lebendig. Die DDR dagegen ist zu einem gemiedenen Raum geworden, in dem scheinbar niemand gewohnt hat. Über die Verhältnisse in der DDR kann man in Deutschland, ohne sich über sie lustig zu machen oder sie zu verdammen, eigentlich nicht reden. Das aber heißt, dass die Ostdeutschen noch nicht angefangen haben, über ihre Verantwortung, die sie in diesem System hatten, über ihre Schuld und ihr Versagen zu sprechen. Der von der westdeutschen Öffentlichkeit ausgehende Zwang zur Selbstverteidigung und Selbstrechtfertigung hat eine ehrliche Beschäftigung mit der eigenen Vergangenheit weitgehend verhindert. Solange über die Schuld der Ostdeutschen und ihre Verstrickung in das DDR-Regime nicht ernsthaft geredet werden kann, läßt sich aber auch nicht über die zweifellos beachtlichen Leistungen der Ostdeutschen, über die Besonderheiten der DDR-Ökonomie, des DDR-Sports, der DDR-Malerei, der DDR-Literatur oder des DDR-Schulsystems sachlich reden. Jede Aussage steht sofort vor der Frage, ob man die DDR verteidigen oder verurteilen will. Solange allerdings kein Raum ist für eine kritische und faire Auseinandersetzung mit dem Leben in der DDR, können die Ostdeutschen auch keine Stimme im gesamtdeutschem Diskurs gewinnen und kann von ihrer Argumentation keine Kraft ausgehen. Vielleicht liegt hier der Schlüssel für die Beantwortung der Frage, warum der Beitrag der Ostdeutschen zu den gesamtdeutschen Debatten so merkwürdig blass bleibt. Die Ostdeutschen haben noch kein rationales Verhältnis zur Geschichte der DDR gefunden. Sie fühlen sich noch immer gezwungen, einen wichtigen Teil ihrer selbst zu verleugnen, zu beschönigen, zu verdammen, zu belächeln, zu ironisieren, zu heroisieren. Erst wenn sie sich dieser Geschichte wirklich gestellt haben, werden sie eine Chance haben, einen eigenständigen Beitrag zu den gesamtdeutschen Debatten zu leisten.

Anhang

Anmerkungen

Wolfgang Engler
Der nächste Schritt – ein neues Projekt für Deutschland

Deutsche Shell (Hg.): Jugend 2002. Zwischen pragmatischem Idealismus und robustem Materialismus, Frankfurt a. M. 2002

Haller, Gret: Die Grenzen der Solidarität. Europa und die USA im Umgang mit Staat, Nation und Religion, Berlin 2002

Markov, Walter: Revolution im Zeugenstand. Frankreich 1789–1799, Bd. 2: Gesprochenes und Geschriebenes, Leipzig 1982

Rifkin, Jeremy: Das Ende der Arbeit, in: Der Tagesspiegel, 14. März 2003

Aristoteles: Nikomachische Ethik, Berlin 1960

Heger, Sabine; Greiner, Andrea; Sehmisch, Christina: Die Vermittlungsagentur in Wolgast. Rückblicke – Einblicke – Ausblicke, Wolgast 2001

Tobias Dürr
Die große Transformation

Bessel, Richard: Der Arbeiter, in: Frevert, Ute; Haupt, Heinz-Gerhard (Hg.): Der Mensch des 20. Jahrhunderts, Frankfurt a. M./New York 1999, S. 21–44

Bittner, Regina: Kolonien des Eigensinns. Ethnographie einer ostdeutschen Industrieregion, Frankfurt a. M./New York 1998

Cannadine, David: Statecraft. The Haunting Fear of National Decline, in: ders.: In Churchill's Shadow. Confronting the Past in Modern Britain, London 2003, S. 26–44

Dahrendorf, Ralf: Gesellschaft und Demokratie in Deutschland, München 1968

Dahrendorf, Ralf: Auf der Suche nach einer neuen Ordnung: Eine Politik der Freiheit für das 21. Jahrhundert, München 2003

Decker, Frank: Der gute und der schlechte Populismus, in: Berliner Republik 5/3 (2003), S. 66–74

Dürr, Tobias: Abenddämmerung der regierenden Generation Rot-Grün: Die deutsche Sozialdemokratie im Jahr 2030, in: Frankfurter Rundschau, 1. März 2003

Emmott, Bill: 20:21 Vision. The Lessons of the 20th Century for the 21st, London 2003
Esping-Andersen, Gøsta (Hg.): Why We Need a New Welfare State, Oxford / New York 2002
Franzos, Karl Emil: Aus Anhalt und Thüringen, Berlin 1991
Freitag, Werner; Pollmann, Klaus Erich; Puhle, Matthias (Hg.): Politische, soziale und kulturelle Konflikte in der Geschichte Sachsen-Anhalts, Halle an der Saale 1999
Frenzel, Martin: Neue Wege der Sozialdemokratie. Dänemark und Deutschland im Vergleich 1982–2002, Wiesbaden 2002
Gemeinde Zschornewitz (Hg.): Zschornewitz gestern und heute. Von der Gründung bis zur Expo 2000, Zschornewitz 2000
Gladwell, Malcolm: Der Tipping Point. Wie kleine Dinge Großes bewirken können, Berlin 2000
Habermas, Jürgen: Die Krise des Wohlfahrtsstaates und die Erschöpfung utopischer Energien, in: ders.: Die Neue Unübersichtlichkeit, Frankfurt a. M. 1985, S. 141–163
Halstead, Ted; Lind, Michael: The Radical Center. The Future of American Politics, New York 2002
Heckmann, Hermann (Hg.): Sachsen-Anhalt. Historische Landeskunde Mitteldeutschlands, Würzburg 1991
Hennecke, Hans Jörg: Die dritte Republik. Aufbruch und Ernüchterung, München 2003
Hobsbawm, Eric: Age of Extremes: The Short Twentieth Century 1914–1991, London 1995
Hobsbawm, Eric: Das Gesicht des 21. Jahrhunderts, München/Wien 2000
Hutton, Will, A.: Declaration of Interdependence, New York/London 2003
Judis, John B.; Teixeira, Ruy: The Emerging Democratic Majority, New York 2002
Judt, Tony: The Social Question Redivivus, in: Foreign Affairs 76/5 (1997), S. 95–117
Kaufmann, Franz-Xaver: Herausforderungen des Sozialstaats, Frankfurt a. M. 1997
Kitschelt, Herbert; Lange, Peter; Marks, Gary; Stephens, John D. (Hg.): Continuity and Change in Contemporary Capitalism, Cambridge 1999
Kocka, Jürgen; Offe, Claus (Hg.): Geschichte und Zukunft der Arbeit, Frankfurt a. M./New York 2000

Landes, David S.: Wohlstand und Armut der Nationen. Warum die einen reich und die anderen arm sind, Berlin 1999
Lenz, Gerhard: Verlusterfahrung Landschaft. Über die Herstellung von Raum und Umwelt im mitteldeutschen Industriegebiet seit der Mitte des 19. Jahrhunderts, Frankfurt a. M./New York 1999
Lutz, Burkart: Der kurze Traum immerwährender Prosperität. Eine Neuinterpretation der industriell-kapitalistischen Entwicklung im Europa des 20. Jahrhundert, Frankfurt a. M. 1984
Mazower, Mark: The Dark Continent. Europe's Twentieth Century, London 1999
Metzler, Gabriele: Der deutsche Sozialstaat. Vom bismarckschen Erfolgsmodell zum Pflegefall, München 2003
Mitteldeutscher Rundfunk (Hg.): Geschichte Mitteldeutschlands, Halle a. d. Saale 2000
Polanyi, Karl: The Great Transformation. Politische und ökonomische Ursprünge von Gesellschaften und Wirtschaftssystemen, Frankfurt a. M. 1978
Rawls, John: Gerechtigkeit als Fairness. Ein Neuentwurf, Frankfurt a. M. 2003
Reich, Robert B.: The Future of Success. Work and Life in the New Economy, London 2002
Reiß, Herlind: Kraftwerk und Kolonie Zschornewitz, Dessau 1995
Schmid, Josef: Wohlfahrtsstaaten im Vergleich. Soziale Sicherung in Europa, Opladen 2002
Schmidt, Helmut: Weil Deutschland sich ändern muss, in: Die Zeit, 22. Mai 2003
Sen, Amartya: Ökonomie für den Menschen. Wege zu Gerechtigkeit und Solidarität in der Marktwirtschaft, München 2002
Thumfart, Alexander: Die politische Integration Ostdeutschlands, Frankfurt a. M. 2002
Tullner, Mathias: Geschichte des Landes Sachsen-Anhalt, Magdeburg 2001
VEAG Vereinigte Energiewerke AG (Hg.): Verwandlungen. Die Werkskolonie Zschornewitz 1915–2000, Berlin 2000
Walter, Franz; Dürr, Tobias: Die Heimatlosigkeit der Macht. Wie die Politik in Deutschland ihren Boden verlor, Berlin 2000
Wehler, Hans-Ulrich: Bonn – Berlin – Weimar. Droht unserer Republik das Schicksal von Weimar?, in: ders.: Umbruch und Kontinuität. Essays zum 20. Jahrhundert, München 2000, S. 98–113
Wolf, Christa: Der geteilte Himmel, München 1992

Tanja Busse
Geht ab hier in Dorf

1 Miegel, Meinhard: Die deformierte Gesellschaft. Wie die Deutschen ihre Wirklichkeit verdrängen, München 2002, S. 11. Miegel ist Mitbegründer des so genannten »BürgerKonvents«, der in Fernsehspots und auf ganzseitigen Zeitungsanzeigen für mehr Eigenverantwortung des Bürgers wirbt.
2 Vergleiche die Internetseite, www.mestlin.de, auf der Dieter Garling die Geschichte der (ersten) Emigrationswelle aus Mestlin vorbildlich dokumentiert hat. Dort kann man lesen, wie ein in Mestlin zurückgebliebener Vater seinem nach Indiana ausgewanderten Sohn von harter Arbeit, schlechten Ernten und teuren Getreidepreisen berichtet. Doch seinem Sohn nach Amerika folgen will er nicht: »Du schreibst, du hättest gedacht, dass wir sollen auf den Einfall kommen nach Amerika zu reisen, aber bis jetzt sind wir noch nicht darauf gekommen und glauben auch, dass wir nicht mehr darauf kommen werden.«
3 Auf der Seite www.mestlin.de hat Michael-Günther Bölsche die Geschichte des Kulturhauses detailreich dokumentiert.
4 Vgl. www.emecklenburg.de/Mestlin/

Rüdiger Soldt
Die wahren Wendegewinner

1 Vgl. Bender, Peter: Von der äußeren zur inneren Einheit, in: Vorgänge 161 »Der ostdeutsche Weg« (März 2003), S. 60–63.
2 Vgl. Pollack, Detlef: Ostdeutsche Anerkennungsprobleme, in: Vorgänge 161 »Der ostdeutsche Weg« (März 2003), S. 4–13.
3 Vgl. grundsätzlich zur Diskussion des Begriffs »innere Einheit« Greiffenhagen, Martin; Greiffenhagen, Sylvia: Zwei politische Kulturen? Wissenschaftliche und politische Unsicherheiten im Umgang mit der deutschen Vereinigung, in: Wehling, Hans-Georg (Hg.): Deutschland Ost – Deutschland West. Eine Bilanz, Opladen 2002, S. 11–34.
4 Vgl. die Reportagen über die Integration Ostdeutscher in die westdeutsche Gesellschaft: »Gewalt unter Kindern ist für sie etwas Neues«, in: Frankfurter Allgemeine Zeitung, 11. August 1994 (Rhein-Main-Ausgabe), und »Aus Sachsen direkt in die Con-

tainerstadt am Bahnhof«, in: Frankfurter Rundschau, 26. März 1997.

5 Kaase, Max: Zur politischen Kultur und Lebenssituation der Bürger in West- und Ostdeutschland, in: Schluchter, Wolfgang; Quint, Peter E. (Hg.): Der Vereinigungsschock. Vergleichende Betrachtungen zehn Jahre danach, Weilerswist 2001, S. 121–147, hier besonders S. 131 und 143.

6 Hensel, Jana: Zonenkinder, Reinbek 2003, S. 166.

7 Jana Simon: Madame Ceauşescus Schuhe. Über das Scheitern einer Ost-West-Beziehung, in: Simon, Jana; Rothe, Frank; Andrasch, Wiete (Hg.): Das Buch der Unterschiede. Warum die Einheit keine ist, Berlin 2000, S.13–35.

8 Ahbe, Thomas: Nicht demokratisierbar. Westdeutsche Bilder vom Osten, in: Deutschland Archiv Heft 1 (2002), S. 113–144.

9 »Als die Welt sich öffnete. Abiturienten aus West- und Ost-Berlin, die 1990 in die Einheit und in das Leben gingen«, in: Der Spiegel 40/2000, S. 34–40.

10 Die Namen der Interviewten wurden vom Autor geändert.

11 IWD vom 4. April 2002.

12 Vgl. Sächsische Wanderungsstudie des Statistischen Landesamtes.

13 Burger, Reiner: »Sachse, komm zurück!«, in: Frankfurter Allgemeine Zeitung, 18. Dezember 2002.

14 Vgl. zu dieser These Engler, Wolfgang: Die Ostdeutschen als Avantgarde, Berlin 2002, hier besonders S. 80ff.

15 Kaelble, Hartmut: Die Gesellschaft der DDR im internationalen Vergleich, in: ders.; Kocka, Jürgen; Zwahr, Hartmut (Hg.): Sozialgeschichte der DDR, Stuttgart 1994, S. 559–580, besonders S. 566ff.

Alexander Thumfart

Ostdeutschland als Gegenwart einer gemeinsamen Zukunft

1 Das ist vielleicht ein sinnvollerer Ansatz als die m.E. viel zu stark aufgeladene Vorstellung Richard von Weizsäcker, der mit Blick auf Ost- und Westdeutschland meinte: »Beide Erbteile gehören zum Ganzen. Nur dann können wir eins werden, wenn wir uns auch im Verständnis der Vergangenheit vereinigen.« (Weizsäcker, Richard von: Vier Zeiten. Erinnerungen, Berlin 1997, S. 405) So weit sollten wir es nicht treiben; das beidseitige »agreement to disagree« würde als gemeinsame Basis genügen.

2 Meines Wissens ist es einzig Rupert Koppold, der in seiner Filmbesprechung in der Stuttgarter Zeitung vom 14. Februar 2003 darauf hinweist, dass wir uns durch diesen Film »auch an die emotionale Wiedervereinigung heranlachen können«. Dieser Befund könnte allerdings auch darauf hindeuten, dass die Interpretation mit Bachtins Karneval vielleicht doch auch ein West-Blick ist. Aber sei's drum.

3 So der Titel des von Bernd Giesen und Claus Leggewie herausgegebenen Sammelbandes »Experiment Vereinigung: Ein sozialer Großversuch« (Berlin 1991).

4 Reemtsma, Jan Philipp: Die Gewalt spricht nicht, in: ders.: Die Gewalt spricht nicht. Drei Reden, Stuttgart 2002, S. 9–46, hier S. 36.

5 Siehe Popitz, Heinrich: Phänomene der Macht, Tübingen 1992, S. 222f.; Schroeder, Klaus: Der SED-Staat. Partei, Staat und Gesellschaft 1949–1990, München 1998, S. 571–583.

6 Siehe zu den Wahlergebnissen der Bundes- und Landtagswahlen seit 1990 im Einzelnen Thumfart, Alexander: Die politische Integration Ostdeutschlands, Farnkfurt a. M. 2002.

7 Zahlen nach Falter, Jürgen W.; Schoen, Harald: Wahlen und Wahlverhalten, in: Ellwein, Thomas; Holtmann, Everhard (Hg.): 50 Jahre Bundesrepublik Deutschland (PVS Sonderheft 30), Opladen/Wiesbaden 1999, S. 454–470, hier S. 457.

8 Zahlen nach Roth, Dieter; Jung, Matthias: Ablösung der Regierung vertagt. Eine Analyse der Bundestagswahl 2002, in: Aus Politik und Zeitgeschichte B 49–50/2002, S. 3–17, hier S. 9; King, Ian: A Damned Close-Run Thing. The German General Elections of 2002, in: Debatte. Review of Contemporary German Affairs 10/2 (2002), S. 123–140, hier S. 135f.

9 Roth, Dieter: Wahlen, in: Weidenfeld, Werner; Korte, Karl-Rudolf (Hg.): Handbuch zur deutschen Einheit 1949 – 1989 – 1999, Bonn 1999, S. 839–847, hier S. 840.

10 Siehe im Überblick Pappi, Franz Urban: Wahlen / Wähler, in: Greiffenhagen, Martin; Greiffenhagen Sylvia (Hg.): Handwörterbuch zur politischen Kultur der Bundesrepublik Deutschland, Bd. 2., Wiesbaden 2002, S. 628–638; Eith, Ulrich; Mielke, Gerd (Hg.): Gesellschaftliche Konflikte und Parteiensysteme, Wiesbaden 2001.

11 Arzheimer, Kai; Falter, Jürgen W.: Ist der Osten wirklich rot? Das Wahlverhalten bei der Bundestagswahl 2002 in Ost-West-Perspektive, in: ApuZ, B 49–50/2002, S. 27–35, hier S. 32.

12 Siehe Jagodzinski, Wolfgang; Kühnel, Steffen M.: Werte und Ideologien im Parteienwettbewerb, in: Gabriel, Oscar; u. a. (Hg.): Parteiendemokratie in Deutschland, Opladen 1997, S. 209–232, hier S. 231.

13 Siehe etwa Wolle, Stefan: Die heile Welt der Diktatur. Alltag und Herrschaft in der DDR 1971–1989, Bonn 1998, S. 110 ff.

14 Mit einer ähnlichen Diagnose Gensicke, Thomas: Die neuen Bundesbürger. Eine Transformation ohne Integration, Opladen/Wiesbaden 1998, S. 198.

15 Oder mit Dahrendorf, wobei der Terminus »Wahl« hier natürlich weit mehr umfasst: »Lebenschancen sind mehr als Optionen. Optionen sind leere Wahlchancen, wenn die Koordinaten fehlen, die ihnen Sinn geben. Diese Koordinaten aber bestehen aus tiefen Bindungen, die ich Ligaturen nenne.« Dahrendorf, Ralf: Die Chance der Krise. Über die Zukunft des Liberalismus, Stuttgart 1983, S. 125.

16 Falter, Jürgen W.; Schoen, Harald: Wahlen und Wahlverhalten (Anm. 7), S. 468.

17 Roth, Dieter: Wahlen (Anm. 9), hier S. 847.

18 Siehe Roth/Jung, Ablösung (Anm. 8), S. 12–13.

19 Siehe Katznelson, Ira: Die vierfache Herausforderung der Gewerkschaften, in: Transit, Heft 24, Frankfurt a. M. 2002, S. 3–7.

20 Siehe etwa Thaa, Winfried: Die Wiedergeburt des Politischen, Opladen 1996, S. 84–81; Kreutzer, Florian: Die Institutionenordnung der DDR. Zur Widersprüchlichkeit des Berufs im Staatssozialismus, Wiesbaden 2001.

21 Mit einzelnen Belegen siehe Thumfart, Alexander: Führungsgruppen und die politische Integration Ostdeutschlands, in: Der Hallesche Graureiher. Forschungsberichte des Instituts für Soziologie, Halle 2002, S. 12 f.

22 Siehe im Einzelnen Artus, Ingrid u. a.: Brüchige Tarifrealität. Der schleichende Bedeutungsverlust tariflicher Normen in der ostdeutschen Industrie, Berlin 2000.

23 Diese Situation findet sich 2002 bei den Arbeitgebern im Baugewerbe wieder. Dort haben wir eine ganz klare Trennung zwischen Ost und West, wobei die ostdeutschen Unternehmer lediglich zu 30 Prozent Mitglieder der Arbeitgeberverbände (und damit tarifpflichtig) sind; siehe Frankfurter Rundschau, 3. Juni 2002, S. 4.

24 Siehe etwa Bluhm, Katharina: Regionale Unterstützungsnetzwerke in der ostdeutschen Industrie. Der Interessenverband

Chemnitzer Maschinenbau, in: Wiesenthal, Helmut (Hg.): Einheit als Interessenpolitik, Frankfurt a. M./New York 1995, S. 160–193; Schmidt, Rudi: Restrukturierung und Modernisierung der ostdeutschen Industrie, in: Bertram, Hans; Kollmorgen, Raj (Hg.): Die Transformation Ostdeutschlands, Opladen 2001, S. 163–193, speziell S. 185 ff. Sacher, Martin; Rudolph, Wolfgang: Innovation und Interessenvertretung in kleineren und mittleren Unternehmen, Düsseldorf 2002, S. 108 ff.

25 Paradoxerweise scheint es ausgerechnet in Polen eine ähnliche Entwicklung zu geben. Die starken Gewerkschaften haben unter der Regierung Jerzy Buzek 1997 einen Reformkatalog verabschiedet und sich zugleich auf der politisch-parlamentarischen Ebene in ein tripartistisches Machtspiel eingelassen, in dessen Gefolge sie ihren Einfluss bei der transformationsbedingten Neuregulierung von Arbeitsbeziehungen in kleineren und mittleren Unternehmen und im Privatsektor nahezu vollständig verloren haben; siehe Boni, Michal: Gewerkschaften in Polen. Zwischen alter und neuer Transformation, in: Transit, Heft 24, Frankfurt a. M. 2002, S. 63 bis 78, speziell S. 69–71.

26 Gergs, Hans-Joachim; Schmidt, Rudi: Generationswechsel im Management ost- und westdeutscher Unternehmen. Kommt es zu einer Amerikanisierung des deutschen Managementmodells?, in: Kölner Zeitschrift für Soziologie und Sozialpsychologie, 54/3 (2002), S. 553–578, hier S. 568.

27 Siehe Vogel, Berthold: Die Spuren der Arbeitslosigkeit – der Verlust der Erwerbsarbeit im Umbruch der ostdeutschen Gesellschaft, in: Esser, Hartmut (Hg.): Der Wandel nach der Wende, Wiesbaden 2000, S. 215–235.

28 Zitiert nach Süddeutsche Zeitung vom 11./12. Januar 2003, S. 8.

29 Siehe Heinze, Rolf G.; Schmid, Josef: Mesokorporatistische Strategien im Vergleich. Industrieller Strukturwandel und die Kontingenz politischer Steuerung in drei Bundesländern, in: Streeck Wolfgang (Hg.): Staat und Verbände, Opladen 1994, S. 26–39.

30 Wendl, Michael: Jenseits des Tarifgitters. Krise und Erosion des Flächentarifvertrages in Deutschland, in: PROKLA. Zeitschrift für kritische Sozialwissenschaften, 32/4 (2002), S. 537–555, hier S. 549. Aus Wendl stammen auch die beiden Beispiele.

31 Wendl, Michael: Jenseits des Tarifgitters, (Anm. 30)., S. 554.

32 Rheinischer Merkur, 23. Mai 2002, S. 16.

33 Siehe Süddeutsche Zeitung, 13. März 2003, S. 19.

34 Nicht von ungefähr dürfte Bundeskanzler Gerhard Schröder in seiner Regierungserklärung vom 14. März 2003 besonders darauf verwiesen haben, dass die Bundesregierung in »den letzten Monaten ... erhebliche Anstrengungen unternommen« hat, »den Arbeitsmarkt weiter zu flexibilisieren: Wir haben die Zeit- und Leiharbeit von bürokratischen Beschränkungen befreit und so aufgewertet, dass die Unternehmen ihren Bedarf an qualifizierten Arbeitskräften flexibel decken können.« Um dies fortzusetzen, sei nicht nur eine Veränderung des Kündigungsschutzes unumgänglich, sondern nötig, »dass die Zahl derjenigen, die befristet eingestellt werden ..., und die Zahl derjenigen, die als Leih- und Zeitarbeiter eingestellt werden, nicht auf die Obergrenzen für die Betriebe angerechnet werden«; zitiert nach www.fr-aktuell.de/doku (Stand 18. März 2003). Diese Konzentration auf Zeit- und Leiharbeiter dokumentiert nicht nur eben jene allgemeine Flexibilisierung und Destandardisierung, sondern folgt selbst einem Wandel des Arbeitsmarktes. Mittlerweile (2001) sind nämlich 20 Prozent aller Beschäftigten Teilzeitbeschäftigte (1975 waren es 10 Prozent) und im Jahresdurchschnitt arbeiteten 286394 Beschäftigte als Leiharbeiter (11805 im Jahre 1975); zitiert nach Frankfurter Rundschau, 12. Juni 2002, S. 5. Deren Unsicherheit und Mobilitätsnötigung wird dann wohl verallgemeinert werden.

35 Siehe Dahrendorf, Ralf: Die Chance der Krise, (Anm. 15), S. 88 bis 100; Engler, Wolfgang: Die Ostdeutschen als Avantgarde, Berlin 2002, S. 164–197.

36 Siehe etwa Taylor, Charles: Die Beschwörung der Civil Society, in: ders.: Wieviel Gemeinschaft braucht die Demokratie?, Frankfurt a. M. 2000, S. 64–92; Anheier, Helmut u. a.: Global Civil Society, Oxford 2001; Kersting, Norbert u. a. (Hg.): Ehre oder Amt? Qualifizierung bürgerschaftlichen Engagements im Kulturbereich, Opladen 2002; Knoblich, Tobias J.: Soziokultur in Ostdeutschland, in: Aus Politik und Zeitgeschichte B 12/2003, S. 28–34.

37 Shils, Edward: Civility and Civil Society. Good Manners Between Persons and Concern for the Common Good, in: ders.: The Virtue of Civility, Indianapolis 1997, S. 63–102.

38 »Let me say here that civil society and liberal democracy are not identical (...). A liberal democracy might be very little of a civil society, but if it contains very little of civil society its future as a liberal democracy is in danger (...) When that pattern of judgement (...) are lacking, it is scarcely possible for civil society to exist at all«;

Shils: Civility (Anm. 37), S. 70. »All large differentiated open societies stand in need of civility. They must contain a substantial degree of civility; otherwise they will be in danger of severe conflict and disorder«; ebda., S. 75 f. »The institutions themselves do not guarantee a civil society; public civility is indispensable«; ebda., S. 87.

39 »A liberal democratic society which is also a civil society is one in which there is enough civility to keep the partianship of ideological politics, ›interest politics‹ and machine politics in check. The criterion by which civil politics operates is a solicitude for the interest of the whole society, or in other words, a concern for the common good«; Shils, Civility, a.a.O., S. 70 f. »Civility is an attitude and mode of action which attempts to strike the balance between conflicting demands and conflicting interests«; ebd., S. 76.

40 Siehe Shils: Civility (Anm. 37), S. 78 f.

41 Siehe Shils. Civility (Anm. 37), S. 82–93. Die Begriffsliste ist eine interpretative Zusammenfassung meinerseits.

42 Zahlen nach Kil, Wolfgang: Luxus der Leere, in: Süddeutsche Zeitung, 22./23. Februar 2003, S. 15; Thumfart, Alexander: Die politische Integration Ostdeutschlands (Anm. 6), S. 481.

43 Siehe mit genauen Angaben Friedrichs, Jürgen; Häusermann, Hartmut: Die Entwicklung der Städte in den neuen Bundesländern, in: Bertram, Hans; Kollmorgen, Raj (Hg.): Die Transformation Ostdeutschlands, Opladen 2001, S. 315–339.

44 Siehe Groenemeyer, Axel: Armut, in: Albrecht, Günter u.a. (Hg.): Handbuch sozialer Probleme, Opladen/Wiesbaden 1999, S. 296.

45 Heinze, Rolf G.; Bauerdick, Johannes: Arbeitslosigkeit, in: Albrecht Günter u.a. (Hg.), Handbuch sozialer Probleme, Opladen/Wiesbaden 1999, S. 263.

46 Siehe Laubach Wilfried u. a.: Selbstkonzept, Körperbeschwerden und Gesundheitseinstellungen nach Verlust der Arbeit, in: Hessel, Aike u.a. (Hg.): Gewinne und Verluste sozialen Wandels, Opladen/Wiesbaden 1999, S. 85.

47 Siehe dazu im Einzelnen Schmidt, Rudi: Restrukturierung und Modernisierung der ostdeutschen Industrie (Anm. 24), S. 163 bis 193.

48 Mit ähnlicher Stoßrichtung Hanesch, Walter: Armut, in: Greiffenhagen/Greiffenhagen, Sylvia (Hg.): Handwörterbuch zur politischen Kultur der Bundesrepublik Deutschland, Bd. 2., Wiesbaden 2002, S. 44.

49 Siehe Engler, Die Ostdeutschen (Anm. 35), S. 109 f.; S. 60; S. 88 f.

50 Siehe etwa Henschel, Thomas R.: Jugend, in: Weidenfeld, Werner; Korte, Karl-Rudolf (Hg.): Handbuch zur deutschen Einheit, Bonn 1999, S. 483 ff.

51 Ich stimme dem Bundestagsabgeordneten Carsten Schneider (SPD) daher völlig zu, wenn er im Kontext von Schule, Arbeitsmarkt und Alterspyramide feststellt: »Im Osten kulminieren schon jetzt die Probleme, die der Westen in zwanzig Jahren haben wird«; zitiert nach Süddeutsche Zeitung, 22. Januar 2003, S. 3.

52 Zitiert nach: Lernen zum Erfolg, Spiegel Special 3/2002, S. 107.

53 Frankfurter Rundschau, 7. März 2003, S. 1.

54 Siehe Greiffenhagen, Sylvia: Bildung, in: Greiffenhagen/dies. (Hg.): Handwörterbuch (Anm. 10), S. 56.

55 Siehe Castells, Manuel: Das Informationszeitalter, 3 Bde., Opladen 1999 ff.

Frank Decker

Mehr direkte Demokratie – und was noch?

1 Vgl. Wollmann, Hellmut: Institutionenentwicklung in Ostdeutschland. Rezeption, Eigenentwicklung oder Innovation?, in: Eisen, Andreas; Wollmann, Hellmut (Hg.): Institutionenbildung in Ostdeutschland, Opladen 1996, S. 79–112.

2 So etwa Landfried, Christine: Architektur der Unterkomplexität. Politische Willensbildung und Entscheidungsstrukturen im Prozess der deutschen Einigung, in: Lehmbruch, Gerhard (Hg.): Einigung und Zerfall, Opladen 1995, S. 31–54.

3 Vgl. Jann, Werner: Politische Willensbildung und Entscheidungsstrukturen im Prozess der deutschen Einigung – Im Osten nichts Neues?, in: Lehmbruch, Gerhard (Anm. 2), S. 55–71.

4 Vgl. Bryde, Brun-Otto: Verfassungsreform der Länder unter bundesstaatlichem Unitarisierungsdruck, in: Eichel, Hans; Möller, Klaus Peter (Hg.): 50 Jahre Verfassung des Landes Hessen, Wiesbaden 1997, S. 433–444.

5 Eschenburg, Theodor: Verfassung und Verwaltungsaufbau des Südweststaates, Stuttgart 1952.

6 Arnim, Hans Herbert von: Wege aus der Krise des Parteienstaates, in: Recht und Politik 31/1 (1995), S. 16–26.

7 Vgl. Decker, Frank: Direktwahl der Ministerpräsidenten?, in: Recht und Politik 37/3 (2001) S. 152–61.

8 Vgl. Schütt-Wetschky, Eberhard: Gewaltenteilung zwischen Legislative und Exekutive?, in: Aus Politik und Zeitgeschichte B 28 (2000), S. 5–12.

9 Patzelt, Werner: Ein permanenter Verfassungskonflikt? Die Deutschen und ihr parlamentarisches Regierungssystem, in: Politische Vierteljahresschrift 39/4 (1998), S. 725–57.

10 Vgl. Kropp, Sabine: Oppositionsprinzip und Mehrheitsregel in den Landesverfassungen. Eine Analyse am Beispiel des Verfassungskonflikts in Sachsen-Anhalt, in: Zeitschrift für Parlamentsfragen 28/3 (1997), S. 375f.

11 Thumfart, Alexander: Die politische Integration Ostdeutschlands, Frankfurt a. M. 2002, S. 167.

12 So etwa Patzelt, Werner; Schirmer, Roland: Parlamentarismusgründung in den neuen Bundesländern, in: Aus Politik und Zeitgeschichte B 27 (1996), S. 20–28.

13 So Patzelt und Schirmer (Anm. 12), S. 28.

14 Vgl. Renzsch, Wolfgang; Schieren, Stefan: Große Koalition oder Minderheitsregierung. Sachsen-Anhalt als Zukunftsmodell des parlamentarischen Regierungssystems in den neuen Bundesländern, in: Zeitschrift für Parlamentsfragen 28/3 (1997), S. 406.

15 Vgl. Strom, Kaare: Minority Government and Majority Rule, Cambridge 1990, S. 237f.

16 Vgl. Preuß, Ulrich K.: Auf der Suche nach der Zivilgesellschaft. Der Verfassungsentwurf des Runden Tisches, in: Guggenberger, Bernd; Stein, Tine (Hg.): Die Verfassungsdiskussion im Jahr der deutschen Einheit, München 1991, S. 357–366.

17 Vgl. Klages, Andreas; Paulus, Petra: Direkte Demokratie in Deutschland. Impulse aus der deutschen Einheit, Marburg 1996, S. 176ff.

18 Vgl. Jung, Otmar: Jüngste plebiszitäre Entwicklungstendenzen auf Landesebene, in: Jahrbuch des öffentlichen Rechts 41 (1993), S. 36ff.

19 A. Klages und P. Paulus (Anm. 17), S. 268ff.

20 Vgl. Weixner, Bärbel Martina: Direkte Demokratie in den Bundesländern. Verfassungsrechtlicher und empirischer Befund aus politikwissenschaftlicher Sicht, Opladen 2002, S. 207ff.

21 Vgl. Sampels, Guido: Bürgerpartizipation in den neuen Länderverfassungen. Eine verfassungshistorische und verfassungsrechtliche Analyse, Berlin 1998, S. 66ff.

22 Vgl. Weixner, Direkte Demokratie (Anm. 23), S. 195ff.

23 Vgl. Kleinfeld, Ralf u. a.: Kommunale Demokratie im Wandel, Osnabrück 2000.

24 Vgl. Witte, Jan: Das kommunale »Recall« in Deutschland – erste Anwendungserfahrungen, in: Zeitschrift für Parlamentsfragen 32/1 (2001), S. 57–71.
25 Thumfart, Die politische Integration (Anm. 11), S. 638.
26 So etwa Christoph Degenhart, Direkte Demokratie in den Ländern – Impulse für das Grundgesetz?, in: Der Staat 31/1 (1992), S. 77–97.
27 Vgl. Kloepfer, Michael: Verfassungsänderung statt Verfassungsreform. Zur Arbeit der Gemeinsamen Verfassungskommission, Berlin 1995, S. 83 ff.
28 Vgl. Decker, Frank: Das Kreuz mit der direkten Demokratie, in: Berliner Republik 3/4 (2001), S. 52–61.
29 Offe, Claus: Wider scheinradikale Thesen. Die Verfassungspolitik auf der Suche nach dem »Volkswillen«, in: Hofmann, Gunter; Perger, Werner A. (Hg.): Die Kontroverse. Weizsäckers Parteienkritik in der Diskussion, Frankfurt a. M. 1992, S. 139 f.
30 Vgl. Lijphart, Arend: Patterns of Democracy. Government Forms and Performance in Thirty-Six Countries, New Haven und London 1999, S. 230 f.
31 Vgl. Thumfart, Die politische Integration (Anm. 11), S. 862 ff.

Julia Schoch/Peter Ulrich Weiß
»Freiheit ist Leistung«

Althaus, Thomas (Hg.): Kleinbürger. Zur Kulturgeschichte des begrenzten Bewusstseins, Tübingen 2001
Arendt, Hannah: Vita activa oder Vom tätigen Leben, München 1992
Elias, Norbert: Studien über die Deutschen, hrsg. von M. Schröter, Frankfurt a. M. 1989
Engler, Wolfgang: Die Ostdeutschen. Kunde von einem verlorenen Land, Berlin 1999
Engler, Wolfgang: Diesseits der Differenz, in: Freibeuter, Heft 49 (1991)
Engler, Wolfgang: Die zivilisatorische Lücke, Frankfurt a. M. 1992
Ernst, Anna-Sabine: Vom »Du« zum »Sie«. Die Rezeption der bürgerlichen Anstandsregeln in der DDR der 1950er Jahre, in: Mitteilungen aus der kulturwissenschaftlichen Forschung, Heft 33 (1993)
Fensch, Helmut (Hg.): Olle DDR, Berlin 1990
Franke, Berthold: Der Kleinbürger. Begriff, Ideologie, Politik, Frankfurt a. M. / New York 1988

Haupt, Heinz-Gerhard (Hg.): »Bourgeois und Volk zugleich?«. Zur Geschichte des Kleinbürgertums im 19. und 20. Jahrhundert, Frankfurt a. M. / New York 1978

Haupt, Heinz-Gerhard; Crossick, Geoffrey: Die Kleinbürger. Eine europäische Sozialgeschichte des 19. Jahrhunderts, München 1998

Jaeggi; Urs: Zwischen den Mühlsteinen. Der Kleinbürger oder Die Angst vor der Geschichte, in: Kursbuch, Heft 45 (1976)

Krone, Tina (Hg.): »Sie haben so lange das Sagen, wie wir es dulden«. Briefe an das Neue Forum September 1989 – März 1990, Berlin 1999

Weiß, Peter Ulrich: Bürgerbewegung und Provinz. Eigenheiten der »Wende« und des Neuen Forums im Bezirk Cottbus 1989/90, in: Deutschland-Archiv 35/2 (2002)

Pollack, Detlef: Wertwandel und religiöser Wandel in Ostdeutschland, in: Initial 3/4 (1993)

Schilling, Heinz: Kleinbürger. Mentalität und Lebensstil, Frankfurt a. M. / New York 2003

Thomas, Michael (Hg.): Abbruch und Aufbruch, Berlin 1992

Anmerkungen

1 Woderich, Rudolf: Mentalitäten im Land der kleinen Leute, in: Thomas, Michael (Hg.): Abbruch und Aufbruch, Berlin 1992, S. 85ff.

2 Vgl. dazu Franke, Berthold: Der Kleinbürger. Begriff, Ideologie, Politik, Frankfurt a. M./New York 1988, S. 36f.

3 Ebenda, S. 60.

4 Hannah Arendt hat gezeigt, welche fatalen Folgen die neuzeitliche Überzeugung nach sich zog, dass Wahrheit sich nur dem Zugreifen und nicht dem Zuschauen erschließen würde. Indem man dem »Tun den Vorrang gegenüber der betrachtenden Beobachtung zugestanden hat« und die »kontemplativ gewonnenen Erkenntnisse nur durch zugreifendes Tun verifizieren konnte«, hat man das Denken als ein Schon-Handeln gänzlich ausgeschlossen. (Vita activa oder Vom tätigen Leben, München 1992, S. 282)

5 Vgl. zum Beispiel Assheuer, Thomas: Wer hat Angst vor der Utopie?, in: DIE ZEIT, 5. Dezember 2002.

6 Empirische Prosperitätsstudien weisen für die übergroße Mehrheit der deutschen Bevölkerung einen erheblichen Wohlstand nach. Genauere Angaben hierzu finden sich im Datenreport 2002 – Zahlen und Fakten über die Bundesrepublik Deutschland, herausgegeben vom Statistischen Bundesamt, Bonn 2002.

Bakalian, Anny: Armenian-Americans. From Being to Feeling Armenian, New Brunswick/New Jersey 1993, zit. nach: Nagel 1998, S. 58.

Ben-Sira, Zeev: Immigration, Stress, and Readjustment, Westport 1997

Böhm, Jürgen u. a. (Hg.): DeutschStunden. Aufsätze – Was Jugendliche von der Einheit denken, Berlin 1993.

Borjas, George J.: Heaven's door. Immigration policy and the American economy, Princeton und Oxford 2001.

Constantinou, Stavros T.; Milton E. Harvey: Dimensional Structure and Intergenerational Differences in Ethnicity. The Greek Americans, in: Sociology and Social Research, 69/2 (1985), S. 234–254.

Friedberg, Rachel M.: You Can't Take It With You? Immigrant Assimilation and the Portability of Human Capital, in: Journal of Labor Economics 18/2 (2000), S. 221–251.

Gans, Herbert J.: Symbolic Ethnicity. The Future of Ethnic Groups and Cultures In America, in: Yetman, Norman R. (Hg.): Majority and Minority. The Dynamics of Race and Ethnicity In American Life, Boston 1998, S. 417–429

Garza-Guerrero, A. Cesar: Culture Shock. Its Mourning and the Vicissitudes of Identity, in: Journal of the American Psychoanalytic Association 22 (1974), S. 408–429

Gordon, Milton M.: Assimilation in American Life: The Role of Race, Religion, and National Origin, New York 1964

Harvard Encyclopedia of American Ethnic Groups, Cambridge 1980

Hirschman, Charles; Kasinitz, Philip DeWind, Josh (Hg.): The Handbook of International Migration: The American Experience, New York 1999

Kraut, Alan M.: The Huddled Masses, Arlington Heights 1982

Kuo, Wen H.; Tsai, Yung-Mei: Social Networking, Hardiness and Immigrant's Mental Health, in: Journal of Health and Social Behavior 27 (1986), S. 133–149

Nagel, Joane: Contructing Ethnicity. Creating and Recreating Ethnic Identitiy and Culture, in: Yetman, Norman R. (Hg.): Majority and Minority. The Dynamics of Race and Ethnicity In American Life, Boston 1998, S. 57–71

Noh, Samuel; Avison, William R.: Asian Immigrants and the Stress Process. A Study of Koreans in Canada, in: Journal of Health and Social Behavior 37 (1996), S. 192–206

Oberg, Kalervo: Cultural Shock. Adjustment to New Cultural Environments, in: Practical Anthropology 7 (1960), S. 177–182
Padilla, Amado M.: Acculturation and Stress Among Immigrants and Later Generation Individuals, in: Frick, D. (Hg.): Quality of Urban Life. Social, Psychological and Physical Conditions, Berlin 1986, S. 101–120
Portes, Alejandro; Rumbaut, Ruben G.: Immigrant America. A Portrait, Berkeley u.a.: University of California Press 1990
Schröder, Klaus: Der Preis der Einheit. Eine Bilanz, München/Wien 2000
Scott, William A.: Adaptation of Immigrants. Individual Differences and Determinants, Oxford 1989
Skerry, Peter: Mexican Americans. The Ambivalent Minority, Cambridge 1995
Suarez-Orozco, Marcelo M.: Everything You Ever Wanted to Know About Assimilation But Were Afraid to Ask, in: Daedalus 129 (Herbst 2000), S. 1–30
Ward, Colleen A., Bochner, Stephen; Furnham, Adrian: The Psychology of Culture Shock, Hove 2001
Winkler, Gunnar (Hg.): Sozialreport 2001. Daten und Fakten zur sozialen Lage in den neuen Bundesländern. Berlin 2001
Yetman, Norman R. (ed) (1998): Majority and minority. The dynamics of race and ethnicity in American life. Boston: Allyn & Bacon

Alexander Cammann
Auf der Sonnenallee gen Westen

Bude, Heinz: Bilder vom Osten. Wie die Westdeutschen ihre Sehnsüchte projizieren; in: Transit. Europäische Revue 11 [Sommer] 1996, S. 78–86
Cammann, Alexander: Auf der Suche nach dem DDR-Gefühl. Östliche Integrationsliteratur: Jana Hensels Zonenkinder; in: vorgänge 161 »Der ostdeutsche Weg« (März 2003), S. 74–81
Engler, Wolfgang: Die östliche Erfahrung im theoretischen Diskurs. Ein soziologischer Selbstversuch; in: vorgänge 161 »Der ostdeutsche Weg« (März 2003), S. 14–21
Hensel, Jana: Zonenkinder, Reinbek 2002
Hermann, Judith: Nichts als Gespenster. Erzählungen, Frankfurt a. M. 2003

Kämmerlings, Richard: Das Ich und seine Gesamtausgabe. Zum Problem der Autobiographie; in: Kursbuch 148 (Juni 2002), S. 99–109
Kubiczek, André: Junge Talente, Berlin 2002
Rusch, Claudia: Meine freie deutsche Jugend, Frankfurt a. M. 2003
Schlak, Stephan: Gesamtkunstwerk DDR. Wolfgang Engler macht Avantgarde; in: Merkur 649, 57 Jg., Heft 5 (Mai 2003), S. 438–442
Simon, Jana: Denn wir sind anders. Die Geschichte des Felix S., Berlin 2002

Anmerkungen

1 Vgl. Engler 2003.
2 Vgl. Schlak 2003.
3 Vgl. Cammann 2003.
4 Hensel, S. 74.
5 Hensel, S. 166.
6 Hermann, S. 166f.
7 Bude, S. 82.
8 Bude, S. 85.
9 Simon, S. 25.
10 Simon, S. 42.
11 Kämmerlings, S. 109.

Zu den Autorinnen und Autoren

Tanja Busse, Dr. phil., geboren 1970 in Bad Driburg, Diplom-Journalistin, arbeitet als Rundfunkredakteurin in Köln. Zuletzt erschien »Melken und gemolken werden. Die ostdeutsche Landwirtschaft nach der Wende« (Berlin 2001).

Alexander Cammann, geboren 1973 in Rostock, ist verantwortlicher Redakteur der Zeitschrift »vorgänge« und lebte bis 1979 in Berlin-Mitte, seither in Berlin-Prenzlauer Berg.

Frank Decker, Dr. rer. pol., geboren 1964 in Montabaur, ist Professor für Politikwissenschaft an der Universität Bonn. Zuletzt erschien »Parteien unter Druck. Der neue Rechtspopulismus in den westlichen Demokratien« (Opladen 2000).

Tobias Dürr, Dr. disc., pol. geboren 1965 in Hamburg, Politikwissenschaftler, arbeitet als Publizist und Chefredakteur der Zeitschrift »Berliner Republik« in Berlin. Zuletzt erschien »Die Heimatlosigkeit der Macht. Wie die Politik in Deutschland ihren Boden verlor« (zusammen mit Franz Walter Berlin 2000).

Wolfgang Engler, geboren 1952 in Dresden, Dr. sc. phil., lehrt Kultursoziologie und Ästhetik an der Schauspielschule »Ernst Busch« in Berlin. Zuletzt erschien »Die Ostdeutschen als Avantgarde« (Berlin 2002).

Gunnar Hinck, geboren 1973 in Stade, freier Parlamentskorrespondent und Politologe in Berlin, arbeitete nach einem Volontariat bei der »Sächsischen Zeitung« in Dresden als Politikredakteur bei der »Mitteldeutschen Zeitung« in Halle.

Thomas Kralinski, geboren 1972 in Weimar, ist Politikwissenschaftler und Mitarbeiter der sächsischen SPD-Landtagsfraktion in Dresden. Zuletzt erschien »Demographie mit langen Bremswegen«, in »Gehen uns die Mitarbeiter aus?« (hrsg. von Karl Nolle, Sächsische Hefte, Nr. 3, 2003).

Albrecht von Lucke, geboren 1967 in Igelheim am Rhein, Jurist und Politikwissenschaftler, lebt als Publizist in Berlin.

Klaus Ness, geboren 1962 in Peine, Diplom-Pädagoge, arbeitet seit 1991 beim SPD-Landesverband Brandenburg, dessen Landesgeschäftsführer er seit 1995 ist. Er ist zugleich verantwortlicher Redakteur der Zeitschrift »Perspektive 21« (http://www.perspektive21.de).

Matthias Platzeck, geboren 1953 in Potsdam, ist, Ministerpräsident des Landes Brandenburg und Vorsitzender des SPD-Landesverbandes Brandenburg.

Detlef Pollack, geboren 1955 in Weimar, Dr. theol., ist Professor für vergleichende Kultursoziologie an der Europa-Universität Viadrina in Frankfurt an der Oder, wo er auch lebt. Zuletzt erschien »Political Culture in Post-Communist Europe. Attitudes in New Democracies« (hrsg. mit Jörg Jacobs Müller und Gert Pickel, Aldershot 2003).

Uwe Rada, geboren 1963 in Göppingen, ist Redakteur der »taz« und Buchautor. Zuletzt erschien »Berliner Barbaren – Wie der Osten in den Westen kommt« (Berlin 2001).

Landolf Scherzer, geboren 1941 in Dresden, Journalist, bis 1975 Redakteur beim »Freien Wort« in Suhl, lebt als freier Schriftsteller in Thüringen. Zuletzt erschien »Die Fremden. Unerwünschte Begegnungen und verbotene Protokolle. Mit einem Nachwort von Günter Wallraff« (Berlin 2002).

Michael Schlieben, geboren 1979 in Frankfurt am Main, Politologe und Medienwissenschaftler, schreibt für die deutschsprachige New Yorker Staatszeitung und das »Göttinger Tagesblatt«.

Julia Schoch, geboren 1974 in Bad Saarow, Schriftstellerin, lebt in Potsdam. Zuletzt erschien »Der Körper des Salamanders« (München 2001).

Wolfgang Schroeder, geboren 1960 in Mayen/Eifel, arbeitet als Ressortleiter beim Vorstand der IG-Metall in Frankfurt am Main und als Privatdozent für Politikwissenschaft an der Johann-Wolfgang-Goethe-Universität in Frankfurt am Main, zuletzt erschien »Das Modell Deutschland auf dem Prüfstand. Zur Entwicklung der industriellen Beziehungen in Ostdeutschland« (Wiesbaden 2000).

Rüdiger Soldt, geboren 1966 in Bad Gandersheim, ist Redakteur der »Frankfurter Allgemeinen Zeitung« in Frankfurt am Main. Zuletzt erschien: »Die CDU nach Kohl« (hrsg. mit Tobias Dürr, Frankfurt am Main 1998).

Toralf Staud, geboren 1972 in Salzwedel, ist Redakteur der ZEIT und lebt in Berlin. Zuletzt erschien »Auf dem Moped in die Freiheit. Wendegeschichten aus der Altmark« (Halle 2000).

Alexander Thumfart, geboren 1959 in Uffenheim, Privatdozent, Dr. phil., lehrt als Hochschuldozent für Politische Theorie an der Staatswissenschaftlichen Fakultät der Universität Erfurt, lebt in Erfurt. Zuletzt erschien »Die politische Integration Ostdeutschlands« (Frankfurt am Main 2002).

Franz Walter, geb. 1956 im ostwestfälischen Steinheim, ist Professor für Politikwissenschaft an der Universität Göttingen. Zuletzt erschien »Die SPD. Vom Proletariat zur Neuen Mitte« (Berlin 2002).

Peter Ulrich Weiß, geboren 1970 in Halle, ist Historiker und lebt in Ferch. Zuletzt erschien »Das Neue Forum und die Deutsche Forumpartei im Bezirk Cottbus 1989/90« (Potsdam 2001).

Fakten, Themen, Hintergründe: Sachbücher bei AtV

LUDWIG WATZAL
Feinde des Friedens
Der endlose Konflikt zwischen Israel und den Palästinensern
»Wer jenseits der aktuellen Schrecken mehr wissen möchte über tiefere Ursachen der heutigen Gewalt, für den ist das Buch von Ludwig Watzal eine aufschlußreiche Lektüre.«
TAGESSPIEGEL
»Eine höchst authentische Erläuterung der Ursachen des jetzigen Geschehens. Und eine klare Absage an die landläufige Behauptung, die Akzeptierung palästinensischer Rechte sei a priori ein anti-israelischer Akt.«
LEIPZIGER VOLKSZEITUNG
»Ludwig Watzals Buch ist ein engagierter Versuch, den palästinensischen Konflikt aus seiner Entstehungsgeschichte zu analysieren.«
FREITAG
Originalausgabe. 341 Seiten.
AtV 8071

WOLFGANG ENGLER
Die Ostdeutschen
Kunde von einem verlorenen Land
»Englers Kunde von einem verlorenen Land ist lesenswert, vor allem für Westdeutsche. Sie werden einen großen Schritt auf dem Weg unternommen haben, die Ostdeutschen und ihre ganz eigene Geschichte ein wenig verstehen zu lernen.«
DEUTSCHE WELLE
348 Seiten. AtV 8053

LANDOLF SCHERZER
Der Letzte
Wie in der Reportage »Der Zweite« wirft Landolf Scherzer wieder einen ungewöhnlichen Blick hinter die Kulissen der Demokratie und legt dabei nicht nur Machtmechanismen, Kungelei und Korruption bloß, sondern entdeckt auch die Menschen hinter den genormten Politikerfassaden.
»Was Scherzer entstehen ließ, kann Politiker und Journalisten gleichermaßen beschämen.«
DER TAGESSPIEGEL
336 Seiten. AtV 1827

FRIEDRICH SCHORLEMMER
Nicht vom Brot allein
Leben in einer verletzbaren Welt
Angesichts einer Konsumkultur, in der alles zur Ware wird, auch der Mensch, streitet der Theologe Schorlemmer für Werte, die dem Dasein Sinn und Hoffnung geben. Sein Widerspruch gegen eine Politik, die Terror und Gewalt mit Krieg und (Gegen-)Gewalt bekämpfen, Freiheit durch Sicherheit gewinnen will, appelliert an unser »Gewissen und den Mut, ihm zu folgen. Selbst- und Zeitbefragung bekommen eine Intensität und Rücksichtslosigkeit, die ihresgleichen sucht.« NEUES DEUTSCHLAND
359 Seiten. AtV 7041

Mehr Informationen erhalten Sie unter www.aufbau-verlag.de oder bei Ihrem Buchhändler

AtV

Erschütternde Zeugnisse: Zeitgeschichte bei AtV

MARION SCHREIBER
Stille Rebellen
Der Überfall auf den 20. Deportationszug nach Auschwitz
»In dieser packend erzählten Geschichte um eine Gruppe junger Leute, die sich der NS-Barbarei widersetzten, kann man viel über Mut, Zivilcourage und den aufrechten Gang erfahren. Deshalb gehört das Buch in viele junge Hände.« DIE ZEIT
Mit einem Vorwort von Paul Spiegel. 360 Seiten. Mit 25 Abbildungen. AtV 8067

BARRY TURNER
Kindertransport
Eine beispiellose Rettungsaktion
Am 1. Dezember 1938 startete der erste Kindertransport aus Berlin nach England. Bis zum Ausbruch des Zweiten Weltkriegs konnten zehntausend Menschenleben mit dieser dramatischen Aktion vor den Nazis gerettet werden. Barry Turner hat das Schicksal der Kinder anhand persönlicher Interviews aufgezeichnet.
»Eine ungewöhnliche Chronik, ergreifend und doch nicht ohne Humor.« LITERATUR-REPORT
Aus dem Englischen von Anna Kaiser. Mit einem Vorwort von Lucie Kaye. 263 Seiten. AtV 8073

NECHAMA TEC
Ich wollte retten
Die unglaubliche Geschichte der Bielski-Partisanen 1942–1944
Als Anführer der Bielski-Partisanen rettete Bielski 1200 jüdischen Männern, Frauen und Kindern das Leben, indem er sie in den Wäldern Weißrußlands versteckte. Nechama Tec hat die Berichte von Tuvia Bielski und vielen anderen Partisanen gesammelt und zu einem bewegenden Zeugnis von Solidarität und Menschlichkeit unter widrigsten Bedingungen zusammengestellt. – »Spannender kann Zeitgeschichte kaum erzählt werden.« MÜNCHNER ABENDZEITUNG
Aus dem Amerikanischen von Anna Kaiser. 324 Seiten. Mit 13 Abbildungen. AtV 8085

ERNEST G. HEPPNER
Fluchtort Shanghai
Erinnerungen 1938–1948
Als Ernest Heppner und seine Mutter sich 1939 zur Flucht aus Deutschland entschlossen, blieb ihnen als Ziel nur Shanghai, das als einziger Ort der Welt kein Einreisevisum verlangte.
»Fluchtort Shanghai ist eine ›sine ira et studio‹ verfaßte und daher um so lesenswertere Chronik des bislang wenig beachteten und daher wenig bekannten jüdischen Exilorts an der chinesischen Pazifikküste.«
SÜDDEUTSCHE ZEITUNG
Aus dem Amerikanischen von Roberto de Hollanda. 274 Seiten. Mit 20 Abbildungen. AtV 1724

Mehr Informationen erhalten Sie unter www.aufbau-verlag.de oder bei Ihrem Buchhändler

AtV

Bühne frei: Biographien bei AtV

HANS-DIETER SCHÜTT
Kurt Böwe
Der lange kurze Atem
Kurt Böwe, einer der bekanntesten deutschen Theaterschauspieler, erzählt mit »Strittmatterschem Bauernschalk« (Die Welt) aus seinem Leben. Das Buch ist eine reich sprudelnde Quelle: Man erfährt manches über Schauspieler, einiges über die DDR und sehr viel über das Leben.
420 Seiten. Mit 94 Abbildungen. AtV 1540

FRANK SCHÖBEL
Frank und Frei
Die Autobiographie
Frank Schöbel erzählt sein Leben. Nicht etwa, weil er zur Ruhe gekommen ist und Abschließendes verkünden will – er doch nicht! –, nein, aus Notwehr schreibt er dieses Buch, denn ständig und immer wieder gibt es andere, die meinen, sich besser in seinem Leben auszukennen als er.
»Ein Buch wie ein Gespräch mit guten Freunden.«
MÄRKISCHE VOLKSSTIMME
735 Seiten. Mit zahlreichen Abbildungen. AtV 1382

EBERHARD ESCHE
Der Hase im Rausch
Vier Jahrzehnte Theater, legendäre Soloabende und der unvergeßliche »Hase im Rausch«. Eberhard Esche erinnert sich: an prägende Arbeitsverhältnisse mit Regisseuren wie Benno Besson und Thomas Langhoff und an Kollegen wie Klaus Piontek und Rolf Ludwig.
377 Seiten. Mit 43 Abbildungen. AtV 1354

ALEXANDER OSANG
Tamara Danz
Legenden
Sie war die Frontfrau der DDR-Rockgruppe »Silly«. Auf ihren bekanntesten Alben »Bataillon d'amour« und »Mont Klamott« besang Tamara Danz diejenigen, die so wenig zur uniformen Gesellschaft paßten wie sie selbst. Alexander Osangs Buch kreist um ein Leben zwischen Anpassung und Ausbruch, ohne voyeuristisch zu sein oder vorschnelle Urteile nahezulegen.
238 Seiten. Mit 32 Abbildungen. AtV 1783

Mehr Informationen erhalten Sie unter www.aufbau-verlag.de oder bei Ihrem Buchhändler

AtV

Yasmina Khadra
Die Schwalben von Kabul
Roman
Aus dem Französischen
von Regina Keil-Sagawe
158Seiten. Gebunden
ISBN 3-351-02968-3

»Leute, lest dieses Buch!« Daniel Cohn-Bendit

Der Autor des vielbeachteten Romans »Wovon die Wölfe träumen« stößt uns einmal mehr auf das menschliche Drama hinter dem fundamentalistischen Terror.
Mohsen Ramat ist zehn, als gepanzerte Raubvögel den afghanischen Himmel überziehen und seiner unbeschwerten Kindheit ein jähes Ende bereiten. Den Raubvögeln folgen die Taliban. Fortan ist das Lachen Sünde. – Wie Verdammte muten sie an, die Figuren dieser ergreifenden Erzählung in bester orientalischer Tradition, und unerbittlich rollt das Schicksal über sie hinweg.

»Bitte gehen Sie in einen Buchladen, sehen Sie sich die Bücher von Yasmina Khadra an und fangen Sie an, sie zu lesen.« Elke Heidenreich

»Aus genauer Kenntnis beschreibt Khadra die allgegen wärtige Gewalt.« Die Zeit

Mehr von Yasmina Khadra:
Wovon die Wölfe träumen. AtV 1978

aufbau
VERLAG

Weitere Informationen über Yasmina Khadra erhalten Sie unter www.aufbau-verlag.de oder in Ihrer Buchhandlung

Bernd-Lutz Lange
Mauer, Jeans und Prager Frühling
342 Seiten. Mit 46 Abb. Gebunden
ISBN 3-378-01066-5

»... ehrlich, gänzlich ohne Nostalgie und Ostalgie ...«

THÜRINGER ALLGEMEINE

Der Kabarettist und Bestsellerautor Bernd-Lutz Lange erzählt charmant und pointenreich vom Ostalltag in den 60er Jahren.

»Mit Anekdoten und politischen Witzen der damaligen Zeit gewürzt, überliefert der Autor ein getreues Bild vom Leben in der DDR.« LAUSITZER RUNDSCHAU

»Ein ganzes Land unter Stubenarrest – schwelgerisch-satirische Erinnerungen an die sechziger Jahre in der DDR.«
DER SPIEGEL

Mehr von Bernd-Lutz Lange:
Mauer, Jeans und Prager Frühling (Lesung, 1 CD), DAV 276

Gustav Kiepenheuer
VERLAG

Mehr Informationen erhalten Sie unter
www.aufbau-verlag.de oder in Ihrer Buchhandlung

Ernst Röhl
Rat der Spötter
Das Kabarett des Peter Sodann
160 Seiten. Mit 22 Abbildungen. Gebunden
ISBN 3-378-01062-2

»Ein Buch zum Lachen, zum Kopfschütteln – und nur manchmal gibt's einen Stich ins Herz.« Thüringer Allgemeine

Ein Spaßvogel, der so leichtsinnig ist, Machthaber satirisch zu verhöhnen, sollte immer darauf gefaßt sein, daß das Pendel zurückschlägt und die Weichteile des Artisten trifft. Das Leipziger Studentenkabarett »Rat der Spötter« war, urteilt man nach der drakonischen Strenge der Maßregelung und der Dauer der Haft für den harten Kern der Truppe, das erfolgreichste Kabarett der deutschen Nachkriegsgeschichte. Ernst Röhl hat die bitteren wie auch skurrilen Ereignisse der 60er Jahre Revue passieren lassen, mit den »Spöttern« und ihren politischen »Richtern« von damals gesprochen und verfolgt die Lebenswege der Beteiligten bis zum heutigen Tag.

»Falls Sie nicht einschlafen können oder beim Fernsehen noch nicht eingeschlafen sind, begeben Sie sich statt in Morpheus in Ernst Röhls Arme.« Thüringer Allgemeine

Gustav Kiepenheuer
VERLAG

Mehr Informationen erhalten Sie unter
www.aufbau-verlag.de oder in Ihrer Buchhandlung